Wilhelm Kempff
Unter dem Zimbelstern

Serie Piper
Band 446

Zu diesem Buch

Wilhelm Kempff, einer der großen Pianisten dieses Jahrhunderts, schildert in diesem Erinnerungsbuch die Jahre seiner Kindheit und Jugend, die seine Persönlichkeit und seine Laufbahn entscheidend geprägt haben. Geboren als Sohn eines Organisten und einer Bauerntochter in Jüterbog wächst er in Potsdam auf. Schon mit fünf Jahren komponiert er sein erstes Klavierstück, als Zehnjähriger wird er Schüler von Heinrich Barth und Robert Kahn an der Berliner Musikhochschule. Ein Jahr später gibt er sein erstes öffentliches Konzert. Nach dem Abitur werden ihm 1916 die Mendelssohn-Preise für Klavierspiel und Komposition zuerkannt. Eine Skandinavien-Tournee verschafft ihm im Jahre 1917 den endgültigen künstlerischen Durchbruch.

Mit poetischer Phantasie und Humor zeichnet Kempff ein lebendiges Bild seiner Jugend und beweist auch als Erzähler die Qualitäten, die ihm den Ehrennamen «Poet am Klavier» eingetragen haben.

Wilhelm Kempff, geboren 1895, lebt heute in Ammerland am Starnberger See.

Wilhelm Kempff

UNTER DEM ZIMBELSTERN

Jugenderinnerungen eines Pianisten

Piper
München Zürich

Von Wilhelm Kempff liegt in der Serie Piper außerdem vor:
Was ich hörte, was ich sah
(SP 391)

ISBN 3-492-00746-5
November 1985
R. Piper GmbH & Co. KG, München 1985

Umschlag: Federico Luci, unter Verwendung eines Fotos von Siegfried Lauterwasser, Überlingen
Druck und Bindung: Clausen & Bosse, Leck
Printed in Germany

INHALT

Präludium

Immer dieser tiefe Orgelton.

Hatte er nicht schon geklungen, als der zarte, ja schwächliche Knabe zum erstenmal die Augen verwundert und geblendet zugleich aufschlug?

Er konnte nicht wissen, woher denn jenes dunkle Summen kam, das aus den Urtiefen heraufklang.

Aber das fühlte er, daß es Ruhe und Tat zugleich war, Mutter und Vater in einem.

So schloß er seine eben erst erblühten Augen und hörte.

Hatte da nicht eben dieser Ton seine Urheimat verlassen und war weitergewandert, einen ganzen Schritt?

Dieses mochte dem Knaben ungeheuerlicher dünken als dem Astronomen das plötzliche Auftauchen eines unbekannten, nicht errechneten Gestirns.

Wie hatte sich der tiefste aller Töne vom festgefügten Anker – erst später lernte er, daß dieser Anker Orgelpunkt genannt wird – lösen können, ohne in abgrundtiefe Bezirke zu fallen?

Und was gab es da noch für unzählige kleine Töne, die sich über dem großen, nun wiederum einen Schritt zur Höhe nehmend, im bunten Wechselspiel regenbogengleich versprühten?

Ob man nicht mit ihnen spielen könnte, wenn es der Große, Alte, der Vater all dieser Töne erlaubte?

Das Kind schlug vor Freude nach ihnen mit seinen kleinen Händen.

Doch nun war es nicht mehr da, das Summen, das unbegreiflich Herrliche. Nun konnte er ja auch wieder die Augen aufmachen. Spielten da nicht die kleinen Töne als runde Sonnenkringel an der Wand und umtanzten ihn? Schade, das Singen hatten sie gelassen, aber wie herrlich schimmerten sie doch auf der Wand an seinem Bett!

„Sieh doch, er hat die Augen aufgeschlagen", rief die Mutter dem heimkehrenden Mann zu, der eilig einen großen Packen Noten auf das Pedalklavier warf und seine kleine Frau, sein Clärchen, die sich allzu stürmisch aufgerichtet hatte, wieder in die Kissen zwang, „schon glaubte ich, das Kind wäre blind, blind wie dein lieber Vater; du hättest deinen kleinsten Zuhörer betrachten sollen, als da aus der nahen Kirche der Adventschoral von dir mit vollem Orgelwerk intoniert wurde! Noch nie hat das ‚Macht hoch die Tür, das Tor macht weit!' so leuchtend geklungen; aber sage mir, hast du den Choral heute nicht einen Ton höher genommen?"

„Da habe ich mir eine rechte Kantorsfrau zugelegt; die hat wahrlich feinere Ohren als der gute König Midas – und froh bin ich nun wieder und dem lieben Gott dankbar, sieh, wie das Kind sich mit uns freut!

„Mein Gott, wir Menschen haben allemal schwache Stunden ..., fünfhundert Taler im Jahr und wenig Begräbnisse erster Klasse.

„Weißt du, was ging mir nicht alles durch den Sinn, als ich gestern am Totensonntag zu dreien Malen hinter dem Sarge schreiten mußte, um wieder einmal eine Honoration mit Musik zu begraben. Da liefen dann die Gedanken schrittweise mit; die haben ja schnellere Füße als wir und holen uns an der nächsten Wegecke ein. Und da sprachen diese Gedanken zu mir, daß es Unrecht, ja Sünde war, sich nicht auf ein Kind zu freuen, so wie man sich nach dem dunklen Totensonntag auf den Advent freut. Wie haben wir uns das erste Mal gefreut, als die kleine Selma kam. Doch dann nahm sie uns Gott wieder, gerade als auf ihrem kleinen Gesichtchen das erste Lächeln kommen wollte."

Der junge Kantor hätte wohl schnell eingehalten, wäre nur ein blasser Strahl trüben Lampenlichtes auf das zarte Gesicht der jungen Frau gefallen. Denn ihre Lippen begannen zu beben; es war wie eine Klage ohne Worte um den Verlust des erstgeborenen Kindes. Aber er, der nicht leicht zu Beruhigende, fuhr fort, im eigenen Schmerze zu wühlen: „Noch heut glaube ich's zu hören, wie unsere lieben Gollmitzer die traurige Weise ‚Alle Menschen müssen sterben' anstimmten. Ich sehe noch diese weit aufgerissenen Münder, wie sie den Grabgesang ins Leere hineinsangen; der schneidende Ost nahm die Töne einfach mit fort, unheimlich war das. Auch die Stimme vom Pastor war weggeweht, als wollte der Tod alles, aber auch alles mit fortnehmen."

„Und dann schenkte uns Gott wieder eine Tochter", klang es leiser vom Bett her, „fast, als reute ihn seine große Strenge; er schenkte uns unsere kleine Elisabeth, die den ganzen lieben Tag mit ihrem Lachen hell macht – "

„Und unseren lieben Georg", antwortete fast feierlich der junge Vater wie der Pastor vom Altare her, „der manchmal so ernst dreinschaut – aus dem wird mal etwas werden, glaube ich; vielleicht bringt er's einmal weiter als ich armer Stadtkantor in diesem gottverlassenen Jüterbog und klärt die Herren Pastoren darüber auf, daß im Himmel laut Zeugnis unseres Martin Luther nicht geredet, sondern gesungen wird, und zwar von den Engeln."

„Sei behutsam, nicht nur mit den Herren Pfarrern, auch mit mir . . ."

„Da siehst du nun wieder, jetzt vergaß ich längst, daß heute nacht erst der Kleine dir Schmerzen gemacht hat. Ja, du hast mich eben verwöhnt, mein Clärchen; treppauf, treppab, immer hurtig wie Sechzehntelnoten im presto-Tempo, nein, nun mußt du schlafen und der Kleine mit dir."

Der jungen Frau waren mit eins die Augen zugefallen; erst jetzt kam nach der übergroßen freudigen Erregung die Erschöpfung. Mit dem Neugeborenen glitt sie leicht und mühelos in die andere Welt des Schlafes und der Träume.

Leise, aber doch gewichtig ging der junge Meister Wilhelm hinaus, um nun nach getaner Arbeit nach den beiden anderen Kindern zu schauen, die ihn, tausend neugierige Fragen durcheinander rufend, umringten.

Er konnte sie nur beschwichtigen, indem er sich an das alte Eckesche Pedalklavier setzte und nach einigen einleitenden Akkorden, mit denen er sich sogleich vor der lauten Welt abschloß, der Mutter Lieblingsweise, das Paul Gerhardtsche „Nun ruhen alle Wälder", anstimmte.

Es schien dem Vater gar nicht so verwunderlich, als bei dem „Es schläft die ganze Welt" die kleine Elisabeth sich leise summend vernehmen ließ, hatte sie doch schon im Steckkissen die ihr vorgesungenen Intervalle ganz rein und klar nachgesungen. Der zweijährige Georg setzte sich still dem Vater zu Füßen.

Unsichtbar aber für alle rauschte es wie von mächtigen Fittichen durch den Raum.

Der große Engel der Musica sacra, wie ihn Brüggemann im Dom zu Schleswig nachgebildet hat, griff gewaltig in die Saiten.

Der Vater dachte: „Ist es doch, als spielte es aus mir selbst" – und er neigte demütig sein Haupt.

Habt ihr Menschen, groß und klein, schon einmal Musik im

Traum vernommen? Eine Musik, die ohne Erdenschwere wie von Äolsharfen angeweht daherkommt?

Solches war den beiden Schlafenden in der kleinen Kammer zuteil geworden. Ein seliges Lächeln verklärte beider Gesicht, der Mutter und des Kindes, als der Vater nun die vorletzte Strophe des schönsten aller Abendlieder variierte:

Breit aus die Flügel beide,
O Jesu, meine Freude,
Und nimm dein Küchlein ein!
Will Satan mich verschlingen,
So laß die Engel singen:
‚Dies Kind soll unverletzet sein'.

Unter dem Zimbelstern

Jüterbog! Du vielgelästerte unter den kleinen Städten des deutschen Nordens! Wie oft tatst du mir leid, wenn auf dich die Rede kam! Schützend wollte ich über dich den Mantel werfen, wenn rauhe Soldaten dich als langweiliges Nest abtaten, an dem noch der „Schießplatz" das einzig Bemerkenswerte wäre. Du gabst dich nicht auf den ersten Blick wie alle diese gleißenden Töchter Babels, du kleines sprödes Landmädchen!

Aber du bietest auch dem Wanderer, der durch das Mönchentor eintritt, einen seltsamen Willkomm!

Da erhebt sogleich der gestrenge Präzeptor den Finger und verkündet mit einem in großen Lettern eingegrabenen Spruch, daß der, welcher Undank als der Welt Lohn empfängt, sich dies gefälligst selbst zuzuschreiben habe. Dieser Dreizeiler, eingerahmt von einer riesigen Keule, die sinnvoll einer aufgequollenen Fleischwurst ähnelt, hat folgenden Wortlaut:

WER SEINEN KINDERN GIBT DAS BROD
UND LEIDET NACHMALS SELBER NOT
DEN SCHLAGE MAN MIT DIESER KEULE TODT.

Solche gepfefferten Dissonanzen werden also dem friedlich gestimmten Wanderer ohne weiteres an den Kopf geworfen. Wenn er Glück hat, kann er aber auch einen Kinderkanon auf dem

Wurstmarkt hören, der für den nüchternen Humor der Jüterboger zeugt. Da werfen sich die kleinen Mädchen ihre ländliche Zurückgebliebenheit vor, wenn sie singen:

Mädchen, bist aus Jüterbog,
Schürze ist länger als der Rock!

So etwas nimmt schon mehr ein.

Ich habe es später erfahren müssen, wie sehr uns die Selbsterkenntnis nottut. Auch in der Kunst, ja gerade in ihr ist es das „Tat tvam asi", dieses „Das bist Du", das uns erst die Augen und Ohren öffnet. Doch ich nehme dich weiter an der Hand, wie weiland König Salomo dies mit der Königin von Saba tat, um ihr seine Schätze des Morgenlandes mit viel Umständlichkeit zu zeigen.

Du mußt es mir zugute halten, daß ich in dieses einfache Landmädchen verliebt bin, aber nur so wie die Mutter in ihr Kind, das bei der ersten Besichtigung durch die fremde kritische Tante vielleicht etwas abfällt. Müssen wir denn eine Stadt mit den Augen aufnehmen, nur mit ihnen? Haben wir nicht Ohren vom Schöpfer bekommen? Diese Zaubermuscheln, die bereitwillig gleichermaßen die Brandung der Woge wie die Stimme der Nachtigall einlassen? Welche Wunderwirkungen vermag da ein einzelner Fußgänger zu erzielen, ohne daß er selbst um solche Zaubereffekte wüßte!

Ich stehe zum erstenmal gebannt am kleinen Tor, das zur Mönchenkirche und zum Mönchenkloster führt, schließe die Augen, höre, wie ein einsamer Geher die lange Straße heraufkommt und dann sich die Schritte wieder verlieren, bis sie ganz zu einem pianissimo diminuendo ersterben.

Das ist wenig, sehr wenig, werdet ihr sagen.

Aber es ist doch die Musik einer Stadt und eine jede hat eine andere, Venedig mit seinen langgezogenen Gondoliererufen eine andere Musik als das alte Rothenburg.

Noch heut kann es geschehen, daß ich mitten im wogenden Getriebe unserer hastenden Zeit die Augen schließe und wieder die leisen Schritte jenes Wanderers am Abend vor dem efeuumsponnenen Zisterzienserkloster höre, das meinem Vater als Wohnung zugewiesen war, und fünfzig Jahre sind aufgehoben, aufgesogen wie diese Laute der sich langsam entfernenden Schritte.

Vor dem Klostertor, jenseits der einsamen Straße lag ein kleiner Garten, dessen Nutzung auch dem Stadtkantor zustand. Das war nun ein stilles Fleckchen Erde, das den Frieden ganzer Generationen ausatmete, die noch „aus Gott lebten", wie mein Vater zu sagen pflegte.

Noch erinnere ich mich, wie ich eines Abends ganz erschrocken meinen Vater anstarrte, der plötzlich auf den Gedanken verfallen war, mit meinen älteren Geschwistern ein übermütiges Spiel zu treiben. Erstaunter könnte ich auch heut nicht sein, wenn eine höchst würdige Persönlichkeit, sagen wir der Oberbürgermeister, plötzlich auf dem Marktplatz seiner Stadt in der Badehose mit Murmeln spielen wollte. So verwoben war mir die Gestalt des Vaters mit allem, was mit der ehrwürdigen Königin der Instrumente, der Orgel, dem großen Sprachrohr des lieben Gottes, zusammenhing.

Ich starrte ungläubig mit runden Telleraugen die Gestalt an, deren schwarze Rockschöße durch den Garten schwangen. Noch wußte ich nicht, daß bei aller Gemütstiefe eine wunderbare Heiterkeit aus ihm strahlte, die zuweilen alle und alles ergreifen konnte. Hier hatte der Schöpfer wirklich einmal einen wunderbaren Dur-Akkord angeschlagen. Und so sah denn der Vater den Lebenskampf nicht als drückende, sondern als mit gläubigem Herzen zu vollbringende Aufgabe an. Besaß er auch nicht Luthers geistige Kraft und war ihm auch nicht Bachs Genie in die Wiege gelegt worden, so werden die vielen, die ihn kennenlernen durften, ein Gefühl des heute ganz entschwundenen „Unbedingten", ja fast Mittelalterlichen in seiner alles durchdringenden Gegenwart erhalten haben.

Das mochte auch wohl die Spielleiter der Anfang dieses Jahrhunderts aufgekommenen Lutherfestspiele bewogen haben, an den „Mann mit dem Holbeinkopf" heranzutreten und ihn zu bitten, der Gestalt des Doktor Martinus seine Züge zu leihen. Daß er „dankend ablehnte", lag wiederum in seiner Bescheidenheit begründet, ja in einer Art Unsicherheit, die ihn jedesmal befiel, wenn er die Kirche, den ureigensten Raum seiner Wirksamkeit, mit dem „Podium" vertauschen sollte.

So lebte er aus ihrem heiligen Wesen. Dabei war er beileibe kein frömmelndes Gemüt und es widerstand ihm, wenn die Pastoren – und es waren derer nicht wenige – in der Wahl ihrer Choräle solche aus der pietistischen oder einer womöglich noch rührseligeren Zeit bevorzugten.

Da gab es Kämpfe, in denen meist seine protestantische Natur den Sieg davontrug. Er verkämpfte sich gerade deshalb so leidenschaftlich für diesen von ihm bezogenen Standpunkt, weil er ihn hatte mühselig erringen müssen. War er doch auf dem Lehrerseminar in Altdöbern eines anderen belehrt worden. Dort wurde ein Schulgesang gepflegt, der mehr in den Bezirken der „Loreley" beheimatet war als in den reinlichen Stuben des mehrstimmigen Kanons. Wie hätte man es auch wissen sollen! Denn Bach war eben erst aufgestanden, auferstanden von den Toten, und diese Kunde hatte sich bis Altdöbern noch nicht verbreitet.

So brillierte der Vater beim Abgang vom Seminar wohl mit der „Inquiétude" von Dreyschock, (die der Komponist auch Inquisitions-Etude hätte nennen können), und allenfalls mit der „Rigolettoparaphrase", aber den Weg zu Bach, zu Schütz und den übrigen alten Meistern des a-cappella-Stils, den mußte er allein gehen.

So faßte er nach dem Tode des ersten Töchterchens, der kleinen Selma, die auf dem Dorffriedhof von Gollmitz ihr kleines rosenumranktes Kreuz bekommen hatte, den Entschluß, noch einmal „von vorn" anzufangen. Er wurde mit fünfundzwanzig Jahren Schüler des „Königlichen Instituts für Kirchenmusik" zu Berlin, wo ihn nun andere Meister unterrichteten.

Robert Radecke, der Komponist, Albert Löschhorn, der Klavierpädagoge, Karl Thiel, der Meister des a-cappella-Stiles, erkannten bald, mit welch heiligem Eifer der Dorfkantor von Gollmitz sich der Musica sacra verschrieben hatte. Ihr unbedingtes Vertrauen, sein eiserner Fleiß bewirkten es, daß er nach *einem* Jahr die Abgangsprüfung mit der höchsten Auszeichnung machen konnte. Jetzt stand ihm nichts mehr im Wege, um mit solchem Rüstzeug versehen den Kampf wider die „Philister" aufzunehmen.

Er hatte die Berufung nach dem kleinen, kirchenmusikalisch aber traditionsgesegneten Jüterbog in der Tasche, als er stolz und glücklich zum letztenmal über die Schwelle des „Königlichen Instituts" ging, nein schwebte. Ein heißes Gefühl der Dankbarkeit wallte in ihm auf, als er zum Bahnhof eilte. Hatte doch sein Clärchen ein volles Jahr mit der kleinen Elisabeth zwar nicht in der Fremde, doch immerhin abgetrennt von ihm bei seinen Eltern in Garzau, einem märkischen Dorf, verbracht.

Dort hatte seine Wiege gestanden und dort hatte er unter der strengen Anleitung seines Vaters, des Kantors Friedrich Kempff, die ersten Schritte auf dem nicht für seine Schuhgröße berechneten Orgelpedal gemacht. Nun kehrte er zurück in sein liebes Heimatdorf, noch etwas hingenommen von den letzten Ereignissen und immer noch beschäftigt mit dem schwierigen Fugenthema der Klausurarbeit, unablässig bohrend, wie er es hätte *noch* besser machen können.

Als er seine Schritte, seine Frau am Arm, nach dem im Frühsommerlicht schimmernden märkischen Garzauer See lenkte, der Tummelstätte seiner jungen Tage, da summten sie beide wohl leise das Lied seines Lehrers Robert Radecke vor sich hin: „Aus der Jugendzeit, aus der Jugendzeit klingt ein Lied mir immerdar – " Sie sahen aneinander scheu vorbei, weil der eine beim andern eine heimliche Träne entdeckte und sie fühlten, daß ihr Leben unter einem guten Stern stehen würde.

Nun hatte man sich in Jüterbog eingerichtet und in die alte ehrwürdige Amtswohnung war das Pedalklavier eingezogen, dazu der große Notenschrank und die Bauerntruhe, bis oben angefüllt mit dem von seinem Clärchen in Gollmitz selbstgesponnenen Leinen. Jetzt konnte man sich sogar ein Mädchen leisten, wenn es auch der Mutter am Monatsende bitter sauer wurde, ihr die fünf Mark in die Hand zu zählen. Es war doch eine gesegnete Zeit. Denn es ist eine alte Erfahrung, daß mit den verbesserten Lebensumständen die Ansprüche im Quadrat, ja Kubik wachsen.

Damals konnte man es noch erleben, daß die Augusten, Emilien, Karolinen keinen Augenblick ungenutzt verstreichen ließen, um bei der Arbeit ein fröhlich Liedchen erschallen zu lassen. Das „Was frag ich viel nach Geld und Gut, wenn ich zufrieden bin" scholl aus so manchem Fenster. Und wie hätte es auch unserer Auguste einfallen sollen, scheel auf ihren Brotherrn, den „Herrn Kantor", zu sehen, da sie ja selbst es mit eigenen Augen sehen konnte, wie einfach seine Lebenshaltung war! Daß in diesem Hause Tabak und ein Glas Bier als ein Luxus gewertet wurden, den man entbehren konnte, daß man aber dafür die Anschaffung eines teuren Notenwerkes als unerläßlich ansah, da es eben zum *Leben* notwendig war. Und es war kein leichtes Leben!

Wenn der Vater am Mittag von den fünf Stunden Unterricht in der Knabenschule (der Mönchenschule) heimkehrte, dann wartete vor der Tür während des Essens schon meist der „Präfekt" der Kurrendeschüler, um den Vater zu einer Trauung in der großen Nikolaikirche oder zu einem Begräbnis abzuholen, worauf sich dann wiederum die Proben mit dem Knabenchor und die unentbehrlichen, aber gefürchteten Privatstunden anschlossen. So stand der Tageslauf unter dem Gesetz der Musik, dem sich Frau und Kinder willig unterordneten.

Es ist mir immer als schier unbegreiflich erschienen, daß sich aus der „Jüterboger Zeit", die doch nur die ersten vier Jahre meines Lebens umschließt, eine Fülle von Ereignissen in mein Gedächtnis eingegraben haben. Ich möchte doch einige erzählen, da es mir wichtig erscheint, was am Anfang eines Lebens gestanden hat, wo gleichsam die Quelle noch rein und morgendlich fließt, ungetrübt von den sich erst später ihr beigesellenden Zuflüssen, wenn sie zum Strom geworden ist.

Es sind nicht immer die „großen", in roter Blockschrift verkündeten Ereignisse, die unser Leben geformt haben, es sind nicht die Begegnungen mit den großen und berühmten Männern ihrer Zeit, ach das alles ist oft mehr enttäuschend als aufrichtend gewesen. Aber ihr werdet in diesem Lebensbuche von Ereignissen und von Menschen hören, von den Ereignissen, die den inneren Menschen geformt, und von den Menschen, die am Wege standen oder die sich in den Weg stellten, so daß man sich mit ihnen auseinandersetzen, Stellung beziehen mußte. Sie waren die bei weitem Unbequemeren, aber erst der das Thema bezwingende Kontrapunkt gebiert die Fuge, und ist das Leben nicht eine einzige Fuge über das gleiche Thema, mit unendlich vielen Kontrapunkten?

Ich erinnere mich, daß eines Tages mein Vater nachdenklich versunken ein Notenbuch betrachtete. Ich spielte gerade mit einem von mir sehr geliebten, winzig kleinen Hampelmann, den mein Vater bei einem „Mönchenschüler", der mit diesem während des Gesangunterrichts allerlei Kurzweil trieb, „beschlagnahmt" hatte.

„Was liest du da, Vater?" fragte ich – noch hatte mich das unselige Stottern nicht befallen, unter dem ich die ersten Schuljahre so namenlos litt –.

„Das sind Noten."

„Darf ich mitlesen, Vater?"

„Das kannst du noch nicht, du bist noch zu klein."

„Was bedeuten diese Köpfe", antwortete ich, auf den Einwurf des Vaters nicht achtend, „diese langen Hälse, und was die kleinen Hunde?" (Ich meinte das verschnörkelte Pedalzeichen.)

„Sieh", sagte der Vater, „das hier sind ganz große Noten, die man lange aushalten muß, und da, da sind ganz kleine Nötchen, die schwirren nur so in der Luft herum." Da stieg in mir eine uralte Erinnerung herauf und der tiefe Orgelton begann wieder zu tönen ...

„Weißt du, wer das sich hier alles erdacht hat?" fragte mich der Vater mit beinahe feierlichem Ernst.

Ich glaubte jetzt, er würde sagen: der liebe Gott.

Aber er sagte: „Beethoven".

Ich muß es bekennen, daß mich diese Antwort noch mehr erschütterte. Dieser Name, zum erstenmal vernommen, ausgesprochen von meinem geliebten Vater, löste Empfindungen aus, denen ich mich noch nicht gewachsen fühlte. Ich weinte fassungslos.

Noch einmal, viele, viele Jahre später, sollte sich mir die magische Gewalt jenes Namens erweisen, als ich ein an allen Gliedern gelähmtes Mädchen fragte, was sie denn gern hören möchte, ob Bach, Schubert, Chopin oder Schumann. – Da versuchte die gelähmte Zunge diesen Namen zu formen. Aber sie vermochte es nicht und nur am Rhythmus, gleich einer sich überstürzenden dreiteiligen Meereswoge, erkannte ich, daß es lauten sollte: „Beethoven!" –

Diese geschlossene geistige Innenwelt erhielt ihren entsprechenden Ausdruck in der ganzen äußeren Umgebung, die ja wieder ihrerseits durch die Lebenshaltung derer bedingt worden war, die in dieser Zisterzienserabtei ihre Tage begonnen und beschlossen hatten. Es war, als tönten die alten Mauern, die gotischen Spitzbogen, die blaugetönten Sternengewölbe des Schlafzimmers die frommen Wünsche der abgeschiedenen Mönche wider, aber auch die Sehnsüchte, Seufzer und Verwünschungen der nachfolgenden Generationen.

Vom heutigen „hygienischen" Standpunkt aus gesehen war dies kein gesundes Wohnen in Räumen, wo sich an den Wänden nach längerer Regenzeit grüne Schimmelpilze zeigten. Uralter Efeu hatte in langer mühseliger Arbeit es dahin gebracht, daß der Sonne auch nicht der leiseste Zutritt zu dieser Organistenwohnung gewährt ward. Die Krankheit ließ denn auch nicht lange auf sich warten, sie wanderte von Bett zu Bett. Ich selbst wurde von einer Rachitis befallen, die sich auch auf die Augen warf und aus einem eben erhaltenen Mäusegebiß eine stalaktitisch belebte Tropfsteinhöhle hervorzauberte.

Fortan blieb ich bis zu meinen Jünglingsjahren ein überzartes schwächliches Kind und nichts hat mich mehr gewurmt, als wenn die anderen, aus der Fülle ihrer Jugendkraft lebenden Jungen hinter mir her höhnten: „Storchbein, Storchbein!" Dann flüchtete ich mich zu der Mutter, die mich tröstend auf ihren Schoß nahm und mir gut zuredete: „Du wirst es ihnen schon zeigen, den dummen Jungen da. Der Vater hat auch gesagt, daß du zum ersten Male mit in die Weihnachtsmette darfst; es ist noch eine Zeit bis dahin, aber du kannst dich doch darauf freuen, nicht wahr?" Und sie zog ihr blasses „Schäfchen", wie sie ihren Jüngsten damals so gern nannte, in ihrer Liebe an sich.

Zu den Obliegenheiten unserer Auguste gehörte es auch, daß

sie mich auf den Ort, wohin kein Fürst der Welt einen Vertreter entsenden kann, begleiten mußte. Das war ein langer Weg. Im Hause selbst befand sich ein solcher Ort nicht, was ja auch der Heiligkeit der Mönche und Nonnen entsprach. Ich armes Menschlein denke aber noch heute mit einem gewissen Gruseln an diese Wanderungen.

Warst du an diesem „Locus sine qua non" angelangt, so gähnte unter dir ein fürchterlicher Abgrund. Es gab da eine erstaunliche Menge von Hochsitzen, die ihre Existenz der fleißigen Benutzung der Mönchenschüler verdankten. Für mich ward jeweils der kleinste vorsorglich ausgewählt, doch dessenungeachtet hielt ich mich jedesmal ängstlich in der Schwebe, jederzeit in Gefahr, in diesen dantesken Höllentrichter abzustürzen.

Diesmal aber tat Auguste besonders geheimnisvoll; sie hatte einen Sack mitgenommen, den sie lustig hin und her schlenkerte. „Was hast du da drin", fragte ich ahnungslos, „sag es mir doch." Auguste drückte sich mit einem Augenzwinkern um die Antwort herum. Und dann: „Du wirst schon sehen."

Als wir an diesem Tartarus angelangt waren, ergriff Auguste den Sack, öffnete ihn und ließ vor meinen Augen vier kleine Kätzchen, meine Kätzchen in die Tiefe plumpsen... Ich schrie auf, schlug mit meinen kleinen Fäusten ihr ins Gesicht, zum erstenmal begreifend, daß Menschen morden können.

Die Nacht darauf schüttelte mich ein heftiges Fieber. Ich wurde von Träumen gequält, die gleich unter der Meeresfläche jagenden Raubfischen sich ohne Aufhören umkreisten. Nur der eine ist mir in Erinnerung geblieben, es wurde so der erste bewußt gewordene meines Lebens.

Es war ja gerade in der Passionszeit gewesen und so nur allzu natürlich, daß mir bei den Erzählungen über das Leiden und Sterben des Heilands nur Bruchstücke verständlich geworden waren. Diese wenigen Einzelheiten aber waren so tief in mein Gemüt gefallen, daß der Tag nicht ausreichte, um mit diesen ergreifenden Begebenheiten fertig zu werden, und die Nacht ihrerseits mit ihren dunklen Händen ein Traumgewebe daraus sponn.

Sah ich da nicht mit eins über meinem Bett in der alten gotischen Nische einen Menschen am Kreuze hängen? Mir stockte das Blut in den Adern, ich wollte rufen, schreien; ich vermochte es nicht. Ich dachte: „Sag doch ein Wort da oben, ich muß dir helfen." Aber das Bild des Menschen starrte mich sterbenstraurig an.

„Wenn er wenigstens seufzen würde", so sprach ich im Traum,

„aber diese fürchterliche Stille. Er kann nicht sprechen, darum sieht er mich so unverwandt an; ich *muß* ihm helfen."

Da raffte ich mich auf und rüttelte an diesem Kreuz, mit der Kraft eines Verzweifelten. Es gab nach, aber mit ihm gab das ganze Haus nach; es stürzte mit Donnern über mich, alles, Geschwister und Eltern, unter sich begrabend.

Schweißtriefend fand ich mich in den Armen der herbeigestürzten Eltern, die mein furchtgequälter Schrei aus dem Schlaf gerissen hatte. Aber ich blieb auf alle ihre Fragen stumm und zeigte nur mit den dünnen Kinderarmen auf jene Stelle unter dem gotischen Spitzbogen, wo ich den Gekreuzigten gesehen hatte.

Das Schicksal der kleinen Kätzchen ging mir noch lange nach und es mag in ihm begründet liegen, daß ich bis auf den heutigen Tag diesen verfolgten gequälten Tieren besonders zugetan bin, als gälte es, ein Unrecht gutzumachen. Nur die von Herzen kommenden Tröstungen meiner Schwester, sie seien nun in den Katzenhimmel aufgenommen worden, wo sie allabendlich mit noch viel schöneren Stimmchen zu Gottes Ehre singen dürften, träufelte Balsam auf das wunde Herz. Mein kindlicher Verstand hatte an diesen einleuchtenden Erklärungen nichts auszusetzen.

Auch Auguste, die ich in den ersten Tagen wie eine Verbrecherin gemieden hatte – ihr völlig unverständlich, hatte sie mir doch so etwas wie eine „Sensation" bereiten wollen –, ward durch solcherlei Erklärungen entlastet, wenn nicht sogar als eine strenge Vollstreckerin von Gottes Willen angesehen. Denn es war wohl kein Tag vergangen in meinem jungen Leben, ohne daß vom Himmel die Rede gewesen wäre.

Da schaute Gottvater am Abend höchstselbst zum güldenen Fenster heraus; nichts, was sich am Tage auf seiner Erde ereignet hatte, blieb ihm verborgen. Wo er Gutes gesehen hatte, da sandte er wohl seine Sendboten aus, wunderherrliche Geschöpfe, die blondgelockten, in strahlendes Weiß gekleideten Engel, um seinen Kindern kundzutun, daß er richtig gesehen hatte. Hier galt noch das himmlische Gesetz des guten alten Ptolemäus, der unserer Erde den Himmel wie eine schimmernde Glasglocke übergestülpt hatte, und nicht die Erkenntnis des großen ketzerischen Kopernikus, der die Menschen des Mittelalters wie mit einem Donnerschlag aus diesem Paradies gestoßen hatte, hinaus in das eiskalte, gähnend leere Universum.

Und nun nahte zu allem die Weihnachtszeit. Gottvater wollte wiederum Mensch werden; er suchte sich einen Platz auf Erden. Und er fand ihn in den Herzen der großen und kleinen Kinder, die ihn mit tausend Freuden erwarteten und empfingen. Da ertönten des Abends die Adventslieder erwartungsvoll in der großen, wie eine Krypta gewölbten Küche, deren Akustik unseren Stimmen besonders zugute kam. Der Vater stimmte aus gläubigem frohem Herzen den Hammerschmidtschen Choral an: „Macht hoch die Tür, das Tor macht weit, es kommt der Herr der Herrlichkeit!"

Auch Auguste ließ sich mächtig vernehmen und es fiel ihr nicht schwer, die zarte Stimme der Mutter und unser „Piano" – der Vater hatte von unserer frühesten Zeit auf „leises Singen" gehalten – bisweilen an die Wand zu drücken. Sie hatte aber jetzt einen recht verklärten Ausdruck und nickte mir so lieb zu, daß ich nun wußte, daß wir endgültig Frieden geschlossen hatten.

Dann konnte es wohl geschehen, daß der Vater geheimnisvoll das große Fenster öffnete, die alte Petroleumlampe löschte und mit feierlicher Handbewegung auf das unübersehbare Heer der winternächtigen Sterne wies, deren einer vor allen in himmlischer Klarheit funkelte.

Die Mutter flüsterte dann wohl, kaum vernehmbar: „Da ist er nun, der Stern von Bethlehem." Da war es Weihnachten geworden in unseren Herzen.

Aber das Schönste für unser Kindergemüt stand noch aus. Der Vater hatte bereits Vorsorge getroffen, daß an diesem Tage, dem Niklastage, uns allen eine besondere Überraschung zuteil wurde. Nun müßt ihr aber nicht denken, daß etwa jetzt ein als Weihnachtsmann verkleideter jovialer Onkel die Stiegen theaterhaft tapsend heraufgepoltert wäre und uns mit der Rute bedräut hätte. Solcherlei maskierten Firlefanz liebte der Vater ganz und gar nicht, wie denn all der nach industriellem Flitterkram der großen Städte schmeckende „Weihnachtszauber" nach Jüterbog noch nicht seinen Weg gefunden hatte.

So galt es auch als ungeschriebenes Gesetz, daß kein Kinderauge den Christbaum vor dem Heiligabend zu schauen bekam; man hatte noch ein Gefühl für das Ausschließliche, für den Wert der Seltenheit. Aber auch wir hatten Schritte gehört, doch es war mehr ein Geraschel von leichten Kinderfüßen gewesen, was unsere Herzen im schnellen Dreiachteltakt schlagen ließ.

Dann wurde es plötzlich ganz still. Der älteste der Chorknaben gab das Zeichen zum Einsatz – er hatte dem Vater in den Übungsstunden manches von der Dirigierkunst abgeguckt – und die kleine Schar trat vor uns hin und es ertönte die alte Entrata:

Wir treten herein ohn' allen Spott,
Zu grüßen den Herrn Christ, unsern Gott,
Zu grüßen ihn und beten an,
Das sei in Ehren von uns getan.

Aber der Kleinste, er trug mit feierlichem Ernst die Laterne. Auf ihren hellerleuchteten Scheiben war die Weihnachtsgeschichte, diese herrlichste aller Geschichten, gemalt. Da war die Verkündigung der Jungfrau Maria mit dem Engel Gabriel zu sehen, hier die Hirten auf dem Felde, denen der Engel das „Friede auf Erden" sang, und dort die Geburt des Christkindes in der Krippe, die von Joseph, den Hirten und Ochs und Eselein umstanden war.

Ich habe in meinem späteren Leben vielerlei kunstreiche Laternen gesehen, welche, die zierlich durchbrochene Schmiedearbeit aufwiesen, wieder andere, leicht wie gefrorene Luft, aus schillerndem Muranoglas geblasen, und dann die tausend Laternen von Miyajima, deren sanftes Leuchten die japanische Nacht in geheimnisvolles Es-moll tauchte, – aber keine brachte das Wunder der vollkommenen Verzückung zustande wie die Laterne der kleinen Kurrendeschüler von Jüterbog.

Und dann geschah es, daß eines Nachts die Glocken läuteten, viel herrlicher, als sie es sonst taten. Zuerst setzte fröhlich klingelnd die hohe Des-Glocke ein, der sich bald die ältere Schwester in B zugesellte. Kaum, daß diese liebliche Terz recht ausgekostet werden konnte, da ertönte die dritte im Bunde, deren Ges den beiden schwebenden Schwestern zum klingenden singenden Halt wurde.

Nun aber fielen die tiefen mächtigen von St. Nikolai ein.

Das gab eine Harmonie, als nun die Töne wie an einer himmlischen Jakobsleiter hinauf- und herunterstiegen und sich gegenseitig durchdrangen:

Himmel und Erde schienen zu verschmelzen; immer majestätischer wogten die gewaltig daherbrausenden Tonwellen durch die Lüfte, die unter diesem in stetigem Wechsel flutenden tönenden Glockenmeer erzitterten. Schier wie benommen hielt ich mich am Rocksaum der Mutter fest, doch wir waren am Ziel. Durch das weitgeöffnete Portal fluteten die Menschen; wir bogen an ihnen vorbei zur kleinen verborgenen Sakristeitüre, noch immer das Schwingen der Glocken über unsern Häuptern.

Schweigend, unsere Mützen in den Händen, durchschritten wir den kleinen Raum, uns an Tetzels riesigem Geldkasten scheu vorbeidrückend, und stiegen dann die Treppe zur Orgelempore hinauf, wo wir alsbald den Vater gewahrten, inmitten des um ihn versammelten großen Chores, nun aber merkwürdig ferngerückt wie hinter goldenen Lichtschleiern. Er schaute so ernst wie Gottvater selbst drein, als nun die Glocken langsam ausschwangen, bis nur noch die größte, tiefste das Nahen der Mitternacht ankündigte, um dann auch endlich Ruhe zu geben.

Das war das Zeichen für den Vater, daß er mit einem unerwartet heftigen Schwung gleichsam auf die Orgelbank zuflog und zu meinem Staunen im gleichen Augenblick auch den linken Fuß auf den tiefsten Pedalton setzte. Die Orgel von St. Nikolai erdröhnte wie unter Gottes Machtspruch und durch den von tausend Kerzen erhellten Raum brauste die uralte Weise aus dem frühen Mittelalter:

Gelobet seist du, Jesu Christ,
Daß du Mensch geboren bist.

Der Chor der Knaben antwortete jetzt:

Den aller Welt Kreis nie beschloß,
Der liegt in Marien Schoß.
Er ist ein Kindlein worden klein,
Der alle Ding erhält allein.

Darauf fiel die Gemeinde, vom vollen Werk der Orgel begleitet, ein:

Das ew'ge Licht geht da herein,
Gibt der Welt ein' neuen Schein.
Es leucht' wohl mitten in der Nacht
Und uns des Lichtes Kinder macht.

So verkündigte noch heute Doktor Martinus, der so oft auf der Kanzel dieser Kirche gestanden und gegen den Ablaßmönch Tetzel gewaltiglich gewettert hatte, mit diesem Weihnachtslied uns die Weihnachtsbotschaft in der Weihe-Nacht.

Was ist es mit diesem Liede? Sind es die heilig-reinen mixolydischen Tonfolgen, die dieser Melodie einen überirdisch himmlischen Glanz verleihen, vor deren Gewalt all die von Menschen erdachten Weisen des Tages in ein trübes Nichts zergehen müssen? So oder ähnlich mag der mir in seinem langen Talar seltsam erscheinende Mann auf der Kanzel Luthers gesprochen haben.

Jetzt ertönte in lieblichem reinen G-dur, allein vom Chore intoniert, die zarteste holdseligste, vom alten Meister Praetorius gesetzte Weise:

Es ist ein' Ros' entsprungen
Aus einer Wurzel zart,
Wie uns die Alten sungen,
Aus Jesse kam die Art,
Und hat ein Blümlein bracht
Mitten im kalten Winter
Wohl zu der halben Nacht.

Beim Nachspiel durften wir ganz nah an die Orgel herantreten. Was gab es da nicht alles zu betrachten! Wie konnte der Vater gleichzeitig auf zwei Klavieren (den Manualen) und noch dazu mit den Füßen spielen, als sei solches das einfachste Ding der Welt! Und dann diese langen Arme, die man aus ihren Gelenken ganz nach seinem Willen biegen konnte, über denen ein Schild in Elfenbein verkündete, zu welcher Familie der Pfeifen sie gehörten, ob zweifüßig, vierfüßig, acht-, sechzehn- oder sogar zweiunddreißigfüßig!

Eine Kerze nach der anderen verlöschte. Wie endlos weit dünkte mich nun der Raum, der in wesenloses Dunkel zurücksank. Als der letzte der Kirchgänger durch das Portal geschritten war, da faßte ich mir ein Herz und fragte den Vater: „Wirst du jetzt den Zimbelstern für mich laufen lassen?"

Und mit einem unbeschreiblichen Lächeln zog der Vater das Register. Ganz oben, über den höchsten Pfeifen ertönte ein silbriges Geläute, tönenden Tropfen eines Springbrunnens gleich.

Da waren sie ja wieder, die ersten kleinen Gefährten aus der Traumwelt uranfänglichen Daseins.

„Du magst den guten lieben Zimbelstern, der nur an Weihnachten laufen darf, selbst wieder zur Ruhe bringen", sagte der Vater und ich stieß das lange Register hinein, alle Kraft des Vierjährigen aufwendend.

Ganz leise wurde es da oben; wie versprühende Weihnachtskerzen erlosch er, der *Zimbelstern.*

Vom Schaukelpferd auf den Pegasus

Tausende und abertausende von feurigen Raketen waren zum nächtlichen Himmel gestiegen, um die Geburt des neuen Jahrhunderts in das hellste Licht zu rücken. Die ganze Menschheit – von den Grenzen Asiens bis zu den Antipoden – hielt den Atem an, als die Silvesterglocken das Jahr 1900 einläuteten. Damals hätte man meinen können, daß nun wirklich das Nahen eines neuen Zeitalters, des goldenen, sich allenthalben ankündigte. Die Telegraphen summten gleich aufgeregten Hornissenschwärmen und trugen sich von Tokio bis San Francisco die Freudenbotschaften am Neujahrstage zu. Die Vision einer geeinten Menschheit, von Schiller—Beethoven in ekstatischer Schau vorausgeahnt, schien Erfüllung zu werden. Das „Seid umschlungen, Millionen, diesen Kuß der ganzen Welt" ließ auf einige Augenblicke vergessen, daß am fernen Horizont für den nüchternen Beobachter der politischen Wetter sich die ersten Kumuluswolken auftürmten.

Auch wir hatten unsere Lichtlein in die Fenster gestellt und freuten uns, mit Einbruch der Dunkelheit ebensolche auf der gegenüberliegenden Seite des damals von mächtigen Kastanien beinah zugedeckten Wilhelmsplatzes aufleuchten zu sehen. Schon hatten wir gelernt, das Glockenspiel der Garnisonkirche wie eine klingende Sonnenuhr abzulesen, aber die unerwartete „Versetzung" aus dem kleinen märkischen Städtchen nach Potsdam, in die Residenz der preußischen Könige, war doch etwas plötzlich gekommen, so daß wir wie benommen uns erst an die neue Luft gewöhnen mußten.

Was gab es nicht alles für neuartige Veränderungen, die uns geradezu großstädtisch anmuteten! Da wartete am Bahnhof eine blitzsaubere Pferdebahn auf uns; am frühen Morgen waren von unsichtbarer Hand in einen Leinenbeutel die knusprigen Brötchen des Bäckers Braune versenkt worden, der uns beim Einholen mit mancher gedrehten Brezel bedachte, deren wie glänzender Lack schimmernde Farbe dem Namen ihres Erzeugers alle Ehre machte. Uns erschien dann immer der uns freundlich über den Ladentisch zulächelnde Bäckermeisterkopf wie der personifizierte Vollmond, der gerade in vollem Glanze über einer friedlichen Landschaft aufgeht. Doch etwas ängstlich traten wir stets den Rückzug an, – brandete doch gerade an dieser Stelle, an der Kreuzung der Nauener und Brandenburger Straße, der Verkehr am gewaltigsten. Da schwebten auf Gummirädern die Kaleschen der Hofgesellschaft dahin, da sausten die schneidig gefahrenen Dogcarts der hohen Militärs vorüber. Aber den tollsten Spektakel vollführten doch die schweren Bierbrauerwagen, wenn sie in aufgeregtem Tempo über das Kopfsteinpflaster dahinrollten. Nicht selten geschah es, daß ein allzu eiliger Zeitgenosse unter die stampfenden Pferdehufe geriet. Solcherlei Unglücksnachrichten bildeten dann tagelang das Stadtgespräch und das „Potsdamer Intelligenzblatt" wußte umständlich davon zu berichten.

Aber auch sonst war vieles in der kaiserlichen Residenzstadt so ganz anders, als das Kindergemüt es sich nach den Erzählungen der lieben Großmama vorgestellt hatte. Schon auf der Langen Brücke erwartete mich die erste Enttäuschung. In halbschwebender Haltung über die Brüstung auf die Fluten der gemächlich dahinströmenden Havel schauend, konnte ich nirgends die Lebewesen entdecken, nach denen ich eifrig ausspähte. Etwas ungeduldig fragte ich meinen Vater: „Wo sind sie nun, die ‚Schweine'?" Hatte ich doch gehofft, diese mir schon aus den Jüterboger ländlichen Bezirken vertrauten kugelrunden Wesen schwimmend und lustige Purzelbäume schlagend in den Wassern der Havel vorzufinden.

Und auch der Anblick der stolz dahinziehenden Schwäne, deren zoologischen Unterschied von den nahrhafteren Vierfüßlern mir mein Vater klar zu machen versuchte, konnte die Enttäuschung auf dem Kindergesicht nicht wegwischen, das leicht bei derlei Anlässen ein „Schippchen" zog. Als dann diese Erzählung von Lohengrins stolzem Wappentier bei den „Großen" unter viel Gelächter rundum ging, wurde von dem Opfer dieses Mißverständnisses leidenschaftlich und unter Tränen tagelang die Rückkehr nach Jüterbog gefordert, die Rückkehr ins alte Haus der Mönche, wo es stiller zuging, wo der Efeu in die Zimmer kletterte und alles sanft erstickte, das Licht – aber auch den Lärm des Tages.

Diese betrübliche Gemütsverfassung war nicht etwa der Ausfluß einer plötzlichen Laune. Denn die guten Feen hatten mir meines Vaters ausgeglichene Gemütsart in die Wiege gelegt. Nein, ein anderes war geschehen: ich hatte am Tage zuvor zum erstenmal in meinem jungen Leben die Bekanntschaft mit der „kgl. preußischen Polizei" in Gestalt eines blauuniformierten Wachtmeisters gemacht. An der Hauptpost war es gewesen, wohin mich meine Mutter mit einem Brief geschickt hatte, und zwar nicht vor, sondern auf dem ebenfalls blauangemalten Briefkasten war ich kurzerhand „arretiert" worden. Der waschblaue Wachtmeister hatte durch peinliches Kreuzverhör meine „Personalien" herausbekommen und umständlich in sein Dienstbuch geschrieben, worauf er diesen Staatsakt noch feierlich unterstrich, indem er seinen gewaltigen Schnurrbart durch energisches Zwirbeln in den Mittelpunkt des Interesses rückte.

„Und auf dem Rasen biste mirnichts dirnichts 'rumjesprungen; wozu hat man denn det Jrüne mit nen dicken Draht injezaunt, wozu? – frare ick!"

„Bei uns – – bei uns – – bei uns in Jüterbog – – ", weiter kam ich nicht, denn die Verfinsterung des blauen Schnurrbartmannes machte nun gutmütigem Grinsen Platz: „. . . so, aus Jüterbog biste, aus Jüterbog, ja dann, ja dann – – ", und er entfernte sich eilig, mich in größter Verblüffung zurücklassend. Seine letzten Worte hatten mich, so schien es mir, noch mehr entehrt; die Residenz hatte den Fünfjährigen abgelehnt.

Auch meinen Eltern mag die „Veränderung" nicht gerade leichtgefallen sein. War man doch in der großen Jüterboger Amtswohnung sein eigener Herr gewesen, in der unser Vater, wenn ihn die Lust ankam, auch des Nachts spielend und singend Gott loben durfte, so lange, bis der erste Hahnenschrei ihn endlich ins Bett scheuchte. Doch eine geeignete Wohnung ward bald gefunden im Brisnickschen Hause am Wilhelmsplatz, deren beide nach vorn gelegenen Räume (die gute Stube und das Musikzimmer) das volle Sonnenlicht hereinließen, während die beiden Schlafstuben stets in dämmeriges Dunkel gehüllt waren. An sie schloß sich die kleine Küche an; aber mit ihr war das Hinterland noch nicht zu Ende, denn der riesige Hausboden hielt noch eine Überraschung bereit: das Sommerzimmer, das die Aussicht auf ein Stück „Alt-Potsdam" mit dem ragenden Turm der Heiliggeistkirche freigab. Von hier konnten wir den Garten sehen. Wie schaute er sich von oben mit seinen vielen Bäumen, von deren Früchten wir nicht essen sollten, verlockend geheimnisvoll an! So manches Mal dachten wir wohl an das Klostergärtchen der Zisterzienser an der Mönchenkirche. Doch solche Gedanken wußte der Vater leicht zu verscheuchen mit dem Trost, daß „alles Gute in diesem Leben nie beisammen sei". Auch will ich es dahingestellt sein lassen, ob wir gerade bequeme Mieter gewesen sind. Denn Musik ist „mit Geräusch verbunden" und schon jetzt war eigentlich der Platz am Klavier nie leer, da Elsa mit ihren neun Jahren ihre artigen Wurstfingerchen schon ganz passabel auf der Klaviatur zu bewegen wußte und Bruder Georg sich ebenfalls anschickte, auf dem Schmidtschen Musikinstitut, das von der ausgezeichneten Kullak-Schülerin Ida Schmidt-Schlesicke geleitet wurde, in die Bahnen seiner Vorfahren zu treten. Die übrigen Mieter ergaben sich bald in ihr musisches Schicksal, ja, es dauerte nicht lange, da fühlten wir, daß wir es gut getroffen hatten mit unseren Nachbarsleuten.

Meister Brisnick, ein Junggeselle reinsten Wassers, der im Erdgeschoß sich mit seinen erlesenen Damenstoffen etabliert hatte – (wie piekfein kam er immer selbst daher!) –, gönnte uns jetzt zuweilen einen aufmunternden Blick, der uns in Ansehung seiner Bedeutung als Hauswirt doppelt wertvoll erschien.

Meine Geschwister gingen jetzt schon in die Schule, so daß ich an den Vormittagen allein zu Haus blieb, allein mit der Mutter, die am liebsten ihr Hauswesen ohne Hilfe Fremder versah. Das Leben war nicht leicht mit ihr umgesprungen, schon in frühester Kindheit verlor sie ihre Mutter und die Großmutter kurz hintereinander, so daß sie als Zehnjährige ihrem Vater auf dem großen Gollmitzer Bauernhof die Wirtschaft führen mußte. Obwohl aus altem bäuerlichem Blut, wirkte sie doch eher zierlich, schlank und behende, und nur das gesunde Rot auf ihren zarten Wangen ließ erkennen, daß eine solche Blume sich nicht in der stickigen Großstadtatmosphäre entfaltet hatte.

Allerdings, die damaligen Städter dachten anders. Mochten sie noch so sehr in der Fron eines geisttötenden subalternen Beamtendienstes dahinleben, der ihnen jede eigene Entscheidung abnahm und sie von der freien Luft, vom seligen Licht und Lerchenjubel abschloß, – „man durfte nicht vom Lande sein, das brachte keine Ehr." Umgekehrt war es zu verstehen, daß sich der Landmann in gekränktem Stolz vom Städter abwandte, was auch mein Vater erfahren durfte, als er beim Bauer Kilian um die Hand seines Clärchens angehalten hatte.

Da hieß es dann: „Wovon gedenkt ihr denn eigentlich zu leben? Assessor – (so nannte er den Städter schlechthin) – vier S im Wort und nichts zu essen", – und nur die Achtung vor dem Kirchenmann dämpfte seinen gerechten Zorn; dann aber zeigte es sich ihm bald, daß kein Unwürdiger die älteste Tochter vom Kilianschen Hof bekommen hatte.

Wir Kinder aber stellten uns schützend vor unsere kleine Mutter, wenn solch ein Städterfratz Anspielungen auf „Landpomeranzen" zu machen wagte. Ein Niederschlag solcher Erlebnisse gab dem Sohn viel, viel später die Verse ein, welche die Bauern, von der ländlichen Ziehharmonika begleitet, in der „Fasnacht von Rottweil" singen:

Der Städter sah mit Mitleid nur
Auf solche arme Kreatur,
Die nur mit Ochs und Schwein umgeht
Und abends spricht ihr Nachtgebet.

Welche Bereicherung diese ländliche Herkunft für uns „Kinder der Straße" bedeuten sollte, das werde ich später noch erzählen. Genug, ich durfte mich noch ein ganzes Jahr der Freiheit unter der zärtlichen Obhut der Mutter erfreuen, die mir meist des Morgens eine duftende Schrippe aus Bäcker Braunes Backofen und ein Glas Milch ans Bett brachte.

Noch sind mir allerhand morgendliche Klänge im Ohr geblieben, kleine unbedeutende Bruchstücke aus einer sagenhaften frühen Zeit und doch, – es ist ein Klang in ihnen, der mich noch heut in der fernen Erinnerung überwältigt. So hörte ich, meist noch im süßen Halbschlaf befangen, alle die Vorbereitungen aus der nahen Küche.

Der helle Glockenton des kupfernen Mörsers kommt wie ein fröhlicher Triangelschlag über all diesen so lustigen Geräuschinstrumenten aus den fernsten Bezirken lichtvollen Erinnerns angeschwebt. Ihm noch heute zu lauschen, auch wenn die Welt um uns erzittert, bedeutet einen Ausflug ins einstige Sonntagsland, wo helle Bänder im Frühlingswind schimmerten. Es ist dann, als wäre – wenn auch nur für kurze, allzukurze Augenblicke – eine Lichtbrücke von Geisterhand errichtet, über die es sich auf schnurgeradem Wege in das Kinderland laufen ließe, nach dorthin, wo das Leben noch frei von Schuld, Verstrickung in die unentwirrbaren Netze der düsteren Parzen gewesen ist.

Und ist dies nicht die Welt des ewig jungen Gottes Mozart? Ergeht es uns, wenn wir Mozart hören, nicht so wie den delphischen Pilgern, die durch einen Trunk aus der kastalischen Quelle ihre Seele reinbadeten, getreu dem pythischen Spruch: „Dem Guten genügt ein Tropfen, aber dem Bösen wüsche das Weltmeer selbst nicht die Verschuldung hinweg?" Ja, wenn ich's recht bedenke, so ist es Mozart gewesen, der mir die Zunge löste.

Mein Vater, dem tagsüber der Gesangunterricht an der Charlottenschule, dann der von ihm gegründete „Verein für geistliche Musik", der liturgische Knabenchor und schließlich zu guter Letzt der Männergesangverein der „Scheiweschen Liederkränzler" keine freie Minute mehr übrig ließ, beschäftigte sich in den wenigen freien Abendstunden zu dieser Zeit besonders mit den Klaviersonaten Mozarts, die mein junges Ohr dermaßen bezauberten, daß ich an einem Vormittage, als alles mäuschenstill in der Wohnung war – die Mutter hatte mir ein Bilderbuch, den Orbis pictus, in die Hand gedrückt und war schnell zum Kaufmann gelaufen –, einem geheimen Befehl gleichsam traumwandlerisch gehorchend die Bank des Pedalklaviers erkletterte und es dem Vater gleichzutun versuchte, indem ich die Anfangstakte der Sonate in G-dur auf den ach noch so schweren Tasten zum Klingen bringen wollte.

Noch kannte ich keine Note, aber um so aufmerksamer hatte ich so manches Mal dem Vater zugeschaut; mein Staunen kannte dann keine Grenzen, wie diese Hände – die wunderbarsten, die ich unter Klavierspielern gesehen habe – ihren Weg über die Klaviatur fanden. Wer aber beschreibt mein Entzücken, als ich nach anfänglichem unsicheren Tasten plötzlich den hellen Ruf der Terz herausbekam und nun unablässig, einem jungen Stare gleich, diesen punktierten Pfiff wiederholte, bis mein erwachter Ehrgeiz, mit diesem Motivkrümchen nicht zufrieden, dem ganzen Hauptthema zu Leibe ging!

„Ist das Klavierspielen wirklich so leicht?", dachte ich von den ersten Erfolgen berauscht, – aber da stellte sich im achten Takt ein unüberwindliches Hindernis in den Weg; da waren sie ja, die kleinen, schnell umherflitzenden Töne, die wie kleine Tanzmäuse auf- und abliefen! Noch hatte ich nichts von „Fingersatz" gehört, und das war gut, denn so wäre ich wohl ganz verzagt geworden. Ich erfand eben, so gut es gehen mochte, einen eigenen, wobei der Daumen sich durch besonders gelungene Rutschpartieen auszeichnete.

Die ahnungslos heimkehrende Mutter hörte diese Töne schon von der Treppe aus und nahm gleich zwei Stufen auf einmal, weil sie einen Fremden in die Wohnung eingedrungen wähnte, der sich einen Spaß erlaubte! Aber sie soll still die Hände gefaltet haben, als sie ihren Jüngsten hoch oben über dem Orgelpedal thronend so ganz versunken am Klavier gefunden habe, daß er ihr Kommen nicht bemerkt hatte.

An diesem glückseligen Tage ward ich also entdeckt.

Der Vater, der müde aus seiner Charlottenschule, wo er den ganzen Vormittag über Gesangunterricht erteilt hatte, die Treppe heraufkam — (wie waren uns immer seine Schritte ein Barometer für seine jeweilige Gemütslage!) — war fassungslos. Es ließ ihm keine Ruhe, bis er sich ein klares Bild von der Begabung seines Jüngsten gemacht hatte. War es nicht so, als hätte es nur des einen Zauberwortes „Mozart" bedurft, um das Tor zum Wunderreich der Musik zu öffnen?

Jeder Vormittag brachte nun neue „Eroberungen" und neue „Erkenntnisse" und nur mit Ungeduld erwartete der Knabe die mittägliche Heimkehr des Vaters, um ihm mit der Freude des Perlenfischers, der aus dem dämmrigen Grunde, wo alles sonst schläft, eine Perle nach der anderen heraufgeholt hat, seine erworbenen Schätze zu zeigen. Ja, auch bei ihm hatte es nur geschlafen. Wie lange schon? Der helle Ruf der Mozartschen Terz hatte bewirkt, daß aus den Tiefen der Vorahnung mit des Gedankens Schnelle emporsteigend sich ein Lebensschicksal in dieser Sternstunde entschieden hatte.

Es kam dann der Tag, an dem der Vater stolz im „roten Buche" (ein Notenbuch, das er mir in rotem prächtigem Einband geschenkt hatte) vermerkte: „Klavierstück in Ges-dur, komponiert von Wilhelm Kempff im Alter von fünfeinhalb Jahren, aufgezeichnet von seinem Vater Wilhelm Kempff".

Das Kind empfing an diesem Abend die ganze Liebe, die Eltern geben können. Als es nach einigen Stunden Schlafens von seiner eigenen Überfreude erwachte, summte es noch einmal sein einfaches Stückchen vor sich hin. Da ertönte hoch vom Turm der Garnisonkirche der Choral mit den Variationen — und zwar auch in Ges-dur, war das nicht merkwürdig?

Das Kind schlich sich zum Schlafzimmer der Eltern, im Dunkel an der Wand lang tastend. Doch des Vaters Atemzüge verrieten ihm, daß er so leicht nicht aufzuwecken sein werde.

„Ich muß es ihm aber morgen früh sagen, daß das Glockenspiel sich auch so eine schwere Tonart Ges-dur ausgesucht hat" — und es hüpfte wieder in sein Kinderbett zurück. In dieser Nacht träumte ihm, daß plötzlich sein Schaukelpferd freudig wiehernd angesprungen kam. Sein Wiehern klang, als ob lauter Triller aneinandergereiht würden, wie hellblaue Seidenschnüre auf einem silbernen Sattel. Doch plötzlich hörte das Kind aus diesen Trillern die Sprache des Pferdes heraus. Was war das für eine lustige Art, sich mitzuteilen, so im Trillern zu lachen?

„Steig auf den Sattel", so wieherte nun das Pferd, „halt dich fest, denn es gibt einen weiten Ritt, über Land und Meer, weißt du, und zum Schluß auch durch die Luft. Halt dich fest, hier hast du die Zügel."

„Halt dich fest", so lallte nun der Knabe, „halt dich fest — — fest — ", und die beiden Hände zuckten noch einmal, bis sie sich selig entspannten.

Wie uns die Alten sungen

Ist es nicht bezeichnend, daß dem absoluten Nichtskönner auf dem Gebiet der bildenden Kunst sein Versagen nicht in gleichem Maße als bedauerliches Minus angerechnet wird wie dem völlig Unmusikalischen? Schon in meinen ersten Schuljahren erschien mir der Trupp der „Brummer", dem es vom Schicksal aufgegeben ward, die heilige Ordnung der Töne durch ein animalisches Winseln zu stören, immer wie eine bedauernswerte Kaste, ähnlich der der Parias. Ich hielt ihr Schicksal damals für tragischer als das der Tauben und Blinden.

So sind wir fast gewohnt, von Musikalischen und Unmusikalischen zu sprechen, wie man von schläfrigen und wachen Menschen spricht. Gerade weil die Musikalität unter allen musischen Veranlagungen die stärkste Vererbungstendenz zeigt, wird sie wie ein kostbarer Ring vom Ahn dem Enkel weitergegeben. Wir können so von ganzen Musikerfamilien sprechen, unter denen es solch stolze Dynastieen gibt, wie die der thüringschen Bach-Familien, Dynastieen, die eine Welt ohne Schwertstreich erobert haben.

Höchstens ließe sich in dieser Beziehung die Musik mit der Malerei vergleichen. Es gab da eine Zeit, da in auffällig großer Zahl die Söhne ihren Vätern die Malkunst abgeguckt hatten, nämlich die Zeit der italienischen Frührenaissance. An den Söhnen lag es nun, mit dem ihnen überkommenen wertvollen Pfunde zu wuchern. Auch hierzu ist nicht nur Talent vonnöten, ein solches in Generationen erworbenes, von den Vorvätern erstrittenes Vermögen zu verwalten, zu vermehren und den künstlerischen Absichten dienstbar zu machen. An manchem von den genialen Söhnen hat sich das Wort „Weh dir, daß du ein Enkel bist" bewahrheitet. Und doch: den ganz großen, entscheidenden Schritt tat immer der, welcher sich zuerst aus einer begrenzten Umwelt unter vielen Schmerzen lösen mußte, um im Glauben an seine Berufung den

„Gradus ad Parnassum" zu nehmen, den ersten Schritt zum Gipfel des Parnasses zu tun.

In meinem Falle tat dies mein Großvater Friedrich Kempff und zwar mit seinen schweren Ackerstiefeln.

Je älter ich werde, um so mehr bewegt mich diese schwerblütige, mit dem Leben und auch der Kunst so gewaltig ringende Gestalt. Hatte doch das Schicksal ihm versagt, seinen Lieblingsgedanken zu verwirklichen, nach Verlassen der Dorfschule in Jericho die Lehrerpräparande zu besuchen. Aber er verzagte nicht; wußte er ja, daß für ihn seine Berufung kommen würde, wenn es dereinst Zeit sei. So stürzte er sich mit verbissener Energie auf die Landarbeit, deren Bewältigung nach des Vaters Tode ihm allein oblag. Aber er arbeitete doppelt: an seiner Pflugschar hatte er sich ein sinnreich erdachtes Gestell angebracht, mit dessen Hilfe er beim Pflügen die Lieder des Gesangbuches und den ganzen Katechismus Luthers sich zu eigen machen konnte.

So stelle ich ihn mir vor: wie er erhobenen Hauptes unter dem jubelnden Tirilieren der über ihm stehenden Lerchen mit lauter Stimme sein Morgenlied „Werde munter, mein Gemüte" anstimmt, während seine kräftigen Hände den Griff des Pfluges fest umspannen. Ich will es wohl meinen, daß diese von Herzen kommende Aufforderung ihren Grund gehabt haben mag, denn des Nachts wurde eifrig in der Bibel „geforscht", dem Buche der Bücher, dessen Kenntnis eine der Hauptvoraussetzungen für die Aufnahme in das Lehrerseminar bildete. Damit er über der Lektüre des heiligen Buches nicht etwa einschlummere – denn Landarbeit, wie machst du müde! –, stellte er beide Füße in eine Schüssel kalten Wassers.

So war er inzwischen dreiunddreißig geworden, noch unbeweibt, getreu seinem Vorsatz, nach einem Weibe als Gefährtin erst Ausschau zu halten, wenn er sein Ziel erreicht hätte. Und als der Rektor des Lehrerseminars im westfälischen Dülmen eines Tages den Brief eines märkischen Kleinbauern in den Händen hielt, der mit seinen dreiunddreißig Jahren so ganz plötzlich Lehrer werden wollte, da mag er zuerst mit dem Kopf geschüttelt haben. Aber war er selbst nicht in diesem Augenblicke Werkzeug eines Höheren, das einer ganzen Generation den Weg bereiten half? So schrieb denn der Rektor unter dem 10. März 1858, daß „der Friedrich Kempff sich nach einem Monat in Dülmen einfinden und für die Prüfung, die der Aufnahme vorausgehen werde, bereithalten solle".

Einen gläubigeren Schüler hatten die Lehrer in Dülmen noch nicht kennengelernt als den, der da zu ihren Füßen saß und auf jedes Wort aufmerkte, das aus ihrem Munde kam. Es dauerte nicht lange, da wurde seine musikalische Begabung offenbar. Er war von dem kleinen, nur einige wenige Register umfassenden Seminarörgelchen gar nicht fortzubringen. Wohl knackte es hier und da noch in den von der Landarbeit steifgewordenen Gelenken, doch es waren Hände, die für das Orgelspiel wie prädestiniert erschienen, von denen eine gesammelte Kraft ausging. So ward denn das eine große Ziel erreicht.

Ein noch größeres Geschenk erhielt er dazu, nämlich die um sechzehn Jahre jüngere Braut, der er im Haus des Pastors von Dülmen begegnet war. Wahrlich, er hatte wie Jakob mit dem Engel gerungen. Das „Ich lasse dich nicht, du segnest mich denn" hatte wie ein von alten zitternden Mutterhänden gesticktes Spruchband über seinem bisherigen Leben geflattert. Nun hatte ihm Morgen- und Abendgebet beides beschert, ein Amt, nach dem er sich zwei Jahrzehnte gesehnt hatte, und ein Weib.

Meine Großmutter Helene Rautzenberg hätte allen Grund gehabt, dem Schicksal, dem manchmal scheinbar so ungerecht wägenden, zu grollen. Waren die ersten vier Jahre ihres Lebens ein einziger heiterer Aufklang gewesen, so wurden nach dem Tod ihrer jungen Mutter auf der bisher so zart und lieblich tönenden Lebensharfe andere Saiten aufgezogen. Anstatt der engelhaften Frau war eine andere erschienen, ein wahrer Drache in Weibergestalt. Noch heute sind mir einige Erzählungen der Großmama in Erinnerung geblieben, welche immer mit einem reichlichen Tränenstrom von der Erzählerin und den kleinen Zuhörern begleitet waren. Eine hat sich mir besonders eingeprägt und ist mir noch lange unauflöslich mit der Bitte des Vaterunsers verknüpft geblieben: Wenn der Hunger der kleinen Stieftochter bei der Mahlzeit allzu heftig wurde, so wagte sie, die neue Mutter um ein Stückchen Brot anzugehen. Da sauste dann das Erbetene in wilder Fahrt auf ihren Platz, donnernd begleitet von den bösen Worten: „Da hast du es, du Nimmersatt", worauf mein kleines Großmütterlein zu weinen begann und die Tränen das Brot näßten. So gab es also doch die bösen Stiefmütter nicht nur im Märchen! Aber das alle Enttäuschungen sieghaft bezwingende Frohgemüt des rheinischen Menschen war auch dieser kleinen München-Gladbacherin in die Wiege gelegt worden. Die kleine Helene, wie ihr Bruder Wilhelm, der spätere erfolgreiche Kaufmann, machten keine griesgrämigen Gesichter dazu, im Gegenteil, bald ward ihr Weinen in eitel Lachen verkehrt. Gute Menschen nahmen sich ihrer an, wie der Pastor Josten in Dülmen, und ließen sie das so düster gewordene Elternhaus vergessen.

Man konnte sich nun keine größeren Gegensätze vorstellen als das Paar der Großeltern. Der im würdigen Sarabandenschritt einhergehende junge Kantor und an seiner Seite das nach zierlich leichter Gavottenart hüpfende rheinische Stadtkind, mit drolligem Ernst bemüht, mit ihren kleinen Füßchen (oh, wie war sie stolz darauf!) Schritt zu halten mit den Orgelpedalen ihres Erwählten. Immer steckte sie voll der tollsten Einfälle, die einer ursprünglichen Phantasie entsprangen, und der biedere Gatte aus der etwas nüchterner gelagerten Mark Brandenburg, der trockenen „Streusandbüchse" im kälteren Norden, mag so manches Mal ratlos, ja etwas bekümmert zum Himmel aufgeschaut haben, wenn der Tropfen Sekt, den ihr der rheinische Himmel ins Blut eingeträufelt, allzu mutwillig moussieren wollte. Da wurde mit ehrwürdigem Pfarrersbesuch kecker Mummenschanz getrieben und auch die Bauern von Garzau wußten hierüber ein Liedchen zu singen. Da gab es sich einmal, daß sie, allen Einwendungen des gesetzten Schulmeistersgatten zum Trotz die Bauern ins Lehrerhaus lud. Die kamen denn auch, mancher nicht ohne ein leises Herz- und Gewissenspochen, sie bekämen etwa Vorwürfe über mangelnden Schul- oder Kirchenbesuch der Kinder und auch der Großen zu hören. Aber das heiter aufgeschlossene, beschwingte Wesen der jungen „Schulmeisterin" nahm ihnen sogleich die Schwere solcher Gedanken und es dauerte gar nicht lange, da hörten sie die schönsten Geschichten von der ach so geliebten rheinischen Heimat, vom frommen Dichter Tersteegen, dessen „Verborgene Blümlein" auch ihrem einfältigen, aber geraden Sinn zusagten. Und aller Augen leuchteten wie die ihrer Kinder am Weihnachtstage, als große Kaffeekannen und der duftende rheinische Topfkuchen aufgetragen wurden. Da vergaß so mancher – und es wurde ihm beileibe nicht übelgenommen –, daß er sich im Lehrerhaus befand, und ein vergnügliches Schmatzen hub an.

Jetzt hielt es die Großmutter nicht länger. Sie begann, Pfänderspiele zu arrangieren, eine unerhörte Neuerung, die das Stimmengewirr der Bauern zu einem Fortissimo anwachsen ließ. Schon hatte sich der ernste Großvater, dem das bunte Durcheinander gar nicht gefallen wollte, zurückgezogen. Der Sieger im Pfänderspiel war Bauer Fröschke. Nur zu gut hatte die junge Lehrersfrau bemerkt, daß der Schnauzbärtige ihr verliebte Augen gemacht hatte, die seinem Namen alle Ehre machten, denn er ließ sie dabei förmlich heraustreten.

Da meldete sich bei ihr der rheinische Schalk. Sie rief: „Der Gewinner hat das Recht, ins Nebenzimmer zu kommen, allerdings mit verbundenen Augen, und einen Wunsch zu äußern."

Vorsichtig wurde er durch die Tür ins Nebenzimmer geschoben, wo ihn die damals höchstens zwanzig Lenze zählende Großmama in Empfang nahm. Sie hatte in einer Art Beckmesserkäfterchen Platz genommen und fragte nun mit einschmeichelnder Stimme nach seinem Begehr. Der Bauer rollte hinter seinem dunklen Verband die Augen, daß es nur so eine Art hatte. Er konnte vor innerer Erregung nicht gleich antworten. Nah, handgreiflich nah spürte er die Versucherin, – sollte er da widerstehen?

„Nun, lieber Fröschke", flötete jetzt der Schalk, „welchen Wunsch hätten Sie denn?"

Da ermannte sich der Gute sichtlich und bekannte mutig: „Nu, wenn's denn erlaubt wäre, dann hätte ich gern 'nen Kuß von der Frau Schulmeisterin", und er spitzte die Lippen.

Wollüstig zitterten die Schnauzbarthaare wie die eines gezähmten Seelöwen. Da fuhr es mit einer harten Bürste über den Mund des armen Sünders. Wie betäubt fuhr er auf, als hätte der Blitz des strafenden Jehova ihn getroffen. Hochroten Kopfes trat er den Rückweg an und versuchte, gute Miene zum grausamen Spiel zu machen. Aber er war geheilt von böser Leidenschaft auf Lebenszeit und war von Stund an ein treuer Gatte. Die anderen erfuhren nie von ihm, was es denn mit dem Kuß der Schulmeisterin auf sich gehabt habe, so sehr sie auch in ihn drangen.

So konnte mein Vater mit Fug und Recht von sich behaupten:

Vom Vater hab ich die Statur,
Des Lebens ernstes Führen,
Vom Mütterchen die Frohnatur
Und Lust zu fabulieren.

Aber wie an der Wiege dieses so frohen Mütterchens nicht nur gute Feen gestanden hatten, so war auch großes Herzeleid über sie hereingebrochen, als sie an die Schwelle des Alters gekommen war.

Der Großvater klagte viel über Sehstörungen, so daß man sich entschloß, in Berlin einen Augenspezialisten zu befragen. Bangen Herzens traten die beiden die Fahrt an. Der Professor, eine berühmte Kapazität, gewohnt, zu herrschen in seinem pupillarischen

Reich, fuhr den Landkantor barsch an und warf beiden unverantwortliche Versäumnis vor. Der Star sei schon sehr weit vorgeschritten und deshalb das Gelingen einer Operation, für die man sich sofort zu entscheiden habe, höchst fraglich. Hilflos und verlassen sahen sich die beiden in die Augen. Ob sie wohl dunkel ahnten, daß es das letztemal sein sollte?

Das Ergebnis war vernichtend. Nicht nur, daß er sein Augenlicht verlor, – es wurden ihm die beiden Augäpfel herausgenommen. Nach Wochen wurde die traurige Heimfahrt angetreten. Leise schlichen die Bauern um das verhangene Lehrerhaus herum, bis ihnen eines Tages ihr ehrwürdiger Kantor, aufrecht, aber als ein vom Leid gezeichneter alter Mann entgegentrat.

Nun darf man den Bauern nicht gram werden, wenn sie ein solcher Anblick verwirrte, ja völlig aus der Fassung brachte. Es erhob sich bald ein gefährliches Murmeln unter ihnen, aus dessen schemenhaftem Geraune sich immer wieder der lieblose cantus firmus als erkennbare Melodie löste: „Wie will der blinde Kantor unsere Kinder lehren?" Sie konnten nicht ahnen, wie furchtbar diese Frage den Garziner Kantor traf.

„Das hätten meine Garzauer Bauern nicht einmal gedacht, geschweige denn ausgesprochen", so seufzte er nur still in sich hinein. Doch bald zeigte es sich, daß sein Glaube an einen gütigen Vater überm Sternenzelt kein leerer Wahn war.

Der Bauer Fröschke, der einstige Sieger im Pfänderspiel, konnte Zeuge dafür sein, wenn er des Morgens in der Frühe es hinter den verhangenen Fenstern singen hörte: der alte blinde Kantor stimmte seinen Morgenchoral an. Zwar nicht mit der Stimme der Jugend, da er hinter dem Pfluge einhergehend das „Werde munter, mein Gemüte" mit den Lerchen um die Wette gesungen hatte. Nein, das war kein Morgenchoral, was der alte Kantor dort sang, so viel hörte das Bäuerlein – und es schlich sich fort an seine Arbeit. Aber die beiden Zeilen hatte er aus diesem Liede behalten: „Mein Leben ist ein Pilgrimstand, ich reise nach dem Vaterland ..."

„Also ist es so weit, daß der Kantor sich aufmachen will", so dachte er. Und das Bäuerlein strich sich mit der flachen Hand über seinen Seelöwenbart und dachte an die lustige Schulmeisterin, die ihn einst auf so grausame Art vom Küssen kuriert hatte, – und plötzlich wurden seine Augen feucht. Noch am Abend schlachtete er einen Hahn, zog sich seinen Sonntagsrock an und klopfte an die Tür des Kantors.

„Wir haben unseren Schulmeister nicht vergessen", mehr brachte er nicht heraus. Stocksteif stand er da, den armen Hahn mit weitausgestreckten Händen von sich haltend, als gälte es noch zu betonen, daß sein Besitzrecht an dem Opfertier schon erloschen sei. Bis dann die liebe Großmutter ihn aus seiner Verlegenheit erlöste und ihm das noch blutige Dankopfer abnahm.

„Das nenne ich Treue", so hörte der Bauer die Schulmeisterin sagen. „Wir haben noch eine Rechnung glattzumachen, es hat mich schon lange gewurmt. Keine Furcht, seht her, Bauer Fröschke, meine Hände sind leer und kein Marterwerkzeug ist in ihnen verborgen wie damals. Auch werden Euch Eure Augen nicht verbunden. Aber Treue um Treue ..." – und sie umarmte und küßte den Bauer, der noch benommener hinaustaumelte als dazumal, da die Großmutter ihn mit der Bürste aus allen Himmeln gerissen hatte.

Noch war aber die Zeit der Prüfung für den Großvater nicht abgelaufen. Als wollte der Engel, mit dem er einstens gerungen hatte, ihn versuchen, wie es Gott mit Hiob getan hatte. Und er schlug ein zweites Mal zu.

Ich sah meinen Vater mit einem gefalteten Papier in den Händen, diesen immer so lebendigen Händen, die gleichfalls zu weinen schienen. Auf alle meine Fragen hörte ich nur immer die eine Antwort: „Es ist eine Depesche gekommen, eine Depesche . . ." und der seltsam zischende Klang dieses Wortes ist mir zeitlebens in den Ohren geblieben. Was war geschehen? Der jüngste Bruder meines Vaters war erschossen aufgefunden worden. Hatte die Tatsache eines gewaltsamen Todes schon an sich für die Eltern etwas Niederschmetterndes, so ließ ihnen die bange Frage zeitlebens keine Ruhe, ob ein Verbrechen, Unglücksfall oder sogar vielleicht eigener Entschluß dieses junge Leben vernichtet hatte. Von früher Jugend an war die faszinierende Gestalt des Bruders tragisch umwittert gewesen, was auch in seinem Klavierspiel sich nicht verleugnete, einem Spiel aus echter Dämonie und Magie, vor welchem mein guter Vater seine ruhig-frommen Segel strich, sooft er diesem Sturmesbrausen zuhörte. Es war nur zu natürlich, daß nach diesem zweiten Blitzschlag die Geschwister, der ältere Bruder Fritz und die um vieles jüngere Schwester Selma, sich um den glaubensstarken Bruder Wilhelm, meinen Vater, scharten – wie die erschreckten Schäflein während des tobenden Ungewitters sich zum bewehrten Hirten flüchten.

Der arme Onkel Ferdinand war im Donnersturm umgekommen, im Aufruhr der Titanen, den er so oft in der „Appassionata" entfesselt hatte. Nun fühlten die Geschwister, daß des Menschen

Ringen umsonst ist, wenn nicht da unten in der Seele der ewige Orgelpunkt tönt, dem selbst die Dämonen nie und nimmer etwas anhaben können.

Dann aber ließ der Engel ab vom alten blinden Kantor, der sich nun bald den Achtzigern näherte. So sehe ich ihn vor mir: im Ohrensessel, eine braune Decke über den Knieen, das gewaltige Haupt, das nur an den Schläfen von weißen Haarbüscheln umrahmt war, etwas vorgeneigt und nach der Art der Blinden in die Ferne horchend, während die Lippen an der überlangen, altmodisch verzierten Tabakspfeife zogen. Und dies in einem ewig gleichbleibenden Rhythmus, wie Blasenschlagen über der stillen Oberfläche eines Waldweihers oder das Tropfen einer Wasseruhr, so daß manchmal die Zeit wirklich stillzustehen schien und ich erschreckt wie aus Träumen auffuhr, wenn ich dann die Stimme hörte, aus der so viel Güte klingen konnte: „Tritt zu mir, wo bist du – hier –", und seine Hände suchten tastend meinen Scheitel, auf dem sie lange verweilten.

Es waren rechte Segenshände, dieselben Hände, die einstens das Gesangbuch an der Pflugschar befestigt hatten, damit er singend pflügen konnte. Und als ich ihm dann auf dem Klavier (es war beinah ein altes Clavizymbel) seinen Lieblingsmozart spielte:

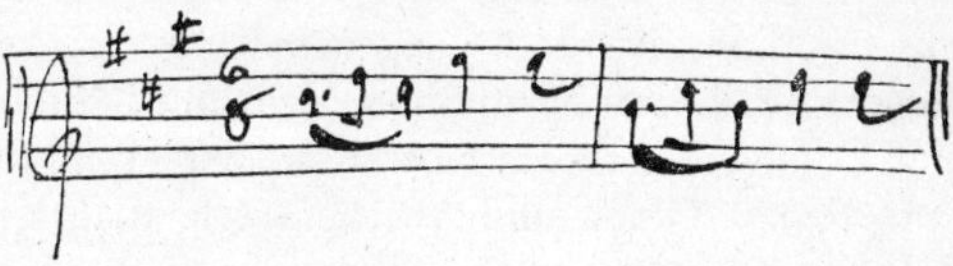

die Variationen der A-dur-Sonate, da erhellte ein heiter-verklärter Zug das in tiefste Nacht versunkene Antlitz, Abendwolken gleich, die ein letztes Licht von der untergehenden Sonne erhalten.

Und er dachte, still vor sich hinlächelnd, und es schien mir, als ob er es gesprochen hätte: „Der Wunschring, Wilhelm, der Wunschring – – ich mußte ihn mir erst aus dem Acker graben. Meine Vorfahren, der Großvater, weißt du, er war Schiffer in Seedorf und die Leute stromauf und stromab hatten keine Uhr nötig; sein Singen über dem Strom gab ihnen die Zeit an. Und der Vater, er war Hirte und seine Weidenflöte war den ganzen Tag zu hören, er legte sie auch beim Schlafen nicht aus der Hand ... Aber sie suchten ihn ihr Lebelang, den Wunschring."

„Wem hast du ihn denn geschenkt, Großvater, als du ihn im Acker gefunden hast?"

Er legte wieder die Hände auf meinen Scheitel: „Deinem Vater, Wilhelm. Und er gibt ihn dir weiter, ich weiß es, und du sollst das gleiche tun, denn es war eine schwere Arbeit, das sollst du wissen."

Da begann die Wasseruhr wieder zu rinnen und es wurde noch stiller als still im Raum.

Ich aber besah mir die Finger und untersuchte sie prüfend, an welchen von ihnen ich wohl den Ring stecken könnte.

Dies war der letzte Besuch beim Großvater.

Die Vertreibung aus dem Paradies

Es war schon eine Vertreibung aus dem Paradies gewesen und auch die große Zuckertüte hatte über diese traurige Tatsache nicht hinwegtäuschen können. Auch dem Vater wollte es scheinen, als wäre ein Stillstand in meiner musikalischen Entwicklung eingetreten, da man mir nun die Schulmappe aufgezäumt hatte. In seinem rührenden Gerechtigkeitssinn suchte er die Gründe hierfür bei sich selbst, zugleich den Sinn der alten Wahrheit begreifend, daß es selten gut tue, Lehrmeister der eigenen Kinder zu sein, es sei denn, man verfügte über unbeschränkte Zeit und Mittel. So hatte er denn seinen Jungen kurzentschlossen an der Hand genommen und zu der in hohem Glanz und Ansehen stehenden Klavierpädagogin Ida Schmidt-Schlesicke gebracht.

Es war an einem späten Nachmittag gewesen und aus allen Zimmern des Musikinstitutes schallten dem schüchternen Knaben rollende Tonleitern wie gurgelnde Sturzbäche entgegen. Und was war das für eine gebietende Persönlichkeit, die Herrscherin in diesem unaufhörlich tönenden Reich! Klein war sie, das war gewiß, noch kleiner als die Mutter, aber diesem adlergleichen Blick entging wohl kein falscher Fingersatz und von ihren guten Ohren erzählten sich ihre eigenen Söhne Otto und Walter Wunderdinge.

Dann hatte der Knabe den eigens für ihn um eine Oktave hochgewundenen Drehsessel bestiegen. Aus diesem Probespiel wurde ein ganzes Konzert. Wie auf ein Zauberwort verstummte ein Klavier nach dem anderen. Der unaufhörlich übenden Sängerin auf Zimmer 5 waren die letzten Solfeggien in ihrer noch allzu spröden Kehle steckengeblieben. Alle, alle kamen, um den kleinen

Mitbürger zu hören, dessen Repertoire schier unerschöpflich zu sein schien.

Die Lehrerinnen suchten ihren Spaß darin, bei der Gehörprüfung wahllose Tonfolgen, ja die unmöglichsten Klangkombinationen auf dem Klavier anzuschlagen, sich solchermaßen a priori als atonale Komponisten betätigend, aber immer wurde ihnen von dem stolz errötenden Knaben der rechte Bescheid gegeben. Wie warm leuchtete es nun in den ehedem so streng blickenden Augen auf, als der Junge vom erhöhten kurulischen Sessel wieder herunterglitt und sich von seiner neuen Lehrerin mit einem artigen Diener verabschiedete, um schon am nächsten Tage mit den Klavierstunden zu beginnen.

Noch ein zweites, nicht minder wichtiges Ereignis fiel in jene Zeit: ich trat in den liturgischen Chor von St. Nikolai ein, der aus etwa vierzig Knaben und acht Herren bestand. Ihm gehörte schon mein um zwei Jahre älterer Bruder an, der schnell eine besondere Stütze im Alt wurde und schon damals eine große Liebe zur kirchlichen Musik zeigte.

Jetzt konnte der Vater sich aus den gesamten Schulen der Residenzstadt die musik- und stimmbegabtesten Schüler auswählen und er brauchte nicht wie weiland Diogenes viel mit der Laterne zu suchen, denn sie kamen in hellen Scharen angelaufen. Wie schwer fiel es dann oft dem Vater, so manchem hoffnungslosen „Brummer" die heißersehnte Aufnahme zu verweigern. Da gab es dann manche Tränen, die auch nicht mit der tröstlichen Feststellung des unerbittlichen Richters trockneten, daß der Zurückgewiesene „sonst ein lieber Junge sei".

Die Übungsstunden fanden jeden Mittwoch und Sonnabend zur Mittagsstunde statt, und noch sind mir alle Einzelheiten gegenwärtig; der Gang quer über den Wilhelmsplatz an der Seite des Vaters, dessen eine Hand seinen kostbaren Schatz, die Stainergeige, fest umschloß, während ich an der anderen seinem schnellen Schritt zu folgen versuchte. Dann wurden die Noten von dem ältesten Sopranisten verteilt; es waren eine Art Vokalisen, die der Vater sich selbst erdacht hatte als technisches Rüstzeug für die wenig biegsamen Knabenstimmen. Lag doch der Gesangunterricht, besonders auf den Gymnasien, sehr im argen, da er zumeist als entbehrliches Fach angesehen wurde.

Hatten wir also diese Chor-Etüden mit unseren jungen Kehlen bewältigt, so kamen die alten Meister an die Reihe, deren Namen schon wie geheimnisvolle alla breve-Noten auf uns wirkten, allen voran Palestrina. Wie wußte der Vater uns in den Geist einer „Missa Papae Marcelli" einzuführen! Seine Andacht teilte sich den wildesten Jungen mit und es dauerte nicht lange, da wuchsen auch ihnen unsichtbare Flügel, und die Gruppe der Singenden wirkte wie eine Verlebendigung des berühmten Reliefs von della Robbia an der Florentiner Domkanzel.

Der Sonntagmorgen vereinigte dann den ganzen Chor. Was vorher nur an Hand der Partitur geahnt werden konnte, das setzte sich nun in Klang um und wurde Erfüllung. Da wurden uns die Meister wie Orlando di Lasso, Lotti, aber auch Sweelinck, Hammerschmidt und Vulpius zu lebendigen Begriffen und erst der dröhnende Einsatz der Kirchenglocken – es wurde jeweils im Pfarrhaus der St. Nikolai-Kirche geprobt – erinnerte den Vater daran, daß es Zeit sei, ihrem Ruf zu folgen.

Oben auf der Orgelempore wartete schon der alte Bälgetreter Thoma, auf dessen Schwebebalken wir bei minder festlichen Anlässen uns niederlassen durften. Da er zugleich dem ehrsamen Gewerbe der Schuster angehörte, stellte er bei solchen Gelegenheiten fest, wem zuerst von uns drei Kempffkindern die Schuhe besohlt werden müßten.

Heute aber am festlichen Sonntag waren keinerlei Besuche im engen Kämmerlein des Windmachers gestattet, fühlten wir uns doch in des Wortes wahrster Bedeutung zu einem Gottes-*Dienst* verpflichtet, mehr noch als dort unten die vielen Erwachsenen, die mehr rezeptiv an den heiligen Handlungen teilzunehmen schienen. Aber auch hier wurde mit der Zeit vom Vater ganze Arbeit geleistet; die „dort unten" klebten bald nicht mehr an jeder Fermate des Chorals fest wie Fliegen am süßen Leim, sondern ließen sich willig führen durch die Tücken auch noch so schwieriger polyrhythmischer Gewebe. –

So wach uns die Musica sacra erhielt, so stellte sich beim Anhören der Predigt bei fast allen Kindern eine unbegreifliche Müdigkeit ein, als wären sie plötzlich unter einen anderen, tropischen Himmelsstrich versetzt worden. Es dauerte nicht lange, da schrumpfte dem angestrengt Zuhörenden die Gestalt des Predigers auf der erhöhten Kanzel zu einem Zwergbild zusammen und auch die Stimme glitt mit einem wunderbar ausgeglichenen Diminuendo aus dem Bewußtsein. Ertappte man sich auf solchen Ausflügen ins Traumland, so versuchte man sich auch gleich wieder mit einer korrigierenden Handbewegung den Anschein eines Überwachen zu geben, der nun binnen kurzem aufs neue in die weichen verlangenden Arme des Gottes Morpheus getrieben wurde. Diesmal sprang aber der alles wissende und – beobachtende Vater herzu, um den Schlafbefangenen vor einem Absturz von der Empore zu bewahren.

Nun muß zur Entschuldigung der Schläfer angeführt werden, daß die herrliche, an St. Peter in Rom gemahnende Riesenkuppel Schinkels eine Überakustik hervorzauberte, die wohl der getragenen a-cappella-Musik der alten Italiener denkbar entgegenkam, dem gesprochenen Wort aber bitterböse Fehde ansagte. Auch ein gewaltiges unter der Kuppel ausgespanntes Netz vermochte die langen Schwingungen nicht in die ersehnten Kurzwellen umzusetzen.

Späterhin hatte ich genügend Gelegenheit, dem akustischen Problem weiter nachzuspüren, sei es im positiven Sinne im Leipziger Gewandhaus, der Berliner Philharmonie, der Bonner Beethovenhalle, dem antiken Theater zu Delphi oder im negativen Sinne in fast allen anderen der Kunst geweihten modernen Räumen. Ich floh meist entsetzt von dannen, wenn mir auf meine Frage stolz die Antwort wurde, daß „in diesem Saale jedes Wort zu verstehen" sei, mit anderen Worten also hier die gefürchtete „Watteakustik" zu Hause war, die wie ein Riesenpolyp die eben geborenen Tonwellen mit ihren Fangarmen an sich zieht und im gleichen Augenblick erstickt, traumhaftes Gespenst der Instrumentalisten und der noch bedauernswerteren Sänger ...

Deshalb betrachteten wir diesen Dom so recht als „unsere" Kirche und sahen mitleidlos den vielfältigen Bestrebungen zu, die darauf abzielten, gegen den musikalischen Weiheraum eine nüchterne Predigtkirche der Aufklärungszeit einzutauschen. Denn Gottes unbegreifliche Majestät läßt sich ja kaum mit Worten schildern, mit Worten, die derselben Sprache angehören, in der täglich gelogen, geflucht und das Schöne entehrt wird. Die christliche Kirche sollte solche wortfeindlichen Basiliken oder Zentralrundbaue ausschließlich der Liturgie, der Musica sacra und ihren Propheten vorbehalten, wozu auch eine Erscheinung wie Bruckner zu rechnen wäre, und so eine sparsam ausgewogene Zahl von ihnen zu musikalischen Weihedomen erheben. Erst in ihnen wird dann die Pluralität Bachschen Gotteserlebens offenbar werden und das *Sanctus Dominus Deus Sabaoth* aus der h-moll-Messe wird uns vergessen lassen, daß es eine Zeit gegeben hat, da man Gott mit Worten anrief, und wären sie aus dem Munde eines noch so begabten und noch so beliebten „Kanzelredners" gekommen, dem es doch nicht gelingen konnte, die Müdigkeit der Unmündigen zu bannen.

Wohl hatte sich Gott in alter und ältester Zeit durch das Wort geoffenbart, in den wunderbaren Psalmen, diesen tönenden Denkmälern der menschlichen Seele, in den Weissagungen seiner Propheten. Aber das Wort war schal geworden, entwertet, abgegriffen, es war tagaus, tagein durch die rostigen Gebetsmühlen gedreht worden. Dann hatte Gott die neuen Propheten ausgesandt, um die Seele des Menschen mit der Macht der Musik zu erfüllen. Und schon mehren sich zu unseren Zeiten die Anzeichen, daß die Menschen auch diesem Reich ein Ende setzen wollen, daß sie die Musik, die einst ausschließlich eine Musica sacra gewesen ist, also eine heilige Kunst, zur bänkelsängerischen Dirne herabwürdigen, ihr ihre Seele stehlen wollen, um dieses innere Reich, in ihren Augen das gefährlichste, zu vernichten.

Aber wurde nicht damals schon von meinem Vater der Grundstein zu solchem Dom gelegt, indem er ganze Bachkantaten in den Gottesdienst einbaute? Als mächtigen Helfer bei solchem Tun hatte er den Superintendenten Haendler – welcher Bürokrat hat diesen kirchenfeindlichen Titel erfunden? –, der wohl wußte, daß es höchste Zeit war, daß die heilige Caecilia sich ihrer armen ketzerischen Kinder, der nüchternen Protestanten, annahm. Wenn dann die Zeit der Weihnacht kam, dann wußten die Potsdamer, daß da in der Nikolaikirche alle die alten Weisen erklingen würden; der gewaltige Raum vermochte nur mit Mühe die Schar der Pilger ins selige Kinderland zu fassen. Ja selbst aus höchster Kuppel erklangen die Echochöre der jubilierenden Engel, erdenfern und weltentrückt, wie ich nie mehr in meinem Leben Musik aus Menschenkehlen vernommen habe.

Ich kann heute nicht mehr den Zeitpunkt angeben, wann ich zum ersten Male von meinem Vater an die Königin der Instrumente gelassen wurde. Ich weiß nur noch, daß ich noch ein gutes Jahr mit den Beinen nicht an das Pedal reichte und infolge dieser anatomischen Behinderung die Orgel im Stehen spielte. Es war noch die alte gute Orgel, deren Tastatur wie ein photographisches Negativ wirkte, aus dem die schwarzen Tasten weiß aufleuchteten, die weißen aber in prächtiges Ebenholzschwarz gekleidet waren wie die stolzen Damen spanischer Granden. Wenn nun der Vater zu allen anderen Registern das der Mixtur und sogar der Posaune zog, dann kannte das stolze Wonnegefühl des Knaben keine Grenzen. Zur Belohnung für eine so schnelle königliche Besitzergreifung durfte ich im nächsten Konzert des „Vereins für geistliche Musik" den Chor „Laut durch die Welten tönt Jehovas großer

Name" von Mozarts Zeitgenossen I. P. Schulz begleiten und mich sogar als Solist mit Bachs h-moll-Präludium aus dem zweiten Teil des „Wohltemperierten Klaviers" auf der Orgel hören lassen.

Ich brachte dem guten Bälgetreter Thoma ein großes Stück Kuchen mit, damit er sich vorher noch einmal recht stärken könne, denn „ich ziehe am Schluß alle Register, auch die Mixtur und die Posaune und du wirst sehr schwitzen müssen", erklärte ich ihm stolz vor Beginn des Konzerts. Dies wurde so mein erstes Debut als Organist, nachdem ich bei einer öffentlichen Veranstaltung des Schmidtschen Musikinstituts im Hotel „Stadt Königsberg" mit Mozarts C-dur-Sonate „den Vogel abgeschossen hatte", wie mein Vater feststellte. Sogar das Potsdamer „Intelligenzblatt" berichtete darüber, obwohl es sich nicht um einen Unglücksfall handelte.

Aus pädagogischen Gründen verschwiegen mir die Eltern wohlweislich diese erste „Kritik", was aber nicht verhindern konnte, daß mich am nächsten Morgen meine kleinen Mitschüler, die sich mit mir auf der Vorschule des Viktoriagymnasiums in der Kurfürstenstraße als Ab- und Aufstrichkünstler betätigten, auf dem Schulhof umringten und mich als „Wunderkind" feierten. Ja, nicht genug, der gute alte Rektor Sühring ließ mich durch den Pedell in seine Wohnung holen, wo ich ihm noch einmal die Mozart-Sonate vorspielen mußte, eine Ehrung, die mir zu Kopf hätte steigen können, wenn mir nicht in jener Zeit ein nervöses Sprachleiden zu schaffen gemacht hätte, das mehr und mehr sich steigernd diese sonst so strahlend glücklichen Kinderjahre überschatten sollte.

Da nützten all die gutgemeinten Ermahnungen und Ratschläge, vor dem Sprechen tief Atem zu holen und sich die Antwort „parat" zu legen, gar nichts. Eine – wie dazumal gewöhnlich – in barschem, ja drohendem Ton gestellte Frage in der Schule schnürte mir buchstäblich die Kehle zu, drückte mir den Atem ab; die Sprechwerkzeuge befiel ein fürchterlicher Krampf, kurz, es waren Angstgefühle zu überstehen, die ein Gesunder nur im Traum erleben muß.

Dennoch gelang es mir, auf der Vorschule den ersten Platz zu behaupten, da meine Lehrer Mügge, Ullrich, Brose (welche Erinnerungen rufen nur diese Namen wach!) mehr Verständnis für meine bedauernswerte Lage zeigten als ihre im allgemeinen stolzeren, mit dem Titel „Oberlehrer" geschmückten Kollegen des Gymnasiums, mehr Herzenseinfalt besaßen als so manch berühmter und angestaunter Alleswisser. Da durfte ich dann meine Antwort auf ein Stück Papier schreiben, wenn „ich verstummte in meiner Qual", und sie wurde gewogen und gerecht gewogen.

Doch es liegt mir fern, meine Lehrer auf dem humanistischen Viktoriagymnasium etwa der Grausamkeit zu zeihen oder des Unverständnisses; damit täte ich den von mir bis auf den heutigen Tag verehrten Gestalten bitter unrecht, die uns – jeder auf seine besondere Art – den Sinn schärften für die ewigen Werte der klassischen Bildung. Man hatte damals eben noch seine eigenen Vorstellungen darüber, wie Jungen in den Flegeljahren (die bei mir erst viel, viel später einsetzten) zu erziehen seien. Und es muß gesagt werden, daß die kleinen Sextaner bis herauf zu den Quartanern oder vielmehr ihre allerwerteste Kehrseite sich des allgemeinen Interesses ihrer Erzieher zu erfreuen hatte, das mitunter weit über das noch damals erlaubte Maß hinausging.

Die Prügel mit dem Rohrstock gehörten damals zum Sextaner wie das Bier oder die Mensur zum Studenten; es waren geheiligte Vorrechte, über die kein Wort zu verlieren war. Man eiferte in dieser Beziehung mehr dem großen Stockmeister Friedrich Wilhelm I. nach als seinem musischen Sohne und dünkte sich dabei „gut preußisch" zu sein.

Diesen Erziehungsgrundsätzen wurde besonders von einem älteren, den militärischen Drill bevorzugenden Junggesellen gehuldigt, der, an sich gutmütig, im Jähzorn ein wahres Schreckensregiment zu führen wußte. In solch einem Anfall mein versteinertes Schweigen für unbotmäßigen Widerstand gegen die Staatsgewalt haltend, schlug er mit seiner mächtigen Faust zu und traf mich so, das mein Kopf mit dumpfem Fall auf die Tischplatte knallte und mich die berüchtigten lila und gelben Sterne umtanzten. Ich begann fassungslos zu schluchzen und mein Schluchzen erzeugte einen Weinkrampf, der eine gefährliche Wirkung auf meine Kameraden hatte, deren Nerven durch diesen Vorgang bis zum Zerreißen angespannt waren. Es wurde kommandiert: „Aufstehen!" – und alles schnellte in die Höhe; – „Heraustreten, fünf Minuten Pause! Macht, daß ihr auf den Hof kommt!" –

In der frischen freien Luft löste sich die Bedrängnis der kleinen Herzen. Manch einer, der nicht gerade zu meinen Freunden gehörte, streckte nun seine Knabenhand aus und meinte treuherzig: „Du, das war roh, das war gemein", und wir traten nun beruhigter den Rückweg in die Schulklasse an. Dort saß er, den der Jähzorn übermannt hatte, nun versöhnlicher gestimmt. Wären wir älter gewesen, so hätten wir in diesem Blick noch mehr entdeckt: Angst vor sich selbst ... Später hörte ich, er hätte im ersten Weltkrieg seinem Leben ein Ende gemacht, er, der Hauptmann, der es nicht ertrug, daß ein Höherer ihm wegen einer voreiligen Entscheidung Vorhaltungen gemacht hatte.

Aber auch eine lichte Gestalt steigt aus der Erinnerung Tiefen empor: Alfred Leisering, der schon rein äußerlich den Typ des harmonisch gelösten Menschen verkörperte, hatte es nicht nötig, seinen Willen mit dem Stock durchzusetzen, denn sein lauteres, dabei männliches Wesen eroberte kampflos jedes Jungen Herz. Auch war er einer der wenigen, die nicht mit einem Spitznamen bedacht wurden; diese verdanken ja ihre Entstehung meist einer Art Rachegefühl des unterlegenen Schülers. (Und was für Spitznamen waren bei uns im Schwang!). Nicht nur, daß er uns die etwas trockene Syntax im Lateinunterricht phantasievoll zu verbrämen verstand, sondern er fand nach dem leidigen Korrigieren der Hefte immer noch Zeit, seine reichen musikalischen Anlagen weiter auszubilden und so seiner angeborenen Entdeckerfreude freien Lauf zu lassen. Er war so auch der erste, von dessen Lippen ich einen Namen vernommen habe, der damals die musikalische Welt aufhorchen ließ, den Namen Max Reger.

Und welche Freude bereitete es uns Sextanern, wenn wir mit diesem geliebten Lehrer einen Ausflug in die Umgebung Potsdams machen durften, nach den Ravensbergen, nach dem düsteren Teufelssee! In diesem See wimmelte es von allerhand tagscheuem Getier, das krabbelnd und wabbelnd sich dem nach lohnender Ausbeute ausschauenden Knabenauge zu entziehen suchte. Dann gab es noch ein besonderes Vergnügen, einen von der Natur eigens für unsere Zwecke vorsorglich hergerichteten Kletterbaum, dessen abgestorbener Riesenarm sich weit über den See dräuend gen Himmel reckte und der es doch nicht verhindern konnte, daß sein toter Rücken das lustigste Reittier von der Welt abgeben mußte.

Das war so recht eine „Verrufene Stelle" (ich spielte damals gerade die Schumannschen „Waldszenen") und in der brütend lastenden glasigen Mittagsstille glaubte ich plötzlich den Sinn des Hebbelschen Verses enträtseln zu können, den Schumann seinem Werk vorangestellt hatte:

Die Blumen, so hoch sie wachsen,
Sind blaß hier wie der Tod.
Nur eine in der Mitte
Steht da im dunklen Rot.

Die hat es nicht von der Sonne:
Nie traf sie deren Glut,
Sie hat es von der Erde,
Und die trank Menschenblut.

Jahre später wurde diese Stelle in Wirklichkeit der Schauplatz eines grausigen Mordes an einem Mädchen, was mir bezeichnend erschien. Verlangte es diesen See, der gleich einem trägen Riesenlurch der Vorzeit mit dösigen Augen auf der Lauer liegt, nicht dann und wann nach einem unschuldigen Menschenleib?

Es konnte aber auch geschehen, daß wir bei solchen sommerlichen Exkursionen an einem stillen Dorfkirchlein wie dem von Paretz vorbeikamen und Leisering selbst zum Pfarrer ging und diesen um den Schlüssel der Orgel bat. Wie groß war dann das Erstaunen, als dieser mich nun bei der Hand nahm und erklärte, er hätte schon von seinen Amtsbrüdern in Potsdam gehört, daß dort ein Knabe bei den Gottesdiensten und in den Kirchenkonzerten „wie ein Großer" die Orgel spielte. Der Bälgetreter sei tagsüber auf dem Felde beschäftigt, er, der Pfarrer, werde selbst Wind machen. Dies ließen aber Leisering und besonders die Mitschüler nicht zu. So gab es ein fröhliches Auswählen der kleinen Trabanten des pausbäckigen Gottes Äolus – und das Konzert konnte beginnen. – –

Es war unter uns Geschwistern gleichsam ein stilles Abkommen getroffen worden, nach dem wir wie nach einem ungeschriebenen Gesetz handelten: den Eltern die unangenehmen Vorfälle, wie sie nun einmal jede auch noch so glückliche Schulzeit mit sich bringt, unter allen Umständen zu verschweigen. Das ist an sich eine gefährliche Politik, die am Schluß ein „Ende gut, alles gut" voraussetzt.

Aber wir wußten es alle immer so einzurichten, daß am Schluß des Semesters, wenn die Zeugnisse (und besonders die Rangordnung nach Plätzen) verteilt wurden, der Sprung ins „happy end" nicht mit einem Versager endete. So hat weder der Vater noch die den ganzen Tag um uns besorgte Mutter (und jedenfalls gerade deswegen) eine so traurige Geschichte wie die des jähzornigen Stockmeisters zu hören bekommen.

Wir hatten wohl auch das Gefühl, daß es genug sei und damit sein Bewenden haben könne, wenn man sich in diesem furchtbaren Augenblick seiner selbst, aber auch des Lehrers, ja der ganzen Schule geschämt und selbst aufgeatmet hatte, wenn nach

Tagen der tastenden Unsicherheit der kindliche Glaube an die Unfehlbarkeit von Lehrer und Schule wiederhergestellt war. Und wer kann es wissen, ob nicht auch jener Mann, als er so grausam zuschlug, Werkzeug eines – wenn auch alttestamentlichen – Gottes gewesen war, der seine besonderen Absichten mit dem Knaben hatte, auf daß nicht aus dem enfant prodige ein enfant gâté würde?

So war ich wieder ein glücklicher „Victorianer", wie die Schüler des Victoriagymnasiums genannt wurden. Die beiden putzigen Eulen, die das Eingangstor des roten Backsteinbaues zierten, blinzelten mir aus ihren halbgeschlossenen Augenlidern zu, als wollten sie sagen: „Nur zu, nur zu!" – und ich versuchte es ihnen gleichzutun, schüttelte mein Gefieder und trollte mich im Mittagssonnenlicht auf dem nächsten Wege, durch die Kreuzstraße am holländischen Viertel vorbei, quer über den Bassinplatz zu meinem Elternhaus.

Die alten Meister halten Wache

Ja, es war so weit; den Vater hielt es nicht länger, als er das rote Notenbuch sich füllen sah mit Rondos, Capriccios, Nocturnes, die viele der geliebten kleinen Nötchen aufwiesen – rubato e senza tempo à la Chopin. So schrieb er eines schönen Tages einen Brief mit einer Art musikalischen Diagnose seines Sohnes an den Direktor der Berliner Singakademie Georg Schumann. Und er fragte ihn, ob er diesen seinen neunjährigen Sohn ihm nicht einmal vorstellen dürfe.

Wir warteten alle mit einer Spannung ohnegleichen auf eine Antwort von dem Manne, der erst vor kurzem die Nachfolge Blumners unter verheißungsvollen Auspizien angetreten hatte. Schon war eine geraume Zeit darüber vergangen, da stürzte meine Schwester, die mit ihrem sonnigen rheinischen Temperament am meisten unserer Großmutter nachgeschlagen war, eines Mittags auf mich zu, der ich gerade befreit die Schulmappe abzäumte: „Weißt du schon? Sie ist da, sie ist da!"

„Wer?" – und ich schnappte durch ihre Aufregung angesteckt nach Luft, „wwwer? Tante Hortense, Tante Selma?"

„Ach, viel was Schöneres", sprudelte sie lachend hervor, „der Professor aus Berlin hat geschrieben, die Karte liegt auf dem Klavier."

Ähnlich mag der Großvater auf das Schreiben mit dem amtlichen Siegel des Rektors von Dülmen gestarrt haben, ehe er die vor seinen aufgeregten Sinnen tanzenden Schriftzeichen in einige Ordnung bringen konnte. Er hatte also geantwortet, der große Mann, und dies war die Hauptsache. Die Mutter griff an dem Reisetage besonders tief in ihre Küchenvorräte und unter dem Hallo der Geschwister ging es die alte, immer knarrende Haustreppe hinab, in „Duodezimen", wie wir zu sagen pflegten, wenn wir drei Stufen auf einmal nahmen.

„Nun hast du doch deine Noten vergessen!" brodelte es plötzlich aus dem Vater hervor und er wandte sich zu überstürzter Umkehr. Ich konnte ihn gerade noch am Schwalbenschwanz seines Gehrocks erwischen und lachend seine Besorgnis zerstreuen: „Was muß der Professor von mir denken, Papa, die Noten hab ich im Kopf", und flugs war die gute Stimmung wiederhergestellt.

Wie oft habe ich noch in meinem Leben diese Reise mit der alten „Stammbahn" gemacht, die als überhaupt eine der ersten sich historischen Rufs erfreuen durfte. Ich glaube, daß die Relativitätstheorie nicht nur in den ungeheuren kosmischen Ausmaßen des Weltenraumes sich auswirkt, sondern daß unser ganzes kleines Menschendasein unter dieses Gesetz zu stellen ist. So schien mir damals dieser „Katzensprung" Potsdam – Berlin um ein ungeheures Maß auf Riesenintervalle projiziert; kein Wunder, denn das Kinderauge sieht vielfältig, alles mit gegenwartsstarkem Erleben durchdringend.

Der beglückende Rhythmus der Eisenbahnräder:

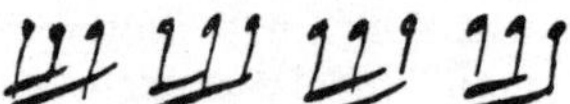

der sich bald stringendo ed accelerando zur fließenden Triolenbewegung steigern sollte,

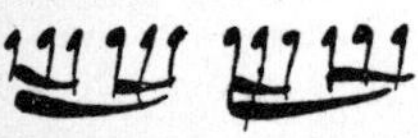

erzeugte ein wahres Wonnegefühl, wie ich es später noch dann und wann empfunden habe, wenn sich aus der Luft das weite Erdenrund unter mir in aller seiner Herrlichkeit ausdehnte.

Noch beglückter war dann die Heimfahrt gewesen. Es waren dieselben Häuser, dieselben Bäume, an denen wir mit Windeseile vorbeigetragen wurden, und doch, wie leuchteten sie in einem besonderen Glanz! In aufgeregter Gegenrede suchten wir uns alle die Einzelheiten des Erlebten noch einmal zu vergegenwärtigen, wie schöne braune Glückskühe wiederkäuend, und auch das bescheidenste Hälmchen wurde vom anderen herbeigetragen, um ja nichts auszulassen. Der Vater bekannte treuherzig, daß ihm während der Warteminuten im Amtszimmer des Direktors für Augenblicke das Herz stillgestanden hätte. „Nein, daß du so ruhig deinen Bach spielen konntest, als wärest du dort zu Hause!" und er wiegte sein mächtiges Haupt hin und her, mich mit seinen gütigen Vateraugen glücklich betrachtend.

„Und hast du gesehen", fiel aufgeregt der Knabe ein, die Worte gleichsam im doppelten Kontrapunkt verhaspelnd, „wie er übers ganze Gesicht gelacht hat, als ich bei der Improvisation das Fugenthema in der Umkehrung brachte?"

Und darauf der Vater: „Rührend, daß der große Mann sich mit einem solch simplen Thema wie ‚Gestern abend ging ich aus' überhaupt einläßt, wo er doch mit ganz anderen Bekanntschaften aufwarten kann, mit Herrn van Beethoven, dem alten Herrn Bach, um nur einige zu nennen ..."

„Aber mir hat das Thema gerade gut gefallen", zwitscherte nun der Knabe im hohen Sopran, „es ließ sich prächtig verarbeiten, zergliedern – "

„Zerhacken, vierteilen", antwortete es im sonoren Baß, „man kann auch des Guten zuviel tun; man kann ein Thema zergliedern, daß man es am Ende so weit aus den Gelenken gezerrt hat wie das Kind seine Puppe, daß von seiner Urgestalt nicht mehr viel übriggeblieben ist. Komisch, manchmal muß ich dann bei dir an ein wirkliches Katze- und Mausspiel denken, mir wird dann fast unheimlich zumut. Denke immer daran, lieber Sohn, daß die Musik mehr ist als nur ein Spiel – – – "

Doch kaum daß der Vater das Echo dieser ernsten Worte im plötzlich veränderten Gesichtsausdruck seines Jüngsten bemerkt hatte, da goß er auch schon süßen Wein in das bitterherbe Trankopfer, welches er den alten Meistern schuldig zu sein glaubte. Wie gläubig-heiter klang jetzt wieder seine Stimme, als er nun fortfuhr: „Das Schönste war doch, wie ich ihn danach fragte, ob du nun Musiker werden sollst, und er beinahe unwillig-erstaunt antwortete: ‚Der, – der ist es ja schon' – – – und er will dir den Weg ebnen helfen, so sagte er noch zum Abschied."

„Bin ich wirklich schon ein Musiker?" so fragte sich wieder und wieder der Knabe. Der Ausspruch Georg Schumanns tönte ihm, im singenden Sächsisch gesprochen, noch lange in den Ohren. Als der Knabe eine Generation später in die Preußische Akademie der Künste aufgenommen und von demselben Meister Georg Schumann in dem Kreis der berühmten Komponisten willkommen geheißen ward, da ließ es sich dieser selbe Meister nicht nehmen, den Jüngeren daran zu erinnern, daß er ihm schon als Zehnjährigem gleichsam das Musikerpatent überreicht habe. Und die alten geruhsamen Meister, allen voran sein Lehrer Robert Kahn, von dem noch zu reden sein wird, Recnizek, Max Schillings, Paul Graener und die weniger geruhsamen: Arnold Schönberg und Paul Hindemith lächelten still vor sich hin, auch ihrer Jugendzeit gedenkend und der seltsamen Fügung, die sie alle trotz der vielfältigen verschlungenen Wege zusammengeführt hatte.

Wohl nur wenige sahen, daß in der Ferne schon von Geisterhand ein Turmbau in schwindelnde Höhe geführt wurde, bei dessen Vollendung die Sprachenverwirrung einsetzen sollte, so daß sie einander nicht mehr verstanden. Daß aber auch die der Musik geweihten Tempel mit ihren Instrumenten, Harfen und Klavieren, Geigen und Kontrabässen in Trümmer sinken würden, viele von den sonst so frohen Musikanten unter sich begrabend, dies hätte wohl kaum ein moderner Jeremias zu prophezeien gewagt. Denn wir saßen damals noch an der Sonnenseite und um uns herum grünte und blühte alles in verschwenderischer Fülle. Das Leben schrie uns aus Leibeskräften an. Der Tod, nun ja, der saß irgendwo in Arabien hinter einer Mauer und kümmerte sich anscheinend nicht um das glückliche Deutschland.

Ja, es war schon so, wie es der Fünfjährige am Weihnachtsabend in Jüterbog empfunden hatte, daß Gottvater noch selbstens auf Erden nach dem Rechten sah. War es nicht offensichtlich, daß er bisher überall und allenthalben seine Hand im Spiele gehabt hatte? Auch jetzt, da er auf seinem himmlischen Schachbrett Stein um Stein vorrücken ließ, auf daß jedem seiner Menschenkinder Genüge geschähe... Ja, es ging schon wunderbar auf seiner Welt zu.

Kaum, daß die erste frische Freude richtig ausgekostet werden konnte, da schwebte schon eine Einladung heran, daß der Knabe sich zur Prüfung bei den Professoren der Hochschule für Musik in Berlin, Heinrich Barth und Robert Kahn, einfinden solle. Georg

Schumann hatte nicht zuviel gesagt, daß er dem Knaben den Weg ebnen helfen wollte. Wie geblendet erblickte der kleine Potsdamer unter der Korona von lauter Musikergrößen die ehrwürdige Gestalt des berühmtesten Geigers seiner Zeit, Joseph Joachim. Es schien dem Knaben, als schaute dieser Meister noch ernster drein als die Schar der übrigen. Das hatte wohl seinen Grund. Denn Joachim liebte wie der alte Cherubini nicht die Wunderkinder. Hatte er selbst doch schwer an diesem Schicksal getragen.

So eröffnete er dem Vater, daß die Hochschule solche Liliputaner nicht aufnehme. Der Vater wagte in seiner ehrfurchtsvollen Bescheidenheit vor diesem Großen im Reich der Musik gar nicht den Einwand, daß er selbst keinen größeren Wunsch hege, als daß sein Sohn von den Lehrern der Hochschule privat unterrichtet würde und er gleichzeitig das Gymnasium weiter besuchen dürfte. Doch auch hier schien ein schimmernder Angelus Rede und Antwort für ihn zu stehen. Denn um einen bedeutenden Grad milder fügte der große Meister hinzu, daß ihm von berufener Seite die Ausbildung des „kleinen Improvisators" ans Herz gelegt worden sei. Heinrich Barth und Robert Kahn hätten sich erboten, seine Ausbildung zu übernehmen. Eine kurze Prüfung könne sich anschließen.

Wir waren für einige Stunden entlassen, da das soeben unterbrochene Prüfungsgeschäft wieder fortgesetzt werden mußte. Der Knabe hatte bei der Fülle der ungeduldig andrängenden Prüflinge aus aller Herren Länder den Eindruck, daß das Geschlecht der Menschen nur aus Musikanten bestünde. Die meisten sprachen eine ihm unverständliche Sprache, was die Situation noch aufregender für ihn machte. Die kurze Spanne Zeit, die den beiden bis zur Prüfung verblieb, benutzte der Vater zu einem Sprung in die nahe Kaiser-Wilhelm-Gedächtniskirche. Dem Knaben schien dies nicht verwunderlich. Hatte er doch schon bemerkt, daß der Vater in entscheidenden Augenblicken aus dem lauten Getriebe der Menschen in die Stille des Gotteshauses flüchtete, um dort allein sein zu dürfen, darin nicht ganz unähnlich dem frommen Japaner, der vor schweren Entschlüssen regungslos in stiller Versenkung vor den Bildern seiner Ahnen verharrt.

Die Kirchentüren waren weit geöffnet; eine prächtige Hochzeitsgesellschaft verließ gerade das Gotteshaus, das dem Knaben überaus herrlich erschien. Hatte er doch noch nicht gelernt, mit stilkritischen Augen zu sehen, und so dünkte ihm dieser Bau schöner als Salomonis Tempel. Die Orgel brauste gewaltig und übertönte zuweilen sogar die aufdringlichen Geräusche der Straße. Wer mochte der Meister sein, der da mit tausend und aber tausend Zungen dem banalen Arbeitslied der Straße den Choral der Ewigkeit entgegensetzte?

Den Vater hielt es nicht länger. Gewohnt, sich in allen Kirchen gleichsam zu Haus zu fühlen, verfehlte er nicht die rechte Stiege auf die Orgelempore. Selbst der stolze Küster dieses Tempels der Reichen ließ ihn gewähren; er hatte es gewiß dem Vater angesehen, daß er keine bösen Absichten auf die goldenen Tempelgeräte habe.

Jetzt sahen sich die beiden unter den riesigen zinnernen Prospektpfeifen der Orgel. Die brauste hier oben so gewaltig, daß Vater und Sohn sich unwillkürlich gegenseitig an den Händen hielten. So viel war dem Vater anzusehen, daß dieser junge Organist ihm höchste Achtung einflößte, obwohl oder gerade deshalb, weil dieser kaum über zwanzig sein konnte. Auch er schien der Gilde der Improvisatoren anzugehören, denn er war gerade damit beschäftigt, auf alle mögliche Art einem widerhaarigen Fugenthema zu Leibe zu gehen. Mit einem freundlichen Seitenblick auf die beiden Eindringlinge schien er ihnen zu verstehen zu geben, daß sie hier oben gleichsam am Schürzenband der heiligen Caecilie nicht unwillkommen seien.

So nahmen denn die beiden Platz in den Chorbänken, erst jetzt mit einem Male bemerkend, daß der Ausflug von der nahen Residenzstadt in die Weltstadt sie rechtschaffen müde gemacht hatte. Doch schon schloß der orgelnde schwarzhaarige Künstler mit einer unerwarteten Kadenz und sprang mit elegantem Schwung von der Orgelbank. Er stellte sich selbst als Pianist vor. Auf den Einwurf des Vaters, daß er ihm das Prädikat eines hervorragenden Orgelspielers zuerkenne, meinte er nur lachend: „Dies hier, das mache ich nur so nebenbei. Ich vertrete nur dann und wann Reimann, den bedeutenden Organisten dieser Kirche, um Max Reger, dem neuen Hexenmeister der Orgelkomposition auf seine Schliche zu kommen."

Als der Vater nun „seinen Kleinen" als Organisten vorstellte, winkte er nur ab. „Den kenne ich schon –", und wie sich nun ein ungläubiges Staunen auf den Gesichtern der beiden malte, lachte der junge Orgelspieler: „Ich kenne ihn, denn ich war soeben bei der Prüfung in der Hochschule. Bin der Pianist Richard Rößler aus Riga, erst seit kurzem als Lehrer an der Hochschule tätig. Wenn Ihr Junge zu Heinrich Barth in die Lehre käme, nun, dann kann ich Ihnen nur gratulieren. Aber der wird nicht gerade entzückt sein über seine Vorliebe für die Orgel, denn er glaubt wirklich, die Organisten hätten überhaupt keinen Anschlag. Und die wenigen, die noch etwas Feinfühligkeit trotz des Umganges mit der Königin der Instrumente hätten, würden auch diese unrettbar verlieren."

So schnell, wie der orgelspielende Pianist mit seinem Postludium geschlossen hatte, so schnell entschwand er plötzlich mit einem nervösen Händedruck, so daß mein Vater ihm ganz verdutzt nachsah. Dieser Organist entsprach so gar nicht seiner Vorstellung von den behäbigen, meist etwas umständlichen Dienern der Musica sacra; und doch – sollte er recht haben, daß die Organisten keinen feinfühligen Anschlag besäßen? War der Ton der modernen Orgel trotz der überaus leichten Ansprache nicht doch allzusehr mechanisiert, hatte nicht die eben erfundene „Elektropneumatik" aus der heiligen Caecilie einen fühllosen Roboter gemacht, der zu Gottes Wort so wenig paßte wie eine Schreibmaschine zu Homer?

Mit solchen Gedanken wanderte der Vater wiederum zur Hochschule, den Prüfling im Engpaß des Tunnels am Zoo an der Hand nehmend. Doch der Knabe war mit seinen Gedanken schon weit voraus. „Wer war eigentlich der berühmte Professor Heinrich Barth?" so riß er den Vater aus seinen Betrachtungen über die verschiedenen „Anschläge" der Orgel und des Klaviers. „War es der alte große Mann mit dem langen Bart?"

„Ja, das ist er und Hofpianist ist er auch noch dazu", setzte nun der Vater stolz hinzu.

„Warum denn Hofpianist?"

„Er spielt beim Kaiser."

„Auch an seinem Geburtstag?"

„Ja, auch dann."

„Da kann sich also der Kaiser alles wünschen, was er von ihm hören möchte; hat der es gut!"

Und dann kam an diesem ereignisreichen Tage endlich die Prüfung an die Reihe. Dem erfahrenen Blick des Klavierpädagogen entging es nicht, daß die überaus zarte Natur des Potsdamer Jungen vorerst zur Vorsicht mahnte. Hatte er sich nicht schon allzuviel zugemutet, Gymnasiast und Musiker zugleich sein zu wollen? War sein Stammeln nicht eine „beredte Sprache" hierfür? Auch seine Hand war klein, sehr klein sogar, aber wenn es die Götter wollten, dann ließen sie diese Hand noch wachsen;

das hatte ja Zeit. Doch die manuelle Ausbildung mußte sogleich einsetzen, wollte der kleine Wilhelm, wie nun der alte Professor fast großväterlich liebevoll sagte, ein großer Wilhelm werden.

Als dann aber der kleine Wilhelm dem gestrengen Klaviermeister die Bachsche Gis-moll-Fuge aus dem „Wohltemperierten Klavier" in die tiefere Terz transponiert hatte, als wäre dies das leichteste Stück von der Welt, da erklärte der Mann mit dem längsten Bart sich bereit, in Gottes Namen das Wagnis zu unternehmen. „Aber, Herr Kantor", so gab er nun dem Vater mit ernster Eindringlichkeit zu verstehen, „auch in der Kunst kann man nicht zween Herren dienen. Eine gute Schulbildung ist gewiß etwas wert, aber ein guter Triller gedeiht nur auf den Frühbeeten der Jugend und nicht auf dem Mist des Alters."

Ja, der Herr Professor drückte sich schon höchst originell aus, dieser ostpreußische Hüne. „Nun fahren Sie am besten sogleich zu seinem Kompositionslehrer Robert Kahn, damit er ihm auch noch auf den Zahn fühlt. Daß es kein hohler Zahn ist, das habe ich eben bemerkt; also Mut und adieu für heut." Wie konnten die wasserblauen Augen dieses Riesen leuchten, als er nun den Jungen in seine Arme schloß mit den Worten: „Jaja, die Potsdamer ..."

Der kleine Potsdamer mußte nun plötzlich an den Schutzmann vom Wilhelmsplatz denken, der ihn fast mit den gleichen Worten, allerdings als Jüterboger lächerlich gemacht hatte. Wußte er doch nicht, ob er bei diesen Worten lachen oder weinen sollte. Vor ihm lag ein Riesenweg, so viel wußte er gewiß; die Worte des Klaviermeisters, des Hofpianisten des Kaisers, hatten ihm das gezeigt und mehr noch als die Worte seine prüfenden Mienen, vor denen man sich am liebsten verborgen hätte wie vor dem Blick Gottvaters. Der Vater, gewohnt, wie beim Arztbesuch am Schluß nach seiner „Schuldigkeit" zu fragen, quittierte für diese Frage ein Gelächter. Da es aber ein Gelächter eines Hünen, eines gutmütigen Hünen war, so fiel es ihm nicht schwer, in die frohe Tonart mit einzustimmen, um so mehr, da er nun vernahm, daß er für das gesamte Studium keinen Heller und Pfennig zu zahlen brauchte. „Zwei Freistellen, Wilhelm, zwei Freistellen, eine für das Klavier und eine andere für die Komposition", und er blieb, vom Glück ganz überwältigt, auf dem Treppenabsatz des Hauses stehen, wobei er sich nach seiner Gewohnheit, die Hände als Kamm gebrauchend, durch das volle dunkle Haar fuhr.

Der Weg von der Uhlandstraße bis zur Kaiserin-Augusta-Straße erschien dem Knaben endlos. Noch nie war er mit der Elektrischen gefahren und er gab es bald auf, sich die Zahl der Haltestellen zu merken, so viele waren es. Kurz vor dem Ziel, als der Lützowplatz ausgerufen wurde, bemerkte er zu seinem großen Erstaunen, daß er inmitten all dieser großstädtischen Unruhe eingeschlafen war. So sehr war er noch im Traum befangen, daß er den Vater unsicher fragte, ob denn die alten Leute nur Mist machten und nicht trillern könnten, wie der alte Professor gesagt hatte.

So weit war ihm diese Fahrt von einer Gegend des Berliner Westens in die andere Gegend dieses Westens erschienen, daß er sich jetzt in ein anderes, schöneres Land versetzt glaubte, als er nun den Löwengriff des Klingelzuges betätigte und als Antwort ein feines Läuten hörbar wurde, das seinem empfindsamen Ohr äußerst lieblich dünkte. Diesem akustischen Wohlgefühl entsprach auch das optische. Noch nie hatten seine Augen eine Wohnung erblickt wie diese! Alles war hier aufs feinste abgestimmt, alles lud hier zum Verweilen ein. Er hatte nicht lange Zeit, seine ländlich unverdorbenen Augen an diese Pracht zu gewöhnen, da erschien auch schon der Mann, der ihm durch ein Jahrzehnt als verehrter Lehrer und noch bis auf den heutigen Tag als Freund verbunden bleiben sollte.

Das Kind empfand unbewußt die ungeheuren Gegensätze dieser beiden Männer, ohne daß es dafür eine Erklärung gefunden hätte. War es der gute Preuße, der sich ihm in der Erscheinung des Hünen Heinrich Barth aus dem ostpreußischen Urwald gezeigt hatte, so trat ihm hier der weltoffene Deutsche entgegen. In Mannheim groß geworden, ließ er einen unverfälschten badischen Dialekt hören, als er den ihm schon von verschiedenen Seiten angekündigten Wilhelm mit einer Herzenswärme willkommen hieß, daß dem Wilhelmle zum erstenmal in seinem jungen Leben die süddeutsche Sonne aufging.

So sah also der Mann aus, auf welchen der große Brahms große Stücke gehalten hatte und der durch seine Lieder und Kammermusik schnell bekannt geworden war. Schwarze Locken umrahmten das blasse Gesicht mit den dunklen Augen und auch er hatte einen Bart, aber nicht einen solch langen wie der gutmütige Riese, sondern einen Schnurrbart. Ja, dies alles mußte zu Haus der stets auf Neuigkeiten erpichten Schwester erzählt werden, die bestimmt die Augen und Ohren aufreißen würde.

So war es kein Wunder, daß die Prüfung nur ein Spiel für das Wilhelmle war. Der junge Meister schlug Ton um Ton an, nach und nach sich zu den gewagtesten Tonfolgen versteigend, – immer tönte ihm die rechte Antwort aus der Ecke entgegen, wohin der Vater den Jungen verbannt hatte, damit auch nicht im geringsten der Verdacht des Mogelns entstünde. Dann spielte der Meister vorsichtig, ja fast verlegen, das Kopfthema der Beethovenschen C-moll-Sinfonie; es klang mehr wie eine Frage als ein Befehl. „Spiel uns etwas darüber, was dir gerad einfällt, wart noch a bisle, ich hol schnell die Käthe, meine Frau, die muß mit dabei sein . ." Und Frau Käthe kam, die strahlend schöne blonde Frau Katharina, die kleine einjährige Irene auf dem Arm, die ganz verwundert über die Veranstaltungen der Großen ihr Stupsnäschen in Falten krauste.

Wie atmete es sich leicht in dieser Luft! Alle Schwere schien von dem Knaben abzufallen. Erschaute er eine neue Landschaft, in der die Füße gefiederte Schwingen erhielten? Und doch mußte er bei diesem ernsten Thema, das der Welt einen neuen Sinn gegeben hatte, an den Vater denken, der da gesagt hatte, daß die Musik mehr sei als nur ein Spiel. Und so schloß er seine Improvisation mit einer Coda, die fast einem Trauermarsch gleichen konnte.

Während der letzten Takte wußte er es plötzlich: er wollte kein Klavierspieler werden. Das Schicksal war dagegen. Die kleine Hand war dagegen und auch die Triller, die auf den Frühbeeten wuchsen, die er aber nicht beackern konnte. Aber er wollte ein Komponist werden.

Hatte das eben auch der neue Lehrer gesagt? Und ebenso seine Frau, die abwechselnd mit ihrem Manne den Jungen in die Arme schloß? Die dann dem kleinen Weitgereisten ein herrlich großes Glas Milch mit dem köstlichsten Zwieback bringen ließ, worauf der kleine Improvisator auch eben ein solches für den Vater erbat, da sie beide seit dem Morgen nichts zu sich genommen hätten.

Erst jetzt schien dem Knaben dieser Tag ohne Ende zu sein und er verlangte nach Haus, heim zur Mutter, die sich bestimmt große Sorge machen würde, da es nun schon draußen dunkel sei und der Weg nach Potsdam noch so weit . . .

Nun ward das „rote Buch" aus der Hand gelegt und an seine Stelle traten die „blauen Bücher". Es waren rechte Arbeitsbücher, in die der angehende Komponist beim Schein der alten Petroleumlampe seine kontrapunktischen Übungen eintrug. Denn die Vorstufen waren ihm erlassen, um so mehr, da das Orgelspiel in ihm schon frühzeitig das Gefühl für den strengen Satz geweckt hatte.

Das erste Jahr begleitete ihn immer ein Elternteil nach Berlin, da besonders die kleine Großmutter Angst hatte, das „Jünke" könnte einmal in diesem Sündenbabel gänzlich abhanden kommen. Da konnte es dann geschehen, daß sie ihren Jüngsten anstatt am Klavier beim fröhlichen Spiel mit den beiden gleichaltrigen Kahntöchtern antrafen, wenn der Vater Robert sich in der Hochschule verspätet hatte und vergnügt irgendein ihm an der Spree angeflogenes Thema vor sich hinpfeifend die Treppe heraufgestiegen kam.

Dieser Gang war mit keinem anderen Gang eines sonstigen Zeitgenossen zu verwechseln, hörte es sich doch so an, als käme der Pegasus – unruhig nach allen Seiten ausschlagend – höchstpersönlich angestampft. Aber dann stürzten auch schon Thea oder Hanna, die Wache gehalten hatten, ihrem Vater entgegen und riefen: „Der Wilhelm ist da" und die Thea setzte mit kindlichem Stolz hinzu: „Er hat mir auch ein Stück mitgebracht, weißt du in A-moll, was er sich für mich ganz allein ausgedacht hat; hach, ist das schön." Um die doch etwas trockene Beschäftigung mit dem Kontrapunkt, dem Kanon und sonstigen polyphonen Gewächsen zu versüßen, bekam der kleine Famulus erst sein traditionelles Glas Milch, während Vater Robert sich am schwarzen Tee gütlich tat, dessen Duft auch dem Jungen lieblich in die Nase zu steigen begann.

„Willst was davon in die Milch haben?", zwinkerte ihm nun der Meister zu, „das macht die Sach noch interessanter, probier's mal!" – und der kleine Famulus fühlte sich nun durch diesen gemeinsamen Genuß dem Lehrer doppelt verbunden. Das Aufregendste war aber doch die goldgelbe Orangenmarmelade, deren Aufschrift eine ausländische Herkunft verriet. Wie vornehm war doch sein Meister, der „Orange" statt „Apfelsine" sagte; mein Gott, ob er selbst es auch einmal so weit bringen würde? Drum stürzte er sich heute mit doppeltem Eifer auf den ihm etwas dürr und ausgemergelt erscheinenden Herrn Kontrapunktius. –

So war es nicht verwunderlich, daß ich unter solcher Führung, die verständnisvoll die Zügel in der Hand behielt, ohne meinem Pegasus allzu fest die Kandare anzuziehen, mich bald in die freieren Gefilde der Komposition versetzt sah. Es entstanden in jener Zeit Variationen über ein eigenes, von Mozarts Götterhauch angewehtes Thema, eine große fünfstimmige Chorfuge und die Sonate A-dur für Klavier und Violine, die meinem Meister besonders ans Herz gewachsen war, so daß er mich eines Sonntags selbst mit der Wiedergabe dieses Werkes überraschte. Den Violinpart spielte ein Geiger, wie ich bis dahin noch keinen gehört hatte. Er erschien mir wie ein Cherub aus Raffaels Himmel, träumerisch versonnen den Bogen führend; die langen Haare fielen ihm übers Gesicht, und als er das Adagio auf der G-Saite zum Klingen brachte, schloß ich berauscht über diese meine erste Uraufführung die Augen. Auch des Geigers Art zu sprechen hatte trotz seiner Jugend etwas von einem Priester, dem die göttliche Weisheit kraft besonderer Gnade schon frühe auf das gesalbte Haupt geträufelt ward. – Der Geiger war Karl Klingler, dessen Quartett späterhin als *das* Quartett bezeichnet wurde, das mir durch den Zyklus der Beethovenschen Streichquartette eine neue Welt erschließen sollte.

Ein weitaus strengeres, „preußisches" Regiment führte Heinrich Barth. Früh verwaist, war er mit seiner kleinen Schwester, die sein unzertrennlicher Lebenskamerad wurde, nach Potsdam gekommen, wo ihn der alte Steinmann aufzog und als Klavierspieler so weit förderte, daß er in jungen Jahren zu Hans von Bülow und dem Tastenlöwen Tausig empfohlen ward, die ihm die letzte pianistische Reife angedeihen ließen. Bald darauf ernannte ihn der König Wilhelm I. zu seinem „Hofpianisten" und nun folgte die Berufung an die Berliner Hochschule. Noch habe ich einen Beweis für seine ausgedehnte Konzerttätigkeit in den Händen, nämlich die Partituren der von ihm gespielten Klavierkonzerte. Da wechselten Städte wie London und Moskau in bunter Folge ab und es befinden sich in ihnen die Eintragungen der berühmtesten Dirigenten jener Tage.

Nun, da Heinrich Barth die Sechzig gerade überschritten hatte, ließ er sich seltener im Konzertsaal hören. Aber diese seltenen Male genügten, um seinem Publikum zu zeigen, daß der Erlkönig im weißen Barte es noch immer mit den jungen Oktavenrittern aufnehmen könne. Wenn ihm auch das Unmittelbare, Suggestive und Hinreißende im Spiel fehlte, so wurde solches aufgewogen durch eine wunderbare Geistigkeit, die das Kunstwerk bis in die tiefsten Tiefen durchleuchtete und seine letzte Gestalt vor unseren Ohren erstehen ließ. Voraussetzung hierfür war eine Technik, die jeder Beschreibung spottete. Es hieß von ihm, daß er einen Zyklus von sechs Abenden hinter sich bringen konnte, ohne daß auch nur eine Note unter den Flügel gefallen wäre. Wie böse Zeitgenossen dagegen behaupteten, daß umgekehrt der große Anton Rubinstein aus seinen falschen Noten ein neues Klavierkonzert hätte fabrizieren können. Und noch bösere Spötter wollten sich lieber für diese falschen Noten des großen Klaviermagus entscheiden ...

Dieselbe Unbestechlichkeit, eine sublime Reinlichkeit – was die Technik und Auffassung anbetraf – waren die Grundzüge, die Barth als geborenen Lehrmeister auszeichneten. Nichts entging seinem Ohr, dem sagenhaften Ohr des Tyrannen Dionys vergleichbar, und wehe dem, der sich eine auch noch so gut klingende Erleichterung erlaubte! Da hieß es dann sarkastisch, daß sich so etwas nur die „genialen Meister" leisten könnten, und es fehlte dann bei solcher Gelegenheit nicht an Anspielungen auf den allzu schwachen vierten Finger Bülows, dem er überhaupt sein allzu „freiherrliches" Benehmen auf dem Klavier nachzutragen schien.

Wenn ich die vier Treppen zu seiner Wohnung hinanstieg, begegneten mir nicht selten Gestalten, die fassungslos in ihr Battisttaschentuch schluchzten, ein nicht gerade aufmunternder Anblick für den „Nächsten". War es vielleicht eine jener hoffnungslosen Schülerinnen, bei deren Spiel er sich lieber mit der „Tante Voß" (der „Vossischen Zeitung") unterhielt? Das eine stand fest, die Gestalt würde wiederkommen und auch das nächste Mal in ihr Battisttaschentuch schluchzen; es war eine Art musikalischer Masochismus, was diese amusischen Wesen bewog, sich Heinrich Barth als Lehrer auszusuchen.

Wir alle wußten nur zu genau, daß unter dieser harten Schale ein weiches Gemüt in keuscher Verborgenheit weste, das Gemüt eines Kindes, rein und unantastbar. Wie konnte er sich mit dem Jungen freuen, wenn im Marionettentheater Ivo Puhonnys bei den Scherzen des Hanswurst im alten Faustspiel der Knabe fast vor Lachen erstickte!

Und doch – es schien, als wollte die noch zu zarte Pflanze unter den allzu starken Händen des Gärtners verkümmern. Die Anforderungen, die der Gestrenge stellte, waren zu groß. Dies äußerte sich in plötzlich auftretenden Ermüdungserscheinungen, die bald den Charakter von Schlafzuständen annahmen und den besorgten Eltern einen wahren Schrecken einjagten.

Die Schule aber gab ihren ausschließlichen Anspruch in keiner Weise auf. Noch tönte dem Knaben das ihm erst jüngst von seinem Ordinarius entgegengeschleuderte Anathema in den Ohren. Dieser grundehrliche bajuwarische Bärbeißer sah es nicht gern, wenn seine Schüler eigene Wege gingen, und es bedurfte noch der Anstrengung vieler Jahre, um ihn zu überzeugen, daß man gleichzeitig ein ganz guter Grieche *und* ein noch besserer Musiker sein konnte ...

Ich habe vorhin die Spitznamen der anderen Lehrer verschwiegen, weil ich sie für roh und abgeschmackt hielt. In diesem Falle aber hatten die Gymnasiasten den Nagel auf den Kopf getroffen, indem sie dem alten Bärbeißer wegen seiner höchst eigentümlichen Art der Sprechweise den Namen „Blubber" verliehen hatten. Ich war ihm aber auch noch dadurch unangenehm aufgefallen, daß ich es bei den planetarisch regelmäßig wiederkehrenden Erzählungen von „em siebzig" an der nötigen und gewünschten Aufmerksamkeit fehlen ließ, da bei der langwierigen „em" Belagerung von „em" Paris im Jahre 1870 mein Geist schon weit, weit fortgeflogen war und die Hände das Hummelsche A-moll-Konzert auf der Tischplatte fingerten.

Wie diese Erzählungen periodisch wie der Mondwechsel erschienen, so kamen wir Schüler bei den Übersetzungen, die sogleich mit einer Note gewertet wurden, nach einem bestimmten Turnus dran, über dessen strenge Gesetzmäßigkeit mein Hintermann Rüdiger von Volkmann (ein Enkel des berühmten Arztes und Dichters) sogar Buch führte und uns jeweils wie ein gewissenhafter Bühneninspizient den nahenden „Auftritt" ankündigte. Nun wollte es ein grausames Schicksal, daß ich nicht zweimal, nein dreimal hintereinander „dran" kam, so daß wir alle die Absicht merkten und verstimmt ein Nichtfunktionieren unseres bis dato so bewährten Geheimschlüssels konstatieren mußten. Die Folgen waren denn auch katastrophal. Sah denn „Blubber" nicht in meinen überall nach Rettung ausschauenden Augen den gequälten Blick der Kreatur? Nein, er schien ganz mit der Materie beschäftigt und ließ das arme Fischlein poco a poco smorzando verzappeln, während die mir zunächst Sitzenden in geradezu rührender und zugleich unverschämter Tollkühnheit beizuspringen versuchten, indem sie auf schnell gefertigten Schildchen die vorkommenden Vokabeln und ihre Bedeutung wie plötzlich auftauchende Periskope in die Höhe hielten.

Jetzt begann aber Blubber mächtig der Kamm zu schwellen, die Zornesfalten liefen gefährlich rot an und dem „Gehege seiner Zähne" entfuhren in einem polternden Fortissimo die klassischen Worte: „*Hic Rhodus, hic salta*" – „Hier ist dein Rhodus, hier zeige deine Kunst!" Das hatte ich nun von meiner Musik, das hatte ich davon, den Nachmittag und auch noch den Abend am Klavier zu sitzen oder über die blauen Notenbücher gebeugt, während die anderen, Fritz Bonte an der Spitze, mich Apollos Armen zu entreißen versuchten, indem sie mich an ihren Knabenspielen teilnehmen lassen wollten.

In diesen traurigen Augenblicken schien es dem Knaben eine zwecklose Angelegenheit, den Eulen des Gymnasiums bis in die späte Nacht hinein zu Willen zu sein, eine Arbeit, der des Sisyphos gleich, dem es von den Göttern aufgegeben ward, schwere Steinblöcke den Berg hinaufzuwälzen, von wo sie alle „hurtig mit Donnergepolter" prompt wieder zurückrollten.

Aber es war nicht nur des „Vaters Wille", der den Knaben aushalten ließ, sondern er hatte mit eigenen Augen gesehen, daß auch das Leben der Wunderkinder, die bar aller Schulfesseln in der weiten Welt umhergondelten, seine tragischen Hintergründe aufzuweisen hatte. Er konnte nicht die traurigen Augen des schwarzgelockten kleinen Spaniers vergessen, mit dem er im Blüthnerschen Hause in Berlin um die Wette gespielt hatte. Dessen Leistungen waren schon in einem Alter, da andere Kinder noch kaum stubenrein sind, so erstaunlich, daß der spanische König ihm einen seinen Patschhändchen angepaßten Miniatur-Flügel bauen ließ, dessen Mensur das größte Entzücken meiner damals auch nicht gerade Lisztsches Format aufweisenden Hände bildete. Deshalb war es nicht verwunderlich, daß nach diesem Wettspiel der um ein Jahr ältere Knabe den kleinen Spanier Pepito Arriola umarmte und ihm versicherte, daß er ihm den Preis zuerkenne.

„Aber du mußt mir auch zugute halten, daß ich Quartaner bin und mir die Zeit zum Üben stehlen muß", fügte ich nicht ohne Stolz hinzu. Die Schule hatte gesiegt; ich kehrte mit dem Einverständnis von Heinrich Barth auf zwei Jahre wieder in die Arme der geliebten Lehrerin der ersten Kindheit zurück, wogegen der Kompositionsunterricht bei Robert Kahn fortgesetzt wurde.

Es war verständlich, daß Ida Schmidt-Schlesicke ihren Ehrgeiz darein setzte, nun vor dem berühmten Kollegen in erhöhtem Maße zu bestehen. Sie hatte einen Gedanken gefaßt. Und wir alle wußten, daß solch einmal gefaßter Gedanke sich bei ihr fest einnistete, das bedurfte keiner Worte: man sah ihr dies an der Adlernasenspitze und an ihrem energischen Kinn an. Ich sollte also in einem eigenen Konzert mein Können unter Beweis stellen zu Ehren der geliebten Frau Musica, aber auch wohl zu Ehren des Schmidtschen Musikinstituts.

Das war etwas ganz Neues. Bisher war das Studium nur auf das eine, in weiter Ferne liegende Ziel gerichtet gewesen, dereinst ein guter Klavierspieler zu werden. Nun wurde auf ein öffentliches Konzert „trainiert", ein Beginnen, dessen Zweck ich wohl einsah, das mir aber in seiner begrenzten Absichtlichkeit wider die Natur ging. Ja, noch heute kostet es mich viel Überwindung, „Programme" zu machen, mich ein halbes Jahr vorher auf dies und jenes Werk festzulegen, das dann zu einer bestimmten Stunde, nein: Minute erklingen muß, weil es eben auf dem Programm steht.

Ja, es war schon so, wie die allzeit sprichwortfreudige Mutter bemerkte: „Wer die Wahl, hat die Qual." Es hub ein wahres Rätselraten an, welches Werk der alten großen Meister wohl die geeignete Entrata bilden könnte. Aber mein Vater hatte doch etwas an diesem mit so viel Liebe ausgebrüteten Programm auszusetzen. „Es fehlt noch eines", meinte er: „die Improvisation!"

„Wie –", stotterte ich heraus, „eine Improvisation? Vor allen Leuten, in einem Konzertsaal, im Papapalast Barberini?"

„Das ist es ja gerade, was ich möchte" – und er blinzelte mir aufgeräumt zu, „du befindest dich bei solchem Beginnen in guter Gesellschaft. Weißt du, daß der große Beethoven sich vom Prinzen Louis Ferdinand ein Thema erbat, als er sich zum ersten und einzigen Male in der Berliner Singakademie hören ließ? Er improvisierte so herrlich über dieses vom Prinzen höchst eigenhändig am Flügel angeschlagene Motiv, daß die Menschen dies freie, aus dem Augenblick geborene Musizieren noch schöner fanden als alle seine Kompositionen."

„Ach, ist das schön", stammelte der Knabe, „erzähle weiter, höre nicht auf zu erzählen, nein, Vater?" Und der nahm allzu willig das einmal angeschlagene Thema wieder auf: „Der alte Beethoven mag sich an diesen Tag erinnert haben, da er wiederum dem kleinen Franz Liszt bei dessen erstem Konzert in Wien ein Thema zur Improvisation aufgab. Der kleine Hexenmeister muß so hinreißend darüber improvisiert haben, daß der taube Meister, der nur hier und da einen flüchtigen Laut erhaschen konnte, auf den Wunderknaben zueilte, ihn umarmte und küßte. Einen größeren Dank erhielt nie ein Sterblicher."

Solchermaßen wußte der Vater den Ehrgeiz des Knaben zu wecken. Da dies nie mit einem auch noch so flüchtigen Seitenblick auf womöglichen klingenden Mammon geschah, so konnte die Seele des Elfjährigen keinen Schaden nehmen. Dieser wußte nur zu genau, daß der Vater an den alten Meistern mit einer geradezu mystischen Verehrung hing. Ihnen brachte er wie die Männer des Alten Bundes Brand- und Rauchopfer dar. Vor ihren Augen und

Ohren hieß es täglich aufs neue Rechenschaft abzulegen, ob man, wie er sagte, mit dem vom Schöpfer verliehenen Pfunde recht gewuchert habe. Nie war ihm der Gedanke gekommen, daß ein Konzert einen materiellen Gewinn abwerfen könnte. Er hatte da seine Erfahrungen und diese Erfahrungen waren – vom ökonomischen Standpunkt gesehen – mehr als kläglich ...

Aber es bemächtigte sich doch der ganzen Familie eine Art Fieber, als nun wirklich die Ankündigung dieses ersten Konzertes im Potsdamer Intelligenzblatt erschien:

PALAST BARBERINI
MONTAG, DEN 19. OKTOBER 1907
EINZIGER KLAVIERABEND
DES ELFJÄHRIGEN WILHELM KEMPFF

Mein Ich, das bis dahin wie ein kleines Beiboot im Schlepptau des elterlichen starken Seglers gelegen hatte, hatte sich plötzlich selbständig gemacht. Dieses Beiboot war nicht etwa größer geworden; aber hatte nicht irgendein Meeresgott, oder war es Poztopimi, der Havelgott der Wenden, dieses Schlepptau durchschnitten, so daß nun das Knabenboot im Strudel der Wellen einen aufgeregten Tanz begann, bis es begriffen hatte, daß es von nun an allein den Weg machen müsse?

So starrte der Knabe diese Ankündigung an, die ihm zu allem Überfluß seine kleinen Kameraden vom Eulengymnasium unter die Nase hielten. Da stand es geschrieben, dazu noch in großen auffallenden Lettern! Einer unter ihnen – er gehörte dem Potsdamer Adel an – fragte ihn sogar wie ein ungläubiger kleiner Thomas: „Bist *du* das?" Und als der Gefragte stumm und schon durch die Frage etwas unsicher geworden bejahte, da stieß der kleine selbstbewußte „Mann von Stande" die Worte aus: „Ich würde mich schämen, mich von allen Leuten derart anstaunen zu lassen!" so daß nun der Elfjährige, alle Würde eines Konzertpianisten vergessend, zu weinen anfing.

Hatte schon diese Äußerung des kleinen Kavaliers einen gehörigen Tropfen Wermut in den schäumenden Wein der Vorfreude gegossen, so verrieten dem aus der Schule Heimgekommenen die ernsten Züge des Vaters, daß der Horizont der bis dahin so beglückenden Aussicht sich mit schweren Wolken bezogen hatte. Nein, die Züge des Vaters hatten noch nie getrogen. Konnte man doch an ihnen wie an einem Seelenbarometer die jeweilige Stimmung ablesen. Und bei den Kempffs wechselten die „Hochs" und „Tiefs" beängstigend schnell; das lag nun einmal so in ihrem Blut seit altersher. Diesmal aber deutete des Vaters Gesichtsausdruck auf ein „Tief", das noch nördlicher als das wetterschwangere Island liegen mußte. Ein Schicksalsfinger hatte sich ausgestreckt, und zwar war es der Finger einer weißen Gelehrtenhand.

Das hätte noch hingehen können, wenn nicht zufällig dieser Finger zu der Hand des neuernannten Direktors des Eulengymnasiums gehört hätte, die da einen eingeschriebenen Brief an meinen Vater zur Welt gebracht hatte. Noch heute sehe ich die Schriftzüge, die durch eine auffällige lila Tinte einen Erregungszustand bei Vater und Sohn hervorzauberten, dem der Pandora vergleichbar, als sie die berühmte Büchse zu öffnen sich anschickte. „Das ist bestimmt nichts Gutes", so ließ sich der Vater vernehmen, als er es endlich über sich gebracht hatte, den Brief seines vornehmen Umschlags zu entkleiden. Ihm entstieg eine häßliche Eule, die mit ihren dunklen Schreien dem Vater wahre Ah- und Uhrufe entlockte. Er wurde um seinen umgehenden Besuch „in Sachen seines Sohnes Wilhelm" ersucht.

Der gute Vater konnte seine Empfindungen in keiner Weise verbergen; sah er im Augenblick nicht selbst wie ein Schüler des Eulengymnasiums aus, der irgend etwas ausgefressen hatte? Nur zu gut wußte er, daß es einen harten Kampf kosten würde. Denn in seinem bewegten Innern meldete sich dunkel eine Stimme, daß es hier um mehr ging als um den Klavierabend seines Jüngsten.

Dieser war ja schon dem guten Blubber unangenehm dadurch aufgefallen, daß er „aus der Reihe tanzte" und so den Hütern der Uniform irgendwie verdächtig erschienen war. In den Augen Blubbers war jeder Schulknabe etwas wie ein Kadett, der sich der strammen preußischen Zucht zu beugen hatte, wollte und sollte aus ihm etwas Rechtes werden. Buben mit blitzeblauen Augen, mit starken Knabenarmen, die die Hände bei der kommandohaft kurzen Antwort an die Hosen legten, das waren Jungens, aus denen einmal stramme Soldaten werden würden, eben diese Kategorie von Lebewesen, die eigentlich allein Berechtigung auf menschliche Achtung hatten.

Oft genug hatte es der Knabe schon zu hören bekommen, daß nicht das verweichlichte Athen, sondern Sparta als Vorbild zu gelten habe. Hatte dann ein vorwitziger Tertianer ganz unschuldig den sich mächtig Ereifernden gefragt, warum das gelobte Sparta keine Dichter hervorgebracht hatte, dann prustete Blubber wie ein Wasserspeier los: „Willst wohl em gar einen Vortrag halten, gib aber em gefälligst vorher die Disposition an, ist ja em unglaublich, noch nicht trocken hinter den em Ohren und will em über Sparta herfallen ..." Und nun hatte das Schreckliche sich begeben, daß einer dieser Kadetten gleichsam die Uniform ausziehen und mit seinen elf Jahren auf das Podium steigen wollte, mir nichts, dir nichts. In den Augen Blubbers war das „em eine gröbliche em Insubordination".

Da zog der liebe Vater wieder einmal seinen Gehrock an und stieg die breite Eulentreppe zum Amtszimmer hinan. Mit einer müden Handbewegung des Allmächtigen ward er zum Sitzen aufgefordert, was sich lohnen sollte, denn der stille Gelehrte (als solcher erschien er dem Vater auf den ersten Blick) schickte sich an, zu einem längeren Vortrag über die Erziehungsgrundsätze der alten Griechen auszuholen. Auch der Einbeziehung des Musischen in deren Erziehungsplan wurde ein großer Raum in diesem Vortrag zugewiesen, wobei – in Parenthese – (wieder stille Handbewegung in weiteste Fernen) des Aristoteles und seines großen Schülers Alexander gedacht wurde.

Als nun das Zeitalter der klassischen Hellenen langsam wie ein längstbekanntes Sternbild unter den Horizont versank (wieder entsprechende, geheimnisvoll-astronomische Handbewegung) und ebenso langsam das christliche Zeitalter über der Ekliptik aufzusteigen begann, da wagte der Vater, dem es allmählich bei diesen kosmischen Ausmaßen unheimlich zumute wurde, in seinem Wissensdurst einen bescheidenen Einwurf, der darauf abzielen sollte, den Grund seines so dringend gewünschten Besuches zu erfahren. Doch der vortragende Geheimrat tat diesen Einwurf mit einer unnachahmlichen Bewegung aus dem Handgelenk ab, wobei seine hinter dunklen Brillengläsern verschleierten Augensterne den Vater traurig anblickten, traurig darüber, daß der gute Vater augenscheinlich so wenig Interesse für Aristoteles und seinen genialen Schüler aufbrachte. So begrüßte denn der Vater resigniert die neue Ära, doch ein klein wenig sich mit dem Gedanken tröstend, daß nach dem Mittelalter bekanntlich ja die Neuzeit angebrochen sei, nach deren tiefschürfender Analyse durch den vortragenden Geheimrat das Rätsel der Sphinx sicherlich gelöst würde. Gerade war man bei Plotinus und den Neuplatonikern angelangt, als eine höhere Macht um ein vieles gewalttätiger, als mein Vater es gewagt hätte, die grandios angelegte Disposition des Geheimrats über den Haufen warf: es war die gute liebe Schulklingel, die mit ihrem erschreckend schrillen Ton verkündete, daß eine Stunde vorüber sei.

Diese denkwürdige Audienz endete wie so viele andere Konferenzen mit einem Kompromiß. Der Klavierabend des Elfjährigen durfte stattfinden, falls die Presse, also in erster Linie das Potsdamer Intelligenzblatt, des musikalischen Ereignisses mit keinem Sterbenswörtchen Erwähnung tat.

Nun, es kam zwar kein Beethoven in das Konzert des Elfjährigen wie bei dem ungarischen Wunderknaben Franz Liszt. Dafür aber der gute alte Potsdamer Musikprofessor Martin Gebhardt, dessen behäbige Gestalt im Gegensatz zu dem in der Musica sacra beheimateten „Vater Kempff" an einen alten niederländischen Meister denken ließ, dem ein Frans Hals alle Attribute der irdischen Lebensfreude in die Hand gegeben hatte. Mit diesem damals unbestrittenen Musikpapst Potsdams war alles gekommen, was irgendeine Beziehung zur Musik hatte oder zu haben meinte.

Schon nach dem ersten Teil des Programms war der Erfolg entschieden. Wie strahlten die Augen der Eltern, wie strahlten aber auch die Augen der kleinen Lehrerin! Zwar rührte sie wie auch die Eltern ihre Hände nicht zum Beifall; dafür zeigte aber die stolz erhobene Adlernase dem Jungen an, daß es gut Wetter sei, sehr gutes himmelblaues Wetter sogar.

In der Pause gab es im kleinen, etwas muffig nach Plüsch riechenden Künstlerzimmer des Palast Barberini ein richtiges „Lever" wie bei Ludwig XIV. Der Knabe genoß in vollen Zügen, zu welchem glückseligen Zustand nicht zuletzt die von seiner Schwester eigens für diesen erregenden Anlaß erstandenen Kognakbohnen beitrugen. Fühlte er sich nicht selbst verzaubert in seinem funkelnagelneuen Anzug mit der à la Mozart bestickten Goldweste? Ha, das war ein anderes Kostüm als der alljährlich bei Nathanael Hirsch in der Waisenstraße gekaufte Anzug für zwölf Mark und fünfzig! So stürzte er sich wie ein in allen Sätteln vertrauter Matador in den zweiten Teil des Programms, der dann als krönenden Abschluß die „Improvisation über ein vom Publikum gegebenes Thema" verhieß.

Eine erwartungsvolle Stille breitete sich über den festlichen Raum, als er sich zum letzten Kampf rüstete. Nur das heisere Zischen der Gasflammen war zu hören. Er schaute mit ernsten Kinderaugen in die Arena, selbst nicht ohne erregte Erwartung, welchen Ausgang das vom Vater angezettelte Komplott nehmen werde.

Da ertönten – tap, tap, tap – Schritte, denen des steinernen Komturs im „Don Giovanni" vergleichbar. Eben der besagte Professor Martin Gebhardt hatte das vernehmlich knarrende Podium bestiegen und sich, ohne von der Existenz eines „wohllöblichen Publikums" Notiz zu nehmen, in ein zwangloses Gespräch eingelassen, welcher Art denn das gewünschte Thema sein sollte. Dabei legte er väterlich seinen bewährten Dirigentenarm auf die schmalen Schultern des Knaben. Der glaubte die Frage des Musikpapstes dahin deuten zu müssen, daß sich so etwas wie eine Art Mitleid in ihm regte, dem Elfjährigen nach Absolvierung eines abendfüllenden Programms nun noch eine solche Anstrengung zuzumuten. Da hieß es auf der Wacht sein. Und allen vernehmlich stieß er die Worte aus: „Bitte kein Kinderlied, sondern ein schweres Thema ..."

Darauf zustimmendes erheitertes Gemurmel des Publikums. Der Meister griff in die Saiten, kräftig die Muse um Inspiration anrufend, (wobei der Knabe nicht ohne Überheblichkeit bei sich feststellte: „– aber er nimmt mächtig viel Pedal ..."), bis sich ein längeres, harmonisch überzuckertes As-dur-Thema herausschälte, das der Knabe anstandslos nachspielte.

Die jetzt kaum mehr unterdrückten Ausrufe des Entzückens entzündeten ein gefährliches Feuer in seinem jungen Pianistenherzen. Noch kannte er nicht die aufregenden „Bis-Rufe" der Italiener, Franzosen, Spanier, Argentinier, die dem rechten Virtuosen wie Himmelsmusik in den Ohren klingen. Nach einer würdigen Einleitung begann er in einem übermütigen Scherzo ein wahres Katze- und Mausspiel, das Thema in atemloser Hatz durch alle Tonarten jagend, es nach einem gefährlichen Wurf spielend wieder auffangend, bis er es seinen gebannten Zuhörern in umgekehrter Fassung als strenge Fuge präsentierte.

Das war zuviel, selbst zuviel für die sonst so wohlerzogenen Bürger und Bürgerinnen der Residenzstadt Potsdam. Der Knabe sah wie durch Nebelschleier in eine wogende Menge von erregten Gliedmaßen, man klatschte mit Händen und Füßen, ja einige winkten mit ihren Spitzentaschentüchelchen dem Knaben zu. Ja, auch die Eltern, ja, die alte Lehrerin rührten mit einer niegekannten Vehemenz die Hände.

Und wieder ertönten die Schritte – tap, tap, tap – wiederum ächzte das Podium und knarrte in allen Tonarten, als der steinerne Komtur angestampft kam, den Knaben in seine mächtigen Arme schließend.

Da war es mit einem Male still in dem festlichen Raum geworden, als hätte nach einer übermütigen Tarantella plötzlich die Orgel zu spielen angefangen. Dem Knaben kamen die Erzählungen des Vaters in den Sinn. Ihm schwindelte vor Glück. Jetzt wuchs die Gestalt des ihn feierlich auf die Stirn küssenden Meisters ins Zeitlose.

Dies war nicht mehr der alte gute Professor, der bewährte Dirigent des „Vereins für klassische Musik", dies war Beethoven in höchsteigener Person. Daß er selbst vom musikalischen Olymp gestiegen war, darüber konnte im Augenblick kein Zweifel herrschen. Alle menschlichen Gebrechen waren von ihm abgefallen; hatte er nicht sein Gehör wiedererlangt?

Ja, die alten Meister hatten an diesem Abend Wache gehalten. Sie hatten – so wollte es dem Knaben scheinen – so etwas wie eine Patenstelle übernommen. Man durfte sich fortan ohne Vermittler an sie wenden; herrlich, dieses Gefühl der Verbundenheit, dieses geheimnisvolle Gefühl der von ihnen überströmenden Kräfte. Nie war es dem Knaben in den Sinn gekommen, daß diese Meister etwa gestorben seien wie andere Menschen. Nein, sie lebten in höherer Potenz und nahmen teil aus himmlischen Höhen. Ihre Hände vollführten segnende Gebärden, wenn auf der Erde himmlisch musiziert wurde.

Die Eltern brauchten mit dem Elfjährigen und seinen strahlenden Geschwistern wohl eine Stunde für den kurzen Heimweg. Da gab es hier und dort eine Hand zu drücken. Sie kannten nur eine Sorge, alle diese gutgemeinten Huldigungen bescheiden abzuwehren, damit der Seele ihres Kindes kein Schaden geschehe.

Und wiederum hielt der Vater schon am nächsten Morgen einen Brief in den Händen. Es waren die gleichen Schriftzüge und auch die Tinte hatte die gleiche ausgefallene Farbe. Der Geheimrat hatte abermals geschrieben. Doch an diesem Morgen vergoldete die späte Herbstsonne alles mit ihrem Schein, als wollte sie teilnehmen an dem Glück der ganzen Kempffschen Organistendynastie.

Wie kam es wohl, daß heute diese selben Schriftzüge mit ihrem ruhigen Gleiten Sicherheit und Geborgensein verhießen, daß sie den Vater freundlich anzulächeln schienen wie kleine Gratulanten am Geburtstagsmorgen? Sie hielten wahrlich ihr Versprechen, denn der Vater ließ beinahe überwältigt den Brief aus seinen Händen sinken. „Der Geheimrat will dir einen Flügel verschaffen durch das Haus Ibach. Hier steht es geschrieben. Ich habe ihn unterschätzt, den weisen Gelehrten. Er hat ein Herz – und dies ist doch das

Schönste, was man von einem Menschen sagen kann. Wir wollen ihm beide noch heute einen Besuch machen."

Und so geschah es. Der Gelehrte empfing die beiden wie alte Freunde. Mochte er nun ruhig zu einem noch längeren Vortrag über Pestalozzi oder selbst Amenophis IV. ausholen, – die beiden wären ganz artige Mäuschen dabei gewesen und hätten sich nicht gemuckst.

Aber es kam gar nicht dazu. Das gute Vaterherz des Gelehrten zeigte sich in allem, was er den beiden zu sagen hatte. Er gehörte wahrlich nicht zu den Philistern, die den Davidsbündlern zu Leibe gehen wollten. Bald zog der „Ibach" bei uns ein, bis sich ihm sein hellerer Bruder aus Himmelshöhen beigesellte: ein Bechstein, der mir zeitlebens nicht mehr von der Seite wich.

Von diesem Tage an ward nicht nur Friede, sondern Freundschaft mit dem Geheimrat geschlossen, die ihre vertiefte Fortsetzung mit dem ältesten Sohn, einem bedeutenden Gelehrten, finden sollte.

Mochte Blubber sein „*Hic Rhodus, hic salta*" weiterhin sich aus der beleidigten Präzeptorseele herausblubbern! Mochte er den Krieg von „em siebzig" ruhig bis achtzehnhundertachtzig verlängern, in diesem Falle hatten Blubber, Preußen und seine Kadetten verloren, die Musik aber einen Sieg davongetragen.

Kämpfe in den Lüften und auf der Erde

Daß ich nicht auf den Lorbeeren ausruhte, dafür sorgte meine Lehrerin. Denn einer der Leitsätze ihres Lebens hatte geheißen: „Können verpflichtet, Begabung noch mehr."

Wenn sie auch äußerlich in überzierlicher Körperlichkeit ein geradezu heiteres Gegenspiel zu dem ostpreußischen Riesen Heinrich Barth abgab, so lebte doch in ihr die gleiche fanatische Liebe zur Kunst, der alle anderen Wünsche, Leibes und der Seele, unterzuordnen waren. Das Leben war nicht leicht mit dieser kleinen Frau umgesprungen und seine vielfach verschlungenen Linien hatten in diesem Gesicht ihre deutlichen Spuren nachgezeichnet, Spuren weiter mühseliger Wanderung über den halben Erdball.

Wie anschaulich konnte sie erzählen! Ihre sonst so gespannten Mienen verklärten sich dann. Ihr Ohr lauschte einer längst verklungenen Melodie aus weiter Ferne. Die immer etwas furchterregende Adlernase, eine gebieterische Dominante an diesem kleinen Kopf, diese Adlernase, die wohl manchen Klavierschüler nächtens im Traum beunruhigen konnte, sie war nur noch ein liebevoll betonter Akzent geworden.

Damals fielen die ersten Samenkörner der aufkeimenden Reiselust und zwar Samenkörner aus exotischen Bereichen in meine junge, nach romantischen Wundern dürstende Seele. China, Hongkong war mir gerade recht. Es lag wahrlich nicht vor den Toren Potsdams. Dort gab es jedoch nicht die auf die Dauer doch etwas langweiligen Havelkähne. Es gab „Dschunken" – welch ein herrlich aufregendes Wort – mit knallroten Segeln, die dann und wann vom Zyklon wie eine mürbe Unterhose zerfetzt wurden.

Wohl lebten auch die biederen Havelschiffer tagaus, tagein auf ihren schwarzen Kähnen. Doch das geschieht alles sehr gewöhnlich, beinahe lautlos. Welches Geschrei dagegen auf den Dschunken Hongkongs! Eine unübersehbare Nachkommenschaft balgt sich vom ersten Morgenstrahl an; mit der Behendigkeit der vierfüßigen Verwandten erklettern sie alles Erkletterbare. Es kommt schon vor, daß eines der schlitzäugigen kugelrunden Wesen ins Meer fällt. Aber man macht weiß Gott nicht viel aus solch einem Vorfall; die Sonne der Tropen brütet die Kinder dort gleich dem Froschlaich in Hülle und Fülle aus.

„Mein Gott", so stöhnte dann der Knabe vor Aufregung, „und welche Sprache sprechen diese Wesen?"

„Natürlich chinesisch."

Die Adlernase der verehrten Lehrerin trat wiederum gebührend in Erscheinung. Sah diese Nase nicht plötzlich aus wie ein uraltes chinesisches Schriftzeichen? Sicherlich hatten die kleinen Klavierschüler in China nicht geringere Ehrfurcht vor diesem magischen Zeichen als der Knabe in Preußens Residenzstadt. Und er forschte weiter: „Und auch die Kinder lernen diese schwerste Sprache der Welt, lernen sie fließend sprechen?"

„Ganz so wie du deine deutsche Sprache."

„Ob es auch Kinder gibt, die auf chinesisch stottern? Das muß sehr merkwürdig klingen; ich glaube, selbst ich würde darüber lachen müssen."

„Wenn du in China auf die Welt gekommen wärest", so tröstete nun die alte Lehrerin den Knaben, „dann hättest du nie das Stottern gelernt, oder – es wäre zumindest keinem aufgefallen, denn diese Sprache besteht nur aus einsilbigen Worten; man bekommt keine Platzkrankheit beim Sprechen. Zu alledem ist das Chinesische nur für musikalische Menschen erlernbar. Die Tonhöhe entscheidet hier!"

„Ach, jetzt machst du aber wirklich Spaß mit mir!"

„Nein, nein, du kannst es mir alten Chinesin schon glauben. Das gleiche Wort hat im dunklen Alt gesprochen eine ganz andere Bedeutung, als wenn du es im lieblichen Sopran säuselst."

„Das wäre ein Land für mich", so rief nun begeistert der Knabe, „warum bist du eigentlich da wieder nach Haus gekommen?"

„Ja, warum, warum war das eigentlich? Ich will es dir sagen: es war das Heimweh."

„Wie, du warst doch schon groß, und da hattest du noch Heimweh?"

„Heimweh haben auch große Leute; ich glaube, sie haben es noch schlimmer als die Kinder, die ja leichter vergessen. Es ist eine der schwersten Krankheiten und sie ist unheilbar. Der Kranke geht langsam ein, wie eine Blume, wie der himmelblaue Enzian, den man aus reiner Bergeshöhe zu den Geranien auf den Balkon topft ...

„Nein, ich möchte nicht zurück, nie, nie; hier im alten Potsdam ist es mir wohl, hier kommt kein Hochwasser und setzt tausend Kilometer Landes unter Wasser, daß alles ersäuft, Mensch und Vieh. Die dort sind erst jetzt beim Zeitalter der Sintflut angekommen."

Ihre Augen funkelten jetzt erst richtig zornig und die Hakennase trat wieder fast schreckenerregend in Erscheinung, wie bei einem Adler, der von der List der Menschen überwältigt in die Gefangenschaft abtransportiert wird. „Sie sind erst bei der Sintflut angekommen." Dieses Wort ging dem Knaben noch lange nach. Erst später, viele Jahre später glaubte er dieses Wort auf sein eigenes Land anwenden zu müssen, nicht auf das alte China.

Drum wagte jetzt der Knabe keinen Einwurf mehr mit einer unpassenden Frage; er wartete, bis sich die gesträubten Adlerfedern wieder schön geglättet hatten, das heißt, bis die kleine weiße Klavierhand der Lehrerin ein-, zweimal über die schwarze Seide ihres Rockes gestrichen hatte. Und so erzählte sie weiter, daß sie in solchen Stunden, da das Heimweh in ihr übermächtig wurde, all ihren Schmerz in das Finale der ersten Klaviersonate Beethovens gelegt habe. Dann hatten selbst diese ergreifenden Töne nicht mehr genügt, denn jetzt sang sie diese Melodie, mit der Beethoven ein neues Tor, ein Tor in die Welt des Schmerzes aufriß, auf die klassischen Worte: „All mein Glück ist ach dahin, all mein Glück ist ach dahin, all mein Glück ist ach dahin, ist dahin, ist dahin."

Das gesunde Bauernblut sorgte indessen schon dafür, daß der Knabe von Zeit zu Zeit aus der sorgsam umplüschten Eingrenzung des Schmidtschen Musikinstituts den Weg ins Freie fand. Dieses „Freie" hieß für die Jungen Potsdams nicht etwa Sanssouci oder dieser oder jener königliche Garten der Residenzstadt. Nein, diese wohlgepflegten Parks schienen eigens eingerichtet zu sein, daß die Knaben sonntagnachmittags wohlgesittet wie die Hunde an der Leine spazierengeführt wurden, den meisten von ihnen ein grauenvolles Unternehmen, welches die Erwachsenen wohl deshalb so reizvoll fanden, da es den Kindern verwehrt war, im Galopp über Stock und Stein zu springen. Nein, es gab da eine andere Gegend. Vor den Toren der Residenzstadt dehnte sich das endlose „Bornstedter Feld" aus, das mit seinem spärlichen, im Sommer gänzlich ausgedörrten Graswuchs eher der argentinischen Pampa ähnlich sah. Da ließen wir, wenn die Herbststürme aufbrachen, die Drachen steigen und mit ihnen unsere Wünsche, daß es einen ewigen schulfreien Nachmittag geben möge und durch einen kinderlieben Minister sofort die Hausaufsätze abzuschaffen seien ...

Und es begab sich eines Tages auf dem nämlichen Bornstedter Feld, daß da ein Mann aus weiter Ferne mit einem noch größeren Drachen als unserem erschien (und wir waren schon so stolz auf unser Format) und zu unserem maßlosen Staunen es sich im Bauche dieses Drachen bequem zu machen begann, um dann plötzlich unter donnerartigem Getöse in die Luft zu steigen. Mein Bruder stürzte wie ein Marathonläufer davon, um auch die Eltern heranzuholen, damit auch sie des Wunders teilhaftig werden sollten.

Schien da nicht der Mensch sich frevelnd einer Region zu nähern, die bis dahin nur dem stolzen Aar vorbehalten war? Hatte nicht erst jüngst Leisering die Geschichte von Daedalus und Ikarus erzählt, wie diesem das Wachs unter den selbstgefertigten Flügeln da oben in der einsamen Höhensonne geschmolzen war und er vor den Augen des alten Daedalus in die grausige Tiefe stürzte? Und dieser Mann, der an diesem Tage einen „Höhenweltrekord" mit 400 Metern aufstellte („... fünfmal so hoch als die Kuppel der Nikolaikirche", stellte Bruder Georg begeistert fest) hieß Wilbur Wright. Wie er da aus seiner Maschine krabbelte, sah er einem der unzähligen Handelsleute ähnlich, die hüben und drüben ihr Allerweltsgesicht, auf Geschäftsfahrt begriffen, spazieren führen.

Noch war das adlergleiche, der Ferne verschworene Antlitz des Fliegers nicht geformt, das einzige, das durch unser tragisches Jahrhundert eine neue Prägung fand. Aber wir hatten dem Mann ins Auge geblickt, der sich mit seinem Bruder Orville als erster Mensch mit seiner Flugmaschine fortbewegt hatte, mochte er nun in seinem Cutaway und mit der Melone auf dem Kopf der Vorstellung „unseres" Ikarus entsprechen oder nicht. Aber diesen Platz hatte auch schon ein anderer in unseren Herzen eingenommen, einer, den wir zum fliegenden Heros unserer Kinderträume erkoren hatten: es war der alte Graf Zeppelin.

Da war wochenlang von nichts anderem die Rede gewesen als von dem bevorstehenden Besuch des Grafen in Berlin mit seiner „L. Z. 6". Schon hatten wir die Hoffnung beinahe aufgegeben, bei diesem bevorstehenden Ereignis wenigstens nur einen kleinen Zipfel seiner riesigen Gewandung erhaschen zu können, da tönte, während wir in der Nikolaikirche unter der Aufsicht des Vaters versuchten, bei der Predigt nicht immer in luftigere Gefilde abzuirren, aus der Höhe ein Gebrumm, wie es unser Ohr bis dahin noch nie vernommen hatte. Wir spitzten wie junge Füllen die Ohren und wünschten uns in diesem Augenblicke solche vom Format derjenigen des alten Königs Midas.

Klang dies Geräusch, das auch der gläubigste Christ nicht überhören konnte, nicht wie die unkontrollierbaren Schwingungen der tiefsten Orgeltöne, gewaltig, majestätisch, als wollte der alte Gott Jehova sich im Orkan endlich einmal wieder nach so langer Zeit offenbaren? Hier sprach eine höhere Macht und selbst die nun strengen Blicke des Vaters verfingen nicht mehr. Und wir sahen mit Erstaunen und zugleich Bewunderung ob solcher Kühnheit, daß da unten einige beherzte Männer das Kirchenschiff verließen, mit einer schattenhaft schwebenden Leichtigkeit, als ob das neue Element, dem alles verfallen schien, ihren schlurfenden Kirchgängerfüßen Flügel verliehen hätte.

Das war das Zeichen für uns, dem Vater zuerst mit flehender

Zeichensprache, dann leise geflüstert die Erlaubnis abzuringen, gleichfalls abschweben zu dürfen: „Der Zeppelin kommt, hörst du nicht, er kommt, er kommt immer näher", – und dieses unaufhörliche Crescendo war es, was alle Bande frommer Scheu ganz einfach zerreißen ließ.

Jetzt war da unten der Exodus schon ganz allgemein geworden, während oben der gesamte „Alt" des Chores unter der beherzten Führung meines Bruders – seine bevorzugte Lage an der Tür glücklich ausnutzend – sich verdrückt hatte. Aber der Triumph des Grafen war doch erst vollständig zu nennen, als nun selbst der Pfarrer, seine Predigt vorzeitig beendend, auf der Kanzel die vor ihm liegende Bibel zuschlug, als wäre nun erst das Mittelalter endgültig zu Ende gegangen und bräche jetzt das neue Morgenlicht an. Auch er faßte die Enden seines Talars und schwebte eilfertig die Stufen hinab, um nicht zu spät zu kommen, um dessen ansichtig zu werden, was der Herr verheißen hatte in der Offenbarung Johannis. Durch solches Verhalten ward wiederum der redliche und auch sonst noch mit einem wundervoll rötlich schimmernden Vollbart ausgezeichnete Küster Brockmeyer außer Rand und Band gebracht: er gab das Zeichen, in einem Anfall tollkühnster Entschlußkraft, die Glocken zu läuten.

Draußen staute sich schon die Menge auf dem Marktplatz und es war höchste Zeit für uns gewesen. Über den alten Dächern erschien der Riesenleib des Ersehnten, beängstigend tief fliegend, als könnte er den Atlas des alten Rathauses und seine goldene Erdkugel mit hinwegnehmen.

Und nun brach es wie ein einziger Jubelchoral aus den tausend Stimmen, als in der Gondel ganz deutlich die ehrwürdige Gestalt des Grafen sich zeigte und sogar den guten alten Bewohnern der Residenzstadt zuwinkte, er, dessen Leben trotz der furchtbaren Schicksalsschläge, trotz der lästernden Demütigungen nun eine Krönung erfuhr, eine Krönung, wie sie kein Fürst der Erde erfahren hatte, er, der ungekrönte König des Reiches ohne Grenzen.

So mochten sie da unten fühlen, als sie nun ihre Sonntagstaschentücher nicht nur zum Winken benutzten, – fühlten sich doch ihre Herzen wie von einer gewaltigen Welle emporgerissen über den trüben Bodensatz des Alltags, empor in jene Höhen, die sich der Ritter ohne Furcht und Tadel da oben erstritten hatte. Und noch eines wurde in solchem Augenblick beglückendes Bewußtsein: es gab „ein einzig Volk von Brüdern", das nur des Wunders einer großen Tat bedurfte, um zu glauben.

Dies waren dann die Festtage eines Volkes. Daß es aber am grauen Werktag anders aussah, das hatten wir Jungen auch schon herausgefunden. Und da sind wir unversehens aus dem Reich ohne Grenzen, aus dem Reich der Lüfte in die Niederungen, die dunklen Täler der Menschen hinabgefallen.

Uns konnten die scheelen Blicke der halbwüchsigen Jungen aus den angrenzenden Bezirken des so sorgsam umfriedeten Wilhelmsplatzes unmöglich entgangen sein. So schlossen wir uns – wie kleine Tiere die Gefahr witternd – zu einer Art Selbstschutztrupp zusammen. Es war eine ausgemachte Sache, daß die Führung Hans Schmidt, dem bizepsgesegneten Nachbarsohn, übertragen wurde, einem hellen und aufgeweckten Jungen, der auch in Vaters Kirchenchor seinen Mann stand und jeden Sonntag sich seine Absolution von den in der Woche begangenen Übertretungen ersang. Sie kamen meist um die Zeit, wenn der Blätterfall eingesetzt hatte, der kraft der bei uns besonders ausgebildeten Grab- und Wühlinstinkte Anlaß zu herbstlichen Spielen wurde. Zuerst kamen sie einzeln, um die Stärke des Gegners auszuspionieren. Bis dann eines Tags ein kleiner Trupp erschien. Man übersah ihn geflissentlich und blickte ebenso unbekümmert in den seidig-blauen Himmel, als wollte von dort im nächsten Augenblick himmlisches Manna auf die blonden Scheitel der Wilhelmsplätzler herabregnen.

Der Kampf wurde eröffnet, indem der kleinste der wadenbestrumpften, auf der Sandkiste balancierenden Matrosen mit seiner ganzen Breitseite derart gerammt wurde, daß er in hohem Bogen herunterflog. Das war das Klingelzeichen für einen neuen zweiten Akt der „Meistersinger". Aus allen Schlupfwinkeln des gebüschereichen Wilhelmsplatzes, aus den angrenzenden Seitenstraßen tauchten urplötzlich finsterblickende Gestalten auf: es waren die vom Gegner kriegsplanmäßig aufgestellten Hilfstruppen, und der verbissene Kampf wogte eine Zeit unentschieden hin und her. Unsere bewundernden Blicke verfingen sich für einen Augenblick in dem Gewühl von Gliedmaßen, das sich wie eine der Riesenschlangen des Laokoon um die arg bedrängte Gestalt des bizepsgesegneten männermordenden Hans Schmidt verknotete. Erschien er uns nicht wie ein zweiter Ajax, da er jetzt drei Angreifer auf einmal abzuwehren hatte?

Doch die Gegenpartei hatte ihren letzten fürchterlichen Trumpf noch nicht ausgespielt und sie setzte ihn nun bedenkenlos ein, da auch wir Verstärkung erhalten hatten. Der „blutige Maxe" erschien auf der Walstatt, Lähmen und Entsetzen unter den Kämpfenden verbreitend, wie wenn der Königstiger unter sich balgende Kätzchen springt und mit einem lässig ausgeteilten Tatzenhieb die kleine Gesellschaft zu Brei schlägt. Diese Überlegenheit verdankte er nicht nur seinem athletischen Körperbau, nein, er kämpfte mit einer furchtbaren Waffe, die er in der Hosentasche stets verborgen bei sich trug. Wir wußten, daß schnellste Flucht geboten war, wenn dieser Schlagring für einen Bruchteil eines Augenblickes im Sonnenlicht aufblitzte, schnellste Flucht, wollten wir diesem Totschläger nicht unser junges Leben zum Opfer bringen.

Vor dem unsichtbaren Schiedsgericht aber, unserem Kindergewissen, waren wir dennoch Sieger geblieben, da wir mit ehrlichen Waffen, unseren Händen und Füßen gekämpft hatten. Aber die Bilanz, die wir – nun wie aus einem Rausch erwachend und an uns erschreckt herabsehend – ziehen mußten, war mehr als kläglich; da war summa summarum zu buchen: ein böse zerschundenes Gesicht, blutende Hände und – was das schlimmste war – Löcher in den Hosen und Strümpfen. So wurde das Nachhausekommen wohlweislich hinausgeschoben, um das traurige Wrack einer notdürftigen, von Freundeshänden eifrig unterstützten Reparatur zu unterziehen. Der Wilhelmsplatz lag wieder im goldenen Abendsonnenfrieden, von der mächtigen Kuppel von St. Nikolai wie von einer wohlig tuckenden Riesenglucke warm umbrütet. Statt des Nachtwächters, der nun eigentlich sein „Hört, ihr Leut, und laßt euch sagen" hätte intonieren müssen, erschien alsbald der blaue Schutzmann mit den vibrierenden Schnurrbartspitzen auf der Bildfläche, die bereits von allen Spuren des männermordenden Kampfes gesäubert worden war. Er blickte blöd-erstaunt und fast ungläubig in so viel unschuldige Kinderaugen, gerade als wollte er sagen: „Ja, heutzutage gibt es eben keine richtigen Jungen mehr, zu meiner Zeit, zu meiner Zeit, ja, ja – – ", und er setzte sich, gelangweilt ob so viel Tugend, wieder umständlich in Bewegung.

Und dennoch, ich war dieser Schlacht nicht froh geworden, und als ich nun mit den noch erregten Füßen die Treppe hinaufstieg und mir von oben die „D-moll Toccata" des alten Johann Sebastian entgegenscholl, da wurde mir doch recht bänglich zumute und ich setzte mich auf den ersten Treppenabsatz und weinte bitterlich. Nicht so sehr darüber, daß es so etwas wie einen „blutigen Maxe" auf dieser schönen Erde geben mußte, als über mich selbst, der ich mir untreu geworden war. Und ich besah mir – anders als beim Großvater – die Finger der Reihe nach; da war auch kaum einer von ihnen, der nicht zerkratzt, zerbissen, zerschunden war. Oben aber war der Vater gerade bei der Fuge angelangt, deren ewiggleicher Rhythmus wie eine Weltenuhr hin und her zu schwingen schien, um mir die Nichtigkeit meines Tuns und Lassens noch grausamer zu betonen:

Und es schluchzte aus mir heraus, als sollte ich dem Vater, nein, Johann Sebastian Rede stehen und mich vor ihm verantworten: „Wo willst du nun den Wunschring hinstecken? Auf diese Finger, die nun so aussehen wie die des ‚blutigen Maxe' ...?" Ich blieb so eine lange Zeit liegen, den zerknirschten Pilgern gleich, die auf der Scala santa ihre Sünden herzlich bereuen.

Da war dort oben die Fuge in den strahlenden B-dur-Akkord gemündet, an dem sich – silberhellen Lichtbogen gleich – die Zweiunddreißigstel aufbrandend brechen. Ich begriff plötzlich und zum ersten Male in meinem jungen Leben, „daß es Nacht sein müsse, auf daß Licht werden kann". Wie von einer unsichtbaren Macht gestärkt, schritt ich nun fest und sicher die Treppen hinan.

Die alten Meister hatten Wache gehalten, das wußte ich, als ich vor dem Einschlafen beglückt das große Oval betrachtete, das ich mir aus liebevoll ausgeschnittenen Beilagen der Musikzeitungen um die Bettstatt errichtet hatte. Wie väterlich-ernst blickten sie aus ihren Halskrausen, aus ihren Perücken heraus, die Meister Palestrina, Orlando di Lasso, Purcell, Bach, Händel! Winkte mir dort nicht gar der kleine Mozart, der seinen Vater am Spinett begleitete, mit seinen Kinderhänden zu? Ich schloß sie in mein Abendgebet ein als liebevolle Schutzpatrone, die mich vor böser Gefahr, Schlagring und „blutigem Maxe" bewahrt hatten.

Noch war ich Knabe und sang im höchsten Diskant in des Vaters liturgischem Chor allsonntäglich zu Gottes und der heiligen Caecilie Ehren. Und noch bildete der abgrundtiefe Orgelton, einst vernommen in den ersten unbewußten goldenen Morgentagen der Kindheit, das felsenfeste Fundament meines jungen Erdendaseins. Es gab wohl keinen glücklicheren Knaben auf dem weiten Erdenrund, wenn mir abends nach getaner Werkelarbeit, nämlich der Schularbeit, der Vater die drei Schlüssel aushändigte, durch deren Hilfe sich die schweren großen Türen der Nikolaikirche schwerfällig in den Angeln bewegten und mir den Weg in den Tempel Gottes freigaben. Da umfing mich dann die ehrfürchtige Stille des erhabenen Raumes und die lauten Geräusche des Alten Marktes waren nur noch ein unterirdisches, kaum vernehmbares Summen, einem fernen Bienenschwarm vergleichbar.

Es war nicht mehr die alte liebe Orgel mit den „Negativtasten", die ich da aufgeschlossen hatte. Ein neues Gesicht schaute mich an, jung und schön mit blendendweißen Elfenbeinzähnen, modern zurecht gemacht, kompliziert. Wirklich, der große Orgelbauer Sauer hatte da ein modernes Wunderwerk geschaffen, mit freien Kombinationen, Roll- und Jalousieschweller, mit einer Vox humana, die sich eines eigenen Tremolos zu erfreuen hatte und täuschend die menschliche Stimme „nachahmte". Noch steckte die Orgelrenaissance in den ersten Kinderschuhen. Das romantische Vibrato, das erotische Crescendo hatte die Königin der Instrumente vergewaltigen wollen. Auch Reger, der einzig Überragende jener Epoche, hatte diesem neuen Moloch, aus dem Fluchzeitalter der Technik geboren, seinen Tribut zollen müssen. Damals kam mir zum ersten Male seine Choralfantasie über „Wachet auf! ruft uns die Stimme" zu Gesicht. Ich starrte verwirrt, ungläubig auf die in rasenden Vierundsechzigstel-Kaskaden dahinstürmenden, vom pppp bis zum ffff ständig an- und abschwellenden Tonfolgen. Beinahe böse sahen mich diese Hieroglyphen an, fremdartige Fische der Tiefsee, die ein großer Zauberer eingefangen hatte und die nun den lernbegierigen Beschauer anglotzten, der sich vergeblich bemühte, hinter das Geheimnis dieser mit seltsamen Spiralen, Schnörkeln und anderen Vorzeichen begabten Erscheinungen zu kommen. Und mit einem Seufzer aus kindlicher Brust langte der junge Organist nach einem der großen Bachbände, die ihren ständigen Ehrenplatz auf dem Bord über den drei Manualen hatten.

Er schlug auf: Passacaglia und Fuge C-moll – und der Geist schwebte über der Tiefe. Willig und beseligt ließ er sich von den mit jeder Variation mächtiger heranbrausenden Tonwellen tragen. Wenn er an der Stelle angelangt war, da die vier Hauptströme in das weltenweite Meer der Doppelfuge münden wollten, dann begann sich die sonst so schwere Zunge im Jubel des aufrauschenden Sturmes zu lösen und er sang aus voller Kehle den cantus firmus mit, aller hemmenden Fesseln ledig, die sich ihm in der drückenden Schulstube wie ein Alpdruck auf die Seele legten, ganz allein unter der nun zur Weltenkuppel gewordenen riesigen Rotunde, über der die Taube, das Zeichen des Heiligen Geistes, mit weit ausgebreiteten Schwingen schwebte. Wie einst Demosthenes am Ufer des Meeres das Tosen der Wellen – einen Kieselstein im Munde – im Kampf gegen sein Gebrechen (auch er war ein Stammler gewesen) zu übertönen suchte, so auch hier: in den von Knabenhänden entfesselten Gewalten der Bachschen Tonsprache fand dieser seine Sprache wieder und es war ihm, als hätte der Gott dort oben über der Kuppel eine lange Prüfungszeit über ihn verhängt, die nun bald abgelaufen sei, die Zeit des Schweigens und der Unvollkommenheit, der Ängste vor dem Gericht der Großen und der Selbstsicheren. So wurde uns der Nikolaidom, dessen Vollendung der große Schinkel nicht mehr erleben sollte, zu einem Hause Gottes in des Wortes wahrster Bedeutung. Das Wort des Psalmisten aus dem wenige Jahre später in Musik gesetzten Psalm 84 hätte wohl als Motto über jenen letzten Knabenjahren stehen können: „Ich will lieber der Tür hüten in meines Gottes Hause, denn wohnen in der Gottlosen Hütten".

Der Vater hatte nun, ehe er sich's versah, in seinen beiden Söhnen zwei Hilfsorganisten erhalten, was ihm um so verwunderlicher schien, als er seinen beiden Sprößlingen nie Orgelunterricht erteilt hatte, sondern diese ihm bald etwas von seiner Kunst abgeguckt hatten. Wie man denn überhaupt die Kunst des Orgelspielens kaum erlernen kann, denn sie wird vom Vater auf den Sohn vererbt. Und doch: es gibt in unseren Zeiten viel weniger bedeutende Organisten als sonstige Instrumentalsolisten. Die meisten von ihnen sind gescheiterte Pianisten, die ihr mangelhaftes Können unter den ach so zahllosen Eselsbrücken der modernen Gigantenmaschinen gewandt verbergen. Auch das Predigen läßt sich auf dem berühmtesten Predigerseminar nicht erlernen und was ist das Orgelspiel anderes als eine lebendige Predigt in Tönen?

Und doch kam auch ich in Versuchung, durch das freiwillig übernommene Hilfsamt einer Art kirchlichem Betrieb zu verfallen. Mir lag es ob, zur Entlastung des nun nach immer größeren kirchenmusikalischen Aufgaben ausschauenden Vaters die „kleineren Akzidenzien" wahrzunehmen, als da waren Trauungen – und zwar Trauungen am laufenden Band. Besonderer Beliebtheit erfreute sich hierfür der Sonnabendnachmittag, der völlig im Zeichen des alten, aber immer noch sehr lebhaften Gottes Hymen zu stehen schien. Kaum hatte der rotbärtige Küster Brockmeyer das mich immer besonders erbosende elektrische Klingelzeichen gegeben, das mit einem beleidigend schnarrenden Geräusch über dem Spiegel ertönte, da hieß es, ein auf die Zahl und das Zeitmaß der festlich einziehenden Hochzeitsgäste zugeschnittenes Präludium aus dem Stegreif zu schütteln. Der Blick des jungen Orgelspielers war derweilen zur Höhe gerichtet und zwar in das freundliche Ovalgesicht des Spiegels, der wie ein musikalischer Kanon „in motu contrario" anzeigte, daß die dort unten endlich zur Ruhe gekommen waren und umständlich ihre Plätze eingenommen hatten. Sogar die überlange Schleppe der myrtengekränzten Braut stellte ihr erregtes Wedeln ein und lag nun wie ein glücklich beruhigtes Tier vor dem Altar.

Handelte es sich um eine „große" Trauung, so hatte inzwischen die hinter mir in angriffslustiger Positur stehende Sängerin durch aufgeregtes Räuspern angedeutet, daß nun die Reihe an sie gekommen war. Erschien unsere Potsdamer Sängerin Berta Wilschke-Padewig, so war alles in bester Ordnung. Je nach Einschätzung des Brautpaares ward dann entweder das Hummelsche „Halleluja" oder der beliebteste aller Trauungsgesänge, das „Wo du hingehst" angestimmt. Es konnte aber auch vorkommen, daß kurz vor dem Einsatz des Präludiums eine vollbusige Dame auf das Orgelchor gerauscht kam und sich sofort alle Chancen für eine angemessene Begleitung verdarb, indem sie den „Kleinen" ahnungslos nach dem Verbleib des Organisten fragte. Sie wurde bald eines anderen belehrt, denn der „Kleine" weigerte sich, ihren Schmachtfetzen „Tief wie das Meer soll unsere Liebe sein" zu begleiten, so daß ein im erregtesten Flüsterton gezischeltes Duett wie ein böse knisterndes Feuer an den Wänden der Kirche umlief.

Mein Gewinn aus dieser Tätigkeit war dennoch beträchtlich zu nennen und konnte zwei stolze Aktiva auf der Bilanzseite des kleinen, vom Küster sorgsam betreuten Trauungsbüchleins aufweisen: ich hatte hier Gelegenheit, meine improvisatorische Gabe unter das strenge kontrapunktische Gesetz zu stellen. Das zweite Aktivum aber ward die Bekanntschaft mit einem Großen — mit William Shakespeare!

Es hatte vieler Gänge, zuerst am Schaufenster vorbei und dann geradewegs in die Jäckelsche Buchhandlung in der Nauener Straße bedurft, bis ich, mit den Trauungsgeldern fröhlich in der Hosentasche klappernd, den gesamten Shakespeare mir erstanden hatte. Ich weiß es noch, als wäre es heute, wie mir das Herz buchstäblich in einem Glücksgefühl ohnegleichen schwoll, als ich den Packen Bücher nach Hause schleppte und ihn zuerst einmal in Ruhe von außen besah. Es war an dem Tage, da mein Vater die äußere Anerkennung seiner Verdienste um die Musica sacra erhalten hatte, indem ihm der Titel „Königlicher Musikdirektor" verliehen worden war, also an einem Freudentage erster Ordnung. Diese handlichen Büchlein waren nun meine treuesten Begleiter jener Zeit geworden.

Hatten andere einen Hund an ihrer Seite, so ging ich nicht ohne Herrn Schüttelspeer aus. Ich muß gestehen, daß keine der von mir später erlebten Inszenierungen des „Sommernachtstraumes" an das Erlebnis dieser Shakespearefesttage, die ich mir allein und ohne andere Zeugen im Park von Sanssouci bereitete, heranreichte. Und wenn mich heute der Weg zur Frühlingszeit an den krokusübersäten Ufern der stillen Wasser von Sanssouci vorüberführen würde, so wüßte ich mit nachtwandlerischer Sicherheit jene Stellen zu bezeichnen, an denen mir das erstemal Puck, der kecke Ausbund seines Meisters, und die musikalischste aller Gestalten auf dieser schönen Welt, Prosperos Luftgeist Ariel, begegnet sind und ich tät – auch dies ist wohl eine altmodische, aber verzeihbare Geste – ehrerbietig meinen vielgereisten Hut lüften, solchermaßen diesen Geschöpfen aus Gottes eigner Hand meine Reverenz erweisend.

So konnte es nicht wundernehmen, daß Puck und Ariel, Olivia und Perdita, Julia und Cordelia anfingen, meinen Geist zu verwirren, und schon während der Intonation des Orgelchorals der letzten und sechsten Trauung an diesem Sonnabend von mir gebieterisch Besitz ergriffen. Und kaum daß ich Zeit fand, den das Gebläse antreibenden Motor abzustellen, da hatte ich es mir auch schon an der Seite des engbrüstigen Orgelchores mit Herrn Schüttelspeer bequem gemacht und war in eine andere Welt hinabgetaucht. Wohl feierte auch ich da eine Hochzeit mit, aber es war eine andere, schimmernde, ohne Frack, gewichsten Schnurrbart und weiße Glacéhandschuhe: es war die Hochzeit des Theseus und der Hippolyta und ich wühlte mich, die Hände im blonden Haarschopf vergraben, immer tiefer in die dämmernden Gründe dieser von einem Zauberer beschworenen Phantasiewelt hinein.

Wohl erhob sich da unten die Stimme des Predigers an manchen Kernstellen seiner Trauungsrede zu einem vernehmlichen Forte, wenn er an dem Punkte angelangt war, der Braut ihr zukünftiges Leben mit beweglichen Worten zu schildern. Handelte es sich um einen Beamten – und es handelte sich meist darum –, dann pflegte die nun traurig erhobene Stimme zu verkünden: „Erwarte nicht zu viel, liebe Braut, von diesem deinem künftigen Leben, erwarte aber auch nicht zu viel von deinem hier gegenwärtigen Manne! Der müde abgearbeitete Mann, dies ist dein Mann . ." Ich wußte dann, daß Teil I der Rede sich bald dem Ende zuneigen mußte, und vergrub mich abermals, dem Schläfer gleich, der am Morgen den ihn aus süßen Träumen reißenden Wecker unter die Bettdecke steckt, in das kleine Zauberbuch.

Da war ich nun auf Oberons Geheiß verwandelt – und ich las weiter: „Gott behüte dich, Zettel, Gott behüte dich, du bist transferiert . . ." Hatte nun Oberon nicht Teil II des Hochzeitssermons übernommen? Ja, das war Oberons Stimme, die nun vom Altare heraufklang, verführerisch, prophetisch und doch so sündhaft weltlich:

Kommt zum besten Brautbett hin,
Daß es Heil durch uns gewinn'!
Das Geschlecht, entsprossen dort,
Sei gesegnet immerfort.
Jedes dieser Paare sei
Ewiglich im Lieben treu.
Ihr Geschlecht soll nimmer schänden
Die Natur mit Feindeshänden.
Und mit Zeichen schlimmer Art,
Muttermal und Hasenschart,
Werde durch des Himmels Zorn
Ihnen nie ein Kind gebor'n.

Dies war nun eine Hochzeitspredigt eigener Art. Doch was geschah nun? Welche unheimliche Stille! – So mag es dem Träumer in tropischen Landen ergehen, den das urplötzlich abgebrochene Konzert der Zikaden, der flötenden und geigenden Insekten des Urwaldes, aus der seligen Gebundenheit des Schlafes emporreißt. Die Stille ist es, die ihn beunruhigt. Und ich Unglücksmensch hatte diese so hochwichtige Generalpause, in welcher die Hände zum Ringewechsel sich ineinanderschmiegten, sträflicherweise verpaßt. Denn in diesem feierlichen Augenblicke hatte leises Orgelspiel zu ertönen, wie aus einer anderen Welt, auf der silberglitzernden Vox coelestis.

Und es war mir doch jedesmal bei jenem feierlichen Augenblick zumut gewesen, als stünde ich selbst da unten und eine zarte Mädchenhand streckte sich mir himmlisch vertrauend entgegen ...

Heut aber hatte ich nun das dem Zauberer Oberon verfallene Paar mit dieser schauerlichen Generalpause fürs Leben begabt. Mir schwindelte bei dem Gedanken an die möglichen Folgen, an „Muttermal und Hasenschart", ja, was mir gräßlicher dünkte, daß des „Himmels Zorn" nun die armen Nachkommen des soeben getrauten Paares mit völlig verschlossenen Ohrmuscheln begaben mochte. Dies war also auch eine der Untaten des „schlauen Poltergeistes" Puck gewesen und ich verlegte fortan meine Lesestunden vom heiligen Bezirk des Nikolaidomes in die freien Bereiche der Natur.

Doch nicht genug, daß Oberon und sein Feengemahl ihren Einzug in den Tempel des heiligen Nikolaus gehalten hatten, ihnen folgte ein anderer, um vieles Gefährlicherer: der Knabe Amor kam lautlos auf leisen Sohlen in die heiligen Hallen geschlichen und zwar in der Gestalt eines Chorknaben. Dieser mochte wohl an die elf Jahre zählen, als er von meinem Vater für würdig erachtet wurde, in den Kreis der kleinen musikalischen Ministranten aufgenommen zu werden. Als ich ihn zum ersten Male erblickte, wie er da mit kindlich frommem Ausdruck die Doxologie sang, schien er mir ein vom lieben Gott eigens auf die Erde gesandter Engel zu sein. Das zarte, beinahe mädchenhafte Gesicht war aufs lieblichste von einer strömenden Fülle dunkelblonder Locken umflossen. Aber es hätte auch nicht dieser ungemein dekorativen Umrahmung bedurft, um diesen Knaben auf den ersten Blick aus der Umgebung seiner Kurrendaner, die nun – so wollte es mir wenigstens dünken – alle ohne Ausnahme mit ihren Eierköpfen einen recht gewöhnlichen Eindruck machten, wie einen jungen Prinzen herauszuheben.

Welch ein neuer Ton war da in meiner, bis dahin in gleichmäßig ruhigen Arpeggien ertönenden Lebensharfe aufgeklungen! War das die Liebe, von der die Erwachsenen so viel und gerne und meist leise, daß es die Kinder nicht hören sollten, sprachen? Wie konnte es zugehen, daß dieser kleine Knabe Amor sich in kindlich-trotzigem Übermut daran machte, mit unverschämt beunruhigenden Synkopen querzuschießen und so den bis dato so wohlbeobachteten Takt zu stören und zu bedrohen, ja ihn gänzlich aufzulösen?

Noch kannte ich nicht das „*Incipit vita nova*" des großen Florentiners, noch wußte ich nichts von seinem engelhaften Idol, seiner seit früher Kindheit angebeteten Beatrice. Aber da es sich um einen leibhaftigen Engel handelte, spielte es nur eine untergeordnete Rolle, in welcherlei Gestalt dieses himmlische Wesen herabgestiegen war, ob Knabe oder Mädchen. *Daß* es geschehen war, dies einzig und allein erfüllte mein Herz mit einem Glücksgefühl, vor dessen Stärke ich selbst schier erschrak. Nun hatte Oberon wie der Titania so auch mir wahrhaftig einen Zaubersaft in die Augen geträufelt. Kein Zweifel, ich war verwandelt, „transferiert", transponiert in eine völlig unbekannte abseitige Tonart, deren Vorzeichen ich nicht kannte. Doch so viel wußte ich, daß ich hierzu den Schlüssel allein finden mußte, ohne die liebevolle Unterweisung des Vaters.

Jetzt wurde jeder der Sonntagsgottesdienste zu einem besonderen Festtag, eine strahlende Fuge, zu der die anderen sechs Tage der Schöpfung nur ein mit gewöhnlichen Registern zu spielendes Präludium bildeten. Und so griff ich nicht mehr in die Orgeltasten zu Gottes Ehren, sondern zum Lobe seiner allesdurchdringenden Liebe, daß er diesen Engel in dieses ihm geweihte Haus gesandt hatte ... griff in die Tasten, daß der alte gute Superintendent Wandel, der noch meinen blinden Großvater hatte spielen hören, ganz unvermittelt an der Kirchentür meinen etwas verdutzt dreinschauenden Vater fragte: „Ist Ihnen das nicht aufgefallen, daß Ihr Sohn jetzt so ganz anders spielt, ich weiß nicht, wie – –? Ist er vielleicht – verliebt?"

Und als mein Vater das entrüstet in Abrede stellte, meinte er treuherzig: „Ach, die Väter, die merken natürlich nichts von derlei Dingen; sie wollen es nicht merken. Wir waren alle mal jung; lieber Gott, war das eine schöne Zeit, – finden Sie nicht auch?" Jetzt blieb dem Vater nichts anderes übrig, als mit gütigem Lächeln diese Feststellung des alten Gottesmannes zu bestätigen. Aber er hütete sich wohlweislich in seinem Feingefühl, auf dem Nachhauseweg weitere Nachforschungen anzustellen. Denn er hatte wohl bemerkt, welche Empörung sich auf den Zügen seines Jüngsten gemalt hatte, als der ahnungslose und doch mit prophetischer Gabe ausgerüstete Pfarrer seine Diogeneslaterne ihm mitten ins Herz geblendet hatte.

Dieser neue Zustand kam dafür in erhöhtem Maße meinem Klavierspiel und vor allem der Komposition zugute. Da wurden die Uhlandschen Frühlingslieder in Musik gesetzt. Auch der treue Mentor Robert Kahn vernahm „die neue Weis'" und ließ schmunzelnd ohne eine weitere Bemerkung sein berühmtes „Sodele" hören. Er mochte wohl glauben, daß ich mich in ein hübsches blondes Potsdamer Mädchen „verschossen" hatte, wie der zunftmäßige Ausdruck meiner gleichaltrigen Gymnasiasten lautete.

Aber die allwissende Natur meint es wohl gut mit den jungen Menschen, daß in ihrem allerersten Liebesfrühling der kleine Gott Eros noch gleichsam in einem zaubrisch verpuppten Zustand geflogen kommt und sie eine langsam fortschreitende Metamorphose durchmachen läßt, bis sie reif werden, die Herrlichkeit des anderen Geschlechtes zu erkennen. Wehe, wenn der blinde Gott seinen versengenden Brand zu frühe geworfen hat und statt des Wortes Liebe, der Liebe, die sich aufopfern will für den anderen, das Wort Trieb am Anfang dieser von tragischen Ahnungen um das Leid der Welt erfüllten Zeit geschrieben steht!

Ich habe es erst später recht begriffen, was es an jenem Vormittag in der Schulstube unseres Gymnasiums für eine Bewandtnis gehabt hatte, als der „Geheimrat" mit leiser klagender Stimme uns die Mitteilung machte, daß einer unserer Mitschüler das consilium abeundi erhalten habe, wegen „sittlicher Verfehlungen", wie er nun mit erhobener Stimme den entsetzten Tertianern erklärte. Er war bereits Vater geworden. Damals erschauerten wir unwillkürlich und manch einer von uns hörte laut die Paradiesestür seiner Kindheit zuschlagen. Doch dieses finstere Intermezzo war bald vergessen und die Sonne meiner ersten Liebe lachte heller denn je.

Eines Nachmittags hatte ich gerade mit den letzten versinkenden Akkorden des Schumannschen „Blumenstückes" geschlossen – das war so recht eine Musik nach meinem Herzen in jener Zeit –, als mein Vater hereintrat und mir den Vorschlag machte, den Klavierdeckel zu schließen und eine Stunde „hinaus ins Freie" zu gehen, da mein spitzes Aussehen ihm und der Mutter Sorge machte. Mich überfiel bei diesen seinen so gutgemeinten Worten eine plötzliche namenlose Traurigkeit und ich flüsterte verzweifelt vor mich hin: „Wohin soll ich gehen, ich habe niemanden, nein, ich kann nicht fort vom Klavier; da ist mir am wohlsten."

Der gute Vater sagte nichts; er ging aber an seinen Schreibtisch und nahm einen Umschlag heraus. „Hier habe ich von einer vermögenden Dame für einen bedürftigen Chorknaben eine Geldsumme erhalten. Willst du nicht diese dem lieben Knaben, du weißt, dem mit den langen Locken, überbringen? Er wohnt – ", und er schrieb mir die Adresse auf, die ich schon längst in Erfahrung gebracht hatte. Das war nun wieder einmal ganz der Vater und ich stürmte die Treppe hinunter, diesmal aber nicht in Duodezimen, sondern zwei Oktaven auf einmal nehmend.

Je näher ich meinem Ziel kam, desto mehr verlangsamten sich meine Schritte. „Lieber Gott", dachte ich bei mir, „laß mich dies eine Mal nicht stottern, damit ich nicht auch diesem Jungen zum Gespött werde." Mir entfiel plötzlich der Mut. Es schien mir in diesem Augenblick leichter, stracks zum Kaiser ins Neue Palais zu gehen, als diese ausgebeulte und vertretene Stiege hinaufzuklettern. Nur schwer konnten sich meine Augen im Dunkel des schmalen Hausflurs zurechtfinden und doch, ich war seltsam bewegt, wenn ich mir ausmalte, daß der zarte blasse Knabe hier zu Haus sei.

War es nun sonst meine Art, nach Knabenweise mich mehr an den Klingelzug zu hängen, als ihn artig zu ziehen, so schwand hier aller Übermut dahin. Und das war gut so, denn im gleichen Augenblick ertönte von innen eine liebliche Stimme und schien den eben unterbrochenen Gesang fortzusetzen. So war ich gezwungen, zu lauschen und mich ganz still zu verhalten. Ich hatte doch so oft den dreiundzwanzigsten Psalm gehört und ihn auch mitgesungen, aber warum bewegte mich heute diese einfache Weise Bernhard Kleins so übermächtig? Das ganze Haus schien von seinen übrigen Bewohnern verlassen, eine solche Stille herrschte. Nur auf dem Flur summten ein paar Sommerfliegen, die Abwesenheit jedes menschlichen Geräusches noch betonend.

Jetzt ward die „grüne Au" verlassen und der Sänger hatte das „finstere Tal" betreten. Wie gläubig klang nun die reine Stimme:

> Und ob ich schon wanderte im finsteren Tal,
> Fürchte ich kein Unglück.

Da drückte ich ganz leise die Klinke der alten Tür herunter, so daß mein Eintritt nicht bemerkt werden konnte.

Bis jetzt hatten meine Ohren gehört, nun sahen meine Augen: mein kleiner Freund saß vor dem Bett seiner kranken Mutter. Auf sein lockiges Haupt legte der Schein der goldenen Abendsonne wie auf den Bildern Ghirlandajos gleichsam eine schimmernde Aura. Und die Augen der Mutter sprachen deutlicher, als es Worte vermocht hätten; sie sprachen von Dankbarkeit gegen den guten Hirten, der sie trotz aller Fährnisse im finstern Tal auf einer grünen Aue weidete und ihr einen solchen Sohn beschert hatte, ihr einziges Glück, ihre Freude in ihrem arbeitsreichen Dasein.

Kein Laut der Überraschung kam von ihren Lippen, als sie mich nun im Türrahmen stehend erblickte. Die Erzählungen ihres Jungen hatten gute Arbeit getan; sie streckte mir die Hand wie einem alten Bekannten entgegen und eine wunderbare Ruhe überkam mich nun; ich wähnte mich am Ziel meiner wochenlangen Wünsche. So konnte ich die frohe Botschaft meines Vaters, ohne zu stammeln, hervorbringen und mein zweites neues Ich hörte dem alten gequälten Ich voll Staunen zu.

Ein gleiches Staunen malte sich auch auf den Zügen der Mutter, die nun, da sie tagelang nicht zur Arbeit gehen konnte, ihren kärglichen Verdienst nicht geschmälert sah und sich einer gleichen Gnade des Himmels zu erfreuen schien wie die Witwe im heiligen Lande, deren Ölkrug sich nie leerte.

Alle die ehrgeizigen Pläne, die zum Teil ihren Ursprung in dem Wunderkindtum der ersten Zeit hatten, die Sehnsucht, ja das Begehren, das mir in den Schoß gefallene Talent vor anderen unter Beweis zu stellen, all dies war dahingefegt worden vom Sturm des ersten Boten aus den warmen Zonen des unermeßlichen Reiches der Liebe. Ja, unter diesem warmen Anhauch des Götterknaben schmolz mein junges, altes Ich dahin. Dies ging so weit, daß ich eines Morgens allen Ernstes meinen Eltern den Vorschlag machen wollte, den Chorknaben in unsere Hausgemeinschaft aufzunehmen, ja ihn zu adoptieren – und wäre es an meiner Statt... All diese Knabengedanken wälzte ich des Tags und des Nachts wie einen Fiebertraum hin und her. Es mußte etwas geschehen, um sich seiner anzunehmen. Sahen denn die Menschen nicht, daß aus dem Aufleuchten dieses seltsam faszinierenden Auges der Blick des Genies sprach? Durfte ich es vor Gott verantworten, hier nicht einzugreifen, ohne wie der Rufer in der Wüste eine messianische Weissagung von mir zu geben?

Aber solcherlei Gedanken und Empfindungen traten wie das Erz aus dem Urgestein nur selten zutage und hätten meinem Vater, wenn er darum gewußt hätte, doch einige Besorgnis einflößen können. Er aber schien in solchen und ähnlichen Epochen meines Lebens die Ruhe selbst zu sein, als hätte er das Wissen darum, daß da unten in den Urtiefen die Amboßmänner am Werk seien, um mit ihren ewig läutenden Glockenschlägen an der Menschenseele ohne Unterlaß zu hämmern, bis die endgültige Form gefunden sei.

So will ich euch denn an die Hand nehmen, daß ihr mit mir aus den Tiefen der Amboßmänner in den siebenten Ring der großen Propheten aufsteigt. Das ist ein gefahrvolles Unternehmen, denn es kommt mich noch heute ein knieziehender Schwindel an, wenn ich an den Aufstieg zu den heiligen Männern des Alten Bundes denke, die dort oben in schier unerreichbarer Ferne thronen, dort, wo die Kuppel ihrem Ende zustrebend sich verjüngt und auf den obersten Ring zuzulaufen scheint, über welchem als höchster und letzter Akkord, den Gläubigen kaum mehr vernehmbar, die Taube des Heiligen Geistes ihre goldschimmernden Flügel gebreitet hält.

Wohl hatten unsere unermüdlichen Knaben- und auch die Mädchenbeine – denn die Schwester war nie ein Spielverderber gewesen – möglichst häufig den Weg bis zur Laterne, dem höchsten erreichbaren Punkt zurückgelegt. Wir kannten wohl keinen größeren Vertrauensbeweis unseren „Konpennälern" gegenüber, als wenn wir den einen oder den anderen still und leise einluden, am Tage der großen Parade der Potsdamer Regimenter vor dem Kaiser sich einer solchen, immer sehr aufregenden Turmbesteigung anzuschließen. Von dort oben hatte man dann einen unvergleichlichen Überblick über den Lustgarten und der hohe Turm der Garnisonkirche mit seinem lustig klingelnden Glockenspiel schien uns fast zum Greifen nahegerückt.

Wie aus der Spielzeugschachtel entnommen vollzogen dort unten die winzig klein erscheinenden Soldaten mit haarscharfer Präzision ihre Schwenkungen. Wir warteten jedesmal auf den erhebenden Augenblick, daß nun der schwarze Paukenschläger, der Mohr aus dem heißen Lande Afrika, den im Frühlingssonnenlicht schimmernden und flimmernden Fanfarentrompeten das untrügliche Zeichen zum Einsatz geben sollte, indem er die Paukenschlegel in die Luft warf. Man glaubte es dem Mohren – selbst auf solche Entfernung – anzusehen, welch kindlichen Stolz es ihm bereitete, vor einem der Mächtigsten der Erde seine Geistesgegenwart zu beweisen, noch dazu im blitzenden Küraß des Garde-du-Corps-Soldaten, mit seinen beiden prächtig geschmückten Pauken auf dem weißesten Zelter der Welt.

Doch den Weg zu den Propheten, den bin ich bis auf den heutigen Tag nur einmal gegangen, denn es führt zu ihnen innerhalb der Riesenkuppel weder eine Scala santa noch eine Jakobsleiter empor. Kein lebendiges Wesen wagte sich in diesen sternenübersäten Himmel, wo die gewaltigen Erzengel mit beinahe drohendem Flügelschlagen die ewige Wache halten, es sei denn, daß eine der zahllosen in den Glockentürmen nistenden Tauben sich dorthin verirrt hatte, in die unnahbaren Gefilde ihrer glorifizierten Schwester. Und dies begab sich auf folgende Weise:

Schon längst war die Erneuerung des gesamten Innenraumes des Nikolaidomes beschlossen worden. Die Nachricht davon hatte eine nicht geringe Aufregung in der ganzen Kempffschen Familie hervorgerufen. Denn man mußte mit einschneidenden Maßnahmen rechnen, der Verlegung des Gottesdienstes in eine andere Kirche und dies vielleicht auf Jahre hinaus, ja sogar dem Abbruch der alten lieben Orgel mit den „Negativtasten" — und was sollte dann aus dem guten alten Bälgetreter, dem Schuster Thoma werden, wenn der Motor, dieser gefühllose Roboter, seine Arbeit übernahm?

Solcherlei Fragen entsprangen nun beinah sichtbarlich an der Nachmittagskaffeetafel unseren erhitzten Köpfen und Gehirnen und die Nachbarn wähnten dann immer die neue Zeit der Anarchie und Atonalie für angebrochen.

„Für den Thoma gibt der Vater ein Wohltätigkeitskonzert, das ist doch klar", meinte der eine.

„Was, – wie –, wo der Vater schon sowieso bei seinen Konzerten von seinem Gehalt immer zusetzt?" ließ sich der andere vernehmen.

„Ja, da müssen eben andere Eintrittspreise genommen werden", übertrumpfte ihn nun laut der ältere, „nächstens drückt der Vater jedem Besucher noch das Programm umsonst in die Hand. Stimmt's, hab ich nicht recht, Mama? Sag doch auch einmal ein Wort!" Und sie nickte nur still ihr Einverständnis dazu, denn das erregte Colloquium schnurrte weiter ab wie eine Perpetuum-mobile-Fuge und ließ ihr keine Beteiligung am Gespräche gelingen, da es eine besondere Spezialität der Kinder war, die sonst zur Entgegnung benutzten Atempausen zu „überspielen", indem man sie brüsk verschluckte und es darauf anlegte, sein Gegenüber wie Lots Weib zur Salzsäule erstarren zu lassen.

Aber endlich kam die Genehmigung der hohen Regierung und die Konservatoren erschienen im schwarzen Anzug und brachten berühmte Kirchenmaler mit, denen die Meister des Mosaiks folgten.

Bald ward der Innenraum durch ein riesiges Gerüst, das seinerseits binnen kurzem unzählige andere kleine Gerüstchen erzeugt hatte, unseren Blicken entzogen. Erstaunlich, – war das noch unsere Kirche? Welches Tarnnetz hatte man dem Orgelprospekt übergeworfen, eine entwürdigende Bekleidung für den tönenden Leib der heiligen Caecilie! Und, o Wunder, vor dem heiligen Taufbecken stand ein Kasten, hinter dessen gläsernen Wänden die lebendig gewordenen Vierundsechzigstel-Noten aus dem uranfänglichen Präludium meines Lebens sich zeigten. Hier waren es aber wirkliche lebendige Tanzmäuse, die sich die Stukkateure zu ihrem Vergnügen und Zeitvertreib, zur Anregung ihrer Arbeitslust hielten. Denn man richtete sich auf eine lange Dauer dieses Interim-Zustands ein.

Das war ein Leben, das nun von außen hereinströmte, und das Hämmern der Arbeiter erzeugte eine vielstimmige Fuge, die durch das gewaltige Echo multipliziert in der Kuppel überhaupt nicht zur Ruhe kommen wollte. In welchem Gegensatz aber stand hierzu die Tätigkeit der Kirchenmaler, die in frommem Adagio-Zeitmaß die Konturen der Evangelisten und Apostel in der Apsis nachzogen! Wie ruhig gaben sich diese Hände; ja, sie hatten etwas Zeitloses, als wollten sie auf alten astronomischen Karten die Bahnen der Gestirne nachprüfen. Ich war so versunken in diesen Anblick, daß ich den Anruf des einen Malers überhörte. Doch er winkte mir nun so freundlich zu, der ich auf der ersten Stufe seiner Leiter stehend vertrauensvoll zu ihm aufschaute. „Du siehst ja so aus, als ob du auch etwas von der Kunst verstündest, stimmt's?"

„Nein, es stimmt nicht", versetzte ich verlegen. „Aber es muß doch sehr schwer sein, bei diesem Getöse zu arbeiten. Wollen Sie nicht Watte in die Ohren stecken? Mein Vater macht das sogar in der Eisenbahn, wenn ihm die Leute zu laut sind."

„Aha, jetzt weiß ich es", entgegnete der fromme Maler, „du bist der Sohn des Organisten, ich weiß schon, also doch im weiten Sinne genommen mein kleiner Kollege" – und ich errötete vor Stolz. „Nein, für uns Maler", und er nahm nun gleichsam dirigierend den Pinsel in die Höhe, „für uns könnten sich gleichzeitig drei Militärkapellen in verschiedenen Tonarten produzieren; wir Maler bemerken das gar nicht, wir sehen nur."

Als ich nun ein sehr verdutztes Gesicht machte und gar enttäuscht dreinschaute, glaubte er doch etwas einlenken zu müssen und meinte: „Schöner wär's schon, wenn ich ganz allein hier malen könnte, da hast du schon recht; weißt du, so allein wie der große Michelangelo, als er die Cappella Sistina ausmalte."

„Ja, die Sixtinische Kapelle in Rom, wo der große Palestrina zum ersten Male seine Missa Papae Marcelli aufführte, wir haben erst kürzlich das Kyrie und Benedictus daraus hier in dieser Kirche gesungen, die ja nach dem Vorbild der Peterskirche in Rom gebaut wurde."

„Mein Gott, wo weißt du denn das alles gleich her? 's ist ja unheimlich. Ja, und weißt du auch, daß man dem großen Michelangelo ein Gerüst gezimmert hat, denn sein Pinsel war ja schließlich nicht so lang, daß er bis an die Decke reichte? Und auf diesem Gerüst lag er manchmal tage-, nein wochenlang auf dem Rücken, um so in dieser schwierigen Raumverteilung die Übersicht nicht zu verlieren, malte und malte, der furchtbaren Schmerzen im gekrümmten Rücken nicht achtend.

„Eines Tags aber erschien der Papst mit seinem Gefolge, mit den scharlachrot gekleideten Kardinälen in der Kapelle. Michelangelo konnte sie nicht sehen; er hörte nur, wie der Heilige Vater seiner Umgebung zuflüsterte, daß ihn eine unüberwindliche Neugier hergetrieben habe, endlich mit eigenen Augen zu schauen, wie weit denn der große Mann da oben mit seiner Arbeit gekommen sei. Und Michelangelo ergrimmte in unbändigem Zorn, daß ein Mensch – und sei es der Papst – es wagte, den Schleier von seinem jahrelang gehüteten Geheimnis zu ziehen. Er ergriff sein Malgerät und schleuderte es in die Tiefe. Er muß dabei ausgesehen haben, – so denke ich mir –", und der Maler blickte sinnend auf die mehr einem Jupiter ähnliche Riesengestalt des Christus Pantokrater in der Apsis, „wie der von ihm später geschaffene Christus des Jüngsten Gerichts, als ein unerbittlicher Richter, dessen vernichtender Urteilsspruch von den furchtbaren Posaunenstößen begleitet wird.

„Ja, das war Michelangelo, das waren aber auch Päpste, die solche Gewalt um der Kunst willen ertrugen", und er bestieg wiederum seine einfache Leiter, etwas müde, als hätte ihm der Ausflug in die Jahrhunderte von seiner Kraft genommen.

Ich ließ mich aber doch durch diese Erzählung vom großen Michelangelo und seinem Papst nicht abschrecken; vielmehr verging kein Tag, ohne daß ich einmal „hereinschaute", um zu erleben, wie die Apostel allgemach aus dem Dämmergrunde der alten abgeblätterten Unterschicht ins helle Licht traten und wie den Engeln neue Flügel wuchsen. Das mußte ich mir doch einmal aus der Nähe ansehen, und kaum war dieser Gedanke aufgeblitzt, so erschien auch schon der Versucher in der Gestalt eines freundlich mich anbrummenden Gipsers, der sich gerade anschickte, die lange Himmelstreppe hinaufzuklettern, um zu seinem Arbeitsort zu gelangen. Auf solch unmißverständliche Weise aufgefordert, schloß ich mich dem tapsigen Brummbär an und es gab im Augenblick nur ein Geschäft für uns, nämlich das des Aufsteigens. Ich beobachtete peinlich genau meinen Vormann und versuchte, mit ihm in enger Fühlung zu bleiben, um so mehr, als sich nun zu meinem Schrecken die endlose erste Leiter – und es folgten ihr noch viele andere in die Höhe – langsam zu biegen begann, ein leichtes Vibrato meiner Kniee erzeugend.

Jetzt drehte sich dieser Unmensch auch noch um und ich vollführte mechanisch dieselbe Bewegung. Das schien ihn sehr zu amüsieren; er gröhlte mir nun in entsetzlich falschen Intervallen zu: „Mut zeigt heut der kleinste Muck" und stieg weiter, weiter. Jetzt glaubte ich schon im Fiebertraum nachzusteigen; ich sah, wie die zwischen uns liegenden Sprossen gleich den schauerlich unreinen Intervallen des „Kleinen Mucksängers" sich beängstigend vergrößerten. Jetzt betrugen sie schon eine Septime –, eine Oktave und nun mußte ich schon die Sechzehn-Füße der Subbässe zu Hilfe nehmen, um nicht ins Leere, Bodenlose zu stürzen. Da schrie ich in meiner Not: „Mir wird schwindlig, Hilfe –", und meine Hände umkrallten die Leiter.

Nun hatte der Vormann begriffen, daß die Lage gefährlich wurde. „Keine Angst", brummte er begütigend, „keine Angst man nicht, kriech man dicht zu mich hin, ich warte so lange."

Ja, das war es; ich mußte wieder Fühlung nehmen mit etwas Menschlichem und ich schob mich wie ein junger Hund dicht an ihn heran. Warum war ich jetzt nicht ein Däumling, dann könnte ich mich in der Tasche seiner aufgeknöpften, vom Gips ganz geweißten Weste in die Höhe tragen lassen ... Diese Vorstellung gab mir etwas Beruhigendes. Neue Kraftströme schienen mir zuzufließen und weshalb sollte der Glaube, wie der Pastor sagte, nicht Berge versetzen? Unter solchen Hoffnungen, Ängsten und wieder Ängsten und Hoffnungen hatte ich die sechste Leiter unter Führung meines Klettermeisters bewältigt.

„Hier bin ich zuhaus", meinte der gute Mann, „das kleine letzte Ende zu die Propheten, das kannst du ganz allein gehen. Ich kann's dir auch schriftlich geben, daß du das Fassadenkletterexamen trotz leichten Unwohlseins auf Leiter fünf bestanden hast. Und –", er drehte sich im Abgehen noch einmal um, „ich gebe dir noch für den Abstieg die Devise, quasi das Motto, auf deutsch Leitermotiv mit: Mut zeigt heut der kleinste Muck, der klein – ste – Muck", und die Stimme des Brummbärs trieb in der gewaltigen Wölbung sich verfangend noch eine Zeit ihr Unwesen weiter.

Als ich die siebente Leiter erstiegen hatte, war ich auf einer Art Drehscheibe gelandet, die den Zugang zu den im Kreise aufgestellten steinernen Propheten ermöglichte. Als ersten erblickte ich Moses. Doch ich wandte mich bald von ihm ab, da ich in fataler Weise an „Paulchen", unseren gefürchteten Religionslehrer, erinnert wurde. Und meine Augen suchten weiter, ob nicht einer unter ihnen, Jesaja oder Jeremia, Hesekiel oder Daniel (Habakuk mit seinem lustigen Namen schien mir nicht recht passend – wie kam der in diese erlauchte Gesellschaft?), ob nicht einer von ihnen die ruhigen und still von mir verehrten Gesichtszüge meines Konfirmandenlehrers trüge, der uns aus der Kälte der Schuldogmatik wieder erlöste, wobei die herrlichen Lieder eines Paul Gerhardt sich als wahre Nothelfer erwiesen hatten. Nein, keiner ähnelte ihm. Mich beschlich nun eine leise Enttäuschung, ja Traurigkeit, die wohl ihren Grund in der plötzlichen Erkenntnis hatte, daß Propheten nur aus einer gewissen Entfernung betrachtet werden dürfen. Ja, sie schienen mir nun in ihrer steinernen Leere Figuren gleich zu sein, die man sich übergesehen und zu anderem entbehrlichen Hausrat auf den Boden gestellt hatte; sie bedurften wohl am ersten einer gründlichen Erneuerung.

Da fiel mir auf einmal die Geschichte vom großen Michelangelo ein. Ob man es nicht auch einmal versuchte, so auf dem Rücken liegend sich die Welt über einem zu betrachten? Da verschwanden die Propheten aus meinem Gesichtskreis und ein anderes tat sich auf: in unmittelbarer Nähe – und doch so weltenfern – wölbte sich als ein Symbol des Alls die Kuppel über mir. Ich war im siebenten Ring des unendlichen Gotteshimmels und glaubte nun gleich einem Verzückten, der unbequemen Lage nicht achtend, mit offenen Augen Zeuge zu werden, wie die unter dem obersten Strahlenkranze schwebende Taube in ewigem, sich immer gleichbleibendem Rhythmus ihre regenbogenfarbenen Flügel bewegte.

„Sie wird von innen durch die Kraft des Heiligen Geistes getrieben; da ist es kein Wunder, daß sie so unentwegt mit den Flügeln schlagen kann", dachte ich bei mir.

Plötzlich hatte sie die Gestalt gewechselt und surrte nun als Riesenlibelle über der zum Lichtsee gewordenen Kuppel, auf dessen

Grunde große Blumen wuchsen von einem solch strahlenden Weiß, daß ich die Augen schließen mußte. „Das sind also die Himmelsseerosen, die ich so lange gesucht habe", und ich seufzte tief auf.

„Ich muß nun wieder hinab; allein wird mir der Abstieg doch sehr schwer fallen", so hörte ich mich sprechen und ergriff die oberste Leiter. Doch sie entglitt meinen zitternden Händen und fiel zu meinem Schrecken in die Tiefe. Wie ich ihren Sturz mit meinen Augen verfolgen wollte, da hatte sie bereits alles Gewicht verloren und war zur Flaumfeder geworden. Sie schwebte in erhabener Ruhe auf den Grund des Lichtsees hinab und ließ sich auf den Kelchen der weißen Seerosen nieder.

In diesem Augenblick ertönte eine wunderbare Geigenmusik. Es war, als hätte schon seit langem ein unsichtbarer Dirigent auf den Einsatz gewartet, da die Flaumfeder die Seerose des Lichtsees berührte. Und aus ihrem schimmernden Kelch erhob sich lilienhaft in reiner Nacktheit Titania, die aber die Züge des Chorknaben trug. Nur ganz leise bewegte ich die Lippen, um die Erscheinung nicht zu vertreiben: „Dachte ich es mir doch, es war immer Titania, — immer Titania – ", und sie winkte jemandem. Ich flüsterte dem einen Propheten, der sich nun neugierig zu mir gesellt hatte, zu: „Paß auf, jetzt kommt Oberon, nein, ist das aufregend."

Aber Oberon kam nicht, sondern eine düstere Gestalt in einem langen pechschwarzen Mantel. „Das sind die neuen Propheten", flüsterte mir mein Nachbar zu.

„Es ist aber doch nur einer", entgegnete ich mit kindischer Ungeduld.

„Einer und doch zwei, Shakespeare und Michelangelo." Die düstere Gestalt erhob die Rechte, nicht etwa drohend, sondern traurig winkend. Da versank Titania und die Musik brach jäh ab.

Die Flaumfeder aber nahm ihren Flug wiederum aufwärts in die Höhe. Dort oben über dem siebenten Ring bewegte die Taubenlibelle noch immer ihre Flügel, immer schneller und schneller, als machte sie sich zum Abflug bereit.

„Ich werde zählen: eins, zwei, drei, vier, fünf, – – da – – ..."

„Eingeschlafen, ja ja, die Höhenluft macht müde, ich spür's auch in alle Knochen", so brummte über mir die Stimme des gutmütigen Gipsers. „Meine Zeit ist um, kannst dich anschließen; komm, hinab zu Muttern – ", und ich stieg, noch ganz benommen, an den Propheten vorbei, rückwärts in die Tiefe.

Die kleine Arche Noah

Ja, das zwanzigste Jahrhundert, bei seinem Wiegenfeste mit so vielen Trinksprüchen begeistert gefeiert, hatte sich gut angelassen. Wohl tauchte hier und da an den Straßenecken der Bettler auf – war es nicht immer der gleiche? –, aber auch ihm ward gegeben, und wenn er in der von einem romantischen Schimmer umstrahlten Gestalt des ehrsamen Leiermannes erschien, so ward ihm doppelt gegeben. Es war natürlich mühselig, sich seinen Lebensunterhalt in solch sparsam ausgewogenen Milligrammraten zu erstottern und während solcher Beschäftigung ausgerechnet das Lied des guten Nägeli „Freut euch des Lebens, weil noch das Lämpchen glüht" einige hundert Male am Tage hinter sich zu bringen. So war es auch heut an einem von der warmen Julisonne überglänzten Nachmittage.

Ich war mit meinen Schularbeiten fertig und genoß nun auf meinem Lieblingsplatz, der großen Bank unter den Kastanien des Wilhelmsplatzes, das Sonderkonzert des Drehorgelmannes. Noch hatte sich Max, der Sohn aus dem gegenüberliegenden Steinschen Patrizierhaus, nicht blicken lassen und auch vom andern Max, dem äußerst aufgeweckten Sprößling des würdigen Sanitätsrats Masius, war noch keine Spur zu entdecken.

Da saß ich nun, mit mir und der Welt zufrieden, und hatte im Augenblick nichts besseres zu tun, als aufmerksam das Schattenspiel der Kastanienzweige auf dem sauber gefegten Sandboden zu verfolgen.

Wie gesagt, ich war zufrieden mit mir selbst und der großen lieben Erde, und wenn ich zufrieden war, dann hämmerten zwar nicht die Amboßmänner da unten, wohl aber hub es an, auf silbrigfeinem Glockenspiel in mir zu läuten, was dann auch sogleich mein treuester Begleiter in diesen glücklichen Tagen, mein schwarzer Jakob, zu spüren begann. Er plusterte dann wohlgefällig sein metallisch blinkendes Gefieder auf und ließ einen Freudenjauchzer hören, der mir in diesem Augenblick lieblicher dünkte als der bei den Trauungen ausgestoßene Hallelujaruf unserer beliebten Potsdamer Sängerin Berta Wilschke-Padewig. Auch meine Eltern hörten nicht ungern diesen heiser-krächzenden Laut, der da durch die weit geöffneten Fenster der Brisnickschen Wohnung hereindrang, wußten sie mich doch so in bester Gesellschaft. Sie mochte dann immer ein Gefühl der Sicherheit überkommen, dem eines Maharadschas ähnlich, der seinen Liebespark durch die unbestechlich wachsamen Pfauen in bester Hut weiß.

Ja, das war so eine Geschichte mit Jakob gewesen. Ich war auch die Jahre vorher nie ohne ein Tier gewesen, dessen „Einführung" in die Familie jedesmal auf einen gewissen Widerstand meines Vaters gestoßen war, der an sich jedem Tierlein sein Pläsierlein gönnte, der aber auch befürchten mochte, daß die verschiedenen Zwei- und Vierbeiner mich allzu sehr den schwarzen und weißen Tasten fernhalten könnten.

Ich weiß mich noch genau zu erinnern, wie sich in den ersten Potsdamer Jahren eines Tages eine Taube verflogen hatte, die sich fortan als ungesellige Eigenbrödlerin auf dem Steildach des Hinterhauses einrichtete und des Nachts in der Dachrinne kampierte. Ich wurde in selbiger Zeit während einer längeren Krankheit von der Mutter gepflegt, welche wohl zwanzigmal am Tage nachschauen mußte, ob die Taube auch nicht weggeflogen sei. Und als dann der Herbst durch das Land brauste, hatte sie sich auf dessen mächtigen Schwingen entführen lassen und ward nie mehr gesehen, was mir tagelang keine Ruhe ließ.

Dann war es ein junges Kätzchen gewesen, an das ich mein Herz verloren hatte, nicht so ein gewöhnliches, sondern das Kätzchen aller Kätzchen, mit einem weißen Chemisett und ebensolchen Manschetten. Unsere Frieda – oder wie sie geheißen haben mag – hatte mich auf dem Hinterhof eines ärmlichen Hauses der Garde-du-Corps-Straße mit ihm und seinen kleinen Geschwistern bekanntgemacht. Die Wahl war nicht schwergefallen, da es hieß: mitnehmen – oder auch dieses verschwindet im nahen dunklen Stadtkanal wie einst die unglücklichen Vorgängerinnen vom Stamme der Miau in dem schaurigen Orkus der Jüterboger Mönchenschüler. So hatte es unter der Matrosenbluse in wohliger Geborgenheit den Weg zum Wilhelmsplatz angetreten, aus welchem Gefängnis es beim Abendessen zum Erstaunen der Eltern und Geschwister, vergnüglich schnurrend und vorsichtig über Teller und Gabeln steigend, entlassen ward. Vor so viel Grazie mußte sogar der Vater kapitulieren. Es gab in dieser Nacht einen glücklichen Jungen mehr auf der Welt.

Ja, meine gute Mutter hatte mir diese Tierliebe vererbt – war sie doch in ihrer Kindheit Tagen an der Hand ihres Vaters eine Meile gewandert, um das Lied der Nachtigall zu hören, und so war sie es auch, die in solchen Augenblicken den Vater zu bestimmen wußte, es doch wenigstens einige Wochen mit der miauenden oder krächzenden Kreatur zu versuchen. Mit einem solchen Vorschlag schien dann der Sieg schon errungen, denn die allabendlich vorgebrachten Litaneien ließen dann auch den Vater zu der Überzeugung gelangen, daß man „das arme Tier nicht aus dem Hause und auf die Straße jagen dürfe".

Aber Jakob, die schwarze Dohle, zu erringen, das hatte doch den schwersten Kampf gekostet. Da hatte es erst unendlicher Laufereien bedurft, um dem Meister Bölke, einem schmächtigen bebrillten Mann, der in der nahen Charlottenstraße ein kleines Uhrengeschäft betrieb, das bindende Versprechen abzuluchsen, mir solch einen krächzenden Kassandravogel vom Turm der Garnisonkirche mitzubringen. Zwar ward ich belehrt, daß es damit noch seine gute Weile hätte, denn jetzt umbrausten die Winterstürme den Turm und mit den eilig vorbeijagenden Wolkenfetzen wurden nur unzusammenhängende Bruchstücke der alten Glockenspielweisen über die Dächer der Stadt getragen. Der gutmütige Mann ließ sich aber willig nach dem jeweiligen Stand der Dinge aushorchen; er war der einzig anerkannte Experte auf dem Gebiet des Dohlenfangs, – stieg er doch jeden Morgen auf den Turm, um die ehrwürdige alte Uhr, das Werk eines holländischen Meisters, aufzuziehen. Bis er dann eines Abends mir zuraunte: „Es ist so weit, das Elternpaar hat bereits mit dem Brutgeschäft begonnen."

„Welche Eltern?" stieß ich aufgeregt hervor, „Ihre Eltern haben auch ein Geschäft?" – und ich starrte ihn geistesabwesend an. Er aber ließ sich nicht aus der Ruhe bringen und bemerkte nur trocken: „Aber das weißt du nicht; mich haben sie auch vor fünfzig Jahren ausgebrütet; ich weiß noch genau, was es mich für Mühe kostete, mein eigenes Ei aufzupicken." Und er klappte nach Vogelart das eine Augenlid wie eine winzige Rolljalousie herunter, so daß er mir nun selbst gleich dem Kalifen Storch wie ein verzauberter Rabe vorkam, zumal da er ein krächzendes Lachen hören ließ, das die Illusion vollkommen machte. Als ich dann die Nachricht von dem freudigen Ereignis zu hören bekam, daß allenthalben im schwarzen Gebälk des alten Turmes, ja hinter dem vom ehrwürdigen Meister Baltin bedienten Spieltisch des Glockenspiels junge nackte Schreihälse ihre ersten Gesangsübungen veranstalteten, da wuchs meine erwartungsvolle Erregung ins Ungemessene.

Einer von ihnen sollte nun mit gestutzten Schwingen aus seiner luftigen Welt in die Niederungen der ungeflügelten Menschen gebracht werden. Unser unverhältnismäßig hoher und geräumiger Bodenraum, wo den Winter über die Fledermäuse in totenähnlichem

Schlaf befangen an den hohen Balken hingen, ward vorsorglich hergerichtet, ja sogar der Eßnapf wartete nur noch auf die in Milch eingebrockten Weißbrotbissen und ihren zukünftigen Vertilger, der dann wirklich eines Nachmittags unter der ungeheuren Anteilnahme der ganzen Familie mit viel Gekrächze und Flügelschlagen seinen Einzug hielt.

Seine Existenz war fortan nicht mehr aus meinem Leben fortzudenken. Verzehrte ich des Morgens vor der Schule – und das geschah immer in eiliger Hast – mein Frühstück, so flog Jakob, der sich bald an den Tageslauf der großen Zweibeiner gewöhnt hatte, mit einem Freudenlaut seiner von Jugend an heiseren Stimme auf meine Schulter. Wurde ihm von dem seiner Ansicht nach allzu eiligen Knaben zu wenig Aufmerksamkeit geschenkt und fielen demzufolge die ihm gespendeten „pourboires" kärglich aus, so wandte er ein probates Mittel an: er begann an meinem Ohrläppchen eifrigst zu knabbern, als wäre es eine Teigware, – und ihm ward bereitwilligst gespendet. Zum Zeichen seiner Befriedigung über solche zusätzliche Atzung blies er sich rund und dick auf und klappte das eine Augenlid genießerisch herunter. Kein Zweifel, er konnte es noch besser als der Meister Bölke, da ihm der Schöpfer für solche Scherze ein besonderes Häutchen verliehen hatte, mit dessen Benutzung er die originellsten Wirkungen erreichte.

Natürlich führte sich mein Jakob nicht in jeder Beziehung vorbildlich auf, was nicht nur mein Vater zu bemerken schien, sondern auch die uns seit Jugendtagen wohlgesonnene Hofdame der Kaiserin, Fräulein Clara von Gersdorff, als ich ihr nach einer bei meinen Eltern abgelegten Visite vor der Haustür stolz meinen Jakob vorstellte. Da verließen Jakob seine sonst so ausgezeichneten Nerven und er gewährte der erstaunten Exzellenz bereitwilligst ein mit weißer Tinte geschriebenes Autogramm auf die schwarz behandschuhte Rechte, so daß die Vorstellung Jakobs bei Hofe ein schnelles Ende fand. Ja, diese Neigung, allenthalben Spuren von seinem Erdendasein zu hinterlassen, veranlaßte einen Handwerksmeister, der eine wahre Spottdrossel war, meinen Eltern den Vorschlag zu machen, die geplante Anschaffung neuer Tapeten zu sparen und lieber dem Jaköble das Weißen der Wände zu überlassen; ihm sei davor nicht bange, daß dieser ganze Arbeit tun würde ...

Das war also die Geschichte von Jakob, diesem seltenen Vogel. Man könnte ein ganzes Buch mit noch mehr solcher Histörchen vollschreiben. Nur das eine laßt mich noch zu seinen Gunsten vorbringen, daß ich ihn für hochgradig musikalisch hielt. Den Beweis hierfür trat er in dem Augenblick an, wenn ich mich an das Klavier gesetzt hatte. Er hopste dann zu den golden blinkenden Pedalen, die er eifrig mit seinem Schnabel zu bearbeiten begann, was ein niedliches, an einen feinen Triangel gemahnendes Geräusch erzeugte. Erst später, in meinem „Aufklärungsalter", wußte ich diesem Drange nach Aktivierung beim Musizieren eine andere Deutung zu geben. Wie sein naher Verwandter, die Elster, war er auf den ersten Blick in alle blinkenden Gegenstände versessen und suchte diese an einen absolut sicheren Ort zu bringen, was ihm bei den so fest fundierten Pedalen natürlich nicht gelingen konnte ...

Ich sitze nun wieder auf der Bank unter den Kastanien, wie vorhin erzählt, und Jakob hat seinen Platz zu meinen Häupten eingenommen und betrachtet sich – dem Wotansraben gleich – die bunte Welt der Menschen. Er läßt in seine stets beeindruckbare Netzhaut Bild um Bild herein, wobei er trotz seiner Dohlen-Flegeljahre ein würdiges Gehaben an den Tag legt; nicht umsonst zählt er sich stolz zum Geschlecht der weisen Raben. Aber dieses friedliche Bild ändert sich schlagartig, als nun der Leiermann, dessen arg verstimmtes Lied sich schon in der Ferne angekündigt hat, seinen Standort uns zweien gegenüber aufschlägt. Schon seine Vorbereitungen versetzen ihn in einen gefährlichen Reizzustand. Sein blauschwarzes Federkleid beginnt sich zu sträuben gegen diese so harmlosen Erscheinungen dort drüben, den Leiermann und das ihn führende blasse Mädchen. Und als die Kurbel sich zu drehen beginnt und nun diese kleine fahrbare Orgel in den höchsten Oktaven zu stöhnen, zu quietschen anhebt, da gehen ihm in höchster Wut seine Kragenfedern hoch, so daß er nun in seiner steifabstehenden Halskrause einem streitlustigen baltischen Pfarrer auf das Haar oder besser die Haare ähnlich sieht.

„Und da soll mein Jakob nicht musikalisch sein", frohlockt es in mir. Aber der wackere Leiermann „forcht sich nit"; er dreht das Lied von der Freude des Lebens durch, daß es eine Art hat. Der Quartenschritt:

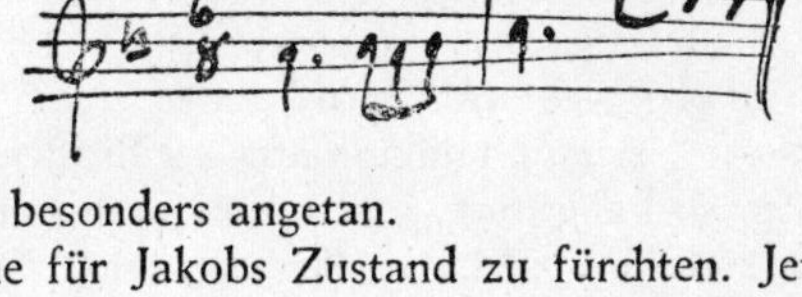

hat es Jakob besonders angetan.

Ich beginne für Jakobs Zustand zu fürchten. Jetzt gackert er wahrhaftig wie ein richtiges Huhn; ich bringe meine Rechte schon in eine geeignete Positur, im Fall dem einen Wunder das andere des Eierlegens folgen sollte. Da gibt der Leiermann das Rennen auf und läßt sich, mit seinem buntkarierten Taschentuch die Schweißperlen von der Stirn wischend, erschöpft auf sein Klappstühlchen sinken. Das blasse Mädchen hält den kupfernen Teller den Zuschauern unter ihre Nasen. Diese sind in freudiger Gebelaune und spenden reichlich. Einige versuchen sogar, dem Jakob etwas „Eßbares" zuzustecken, doch der hat seinen eigenen Stolz und hackt böse in die Gegend, alle gutgemeinten Annäherungen im Keim erstickend.

Als sich der Haufe verlaufen hat, wende auch ich mich zum Gehen. Da eilt mir das blasse Mädchen nach. Sie spricht nicht gleich, aber sie hat etwas auf dem Herzen, das sehe ich ihr an. „Großvater läßt dich fragen, ob du ihm nicht den Raben verkaufen willst", stößt sie nun hervor. „Er könnte mit dem Teller im Schnabel das Geld einsammeln und wir hätten eine bessere Einnahme. Soviel Geld wie heute bekommen wir sonst nur am Heiligabend, wenn die Glocken läuten."

Da kam ich nun in große Not. Aber der Gedanke, meinen geliebten Vogelkonzertmeister der Fuchtel des Leiermannes zu unterstellen und ihm womöglich eines Tages an die quietschende Drehorgel angekettet zu begegnen, ließ mein Herz mir zum Halse herausschlagen. „Nein, ich kann ihn nicht hergeben; hier hast du mein ganzes Taschengeld", und ich schüttete ihr meinen gesamten Vorrat an Kupfermünzen in die Hände und stürzte fort, Jakob mit krampfhaftem Griff unter der blauen Matrosenbluse an mein Herz drückend.

Aber meine heftige Liebe zu ihm ward am gleichen Abend auf eine noch stärkere Probe gestellt. Kaum, daß ich rüttelnd und schüttelnd den Klingelzug betätigt hatte, so kamen auch schon die Geschwister wie Jagdhunde herangeschossen. „Weißt du schon das Neueste" – wir liebten es, uns gegenseitig mit solchen aufregenden Anrufen zu überschütten – „wir fahren *doch* morgen nach Gollmitz, nach Lugau; sie können uns doch alle unterbringen", und die Schwester umfaßte mich wie im Reigentanze mit Heidiheidirallala.

„Und mein Jakob?" – stotterte ich heraus, „mein Jakob?"

„Dein Jajajakob", erwiderte übermütig der Bruder, „der kommt in Pension", (sprich Pangsion), „der Louis Straub nimmt ihn; ich war eben schon bei ihm und habe alles abgemacht."

„Und wenn er fortfliegt?" klang es nun weinerlich.

„Da käme er nicht weit; alle Welt kennt ihn und bringt ihn uns zurück, da kannst du Gift drauf nehmen. Denke dir, morgen um die Zeit sind wir schon in Gollmitz, in Gollmitz, in Goll - - - - mitz - -", und der Reigentanz hub aufs neue an und schloß mich ein, bis wir zum großen Hausboden gelangt waren, wo ich Jakob zum letzten Male vor der Abreise seine geliebte Mahlzeit, Semmelbrocken in Milch, hinstellte. Doch nun, als ich die große Schiefertafel erblickte, auf der in kindlich primitiver Weise – wir hatten alle ohne Ausnahme eine unglückliche Liebe zur Malerei – die gesamte Familie mit Sack und Pack, Jakob stillvergnügt auf der fauchenden Lokomotive, abgebildet war, da ergriff auch mich das Reisefieber. Gab es auch dort kein Klavier, so konnte man doch Notenpapier mitnehmen.

So ward Jakob flugs wieder unter die Jacke gesteckt und im eilenden Lauf zu seinem neuen Ziehvater getragen, den ich gerade bei seiner liebsten und ihm wichtigsten Beschäftigung antraf, nämlich der des Taubenfütterns. Da ich schon aus Erfahrung gelernt hatte, daß man ihn bei solcher Tätigkeit nicht stören, ja nicht einmal von ferne ansprechen durfte, so sah ich stumm auf das unablässig kreisende Gewoge zu meinen Füßen, wo es von Tauben aller Art wimmelte. Am niedlichsten däuchten mir doch die Mövchen; mag sein, daß auch der Name bei dieser Sympathie mitsprach, der mich an einen bisher noch unerfüllten Wunsch, die Heimat dieser geflügelten Segler sehen zu dürfen, erinnern mochte.

Da war nun mein guter Louis, der ungefähr das gleiche Alter hatte, in seinem ureigensten Element. Mit der Geste eines spanischen Grandseigneurs streute er Wohltaten unter seine gefiederten Untertanen, nach Verdienst und Würdigkeit die Ration der Körner jedem zumessend, indem er mit einem langen, von seinem Taubenstall abgesplitterten Kienspan einzelne Ernährungsbezirke abgrenzte. Denn sonst hätte es geschehen können, daß die streitbaren Täuberiche durch ihren rücksichtslos ausgeübten Selbsterhaltungstrieb das zarte Geschlecht zum Hungertode verurteilt hätten.

Er rief alle mit Namen und die seiner Lieblinge mit einem besonders zärtlichen Kehllaut, wogegen die ganze Gesellschaft zur Fütterung mit einem langen Pfiff, der aus einem unentwegten Tremolo der kleinen Terz bestand, herangelockt wurde. Wie konnte er aber diese mir zahllos scheinenden, gurrenden, nickenden und pickenden Bewohner der ständig überheizten und geradezu aufreizend duftenden Behausung so genau auseinanderhalten? Nein, nicht nur dies, sondern auch die zahlreichen Liebesgeschichten ihrer Väter und Großmütter im Kopfe haben? Wahrlich, das grenzte an die Gedächtniskraft des großen Mithridates, der jeden seiner Soldaten mit Namen anredete und der uns, den ewig Vergeßlichen, von Blubber als königliches Beispiel vorgehalten wurde. Erst als das letzte Körnchen aufgepickt war, erwachte mein Taubenfreund wie zu neuem Leben und sah sein Gegenüber mit der Dohle auf der Schulter, deren abgehackter Schrei nun besonders von uns beiden als häßlicher Kontrapunkt zu dem weichen und süß-einschläfernden „Guru-guru" der geflügelten Boten – es waren auch eine Anzahl Brieftauben darunter – empfunden wurde.

„Sollen wir mal eine Kreuzung mit dem schwarzen Satan versuchen?" so empfing mich lustig der Taubenlouis, „das wäre einmal etwas Neues, die Unschuld mit der Sünde gepaart, – du hast gesehen, wie es mit der Unschuld bei denen hier bestellt ist" – und er zeigte stolz auf seine erprobtesten Kampfhähne, „die bringt der Futterneid noch um; die fressen nur aus Eifersucht, bis sie platzen und tot umfallen. Ist das mit deinem Jakob ebenso, wie?"

„Der knabbert dir dein Ohrläppchen an, wenn er nicht genug bekommt", und unter solchen und ähnlichen Gesprächen über das fleuchende Getier und seine Gewohnheiten, wobei die beiden Knaben eine wichtige Miene wie zwei erfahrene Pferdehändler aufsetzten, stiegen sie hinunter in die wohnlicheren Bezirke, wo Mutter Straub eine besondere Überraschung bereithielt.

„Eigentlich wollte dir das hier mein Alter mit einer wohlgesetzten Rede überreichen, er ist aber seit gestern wieder auf Fahrt, um neue Ware hereinzubringen, du weißt, neue Ware heißt bei uns alte Möbel, je älter, um so besser, das ist wie bei den Geigen, Louis, ich habe euch eine Tasse Schokolade gekocht, trinkt sie man, solange sie noch heiß ist, setzt euch man an den Louis-seize-Tisch, das ist stilvoller, aber gießt nichts auf die Politur, Louis, Louis, hörst du, der ist schon wieder zu den Tauben verschwunden, sagt mal, ihr haltet es wohl alle mit den Vögeln, wie, was sagen denn deine Eltern dazu, ihr habt ja 'ne richtige Mode damit eingeführt, Hunde sieht man überhaupt nicht mehr auf der Straße, na, da kommt ja mein Louis, weißt du, den haben wir nach den Louis-seize-Möbeln getauft, das stand bei uns beiden von vornherein fest, wird's ein Junge, dann muß er ‚Louis' heißen, was seine Schwester ist, die hört auf den Namen Vitrine, mein Mann wollte sie Antoinette nennen, aber da habe ich protestiert, von wegen Antoinette" – und sie machte das Zeichen des Halsabschneidens – „s' genügt schon, daß die Franzosen den Louis-seize zum Dank dafür, daß er die schönen Möbel erfunden hat, auf die Guillotine geschickt haben", und ihre Hände strichen liebevoll über das grazile Möbel. „Also –, nach der Schokolade kommt die Überraschung, hier, das sollst du haben, eine kleine Prämie für dein Orgelspiel, weißt du, was dies darstellt? Lies mal –", doch der gute Louis, meine Verlegenheit bemerkend, springt für mich ein und liest laut und deutlich, wie ein Schuljunge eben liest: „Die Ka-tha-ri-nen-kirche zu Potsdam, gestochen von Le Gros –."

„Die Katharinenkirche", fragte ich wie Thomas der Ungläubige, „die Katharinenkirche in Potsdam, keiner hat mir davon erzählt."

„Na siehst du, du gehst nun auf die hohe Schule, lernst Latein, Französisch" – „und Griechisch seit diesem Jahr", ergänzte ich nicht ohne Stolz. „Hu", bemerkte Louis, „da halte ich's lieber mit der Taubensprache." – „Du sollst es dir abgewöhnen, Louis, mir immer ins Wort zu fallen – du gehst also aufs Gymnasium zu den klugen Eulen und siehst nun, daß man auch woanders, wenn man nur die Augen offen hält, etwas lernen kann. Kommt, ich zeig's euch, wo die Katharinenkirche gestanden hat, wir brauchen nur bis zur Tür gehen, seht ihr, da – dort –", und ihre Hand wies nun beinahe feierlich auf die nahe Nikolaikuppel. „Dort hat sie gestanden, bis das große Feuer kam und kein Stein von ihr übrig blieb, sieh – wie schön das Barockportal" – (was hatte ich nicht alles schon gelernt in dieser einen Abendstunde) – und ihre Finger liebkosten die kühngeschwungenen Linien des Stahlstiches, den *ich* besitzen sollte! „Ob unsere Nikolaikirche auch wieder abgelöst wird von einer anderen, wer kann es wissen?"

„Aber Frau Straub", fiel ich nun beinahe entrüstet ein, „heutzutage passiert so etwas nicht mehr, wir haben eine Feuerwehr", – doch sie winkte nur müde mit ihrer Linken.

„'s kommen andere Zeiten, andere Menschen, die von Gott nichts wissen wollen" – und ihre Augen erhielten plötzlich einen Ausdruck, der mich ein wenig zurückweichen ließ, „und dann wird das Feuer vom Himmel fallen und alles auffressen, Mensch wie Tier, und die Dome werden wie ein Kartenhaus zusammenfallen, wie ein Kartenhaus, sage ich euch ..."

Louis aber zog mich beiseite. Er tippte sich geheimniskrämernd auf die Stirn, was bedeuten sollte, daß die Mutter „ihre Stunde habe". Es war nun dunkel geworden und nur die goldschimmernden Gestalten auf der Barockuhr erhielten noch eine Zeit geheimnisvolles Licht von der letzten Dämmerung. „Jetzt wollen wir aber den armen Jakob ins neue Nest legen", meinte nun treuherzig des Altwarenhändlers Sohn, „du kannst beruhigt abreisen, ich werde ihn dir herausfüttern, daß er seinen werten corpus nicht mehr von der Erde erheben kann."

Schweren Herzens nahm ich Abschied und drückte ihm heimlich einen Kuß auf den aufgesperrten Schnabel.

Nuglina

Wie unser ganzes Leben dazumal in stetiger Gesetzmäßigkeit dahinfloß, die allem ihren festen Stempel aufdrückte, so glaubte man auch ein verbrieftes Recht auf eine sehr angenehme Einrichtung zu haben, nämlich auf die Ferien. Auf die Weihnachts-, die Oster-, die Pfingst-, die großen Sommer- und schließlich die Herbstferien. Deren Tage standen von Anbeginn fest; da wurde nichts hinzugetan, nichts abgehandelt. Ich glaube nicht zuviel zu behaupten, daß eine plötzliche Änderung dieses astronomischen Kalenders der verbrieften Ruhetage Paulchen oder Blubber zu dem griechischen Schmerzensausruf „O Popoi" veranlaßt hätte, dem eine lange Philippika über die umstürzlerischen Ideen der Gegenwart gefolgt wäre, und daß sie danach Trost bei Ovidius Naso oder dem edlen Cicero suchen würden. Auch die Dauer der Sommerferien, von denen ich erzählen will, war nach der Elle gemessen auf genau fünf und eine viertel Woche festgesetzt. Jeder hatte sich danach zu richten und tat es denn auch. Mit den nötigen Vorbereitungen für die Hin- und Rückreise blieben summa summarum für uns fünf ganze Wochen übrig, eine Zeit von unvorstellbarer Dauer.

Schien uns doch schon immer das letzte Klingelzeichen am Sonnabendmittag einen ganz besonders hellen Klang zu haben. Denn vor einem lag der Nachmittag, der Abend, dazu der ganze liebe Sonntag wie eine weitausladende Meeresbucht in ihrem stillen Frieden, auf der freundlich bewimpelte Segler sich ohne festgelegten Kurs unbekümmert schaukelten. Und man hatte das dunkle Gefühl, daß der liebe Gott an dem Tage, als er den allwöchentlichen Feiertag für die Menschen erfand, es besonders gut mit ihnen gemeint hatte. Und wie hätte ich armer Wicht, der ich gleich dem Hirten aus dem homerischen Mitternachtsreich der Lästrygonen meine arkadischen Lämmer des Tags und des Nachts weidete, ohne dieses segensreiche Aufatmen vom Schulzwang am Ende der Woche existieren können, ohne diese Fermate, die mir wie eine Weissagung dünkte, daß eines Tages nach erreichtem Ziel die Schulklingel höchstselbst sich von der Wand herunterbegeben werde, um mir mit schriller Stimme zu verkünden, daß sie nun für mich ausgeklingelt habe und ich mich hinbegeben dürfe, wohin ich wolle, heraus aus dem steinernen Portal, an den blinzelnden Eulen vorbei auf die Straße, auf die lange Straße, die um die ganze Erde führt ...

Jetzt sollten es fünf Wochen sein, fünfunddreißig Tage; wieviel Stunden, Minuten, Sekunden waren das eigentlich? Ich stellte mit Bedauern fest, daß noch immer hinter meinem Rücken mit erhobenem Zeigefinger das pergamenthaft zerknitterte Antlitz meines Mathematiklehrers herumgeisterte und seine dünne Stimme sich vernehmen ließ: „Du Mond, du trübseligste aller Erscheinungen! Was, das weißt du nicht, 35 mal 24 mal 60 mal nochmal 60 – " und ich in mich hineinseufzte: „O wär' ich der Gedanken los, der Gedanken und auch die trübseligste aller Erscheinungen, den Professor und die ganze Mathematik dazu." –

Doch dann hörte ich wieder einen schrillen Ton; aber wie beglückend war dieser Ton: es war die Lokomotive, die schnell mal vor Freude aufheulte wie ein auf den Schwanz getretener Brontosaurus der Vorzeit, um uns zu zeigen, daß es mit ihr seine absolute Richtigkeit habe, daß sie es sei, von deren Wohl und Wehe unsere ganze Fahrt in die Freiheit nun einmal abhinge. Ja, dies wollte sie uns zeigen – und sie heulte noch einmal großartig auf und schien nach solcher Kraftäußerung ihr Tempo zu verdoppeln. Zwar war es nur ein Personenzug und wir fuhren auch nur „Vierterklasse" und saßen jeder mit nur einem seiner vier Buchstaben auf dem ob solcher ungewohnten Last furchtbar ächzenden alten Reisekorb inmitten einer äußerst mitteilungsbedürftigen Schicksalsgemeinschaft – aber all dieses gegenseitige Puffen, all die gutmütigen Versicherungen, daß für alle Platz die Menge sei, all die endlosen Erzählungen von Großmutters hohlem Zahn und Tante Elfriedes großem Hühnerauge, das immer todsicher und viel zuverlässiger als der teuerste Barometer den Regen prophezeite, all dies Gesumm, Geschwatze und Geschmatze, wenn gleich hinter Zossen die ersten Wurststullen zum Vorschein kamen, all das gehörte nun einmal zu jenem Tage, da die Türme der Großstadt und die rauchenden Schlote in ihrer kalten Einsamkeit zurückblieben und das Land, das liebe gute Land seine weiten Arme nach uns ausstreckte, als hätte es lange auf seine säumigen blassen Kinder gewartet.

Als ob das liebe Land uns einen kleinen Vorgeschmack zukünftiger Freuden auf die nimmer ruhenden Zünglein zaubern wollte, schlug es vor unseren Augen, die schier in den vorüberziehenden Herrlichkeiten ertrinken wollten, ein mit kräftigen Farben koloriertes Bilderbuch auf. Jeder vor dem fauchenden Brontosaurus-Ungetüm in hohem Seitensprung sich überschlagender Hase ward als Ereignis ersten Ranges registriert, indem der eine den anderen begeistert anschrie: „Hast du ihn gesehen, wie *der* laufen kann, kolossal" – (gut, daß man für solche erhebenden Momente gleich solcherlei Schlagworte zur Hand hatte), bis der andere noch einen größeren Trumpf ausspielte und gleich drei Rehe, nein, vier entdeckte und ob solch unverhofftem Glückszufall zugleich mit dem Lokomotivungeheuer aufheulte, daß das ganze „Coupé vierter Güte" von den Bänken aufsprang und sich gleich einem sich aufsteilenden Knäuel an die Fenster warf.

Doch bald überfiel die Mutter wie einen Taufpaten vor seiner großen Rede eine zitternde Nervosität, die sich erst einmal darin äußerte, daß sie alle Gegenstände nach ihren verschiedenen Arten geordnet einer Durchmusterung und darauf automatisch einsetzenden Zählung unterwarf. Und wollte es dann der Schwester allzu schwer fallen, sich von der einmal angeschlagenen ausgelassenen Tonart mit so abrupter Zäsur, so urplötzlich zu trennen, so hieß es dann wohl: „Wenn du nicht gleich zu albern aufhörst, gebe ich dir etwas mit dem Schirm, vor allen Leuten, hörst du" – und wir hörten und beteiligten uns nun an der Lösung des äußerst schwierigen Rechenexempels und skandierten laut: drei Rucksäcke, zwei große Koffer, die alte Ledertasche, ein Karton, zwei Regenschirme, eine Botanisiertrommel, eine Mappe mit dem Notenpapier für Wilhelm, nein, hier stimmt etwas nicht, wollen wir noch einmal nachzählen.

Jetzt beteiligte sich auch der Vater, der in all dem Getriebe um ihn her sich bislang wie weiland der heilige Hieronymus mit beinah feierlicher Ruhe in ein Notenbuch vergraben hatte. Er gab das Zeichen zur dritten Zählung, augenscheinlich noch mit einem Bein im friedlichen Gehäus des Heiligen stehend. Doch auch er brachte es auf die imponierende Zahl elf.

„Es waren aber zwölf, als wir in Potsdam abfuhren, zwölf Stück, die Botanisiertrommel mit eingerechnet; – da, der Zug gibt schon ein Zeichen, wir sind in Dobrilugk, was nun?", so ließ sich die arme Mutter beinah klagend und wie ein zitterndes Reh gehetzt vernehmen, „wir müssen noch einmal zählen: drei Rucksäcke, zwei große

Koffer, ein Karton, zwei Regenschirme, die alte Ledertasche –"; da fühlte sie sich ganz leise, aber doch mit Nachdruck am Ärmel gezupft und ein bieder ausschauendes weißhaariges Männchen kicherte wie ein Specht ihr zu: „Junge Frau, und der Reisekorb, auf dem Sie sitzen, der Reisekorb?" – und jetzt durfte wieder gelacht werden, da der Vater selbst das Zeichen dazu gab. „Der Reisekorb, der Reisekorb", so scholl es in dem nun völlig durcheinander geratenen Coupé vielstimmig wieder, „jaja, der Reisekorb, der Reisekorb, 's ist doch immer wieder dasselbe Lied, wenn man was sucht", – und schon griffen alle, nun plötzlich eins geworden wie die tausendarmige Kwannon, nach den zwölf Stücken.

Zuletzt wurde unter allerlei Sprüchen und Reisewünschen der ächzende Reisekorb vorsichtig heruntergelassen, worauf nun eine der beängstigenden Strettas einsetzte, da der Anschlußzug der Halle-Sorau-Gubener Bahn tief unter der Überführung, furchtbarlich und beinahe vorwurfsvoll in allen Bremsen quietschend, gerade einlief. Da war es dann, als bekämen die zwölf Kolli eigene Gliedmaßen, die gleich uns in einem turbulenten Presto um die Wette liefen. Denn wie hätte es sonst geschehen können, daß, gerade als das Zeichen zur neuerlichen Abfahrt gegeben wurde, fünf lebende Wesen und zwölf tote Kolli sich in stummer, fast ergriffener Eintracht wiederum zusammenfanden, fast haargenau auf selbige Art verstaut hoch über unseren Köpfen? Daß der alte Reisekorb wiederum unter der Last der vielen Kempffschen Buchstaben zu stöhnen begann und aufs neue das Ausfragen anhub, woher der Fahrt, worauf beinahe gleichzeitig aus allen Kinderkehlen den neugierigen Zeitgenossen die stolze Antwort zuteil wurde: „Aus Potsdam, aus der Residenzstadt Potsdam!" Wir waren solchermaßen aufs vorteilhafteste eingeführt; ich brauchte mich nicht mehr zu schämen wie damals als Fünfjähriger, als der blaue Schutzmann mit den vibrierenden Schnurrbartspitzen mir das Geständnis entlockt hatte, daß ich aus Jüterbog sei ...

Schon waren Finsterwalde und all die Stationen passiert, deren Namen, je näher dem ersehnten Ziele, einen um so aufregenderen Klang erhielten. Als ich jüngst aus einem halb zerstörten Berliner Buchladen eine alte Karte der Lausitz ausgrub und meine Augen die lieben Namen der Jugend suchten und auch fanden – wenn auch in altertümlicher Rechtschreibung – die Namen Calau, Altdöbern, Dobrilugk (das schon von Walther von der Vogelweide allerdings abfällig erwähnte Kloster Toberlu), Fürstlich Drehna, und allen voran das liebe Gollmitz, da kam etwas vom würzigen

Geschmack des Waldes, von Pilzen und Heidelbeeren auf meine Zunge. Ich hörte wieder das Lied der morgenfrühen, in höchsten Tönen tirilierenden Lerche und noch ein anderes: den für mich immer so wehmütigen Klang des Schifferklaviers meines ältesten Vetters Max, wie der da nach getanem Tagwerk auf der kleinen wackligen Bank vor dem Kilianschen Bauernhause saß und dem kleinen Instrument so manchen Seufzer abpreßte, während ein Glühwürmchen nach dem anderen sein Lichtlein anzündete.

Ja, auch für ihn ist dieses Lied verklungen; sein Lebenslied ist in der Hölle von Verdun im ersten Weltkrieg verstummt. Es bleibt für mich keine Spur aus seinen frühvollendeten Erdentagen als eine seufzende abgerissene Melodie, der des Brahmsschen Volksliedes zu vergleichen, wo es heißt, daß „in stiller Nacht ein Stimm' begunnt zu klagen" ...

Waren wir im allgemeinen alle keine besonders begeisterten Frühaufsteher und begrüßten wir das rasselnde Geschnarr des Weckers mit ebensolchen Gefühlen wie das der Schulklingel im Eulengymnasium, so bedurfte es im kleinen Gollmitzer Bauernhaus keiner solchen technischen Kniffe der Neuzeit. Wir waren im Handumdrehen in den anderen, von unseren Urvätern geübten und deshalb wesensgemäßeren Rhythmus einbezogen und das vom ersten Hahnenschrei im Frühdämmerlicht an. Und was – besonders bei der Müdigkeit der ersten Tage – das bald darauf einsetzende Gurren der Tauben, das sirrende Pfeifen der jagenden Schwalben und das ungeduldige Muhen der Kühe nicht vermochte, das brachten die ebenfalls erwachten Fliegen zustande: sie weckten uns mit unverschämter Nonchalance; es nützte wenig oder nichts, wenn die Hände und Arme beschwörende Dirigierbewegungen in der Horizontalen und Vertikalen beschrieben, das infame Volk mit den tausend Facettenaugen dehnte seine morgendlichen Exkursionen bis in so abgelegene Bezirke wie die Nasenlöcher aus, worauf hier und dort ein Mitglied unserer Familie mit einem Satz aus dem karierten allzuwarmen Federbett sprang und so einer umständlichen Begrüßungszeremonie des neuen Tages enthoben wurde. Dann aber bemerkte man zu seinem Erstaunen, daß „die anderen" schon längst auf den Beinen waren. Wo schliefen sie eigentlich, da sie, unsere Gastgeber, uns ihre Schlafkammern abgetreten hatten – und dies in der anstrengenden Erntezeit?

Auf solch einem Bauernhof regiert das Tier. Wenn dann nach einem ohrenbetäubenden Konzert, in welchem mit den großen Ochsenbassisten die wie hysterisch grunzenden und quiekenden

Schweine die erste Geige spielten, die erste Morgenruhe einkehrte und nur noch das sattselige Wiederkäuen der genannten Bassisten als einzige Lebensäußerung aus den Ställen zu uns drang, dann gab das Tier die Herrschaft wieder an die Menschen ab, die sich nun im ersten Glanz der güldenen Morgensonne zusammenfanden. Wir waren indes auch nicht müßig gewesen. Munter wie die Schwalben kamen wir von unserem ersten Ausflug in Großvaters Bienengarten zurück, den er für diese seine erklärten Lieblinge eigens angelegt hatte, meist mit einem Stachel des Honigtierchens an der nackten Fußsohle, öfters aber – was mir viel unerträglicher dünkte – mit einer durch die Morgenfrische eigens abgekühlten wohlabgewogenen Ladung erstklassigen Hühnerdrecks zwischen den gespreizten Zehen. Fiel es einem von uns bei, an der Pumpe – oder Plumpe, wie man dort zu sagen pflegte – sich wie ein Moslem im Vorhof der Moschee einer Fußreinigung zu unterziehen, so bemerkte dann wohl der gerade mit einer geschulterten Mistgabel vorbeikommende Onkel Ernst, der Bruder meiner Mutter, gutmütig gelaunt: „Das hat Zeit bis heute abend; sammle dir nur ruhig ein hübsches Kapitälchen ländlichen Düngers, dann wirst du ein rechter Bauer – übrigens soll Hühnermist gut für die Augen sein; du wirst dann nicht kurzsichtig und brauchst keine Brille zu tragen . ."

Da hatte er unabsichtlich ein Register gezogen, das mir auf die Nerven ging. Ich fürchtete mich immer vor dem Brilletragenmüssen, bis sie mir eines Tages doch aufgesetzt werden mußte. Aber die Abneigung gegen das Augenverglasen ist mir bis auf den heutigenTag geblieben, und sooft ich der Noten entraten kann – und dies ist fast immer der Fall – trete ich unbewehrten Auges vor die geflügelte Muse.

Wir Kinder hatten uns schon in der Küche unser obligates Glas Milch von Hedwig, unserer Base, kredenzen lassen, deren hölzerner Bottich mit dem schäumenden, noch körperwarmen Naß wie durch ein Wunder immer wieder von der fruchtbarsten aller Göttinnen, der Ceres, jeden Morgen und Abend nachgefüllt zu werden schien. Wie sie so dastand in ihrem einfachen, in den kräftigsten Farben leuchtenden Rock und jedem seine Gabe zuteilte, da sprach aus ihrem warmen Blick und aus den schon gerundeten Bewegungen ihrer kräftigen Arbeitshände ein gut Teil von schenkender Mütterlichkeit. Mit einer Art von ausgedientem Strohwisch scheuchte sie dann die wie aufgedrehte winzige Spielzeuge hin und her fahrenden Schwärme von Fliegen vom angewärmten Herd, was jedoch mitunter nicht verhindern konnte, daß dem allzugierigen Schlürfer des köstlichen Trankes einer dieser Plagegeister in die unrechte Kehle kam, worauf dann unter dem Gekreisch der anderen das Opfer wie aus einem prustenden Milchspeier wieder ans Tageslicht befördert ward.

Ja, das war unsere gute Base Hedwig. Und es fehlen in der Reihe meiner Gollmitzer Verwandten nun noch unsere Tante Auguste und die beiden jüngsten der vier Kinder: der aufgeweckte Otto und der kleine Paul, sowie der Großvater, von dem ich schon eingangs anläßlich der Brautwerbung meines Vaters erzählt habe, als er diesem mit dem klassischen Ausspruch den evidenten Unterschied zwischen Städter und Landmann, Bürger und Bauer illustrierte: „Auch so ein Assessor, vier ‚s' und trotzdem nichts zu essen ..."

Doch das war der stolze Bauer nicht mehr, der da wie ein wundgeschossenes Tier des Waldes mit in die zerknitterte Stirn hängenden, doch immer noch blonden Haaren an die lange Essensbank gehumpelt kam. Verzehrte er sonst sein frugales Morgenmahl in seinem Ausgedingestübchen, in welchem eine alte Uhr mit riesigem Pendel gleich einem Metronom das so ruhig gewordene Zeitmaß seines Alters ihm vorzählte, so hatte es ihn heut nicht in seinem Stübchen gehalten, da der nun von ihm anerkannte Schwiegersohn und sein auf seine rauhe Art geliebtes Clärchen mit den von ihm stets wohlgelittenen Kindern auf dem Plan erschienen waren. Der immer etwas vorwitzige Enkel Otto hatte seinen Auszug aus dem Ausgedingestübchen erspäht und den übrigen, schon bei Tisch Versammelten in der abgehackten Lausitzer Sprechweise angekündigt. Nun hätte man meinen sollen, daß der erregt ausgestoßene Ruf: „Großvatter hat sich aufgemacht, er ist schon unterwegens!" einen entsprechenden Widerhall bei Sohn und Enkeln gefunden hätte. Man nahm diese Nachricht jedoch wie irgendeine bedeutungslose Nachricht auf. Als nun mein Vater, an der langen Bank zwischen den Verwandten eingeklemmt, sich aufzurichten versuchte, um ihm entgegen zu gehen und ihm einen herzlichen Willkomm zu bieten, da drückte ihn der Schwager Ernst wiederum auf seine Bank, wie ein übermütiger Junge sein Gespiel beim Auftauchen aus dem Wasser noch einmal untertunkt, und meinte nur lakonisch: „Laß nur sein, der findet schon allein seinen Platz da unten am Tisch." Als darauf der Großvater, mißtrauisch wie alle halb oder ganz tauben Leute, die Enkel fragte: „Was hat er gesagt, der Ernst?" da benutzte Otto wohl die willkommene Gelegenheit, sich mit einem

Späßchen schon am frühen Morgen hervorzutun, und gab schnippisch zur Antwort: „Er hat gesagt, du könntest einmal wieder etwas von deinem Bienenhonig herausrücken." Und diese Antwort ward dem armen Alten noch unter Aufbietung aller Kräfte in die mit zitternden Händen aufgetane Ohrmuschel hineingeschrieen, aus vollen Leibeskräften, eben mit der unverwüstlichen Frische des Nachwuchses dieses gekrümmten und von den Lebensstürmen gezausten alten Mannes.

Aber der Onkel Ernst war nun in Fahrt gekommen; heftig mit der Gabel, dem Löffel oder gar dem Messer gestikulierend fuhr er fort, meinem Vater den Streitfall eines Nachbarn zu schildern. Wenn für gewisse Höhepunkte der Erzählung die Worte nicht ausreichen wollten, dann stiegen aus seinem Inneren als erregte Begleitmusik chromatisch rollende Laute auf, die auf den baldigen Ausbruch eines gefährlichen Gewitters hinzudeuten schienen. Als er aber trotz allem mit verblüffender Virtuosität mit seinem Messer in tadelloser Ellipsenkurve um das riesige Landbrot herumfuhr, da verflogen im Nu meine Bedenken wegen eines nahenden Unwetters. Zwar pickte er mit der Gabel – dem Neptun gleich – gefährlich in die Gegend, doch die von Natur gutmütigen Züge seines scharfgeschnittenen hageren Gesichtes klärten sich unter einem befreienden Lachen mit den charakteristischen bellenden Untertönen sichtlich auf, noch einen kleinen, aber deutlich wahrnehmbaren Abglanz auf den sonst so abweisenden Mienen des Großvaters lassend, der da in seiner Ecke mit zitternden Händen die Suppe auslöffelte, die er sich nun einmal eingebrockt hatte.

Nun steckte auch die gute Tante Auguste neugierig den Kopf herein – oder sie schob vielmehr ihr spitzes, fast zerbrechliches Kinn durch den niedrigen Türrahmen, jenen Teil ihres Gesichtes, ja ihres ganzen Körpers, der mir für das ganze Leben eben mit dem Begriff „Tante Auguste" eine unlösbare Beziehung eingegangen ist. Sie war auch heute nicht zu bewegen, sich mit an den Tisch zu setzen, und begnügte sich nach ihrer Art mit einer kurzen Gastrolle, indem sie stehend – das Sitzen bei Tisch erschien diesem Ausbund von rührendem Fleiß wie ein ungebührlicher Luxus, den sie bescheiden dem Mannsvolk zugestand – dem Gespräch mit gespannten Gesichtsmuskeln folgte und hier und da berichtigend eingriff. Diesmal hatte sie aber noch den Jüngsten an der Hand, auf den sie besondere Stücke hielt und der sich auch wirklich im letzten Jahre „herausgemacht" hatte. Dem kleinen Paul war bei dieser Vorstellung nicht so recht wohl; das war ihm an der Nasenspitze anzusehen, und als nun sogar die Mutter der versammelten Verwandtschaft in verständlichem Mutterstolz seine körperlichen Vorzüge zu preisen anhub, da kannte seine Verlegenheit keine Grenzen und er barg sein Gesicht in den Falten des mütterlichen Rockes.

Doch wie der naive Mensch sich nicht mit der abstrakten Vorstellung begnügt und nicht gut der sinnlich-wahrnehmbaren Erläuterung entraten kann, so benutzte die noch nicht zufriedengestellte Mutter die rührende, zum Mutterschoß hin flüchtende Geste des Jungen, um handgreiflich zu demonstrieren, daß sie nicht zuviel behauptet hätte – und zog mit geübtem Griff dem Jüngsten die Hosen herunter, wobei sie ihre hageren Arbeitsfinger wie prüfend über die prallen kleinen Schinken gleiten ließ. Deren gelobter Besitzer erhob aber nun seinerseits ob dieser unerwarteten Zurschaustellung brüllenden Protest, der nur durch die sofortige Verabreichung eines Stückes Kandiszucker einigermaßen beschwichtigt werden konnte. So löste sich denn diese erste, ungebührlich ausgedehnte Morgenmahlzeit in eitel Wohlgefallen auf.

Max, der Älteste, war schon unversehens verschwunden. Mit seinem früh entwickelten Sinn für Verantwortung hatte er bereits selbst die Pferde angeschirrt, worauf alles, was mit aufs Feld zum Roggenmähen wollte, sich sputete, denn ein verspätetes Aufspringen auf den davonjagenden Leiterwagen war bei dem vom Onkel geliebten Galopp nicht von Erfolg begleitet; das wußte man aus Erfahrung und oft geübter Anschauung. Da ratterte nun der von zwei prächtigen Braunen gezogene Erntewagen auf der holprigen Landstraße dahin, daß die Ackergeräte auf der schmalen Bohle einen beängstigend wilden Tanz aufführten und die großen Sensen wie wildgewordene Florettfechter ihre scharfen Klingen miteinander kreuzten. Uns war dieses vom Wirbel bis zur Zehe erdbebenhaft auslaufende Vibrato gerade recht; man freute sich des Besitzes noch festsitzender Zähne, die sonst wohl bei diesen Erschütterungen hätten auf die Landstraße springen können.

Bei solchem Tempo stellten sich wie von selbst die hurtigen Viertel der Beethovenschen „Pastorale" ein, die hier aber nicht schlankfüßig und von grazilem Wuchs daherkamen, sondern wie wahllos zusammengewürfelte Erdäpfel lustig durcheinander purzelten. Bald ward mit dieser klassischen Begleitmusik die ganze jugendliche Besatzung des Erntewagens angesteckt, so daß nun, bei dem plötzlichen Einschwenken in den Zweivierteltakt:

jeder sich – man wußte selbst nicht wie – im Besitze eines Schlaginstrumentes befand und so die Sensen, Sicheln, ja die Schleifsteine zum Wetzen der Sensen auf Geheiß eines Großen der Musik ihr zünftiges Eigenleben aufgeben mußten und einem „geordneten Musikbetrieb" zugeführt wurden. Solches Tun, aus schäumender Lebenslust geboren, war nun grad nach dem Sinn des Onkels; er ließ bei den göttlichen Sforzati die Peitsche knallen, daß rechts und links die Rebhühner aus den Feldern wie Raketen emporschossen, und so oft es die Straße erlaubte, drehte er sich über das ganze liebe Gesicht grinsend um. Mit dem Peitschenstiel auf den gerade sich am meisten in seiner Kunstübung auszeichnenden Solisten weisend, ließ er sein bellendes Lachen hören. Auch dies gehörte dazu und schien mir ganz im Stile Beethovens zu sein.

Schon hatten wir den Brautberg, eine ansehnliche Erhebung im sonst ziemlich flachen Lausitzer Land, hinter uns gelassen, den als Wahrzeichen ein trigonometrischer Holzbau krönte. Bei seinem Anblick überkamen meinen Vater und auch die Mutter jedesmal etwas unsichere gemischte Gefühle. Hier waren es nicht die Dämonen der lockenden Tiefe gewesen, die wohl kaum über den damaligen jungen Dorfschulmeister Gewalt gehabt hätten, um ihn mit Sirenenstimmen in die dunklen Abgründe zu ziehen, nein, es muß ein nicht zur Ruhe gekommener Geist eines Mathematikprofessors gewesen sein, der sich diese nüchterne hölzerne Konstruktion als luftigen Wohnsitz für sein ihm auferlegtes Purgatorio ausgesucht hatte und dem es nun, noch nicht ganz vom Zahlenwahn erlöst, wie Ariel von Prospero aufgegeben ward, „zierlich zu spuken". So mochte er, am hellerlichten Tage sein luftiges Unwesen treibend, meinem ahnungslos von ungefähr daherschlendernden Vater mit seinen dürren Tangentenarmen unentwegt winkend den plötzlichen Einfall gegeben haben, diesem schemenhaften Wegweiser in die mageren Rippen des hölzernen Skelettes zu folgen und sich einmal die Welt, das hieß in diesem Falle Gollmitz und Umgebung, von oben anzusehen.

Aber mein Vater hatte eben nicht bedacht, daß dort, wo ein unerlöster Geist eines Mathematikprofessors rumort, sich kein Schutzengel niederlassen kann. In dem Falle befand sich sein Sohn, als er zwanzig Jahre später zu den großen Propheten aufstieg, in ungleich günstigerer Lage, zumal da ihm wie dem Dante der Virgil als Führer eine gutmütige Menschenseele beigegeben ward.

Kurz und gut, die Sache hatte schlecht geendet. Der Vater, durch die Musik an die Sprache des Herzens gewöhnt, verfing sich jämmerlich in den überall lianenhaft aufschießenden Tangentenbündeln, die der wachsame böse Geist aus seiner noch immer zuverlässig funktionierenden Verstandesdrüse blitzschnell aussonderte. Halb ohnmächtig vor Schreck fand sich der bedauernswerte junge Schulmeister in das nun von dem Zauberer in schnelle Rotation versetzte Netz von trigonometrischen Figuren eingesponnen. Was nützte es ihm, daß er einen letzten Halt suchte an dieser und jener der sich gleich dem Polarlicht ständig verändernden Tangenten? Er griff damit ins Wesenlose und stürzte in das nächstuntere Stockwerk ab, wo er mit gebrochenen Rippen auf der hölzernen Plattform zu sich kam und den Geist der Mathematik, aber auch die gesamten Mathematiker bis ins vierte Glied verfluchte. Das haben wir Nachfahren schwer büßen müssen, und auch keines meiner sieben Kinder hat von diesem Fluch erlöst werden können.

Doch wir waren an dem *Dubbitz* geheißenen Felde angekommen, wo man zuerst mit dem Roggenschnitt beginnen wollte. Max war wiederum als erster abgesprungen. Als wollte er sich nach der Fahrt auf dem schwankenden Podest der doch zuverlässigeren guten Mutter Erde vergewissern, stampfte er nun seine jungen Beine fest in den Ackerboden, auf solche Weise in die Spuren seiner Altvorderen tretend, die alle mit ihren schweren Kilianschen Füßen über diesen Acker, die Dubbitz, die ganzen Jahre über gewandert waren. Nicht immer, denn dies deutete der fremde Klang des Namens an, der für mich einen holden Sommertraum von Sonnenseligkeit, von Lerchenjubel und himmelblauen Kornblumen einschloß.

Vordem, in nicht allzu ferner Zeit, saß im ganzen Gebiet der Lausitz, wie in den Niederungen des nahen Spreewaldes noch heute, das Volk der Wenden. Ich wurde auch jetzt, als die Sensen ihr Sommerlied mit dem ewig wiederkehrenden Rhythmus:

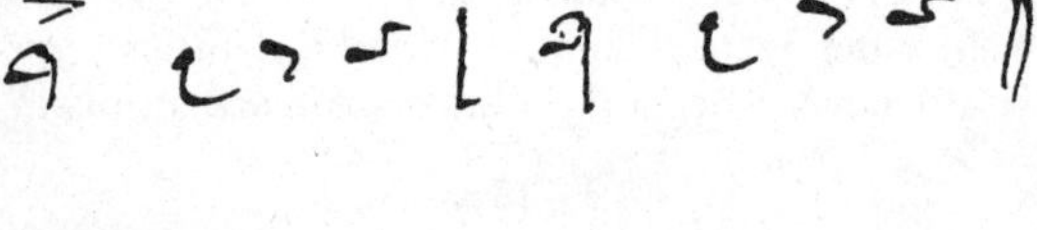

anstimmten, nicht müde, meinen Vater nach diesem merkwürdigen Volke auszufragen. Befanden sich doch, wenn auch in der entfernteren Verwandtschaft, direkte Nachkommen rein wendischer Familien, deren slawische Herkunft ihnen im Gesicht geschrieben stand, ganz zu schweigen von dem weichen Singsang ihrer Sprechweise, die dem Lausitzer harten Dialekt gleichsam einen Dämpfer aufsetzte. Aus ihrem Munde mußte man eigentlich all die Namen der verschiedenen zum Kilianschen Bauernbesitz gehörigen Gemarkungen hören, die dann beinah einen einschmeichelnden, ja betörenden Klang für mein für solche ausländischen Laute besonders empfängliches Ohr erhielten.

Sagenza! Wie wundersam dein Name, so wundersam dein Ort. Am Waldesrand gelegen, von schlanken Birkengestalten umsäumt, trug dein Boden, soweit das vom Sommersonnenlicht schier geblendete Auge nur sehen konnte, ein einziges Flachsfeld, dessen Blüte das Blau des Himmels auf die jubilierende Erde gezaubert zu haben schien. Über dir stand so hoch, als wollte sie den flirrenden Zirruswölkchen nach, die Lerche – und auf der erhöhten, das Feld abgrenzenden Böschung, in der die roten Pechnelken, der Gundermann und Bienensaug sich angesiedelt hatten, da lag der Knabe, halb im Traum mit einem Flachsstengel sich der übermütigen Grashüpfer erwehrend. Und über ihm sang die Lerche unentwegt, schimmernden Perlenketten gleich Triller an Triller reihend. Fürwahr, sie ist der Paradiesvogel, der den reinen unberührten Klang aus den ersten Schöpfungstagen herübergerettet hat.

Nuglina! Dein Name ist ein Moll-Akkord, ist eine Überschrift zu einem wendischen Volkslied, verwehter Klang über der Heide. Der Boden ist hier von kargerer Art; doch gedeiht auf dem bestellbaren Teil der Buchweizen, jene wie seine uralte Schwester, die Hirse, zu Unrecht vergessene Getreideart unseres Himmelsstriches, die ganzen Generationen das tägliche Brot bedeutete. Und noch heute, wenn ich bei der alten Mutter zu Gast bin, dann flüstert sie wohl leise mir ins Ohr: „Möchtest du Buchweizengrütze? Oder gar Leinöl mit Quark?" Der Sohn nickt dann nur, sie verstohlen anblickend und der Zeiten gedenkend, da die Lerche von Nuglina über dem blauen Flachsfeld stand. Und dann erzählt die Mutter, wie der Vater sich erst an den Genuß des Leinöls gewöhnen mußte. Er tat es ihr zuliebe, und da er sie sehr lieb hatte, war er nachher ganz versessen auf dieses so vielgelästerte und doch so sanftmütige Öl – und beide – Mutter und Sohn – stippen dann nach der Väter Weise ihre Brotstückchen in die honiggelbe Flüssigkeit.

Und so hat der zeitgewaltige Gott, der uralte Chronos, im Sturm der Jahre sein Stundenglas ergriffen und es drohend um und um geschüttelt. Jetzt laufen die Sandfäden im rasenden Zeitmaß eines dämonischen Finales – – und vierzig Jahre sind aufgehoben wie ein Nichts. Es ist dunkel, fürchterliche Nacht umfängt uns. Die Menschen schreiben das Jahr 1945. Aber was kümmert dies den Gott Chronos, ihn, den die Alten schon mit dem Stundenglas und der Sense abgebildet? Ist er der große Schnitter geworden, der Schnitter Tod?

So höre ich auch jetzt, da es ganz dunkel geworden ist und uns die Blitze des Infernos umzucken, ganz wie es Mutter Straub vorausgesagt hatte, die stockenden Seufzer der Brahmsschen Melodie: „In stiller Nacht, zur ersten Wacht, ein Stimm' begunnt zu klagen." Jetzt weiß ich es endlich, – es ist das Lied, das ich in der Heide von Nuglina gehört habe – und mein im ersten Weltkrieg vor Verdun gebliebener Vetter Max spielt es ...

„Kein Vogelsang, noch Freudenklang man höret in den Lüften. Die Sterne lan ihr Glitzern stahn, mit uns sie wollen weinen". –

Jetzt löst sich die Gestalt des Vetters in weißlich daherbrauenden Nebel auf. Auch das kleine Lichtlein droht zu verlöschen, das den Kellerraum noch dunkler erscheinen läßt, und nur noch das Dröhnen und Summen über unseren Häuptern ist zu vernehmen. Wie ein Blitz schlägt die plötzliche Erkenntnis in meine Seele: „Das ist ja der abgrundtiefe Orgelpunkt, von dir am Anbeginn deines Lebens in der Wiege zum ersten Male vernommen; hörst du nicht auch in diesem furchterregenden Crescendo Gottes gewaltige Stimme?" Und der Zimbelstern, hellstes Klingen der Vergangenheit, wo ist er geblieben? Ist auch er aus seinem tönenden Himmel gestürzt? Und wie in solchen Augenblicken uns ein leises Ahnen überkommt, daß es schon eine besondere Bewandtnis damit haben muß, daß Gott uns die ägyptische Finsternis und die sieben Plagen gesandt hat, so öffnen sich die Herzen unmerklich. Der eine und der andere beginnt von den Fügungen in seinem Leben zu erzählen, die nach Art und Ausgang als wunderbar bezeichnet werden müssen.

So läßt sich dann auch im Dunkel des unterirdischen Gewölbes die Stimme meiner Mutter vernehmen, der es als einziger ihrer Generation aufgegeben ward, das Inferno zu überleben und mit ihren Kindern und Kindeskindern ihr Lebenslichtlein vor dem kalten Anhauch des Todes zu bewahren und es ohnausgeblasen die dunkle Stiege wieder hinaufzutragen. Während die anderen, auch die, welche von draußen schutzsuchend hereingeschneit sind, sich über die Zahl der unzählbaren über unseren Häuptern kreisenden Todesvögel in mutmaßlichen Schätzungen ergehen, höre ich der Stimme aus dem Dunkel zu, die mehr zu sagen hat, als sich in Zahlen ausdrücken ließe. Und die Stimme sagt mir dann, daß es wohl deshalb mit den Menschen so weit gekommen sei, weil sie nicht auf das kleine Lied der Lerche über dem Flachsfeld von Sagenza gehört hatten und nicht auf die abgerissenen Seufzer des Herbstwindes, der über die Heide von Nuglina streicht . . . Die Stimme ist dann unversehens aus dem dunklen Bereich getreten und wir haben über all dem, was da aus dem tiefen Schacht der Erinnerung aufsteigt, die Gegenwart der Todesvögel vergessen.

„Mir kommt es immer merkwürdig vor, daß ich von allen ländlichen Verwandten allein übriggeblieben bin, ich, die Städterin . .", so spricht nun die Mutter weiter. „Ich bin da etwas aus der Reihe getanzt; sonst holte sich immer der Gevatter Tod die Frauen zuerst. So erging es meinem Vater, meinem Bruder Ernst, so erging es dem Mann meiner Schwester, als Alwine, deine einzige Patentante, starb. Alle mußten sie allein ins Ausgedinge ziehen. Erst heut, da ich so alt geworden bin, weiß ich, wie das tut . . ."

Bei diesen Worten sehe ich die kahle Wand, eine kleine Bauernstube, die ganz langsam und bedächtig von dem ellenlangen Pendel von Großvaters alter Uhr bestrichen wird. Ja, ich höre ihr gemütliches Ticken mit den endlos langen Zwischenräumen.

„Aber als Alwine starb, so jung noch, das war wohl doch das Schwerste – dein Vater sagte immer, daß sie das beste Herz von allen Bewohnern Himmels und der Erden gehabt habe."

„Ach ja, Tante Alwine", so entringt sich wohl dann ein leiser, für die anderen unhörbarer Seufzer dem Sohn, „weißt du noch, wie sie mir zum Dank dafür, als ich ihren ganzen Lugauer Hühnerhof in Musik gesetzt hatte . . ."

„Ja ja, mit deiner ‚Hühnerfuge', wo es in jeder Stimme tuckte", fällt nun ganz aufgeregt die Mutter ein, „wie ging sie doch, mach's doch noch einmal vor", – – und ich tucke ganz leise:

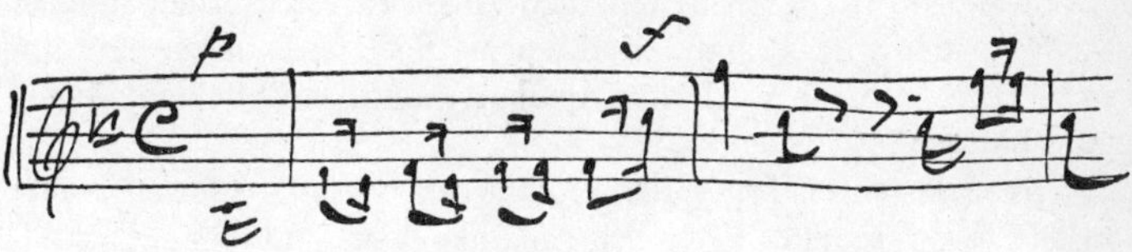

Und jetzt läßt sich die Stimme unseres kleinen Roland vernehmen: „Was singst du da so Komisches, Papa, bist du jetzt ein Huhn?" – und auch die anderen Kinder lassen ihr Flüstern und schauen nun aufmerksam auf die Großmutter. Doch ich fahre nun, noch leiser sprechend, fort – denn ich habe eben doch ein Geheimnis mit der Mutter, das „Nuglina" heißt: „Ja weißt du noch, daß sie mir dafür ein Federbett schenkte, angefüllt mit den herrlichsten Daunen ihrer geliebten Watschelgänse?" –

Als nun der langgezogene Sirenenton ertönte, der uns anzeigte, daß für dieses Mal die Gefahr abgewendet sei, da saßen wir noch still zusammen, während die anderen leise den Raum verließen; denn wir konnten uns nicht mehr aus diesem stillen geheiligten Land der Träume, das Nuglina heißt, hinausfinden; wir waren schon allzuweit gewandert, um noch an die Rückkehr in die fahle Oberwelt zu denken ...

„Und Ernst, dein Bruder, gab er leichten Herzens die Wirtschaft aus seinen Händen, wie war das doch noch", so versuchte ich die Mutter zu bestimmen, die wunderbare Geschichte des allzeit vorwitzigen Neffen Otto zu erzählen, ihr wißt, der es dem Großvater so laut und vernehmlich ins Ohr geflüstert hatte, mit dem herrlichen Wabenhonig nicht zu knausern. Die Mutter nahm bereitwillig den Faden auf, wie man eine Strickmasche aufnimmt, nachdem das Knäuel, das wegspringen wollte, wieder eingefangen ist: „Ja das ist es ja eben, daß ihm der liebe Gott diesen schwersten Entschluß, den der Bauer in seinem harten Leben allein fassen muß, abnahm. Du weißt ja, daß von Otto nach dem unglücklichen Ende des großen Krieges jede Spur verweht war. Wenn auch dein Onkel sich keine rechte Vorstellung von der Höllenpforte, die Verdun heißt, machen konnte, so gab ihm doch dieser Name einen festen Untergrund, auf den er seinen Fuß setzen und sagen konnte: ‚Hier unter diesem Stein, der Verdun geheißen wird, liegt mein Sohn Max mit vielen anderen Soldaten.' Aber wenn in den langen Winternächten die Schneeschauer an die kleinen Fenster der Schlafkammer geweht wurden, dann war es ihm, als sei es jetzt endgültig aus mit dem Suchen und als sei nun die Spur, die weit bis nach Sibirien führte, für keines Menschen Auge mehr zu sehen, und er fürchtete dann im Traum, da die arme Seele sich durch eine unendliche Schneewüste hindurchquälen mußte, auf beiden Augen zu erblinden ...

„Bis dann eines Tages der Gollmitzer Pastor – es waren nun schon Jahre vergangen – zu deinem Onkel kam und ihm ein Schreiben des Genfer Roten Kreuzes vorwies, worin es hieß, daß einige Versprengte vom Regiment seines Sohnes in Polen gesichtet seien. Darum solle er Gott des Tags und auch des Nachts in heißer Fürbitte für seinen verloren geglaubten Sohn anflehen, daß er unter diesem Häuflein Versprengter sein möge, das zu seiner Flucht durch das weltenweite Land, das Rußland heißt, Jahre gebraucht habe, und was das für Jahre gewesen sein mögen, nun, das kann mit menschlichen Worten nicht gesagt werden. So hatte der Pastor zu dem Onkel gesprochen.

„Wieder waren Wochen vergangen und dem Onkel war es, als wären nun seine schneeblinden Augen wieder sehend geworden, da er nun ein ganz kleines schwarzes Fleckchen Erde entdecken konnte, ein ganz kleines schwarzes Fleckchen Frühlingserde ... Und dann auf einmal, da sei das Wunder geschehen, in einer stürmischen warmen Nacht pochte es laut an die Hoftüre, es sei ein Pochen gewesen, das allen das Blut in den Adern erstarren ließ, es war ein Pochen, als schlüge Gott selbst an die Pforte. Nein, das war keines Menschen Hand, die da an die große Hoftüre schlug. Und Hedwig, unsere gute ‚Milchschwester' aus alten Tagen, faßte sich zuerst ein Herz und ging festen Fußes dem großen Pochen entgegen. Da fiel ihr wie ein vom Blitz hingemähter Baumstamm der Bruder entgegen und aus ihr, der sonst so ruhigen und stets sich beherrschenden, brach ein Schrei, als hätte ihr dieser Blitzschlag die Hände versengt, ein Schrei, dem alle Kreatur, jäh aus dem Schlaf auffahrend, antwortete, Mensch wie Tier. Die Ketten rasselten in den Ställen und in den Stuben der Menschen wurde es lebendig; in schlurfenden Holzpantinen und eilig übergeworfenen Vermummungen erschienen sie, um dann scheu und ehrfürchtig zur Seite zu treten, da sie den heimgekehrten, verloren geglaubten Sohn erblickten."

„Und Onkel Ernst, was sagte er dazu?"

„Er sagte nichts, gar nichts. Aber schon nach wenigen Tagen, als die anderen aufs Feld gefahren und er – du weißt, das Atmen fiel ihm schon damals schwer – allein im Haus zurückgeblieben war, da fing er an, sein Bett und die wenigen Sachen ins Ausgedingestübchen hinüberzutragen. Er war gerade damit fertig geworden, als der Leiterwagen mit den vom Felde Heimkehrenden vor der Hoftüre hielt und Hedwig – auch jetzt hatte sie ihr rotes Kopftuch auf – absprang und den großen Holzriegel zurückstieß. Der Wagen fuhr laut polternd herein, aber weißt du, so ein fröhliches Gerassel mit den wie zum Tanz aufspielenden Sensen und Sicheln, das gab es nicht mehr, nein, da war doch die Zeit zu ernst geworden, und dann war da noch Max und Verdun und der große Grabstein, den man nicht aufheben konnte ..." –

Daß die lustigen Viertel des Scherzos der Pastorale von den ehernen Posaunenklängen des „Dies irae, dies illa", von dem nie ganz verstummten abgrundtiefen Orgelton abgelöst wurden, das war nicht meine Schuld, das werdet ihr verstehen. Das hat der Name getan, der so lange in der großen Schlafkammer der Seele verborgen gelegen hat, der Name *Nuglina*. Er vermochte es, Raum und Zeit aufzuheben. Es ist schon so, Gott kommt mit der winzigen Sanduhr der Menschen nicht aus! So läßt er nun den vor der Zeit aufgehobenen Zipfel des schwarzen Vorhanges wieder fallen und stülpt mit seiner gewaltigen Hand das Stundenglas um. Nun rinnen die weißen Sandfäden wie von Anbeginn ohne Besinnen und ohne Unterbrechen weiter.

Aus den stockenden Achteln der alten Pendeluhr in Großvaters Ausgedinge sind nun wieder fließende Sechzehntelnoten geworden, unhörbar für des Menschen Ohr. Aber zuweilen ist es gut, einen flüchtigen Blick auf die Sanduhr zu werfen, denn es könnte geschehen, daß sie abermals umgestülpt wird. Dies sind dann die großen Schicksalswenden, im Leben der einzelnen Menschen wie im Leben der Völker. Auch aus dem Knaben ist ein Mann geworden und er ließ viel, viel später den Gott Chronos unter Orgelklang und Sturmesbrausen verkünden:

O MENSCH, SIEH HIER DIE ERDENZEIT
SIE LÄUFT ZURÜCK ZUR EWIGKEIT.
BEI GOTT KEIN ANFANG, ENDE IST;
ÄONENJAHR DAS LICHT DURCHMISST.
OB VOR, ZURÜCK, ES BLEIBT SICH GLEICH,
TOT IST DIE ZEIT IN GOTTES REICH.
DRUM RENN ZURÜCK DU ERDENUHR
UND FOLG IM KREBS DER MENSCHENSPUR.

Der Wanderer

Wir wohnten nun nicht mehr am Wilhelmsplatz. Ich weiß mich nicht mehr zu erinnern, aus welchen Gründen der Auszug aus dem Brisnickschen Hause beschlossen ward; es wird wohl so gewesen sein, daß Mieter und Hauswirt sich aneinander satt gesehen hatten und daß es nur noch an einem geringfügigen Anlaß fehlte, der dann auch bald gefunden war, um das immerhin mit einem dramatischen Akzent begabte Wort Kündigung auszusprechen. Das Leben in seinem stetig fließenden Gleichklang bot dazumal doch reichlich wenig Abwechslung für sensationshungrige Gemüter. Wer sich mit einem gewissen Stolz zu diesen bekannte, der sorgte dafür, daß wenigstens einmal im Jahr der große Möbelwagen vor seiner augenblicklichen Tür stand, bis er endlich durch Erfahrung zu der späten Erkenntnis gekommen war, daß die erste Wohnung doch die beste gewesen sei, eine Erfahrung, die auch auf anderen Gebieten, nicht zuletzt im Reich des Gottes Hymen gemacht werden konnte.

Das war nun der dritte Umzug, und wenn es im Volksmund heißt: „Aller guten Dinge sind drei", so ward auch hier das Sprichwort voll und ganz bestätigt. Ehe ich euch nun an die neu entstandenen Wohngründe auf den „Stiefschen Wiesen" führe, nehme ich euch an der Hand und geleite euch vom Wilhelmsplatz, dem unbestrittenen Stadtmittelpunkt auch noch heute, zum benachbarten „Bassinplatz", der sein eigentümliches Gepräge durch das ihn flankierende „holländische" Viertel erhält. Sein etwas feuchtlich klingender Name deutet mit allem Recht schon darauf hin, daß es früher hier einmal etwas anders ausgesehen haben mag.

Wie der ihm benachbarte „Faule See", aus dem nach unsäglichen Mühen der preußischen Könige – alle Häuser mußten auf Pfählen errichtet werden – die Laguneninsel des Wilhelmsplatzes emporstieg, widersetzte sich „der Bassin", und zwar energischer als sein fauler Nachbar, allen Versuchen, ihn trockenzulegen. Aber auch er mußte endlich daran glauben, und als wollte man ihm, der so lange in alter Vorzeit mit den wäßrigen Gottheiten des alten wendischen „Poztopimi" geliebäugelt hatte, seine Niederlage besonders fühlbar machen, setzte man ihm den allerchristlichsten Fuß auf den Nacken, indem in seine Mitte die Katholische Kirche gestellt ward.

Sooft ich auch diesen Bassinplatz überquerte, überfielen mich Zwangsvorstellungen eigener Art. Da sah ich aus jedem der unzähligen Mansardenfenster Kopf, Zopf und Krückstock des schonungslosen Lehrmeisters herausschauen, der auch heute noch seinen Potsdamern, wenn er könnte, besonders an den Markttagen auf die Finger klopfen möchte. Ihr wißt schon, wen ich meine; es ist der, der eben die Anwohner des „Bassins" davon nachdrücklichst zu überzeugen wußte, daß auch ihre Häuser in Reih und Glied zu stehen hätten, wie es sich nach gut preußischer Art gehörte. Und nicht nur diese, nein, es ward dazu den braven Bürgersleuten noch aufgegeben, in jedem der Mansardenstübchen mit den einladenden Giebeln einen der „langen Kerle" einzuquartieren, über deren zuweilen aufsässiges Betragen der Mietherr „weder zu querulieren, noch zu räsonieren hatte". So wenig Spaß der Herr König mit seinem eigenen Sohn verstand, der nicht so imponierende körperliche Maße aufweisen konnte, so sah er diesen Riesenspielzeugen einiges und mehreres nach, deren Anwerbung, zumeist durch ausländische Weibel betrieben, auf die seltsamste Weise geschah und manchmal an Menschenraub grenzte. Aber wie der leidenschaftliche Briefmarkensammler seine unter großen Opfern erstandenen Raritäten besonders zärtlich unter der Lupe betrachtet, so auch Friedrich Wilhelm I. Ja sogar das holländische Glockenspiel auf dem Garnisonkirchenturm, das den Goliaths aus aller Herren Länder zuerst einmal die echt preußische Pünktlichkeit beizubringen hatte, verdanken wir dieser königlichen Laune.

Aber wir sind auf unserer Wanderung zu den Stiefschen Wiesen nun an einem bezaubernden Fleckchen Erde angelangt, das damals, zu Zeiten des großen Stockmeisters, wirklich diese Bezeichnung verdiente. Denn dieser höchst anmutige, ja grazile Pavillon war rundum von Wasser umgeben, also eine Art Inselchen, das gerade zufällig dort angelegt und Anker geworfen hatte, um plötzlich wiederum abzuschwimmen, wenn ihm der Sinn danach stand. Schaute aus diesem Miniaturschlößchen nicht ein süßes Delfter Mädchen in rotem Rock und Mieder heraus, der gute Geist des holländischen Viertels? Und wenn ihr noch Zweifel tragen wollt, daß es mit dieser „freundlichen Vision" auch seine Richtigkeit habe, so rufe ich einen Kronzeugen herbei, einen, der dafür Verständnis hatte und es wissen mußte. Wenn er auch nur drei Tage laut der erst jüngst angebrachten Inschrift in dem bescheidenen Hause „am Bassin" gewohnt hat, so fiel doch sein Blick aus dem Mansardenstübchen — in dem nun wirklich zum erstenmal ein „großer Kerl" lebte — auf dieses bezauberndste Bauwerk meiner Heimatstadt, dessen Türmchen mit einer den gewöhnlichen Menschen unsichtbaren Muse Fangball zu spielen scheint. Bei solcher Anregung konnte es ihm nicht schwerfallen, seinem Logierherrn, dem kgl. Kammermusiker Duport, die reizenden Variationen über dessen Menuett ins Stammbuch als Dank für die Potsdamer Tage zu schreiben, die allerdings ihm nicht solche Ehren einbrachten wie ein halbes Jahrhundert vor ihm dem großen Johann Sebastian Bach, als dieser vor Fridericus

Rex über dessen königliches Thema improvisierend die Orgel erzittern ließ.

Doch Mozarts, eben meines Kronzeugen, edler und freiheitliebender Geist würde sich, so glaube ich, entsetzt haben, wenn er, allerdings als später und nachgeborener Zeuge, an einer Sitzung des von dem Soldatenkönig einberufenen Tabakskollegiums hätte teilnehmen müssen, das ausgerechnet in jenem kleinen Tempel der Musen und Grazien zu tagen beliebte. Denn dort muß ein ganz erschröcklicher Tabak geraucht worden sein; ein derber Knastergeruch erfüllte den kleinen Raum und ließ dann aus dem solchermaßen benebelten Gehirn zugleich mit den bläulichen Rauchschwaden die seltsamsten Einfälle aufsteigen. Hielt sich auch der allem Luxus abholde Soldatenkönig keine Narren und mißgestalteten Zwerge, an denen er wie Peter der Große nach Belieben seinen Mutwillen auslassen konnte, so mußte ihm doch dieser und jener Kavalier aus seiner näheren Umgebung solche armseligen, für die Abreaktion geschaffenen Gestalten zu ersetzen suchen, für die dann eine solche Sitzung ein wahres Martyrium bedeuten konnte.

Eines Tags trieb es jedoch der König allzu arg, indem er insgeheim das hohe Tabakskollegium vorher verständigt hatte, daß dieses den Kammerherrn von Soundso in seiner Gegenwart des Majestätsverbrechens zu bezichtigen habe, worauf sich die Gerichtssitzung, Urteilsverkündung und -vollstreckung sofort anschließen sollte. Wie gedacht, so getan. Ein Zufall kam diesem nicht sehr löblichen Beginnen insofern zu Hilfe, als sich der ahnungslose Kammerherr, ein Mann in schon vorgerücktem Alter, diesmal verspätet hatte und allein im schwankenden Nachen anlangte. Kaum eingetreten, wurde er vom König und Herrn barsch zur Rede gestellt, worauf auf das vorher ausgegebene Stichwort die Ankläger über das völlig aus der Fassung gebrachte Opfer herfielen. Wie nicht anders zu erwarten, lautete der Urteilspruch auf schuldig. Die Todesstrafe sei sofort und zwar in diesem Raume zu vollstrecken. Dem Delinquenten wurden die Augen verbunden, ein Richtschwert ward herbeigebracht, der Uniformrock ausgezogen, der Hals entblößt. Das Amt des Scharfrichters hatte der Jüngste im Kreise zudiktiert erhalten, der nun anstatt des Schwertes eine riesige Braunschweiger Dauerwurst vom Könige unter dem Gejohle der anderen ausgehändigt bekam, die er nach Schalksnarrenart in kreisendem Wirbel über dem Haupte des Pseudo-Delinquenten schwang, bis er zur Hinrichtung schritt, indem er mit der Wurst ziemlich nachdrücklich die Geste des Kopfabschneidens vollführte. Da fiel ihm aber im letzten Augenblick der König in den Arm und verkündete mit ernster Stimme, daß er sich entschlossen habe, noch einmal, dieses eine Mal Gnade walten zu lassen. Doch wie groß war sein Erstaunen, als der Kammerherr keine Anstalten machte, sich zu erheben! Nicht so sehr der Schreck als die erduldete Kränkung über die ihm angetane Schmach hatte ihn seine treue preußische Seele mit einem letzten Seufzer aushauchen lassen. –

Aber diese böse Geschichte hat es zustande gebracht, daß das schmucke Delfter Meisje im Tabakshäuschen ihr Köpfchen eingezogen hat und die grünen Fensterläden geschlossen hält, so daß es hier nun nichts mehr zu schauen gibt und wir plötzlich wieder Boden unter den Füßen haben, guten märkischen Sandboden, der es doch nicht hindern konnte, daß trotz der Zuschüttung des Bassins der alte wendische Wassergott Poztopimi, der Namenspatron unserer Stadt, da unten weiter sein Wesen treibt. Hatte er nicht erst neulich versucht, das eiserne Standbild eines anderen Königs, des großen Cunctators der preußischen Geschichte (Friedrich Wilhelm III.) zu sich auf den morastigen Grund des Faulen Sees zu ziehen? Nein, er gab den Kampf nie und nimmer auf, und wie er dem Soldatenkönig ein ihn an allen Gliedern zwickendes Podagra angehext hatte, so hängte er seit altersher meinen Mitbürgern, wenn sie in die Jahre kamen, Rheuma, Reißen und Ischias an, so daß man nirgends in der Welt so viele Humpelmänner und Hinkefrauen erblicken kann wie in Potsdam. Wie hatte man es aber angefangen, wenigstens auf den Stiefschen Wiesen die Herrschaft Poztopimis zu brechen?

Zuerst wollte es mit der Urbarmachung dieser Potsdamer Campagna nicht glücken, aus der des Nachts das Lied der Frösche und Unken als melodische Begleitung der Nachtigallen ohne Unterlaß ertönte. Da kam ein findiger Stadtrat auf den Gedanken, auf den bereits entwässerten Teil der Wiesen einen Vergnügungspark hinzusetzen, der es uns Kindern besonders angetan hatte. So oft standen wir vor diesen Wundern unbegrenzter Möglichkeiten, nachdenklich den Groschen betrachtend, und immer entschlossen wir uns dann schließlich doch für die „Kaffeemühle", die auf einem großen Karussell in umgekehrter Richtung rotierend die beiden Insassen nicht so sehr auf Herz und Nieren als auf ihre Magennerven in empfindlichster Weise zu prüfen begann. Ein dienstbarer Geist in der Gestalt eines grell aufgeputzten Mädchens erschien dann zur rechten Zeit mit einem großen Scheuertuch – die Lufttüten waren dazumal noch nicht erfunden –, um die Spuren der völlig aus dem Gleis geratenen käsigen Luftfahrer fortzuzaubern. Auch diese Mühewaltung war in den Preis einbegriffen. Es gab wohl nur wenige, die nicht an dem höllischen Spektakel, den gröhlenden Stimmen der Moritatensänger und den ununterbrochen tätigen Orchestrions der Karussells ihre aufrichtige Freude hatten, und man lobte bei sich im stillen den Bürgermeister, der es so gut mit seinen Potsdamern meinte. Der einzig Unzufriedene aber war — Poztopimi. Er zog sich grollend zurück; er hatte andere Vorstellungen von Musik. Blies denn keiner mehr die Weidenflöte des Pan? Galt denn Froschgequake und Unkenruf nichts mehr in einer Welt, die immer nur alles zuschütten will, alles Schöne, Fließende, Blasenschlagende und Wallende? Und so zog er sich auf den Küssel hinter dem Kiez zurück, wo er bis vor kurzem noch mit seinen unzähligen, ihm nach wie vor ergebenen quakenden Anbetern im „Froschkasten" seine beliebten Abendkonzerte veranstaltete.

Nun, da Poztopimis Herrschaft auf den Stiefschen Wiesen so plötzlich ein Ende gefunden hatte, schossen große herrschaftliche Häuser wie Pilze aus dem mit List und Tücke eroberten Boden. Wir mußten den Ausflug in das neue Potsdam, das in einem Anfall von Größenwahn den jugendstiligen Berliner Westen noch übertrumpfen wollte, teuer bezahlen. Waren wir Kinder auch anfangs vor dem schier überwältigenden „Komfort", dem Badezimmer und der Gasbeleuchtung mit Selbstzünder, kaum aus dem Staunen herausgekommen, so trat doch sehr bald eine Ernüchterung ein und das war denn auch allzu natürlich, denn der Baumeister hatte hier mehr auf die äußere, mit vielen Türmen und Türmchen geschmückte Fassade gesehen, den alten preußischen Grundsatz „Mehr sein als scheinen" ins Umgekehrte verdrehend. Und nicht nur wir fröstelten in der kalten Pracht: das alte liebe Pedalklavier fühlte sich noch ungemütlicher und ließ uns seine sichtbare, nein, hörbare Verärgerung fühlen, indem es sich täglich mehr und mehr verstimmte.

Das alles hätte schließlich noch hingenommen werden können, wenn nicht unter uns, in der noch hochherrschaftlicheren Beletage, ein anderer, viel gefährlicherer Kontrapunkt sich angeschickt hätte, uns auf das nachdrücklichste zu bedrängen. Dort wohnte allein mit ihrem Dienstmädchen und dem obligaten Kanarienvogel eine wohlhabende Witib. Diese vornehme „Perserin", wie wir sie, ihren Namen variierend, nannten, verfügte über absolut einwandfreie Manieren. Sie fiel deshalb auch nicht etwa mit der Tür ins Haus, sondern begann eine diplomatische Korrespondenz auf blütenweißem Papier mit der zierlichsten Handschrift von der Welt, die ihre ebenfalls immer wie aus dem Ei gepellte Zofe, nur ganz leise den Klingelzug betätigend, in höflichster Form bei meinem Vater abgab. Er wußte nicht viel mit dieser gewundenen Epistel anzufangen, hatte aber nach der Lektüre einen unangenehmen Nachgeschmack auf seiner feinfühligen Zunge.

Es kam dann bald ein zweites Briefchen, wiederum ebenso höflich – leise überbracht, in welchem uns der Rat gegeben ward, möglichst nur in Filzpantoffeln über das hochherrschaftliche Parkett zu schlurfen und eine ebensolche Dämpfung den Pedalen des Klaviers anzulegen, denn der Schlaf ihrer Hochehrwürdigen lasse seit einiger Zeit (lies: seit der Katastrophe der Kempffschen Invasion) zu wünschen übrig. Schon am nächsten Tage klingelte es ein drittes Mal, zögernd leise, doch es klingelte... Jetzt wurden von der schwarzseidenen Perserin schon präzisere Vorschläge gemacht. Die Beletage ließ es sich angelegen sein, uns genau zu befolgende Übungszeiten vorzuschreiben, die wohlweislich auf den Vormittag gelegt waren. – Da mag wohl mein Vater an die Fliegen von Gollmitz gedacht haben, wenn sie am frühen Morgen mit zarten Füßchen, aber mit unentwegter Beharrlichkeit ihr Ziel, ja sogar bis in die Nasenlöcher hinein verfolgten – und er sprang auf und stürmte zum Wirt. Doch mit dem Wirt war es nun auch wieder eine verzwickte Sache. Ich kann da, um seine Existenz zu umschreiben, ruhig bei dem Vergleich mit den oben erwähnten Insekten bleiben. Denn er hatte ja das Erbe des verärgerten Poztopimi angetreten und, sobald der mit seinen Fröschen und Unken abgezogen war, an jedem trockenen Plätzchen ein Haus hingebaut, so daß nun schon – was die Zahl anbetrifft – das „holländische Viertel" vom Jugendstil überflügelt ward. Wie konnte also der Mann, den man unmöglich mit „Herr Wirt" anreden konnte, wissen, was hinter den tausend Fenstern seiner Wohngründe vorging? Da hätte er schon mit Facettenaugen begabt sein müssen.

Und mit solchen blickte er nun den Vater an – und der wußte, daß es hier zwecklos war, seine Gründe anzubringen, daß man wohl einmal ohne Schlaf, nicht aber ohne Frau Musica auskommen könne. Nein, die Facettenaugen sagten ihm, daß der Reiche in diesen Prachtsteinbaukästen – wenn auch nicht immer ganz rein – den Ton angebe. Und der Vater sprach die Kündigung aus und ging seiner Wege.

Das war vier Monate nach unserem Einzug. Uns verblieben also noch acht Wochen, um die von uns so gekränkten Laren und

Penaten wieder zu versöhnen. In der sich an die nachmittägliche Kaffeetafel anschließenden Sitzung des gesamten Familienrates wurde nun aber nicht in Filzpantoffeln und mit gedämpftem Pedal agiert. Nun, da alle Brücken abgebrochen, brauste der so lange gewaltsam unterdrückte Redestrom ungehindert über das hemmende Wehr und ergoß sich, alle und alles mit sich fortreißend, durch die Türen, durch die Wände, über die Treppen bis in die geheiligte Beletage. Dort aber blickte jemand erschreckt in die Höhe, nämlich die schwarzseidene Perserin und zwar mit einem solchen Entsetzen in den weitaufgerissenen Augen, als käme im nächsten Augenblick die gesamte unruhige Familie „von da oben" samt dem zentnerschweren Pedalklavier in einem Höllensturz herabgesaust! Und sie, die bisher nur schriftlichen Verkehr mit uns gepflogen hatte, wählte nun den mündlichen, weit kürzeren Weg und schrie aus Leibeskräften um Hilfe. Doch die Facettenaugen sahen wohl, sie hörten aber nicht. Die da oben aber lachten nur, tafelten wie die Götter und fuhren fort, Pläne zu schmieden, mit den Fäusten auf den Tisch zu trommeln.

Wie bei der übermütigen Erntefahrt auf dem rasselnden Gollmitzer Leiterwagen, so stellte sich auch hier sogleich ein hochgestimmtes Quodlibet ein, in das trotz des Protestes der allem Lärm abholden Mutter der Vater mit einfiel. Das trommelte, blies und fiedelte nun im Kanon ohne Ende:

Frau Perserin, wir ziehen fort
An einen andern, schönern Ort,
    Schönern Ort.
Nun schlafe du in guter Ruh (pianissimo e con sordino)
Wir schlagen unsre Türe zu,
    Tü-re-zu. (fortissimo, Beckenschlag . . .)

Bei dem Beckenschlag wurde dann – der Regieanweisung des Ältesten zufolge – die Tür mit aller Macht, das heißt vierhändig zugeknallt, so daß auch die ganz unten wohnenden Portiersleute von der Sitzung Kenntnis erhielten. Das waren aber – gewiß ein seltener Ausnahmefall – ganz gutmütige Leute und sie sollen nur, still vor sich hinnickend, sich mit dem klassischen Ausspruch beruhigt haben: „Bei Kempffs ist mal wieder Probe." Doch da ertönte die Klingel, im selben dreiteiligen Rhythmus, wie er sich durch jahrelange Übung bei uns herausgebildet hatte. Das konnte unmöglich die Abgesandte der Perserin sein, geschweige denn die hohe Dame selbst. Und schon löste der aufjauchzende Freudenschrei der Schwester: „Kinder, Onkel Fritz!" die an diesem Tage gleichsam mit Hochspannung geladene Atmosphäre in eitel Wohlgefallen auf.

Denn ein Besuch dieses Onkels, des ältesten Bruders meines Vaters, wirkte auf uns wie auf die Großen ein Glas „Asti spumante". Da dauerte es gar nicht lange, bis das Blut gleichsam zu moussieren begann und man von diesem hinreißenden Erzähler sich willig eine Zauberbrille aufsetzen ließ, durch die nun die Welt einen neuen nie geahnten Glanz erhielt. Jetzt umschwirrten den kleinen, etwas dicklichen Mann wie kleine akzentuierte Pralltriller die aufgeregten Fragen der Kinder. Kein Wunder, daß er sich etwas erschöpft, nach einem Glase Wasser verlangend, auf das von den Eltern so eifersüchtig gehütete blaue Sofa fallen ließ. Dieses Glas Wasser, von der übereifrigen Schwester kredenzt, noch oftmals am Tage vom Onkel verlangt, gehörte zu ihm wie das vorspringende Kinn zur Tante Auguste und ich glaube es noch leibhaftig vor mir zu sehen, wie dabei die Enden seines blauschwarzen Spitzbartes wohlig in das klare Element mit eintauchten und so am Durst und an seiner Stillung gleichsam teilhatten.

Hier im Hause seines Bruders fühlte er sich freigesprochen von der ewigen Verpflichtung, an Schülern und Lehrern seines Kreises herumerziehen zu müssen, und stellte wohl gern einmal die Dinge auf den Kopf. Wir alle gönnten ihm diese Entspannung; wußten wir doch aus den Erzählungen des Vaters, mit welch verbissener Energie, mit der sich eine wahre Sparwut paarte, er den Weg vom Dorfschulmeister bis zum „Kgl. Kreisschulinspektor" und schließlich zum Schulrat durchlaufen hatte. Ja, er trug als lebendes Zeichen hierfür, gewissermaßen als Stigma, seinen verkrüppelten Daumen mit sich herum, den wir immer scheu, ja mit Ehrfurcht betrachteten. Hatten andere sich einer weitausladenden Denkerstirn, einer gebietenden Nase zu erfreuen, so besaß der Onkel Fritz eben seinen Daumen, der von einer wahrhaft verbissenen Energie zeugte, denn er hatte ihn sich in seiner Seminarzeit buchstäblich erhungert, um dem blinden Vater nicht das Geld aus der Tasche zu ziehen. So hatte ihn dann der Knochenfraß befallen. Wie durch ein Wunder wurde seine Hand gerettet und es blieb nur bei dem für alle Zeit verkrüppelten Daumen, der ihm allerdings das Klavierspielen unmöglich machte, als wollte ihm Gott einen Verweis damit erteilen, daß der Mensch es mit den guten Werken nicht übertreiben solle.

Aber der Hang zur Sparsamkeit blieb ihm zeitlebens eigen, was auch zur Folge hatte, daß er von Hochachtung gegen die in seinen Augen Glücklichen erfüllt war, die der Gott Mammon gesegnet hatte. So brach er denn jetzt, höchst befriedigt die letzten Reste der Streuseln vom blendend weißen Tischtuch aufpickend, in entzückte Rufe über die neue moderne Wohnung aus und es kostete den Bruder alle Mühe, ihn davon zu überzeugen, daß er es kaum erwarten könne, aus diesem Perserschloß auszuziehen. Ja, wenn er's recht bedenke, sei er der schwarzseidenen Perserin zu Dank verpflichtet, ja zu Dank, denn diese Gegend hier sei ihm auf immer verleidet; er hätte es wissen sollen, daß es hier mit diesen Wiesen „stief" bestellt sei.

Nun mußte auch der Onkel lachen, der ja so gerne lachte, auch hierin wie in seinem ganzen Habitus seiner sprudelnden Mutter vom Rheine ähnlich, von der er auch das tiefschwarze volle Haar, aber auch die bleiche Gesichtsfarbe geerbt hatte, nach der man auf einen Einschuß französischen Blutes hätte schließen können. Und tatsächlich wird diese Vermutung des nachgeborenen Enkels von der den rheinischen Verwandten überlieferten Historie bestätigt, daß da vor nicht allzuferner Zeit ein Wesen aus dem Westen, schwarz wie die Nacht, in die biedere rheinische Sippe „hineingespukt" habe, das von dieser Zeit als „Schwarthanneken" durch die Familiengeschichte einhergeistert. Die allgütige Vorsehung geht auch hier ihre eigenen Wege, die nicht die Wege der Menschen sind. Ja, diese geheimnisvolle und unbekannte Ahnfrau hatte nicht nur einige Tropfen des brodelnden Lebenselixiers in den Pokal der nachfolgenden Geschlechter gegossen, die ihn wiederum überschäumend in die Höhe hielten und jubelnd der unbekannten, dem Abenteuer zugeneigten Spenderin aus früheren Tagen zutranken.

War ich auch nicht in meinem Äußeren diesem aufregenden „Schwarthanneken" nachgeschlagen, sondern vielmehr meiner blonden rosenbewangten Mutter, so hatte ich doch später nicht selten Gelegenheit, im stillen jene dunkle Ahnfrau zu loben, wenn mir die Mazurken Chopins aus den Tasten zu sprühen schienen. Doch damals stand es mir noch nicht an, nach dem Woher, dem Warum aller Dinge mir den Kopf zu zerbrechen, und so war mir der Onkel Fritz eben der Onkel Fritz, dem man nicht nur gut zu sein hatte, weil er wegen seiner harten Jugend auf Daumen und Klavier verzichten mußte, sondern weil er – nehmt alles nur in allem – das beste Herz von der ganzen Welt hatte und als der große Anreger unserer Jugendzeit bezeichnet werden muß.

So sperrten wir alle – die Eltern eingerechnet – Mund und Nase auf, wie er nun nach dem dritten Glase Wasser uns wie ein zweiter Sindbad an den Erlebnissen und Eindrücken seiner letzten, soeben beendeten Reise teilnehmen ließ. Wiederum war er in Ägyptenland gewesen, war mit einer kleinen ausgewählten Schar von Lehrern seines Sprengels als Cicerone und Dragoman zugleich bis zu den Nilfällen, dem zweiten Katarakt gefahren.

Und wie wußte er die geheimnisvoll aus der Urzeit menschlicher Geschichte raunenden Namen in die Welt des lebendigen Klanges emporzuheben, so daß diese nicht nur als tote Begriffe im „Schaltwerk der Gedanken" versanken. Da strahlte mit den Namen Karnak, Luxor, El Amarna der schimmernde Glanz des Gottes Aton auf, des Gottes Aton und der seines großen königlichen Propheten Echnaton. Da glaubten wir das Rauschen der Zedern des Libanon wirklich zu hören. Wir stießen uns mit den Juden an der Klagemauer die Köpfe wund. Wir brachten an dem Ort, da der Heiland der Welt geboren ward und wo jetzt die ewige Lampe brennt, unsere Opfer dar und sanken mit dem Pilger, der nun gar nicht mehr der kleine rundliche Onkel Fritz war, sondern ein strahlender Kreuzesritter, in die Kniee.

Doch als er nun erzählte, daß er am Toten Meer vom Esel gefallen sei, was ihm eine seiner Adamsrippen gekostet habe, löste sich die atemlose Spannung in befreiende Heiterkeit auf, von der er sich willig mitreißen ließ, denn er als Nachkomme des „Schwarthanneken" und halber Rheinländer hatte bei der Erwähnung dieses Mißgeschickes beileibe nicht auf eine gesetzte Beileidserklärung der so lange verzauberten Zuhörer gewartet. Und als ich nun, von so viel Glanz des Orients wie geblendet, ganz schüchtern den Zauberer Sindbad veranlassen wollte, mir vom Land meiner Träume, wo im dunklen Laub die Goldorangen glühten, zu erzählen, da griff er nur allzu willig diesen ihm so leicht zugeworfenen Ariadnefaden auf und spulte ihn nun vor unseren Augen ab, sich traumhaft sicher durch das weitverzweigte Labyrinth seines nie versagenden Gedächtnisses windend.

„In Rom war ich diesmal nur ganz kurz", so wandte er sich nun an den jungen Fragesteller, der ihn zum Dank für solche Ehr' mit den Augen zu verschlingen schien, „aber es reichte immerhin zu einem Besuch auf dem Palatin, du weißt, wo der böse Kaiser Nero sich sein goldenes Haus hingebaut hatte. Es war also um die berühmte blaue Stunde, da nun die untergehende Sonne ein Feuerwerk abzubrennen begann, das keine irdische Hand je entzünden könnte, und wäre es die Hand eines Maharadschas Indiens – und selbst, wenn er die jahrhundertelang gehüteten Edelsteine seiner Schatzkammer hergäbe, um seiner angebeteten Maharani ein gigantisches Hochzeitslicht anzuzünden. – Eine solche Verzauberung brachte die Sonne zustande.

„Als nun auch die Kuppel Michelangelos in diesem allmählich in violette Farben übergehenden Meer leicht und mühelos zu schweben schien, da hätte ich auf die Kniee sinken wollen, um mit Echnaton auszurufen: ‚O Aton, von Ewigkeit her erschaffenes Licht, du bist größer als alle die Götter, die unten in den Grabkammern vermodern und zerfallen, größer als Ammon und alle anderen Götter ...‘ Ich saß noch lange, ganz allein im Giardino Farnese, diesem hoch über dem Forum thronenden Garten, dort wo an einem stillen Wasser das letzte leise Abendwehen die raschelnden Papyrusstauden bewegte, so leise, daß nur ihre zarten Spitzen erzitterten. Dann ging ich, langsam, ja vorsichtig, als müßte ich all das ausgestreute Sonnengold Atons in den Händen in die nebelgraue Heimat tragen, ganz langsam, um ja nichts zu verschütten.

„Dann kam ich nach Florenz. Als wollte der Gott Aton seine Macht auch im italischen Land beweisen, brannte er wahre Feuerflammen vom Himmel herunter, so daß meine Schulmänner aus Krotoschin, Inowrazlaw mir rundheraus erklärten, sie wollten sich selbständig machen. Einige von ihnen drückten sich auch höflicher aus, ‚sie bäten den Herrn Schulrat, heute wegen der Hitze den Schulunterricht ausfallen zu lassen‘. Ich sah sie dann in kleinen Trupps und Trüppchen der nächsten Birraria zueilen, wo sie sich nach so langen Irrfahrten endlich zuhause fühlen durften. Den meisten von ihnen hatte die Bekanntschaft mit Amenhotep IV. genügt und sie verzichteten gern auf Lorenzo il Magnifico, verzichteten zu meinen Gunsten, wo ein längst sagenhaft gewordener Genuß, deutsches Bier, ihrer wartete. Das war nun meine Stunde. Ich schlich auf leisen Sohlen wie ein Verliebter mit der Mandoline unterm Arm – in meinem Fall war es nun mein treuer Regenschirm – von dannen und verlor mich bald im Gewoge des Menschenstromes, der unaufhörlich über die alte Brücke, den Ponte vecchio flutete."

„Wie ich ihn beneide", so ließ sich nun der Knabe vernehmen.

„Wen beneide", fragte nun der Vater, „den Onkel Fritz?"

„Den auch, doch ich meinte den Regenschirm, der die ganze Welt durchreisen darf", und ich streichelte über dieses abgelebte Requisit des kleinen Onkels und besah es mir ehrfürchtig.

„Ja, wie merkwürdig", fuhr nun der Onkel fort und strich sich wiederum durchs stahlblaue Haar, „von dem da wollte ich euch gerade erzählen. Ich mochte nicht von diesem Menschengewimmel über die große Brücke geschwemmt werden und so rettete ich mich auf die kleine Steininsel, auf welcher man dem Benvenuto Cellini, ihr wißt, dem berühmten Goldschmied von Florenz, ein Standbild gesetzt hat. Ich mußte wohl trotz aller meiner Bemühungen, nicht aufzufallen, den Vorüberhastenden sehr merkwürdig vorgekommen sein. Doch – ihrer nicht achtend – schaute ich in die unter mir wallende Flut des Arno und gedachte der Zeiten, da hier der Überlieferung nach Dante zum erstenmal der Beatrice begegnet sein soll.

„In solchen Augenblicken sieht der Mensch nicht gerade sehr fröhlich aus. Aber der Südländer möchte am liebsten den ganzen Tag und noch die Nacht dazu heitere Gesichter um sich sehen, er möchte, daß die ganze Welt lachen soll, da er ja sich wie ein Kind der Schöpfung freut. Solch einer war es, der mich nun am Ärmel zupfte mit den Worten: ‚Nun, mein Pensieroso, warum so traurig?' Und als ich ihm nun antwortete: ‚Ich gedenke der vergangenen Zeiten', da versetzte er lachend: ‚Nicht an das Vergangene denken, das Heute gilt! Mein lieber Pensieroso, Sie könnten sich aber einmal einen neuen Regenschirm kaufen', und er tippte zum Überfluß wie ein Museumsdiener auf dies gute alte Stück. ‚Sie haben Glück, ich selbst besitze solch einen Laden, kommen Sie mit mir, kommen Sie, ich zeige Ihnen die neuesten Modelle.' Er befand sich nun ganz in seinem Element, in seinem Regenschirmfahrwasser ...

„Doch als ich nun dankend ablehnte, wurde er nicht etwa gekränkt. Wie zu einem dekorativen Abschied nahm er eine höchst eindrucksvolle Positur ein, so daß er mehr einer Statue ähnelte, legte den Kopf schief zur Seite und flüsterte halblaut: ‚Armer Pensieroso, poverino, sempre triste, immer traurig' und entfernte sich dann, sicherlich seine Jagd nach alten Regenschirmen fortsetzend.

„Aber wo hatte ich diesen Namen ‚il Pensieroso' schon gehört? Da fiel es mir wie Schuppen von den Augen: hier in Florenz, hier in San Lorenzo war es gewesen – und mir fielen die Stichworte wieder ein – Mediceergräber – Michelangelo – die ergreifenden Bildwerke des ‚Tages' und der ‚Nacht' – und über allen der ‚*Pensieroso*', der Sinnende, der dem Rätsel ‚Welt' nachzugrübeln scheint, dessen Blick uns Menschen nicht erreichen kann, da er in weiteste Fernen gerichtet ist. Ich mochte nun wirklich keinen neuen Regenschirm kaufen, wollte lieber der Pensieroso bleiben, selbst auf die Gefahr hin, als Unzeitgemäßer weiterhin aufzufallen. Außerdem ist er ein guter Talisman, dieser Regenschirm aus Großvaters Tagen, und wer weiß, ob ich im heiligen Lande vom Esel gefallen wäre, wenn ich ihn nicht beim Ritt am Ufer des Toten Meeres dem Eseltreiber ausgeliefert hätte ..."

„Und Venedig – " so fragte ich nun ebenso leise; es war schon dämmerig im Raum geworden, „erzähle von Venedig, bitte, bitte ..."

„Venedig", so meinte nun der Onkel, „Venedig, nein, Venedig, das läßt sich nicht mit Worten sagen; das sollst du mir spielen, jetzt ..." und als ich bescheiden abwehrte, da fand der Onkel den unbekümmerten Ton wieder, indem er nun seinerseits den Spieß umdrehte und „bitte, bitte" machte, welche Geste durch den verkrüppelten Daumen besonders rührend wirkte und mich sogleich überwand.

Ich weiß nicht, wie es zuging, aber ich hatte es nicht nötig, lange zu präludieren; es war, als legte eine Hand sich unsichtbar auf die Tasten und ließ mich jene bebenden Anfangstakte des Chopinschen As-dur-Prélude finden; es war wohl die gleiche Hand, mit der der Wanderer das Sonnengold Atons durch die kalte nebelgraue Welt tragen wollte. Als nun die tiefen schweren Glockentöne, über denen noch einmal, ein letztes Mal die süßselige Melodie sich zitternd verströmt, verklungen waren und wie von selbst die tiefste aller Glocken noch einmal wie im Traum an den Klöppel schlug, da flüsterte der Onkel: „Das war nun Venedig, mit allen seinen Wundern, seinen Farben, eben mit seiner Musik –, wie kannst du nur spielen; das hast du doch nicht allein von deinem alten Professor gelernt, von wem hast du das eigentlich? Du mußt Konzerte geben, reisen, denke dir, reisen, in Rom, Venedig spielen, so, wie du eben gespielt hast, und die Menschen werden jubeln, dir um den Hals fallen wie die Mailänder dem jungen Mozart" – und seine Hand fuhr nun in wilder Begeisterung durch das schwarze Haar, das sich plötzlich aufzuplustern begann wie das Gefieder meines Jaköble. Doch da ließ sich die gütige Stimme des Vaters vernehmen, der nun, ohne den Stolz seines Jüngsten zu kränken, einen gehörigen Schluck Wasser in den schäumenden Wein gießen zu müssen glaubte und zwar nicht etwa venezianisches Wasser, sondern gutes Poztopimi-Wasser, so daß es mit einem Male dem schweigsam gewordenen Knaben vorkommen wollte, als wäre nun erst der tiefe Glockenton der Markuskirche ganz verklungen und wären die Unken Poztopimis wieder an den Havelstrand gekrochen.

Ja, auch der trübseligsten aller Erscheinungen, des Mathematikprofessors mit den dürren Tangentenarmen ward auf einmal wieder gedacht und der immer so etwas höhnisch blinzelnden Eulen – und der Knabe verzog sich leise in die Schlafstube. Aber er weinte nicht. Denn er mußte an die Hand denken, die sich da plötzlich bei seinem Spiel geisterhaft über die seine geschoben hatte. War es die Hand des blinden Großvaters gewesen und wollte dieser ihm jetzt schon den Wunschring an den Finger stecken? Und der Knabe dachte weiter, während aus der nahen Kaserne der Husaren nun der Zapfenstreich herüberklang: „Es ist wahr; der Vater war noch nicht ganz zufrieden mit mir. Und doch, es hat sich etwas mit mir begeben, etwas Neues, Niegeahntes, das mir, als ich da spielte, die Schauer über den Leib jagte. Ich mußte die Augen schließen, um sehen zu können, und da stieg Venedig vor mir auf, *mein* Venedig. Ach, wenn ich doch immer mich und alles um mich herum vergessen könnte, vergessen, daß es eine Technik, einen Fingersatz gibt. Ich werde noch sehr viel an mir arbeiten müssen, sehr viel", und die letzten Worte, das „sehr viel" wiederholte er, indem er sie sich laut vorsprach wie das „Ja" eines Bräutigams vor dem Altare. –

Es war nun neun Uhr geworden und die Trompete da drüben bei den Husaren hatte sich mit dem langausgehaltenen tiefen B gleichfalls schlafen gelegt. Während er sich auszog, seufzte er noch einmal tief auf; es war Glück und Schmerz in diesem Seufzen: „Noch viereinhalb Jahre, vierundeinhalb bei den Eulen, – – vier – einhalb – – –

Jetzt lag der Knabe noch wach; das waren so seine liebsten Augenblicke, da passierten noch einmal die Ereignisse des Tages Revue vor ihm – und was für Ereignisse allein hatte nicht dieser lange Tag gebracht! Sie zogen nun auf buntbewimpelten Schiffchen auf einem rieselnden Gewässer, das von innen ein zaubrisches Licht zu empfangen schien, vorüber. Sie winkten ihm zu, wie das Delfter Mädchen aus dem Tabakshäuschen dem Mozart zugewinkt hatte, leicht und unbeschwert. Alle kamen sie mit unerhörter Schnelligkeit auf den Schiffchen angeschwommen, eines nach dem anderen, und o Wunder, auch die schwarzseidene Perserin winkte ihm zu; – was hatte sie für eine zarte weiße Hand, die da richtig kokett aus der rüschenumflorten Manschette herausschaute . . .

Doch Musik riß ihn aus dem Halbschlummer, und – das fühlte

er sogleich – eine Musik, die als einziges in dieser Welt auf all die bangen Fragen der Seelen eine Antwort wußte. Wie geheimnisvoll stiegen diese Triolen aus der Tiefe, aus dem Urschlamm alles Seins herauf, schicksalsträchtig, Frage und Antwort zugleich. Da sang sich nun der gute Vater auch seinen Kummer, seine Freude von der Seele. Nun hatten sich auch die Triolen unter der Seufzerfrage zur Ruhe gelegt und die wehmütigste aller Schubertschen Melodieen ertönte im feierlichen Cis-moll:

Die Sonne dünkt mich hier so kalt,
Die Blüte welk, das Leben alt,
Und was sie reden, leerer Schall,
Ich bin ein Fremdling überall.

Und nun, welcher Aufschwung, und auch, welches Versinken in Resignation:

Wo bist du, mein geliebtes Land,
Gesucht, geahnt, und nie gekannt?

Noch einmal rauscht es leise in den Triolen, ja so, wie der Abendwind über die Papyrusstauden strich, mit leiser müder Hand – und ich fühle es nun, am leichten Zittern der Stimme des Vaters, daß jetzt sein ganzes Herz dem Bruder zugeneigt ist, dem „Wanderer", der der Sonne, dem Gotte Aton nachzog, ein ganzes Leben lang. Jetzt ist die Musik nur noch ein kaum bewegtes Wellenschlagen am verdämmernden Gestade meiner Träume, das die nun fern und ferner tönende Stimme meines Vaters willig aufnimmt:

Ich wandle still, bin wenig froh,
Und immer fragt der Seufzer: wo?
Im Geisterhauch tönt's mir zurück:
„Dort, wo du nicht bist, ist das Glück!"

Ja, es war, als hätte der „Pensieroso" des guten Onkel Fritz dem Knaben nun erst wirklich die Augen geöffnet. Nicht so, wie Oberon mit der Titania getan hatte, als er ihr den Wundersaft der blauen Blume in ihr holdes Geschau geträufelt hatte, kraft dessen sie alles nach dem eigensinnigen Willen ihres Feengemahls betrachten mußte. Nein, eines solchen Zaubers, solcher Beschwörungsformeln bedurfte es gar nicht. Denn die Amboßmänner taten da unten, von wo nur selten und meist im Traum Kunde an die lichte Oberfläche gelangte, schlicht und ohne Dank ihre Pflicht, dem Bergmann gleich, der sich redlich müht, tief und tiefer seine Hacke in den Stollen zu treiben. Unter den Gestalten, die denen da drunten mit freundlichem Zuruf gut zuredeten, war nun auch die des „Pensieroso" zu finden.

Es konnte jetzt geschehen, daß mitten im fröhlichen Spiel der Knabe plötzlich innehielt, denn der Saum vom Mantel des Unsichtbaren hatte ihn gestreift. Er wußte dann: „Er" ist gekommen, und es wäre eine der sieben Todsünden gewesen, sein Anklopfen zu überhören. Denn jener gehört zu den leicht zu kränkenden Besuchern, die sich nur einmal abweisen lassen, um nie wiederzukommen, was wohl dem Knaben ein Ähnliches bedeutet hätte, als wäre ihm bis in alle Ewigkeit seine Seligkeit gestohlen worden. Und wie war er oft betrübt, ja verzweifelt gewesen, wenn die Enge der elterlichen Wohnung, sei es nun die am Wilhelmsplatz oder auf den Stiefschen Wiesen, es ihm verwehrt hatte, solch seltenen Gast gebührend zu empfangen.

Solange er noch die bezifferten Continuo-Bässe beim Meister Robert auszusetzen hatte, was für ihn eine Art musikalisches Gesellschaftsspiel bedeuten mochte, in welchem er klingende Mosaiksteinchen zu einem ganzen harmonischen Gebäude fügte, so lange hatte er sich in dem engmaschigen Gewebe der polyphonen Kontrapunkte der Kempffschen „Sinfonia domestica" nicht verfangen. Ja, es war wohl bei solchem Tun schon vorgekommen, daß ein Geschwisterteil das Eckesche Pedalklavier bearbeitet hatte, und des frommen Kirchenmalers Behauptung, daß er auch bei dem gleichzeitigen Konzert von zwei Militärkapellen den Pinsel zu führen wisse, kam dem Knaben unwillkürlich in den Sinn.

Aber der nur spärlich befederte Pegasus war darob nicht bis auf die Haut gerupft worden; ihm blieben immer noch einige

Schmuckfedern stehen, mit denen der Knabe bei dem milde und gütig abwägenden Meister Ehre einlegen konnte. Und die gute Schwester dort oben auf dem Pedalklavier hatte wahrlich keinen leichten Stand. Denn bisweilen schrie der eifrig kritzelnde Notenkleckser am Tisch auf, als hätte ihn eine Hornisse irgendwo gestochen: „Ges und nicht G –, und die Achtelpause darfst du nicht verschlucken; heiliger Bimbam, jetzt hab' ich mich natürlich verschrieben und einen glatten Mord an dem Quintsextakkord begangen ..."

Doch nun, da ihm die Muse tüchtig zuzusetzen begann und er entdeckt hatte, daß es so etwas wie einen schöpferischen Einfall gäbe (was man dazumal abzuleugnen noch nicht nötig hatte), da wünschte er sich die Flügel der Morgenröte, die ihn nach Gollmitz tragen möchten, nur mit seinem kleinen, vom Vater geschenkten Skizzenbuch bewehrt, an den Rand des blauen Flachsfeldes von Sagenza. Von dort hatte er ja schon so oft seine Inspirationen gleichsam frisch vom Himmel bezogen und der Seltene, Unsichtbare hatte ihn väterlich in seinen weiten langen Mantel genommen.

Dort brauchte er auch nicht Ängste auszustehen, daß ihm das soeben eingefallene Thema auf Nimmerwiedersehen entführt werden könnte. Eine solche verzweifelt angestellte Treibjagd hatte ihn dann nicht nur des Tags beschäftigt, sondern in der Nacht ward die ermüdende Hatz bis in die entlegensten Winkel des Traumreichs fortgesetzt. Wohl ward das allzu flüchtige Gebilde endlich eingeholt, aber was dem Knaben da seine von ihm in dieser Kunst erfolgreich dressierten Spürhunde des überwachen Gehirns präsentierten, das war das alte Thema nicht mehr und er hielt jammernd – wie Faust und Helena das Gewand ihres Lieblings Euphorion – die äußere Hülle in seinen Händen, schmerzlich begreifend, daß es wohl das Schicksal des Sterblichen sei, anstatt des eben noch feurig glühenden Meteors einen gewöhnlichen schwarzen Stein vom Boden aufzuheben.

Nein, das hatte nun alles sein Ende, denn die neue Wohnung war gefunden, und zwar ganz in der Nähe der moorigen Gründe, wohin sich der grollende Poztopimi auf sein Altenteil zurückgezogen hatte, dort, wo der mit einem alten handfesten Geländer umgürtete Stadtkanal in die Havel einmündet. Das war seit altersher die von den Flußfischern bevorzugte Gegend gewesen, der im Südteil der Stadt gelegene Kiez, der Kiewitt und der Küssel, und noch heute hängen ihre Netze und Reusen wie alte ehrbare Aushängeschilder vor ihren Türen. Ja, Poztopimi hatte schon gewußt, warum er gerade hier eine letzte Verteidigungsstellung bezogen hatte.

Obwohl noch mitten in der Stadt gelegen, in unmittelbarer Nähe des Lustgartens, war doch am Kiez eigentlich die Welt zu Ende. Hier konnten die ehrsamen Stadtväter den guten Wassergott nicht bemogeln, indem sie ihn mit allerhand Allotria, Karussell und Bumsmusik wie auf den Stiefschen Wiesen an seinem empfindlichsten Nerv trafen, denn hier auf diesem letzten Bollwerk gegen das große Wasser der Havel war kein Platz für irgendwelche Improvisationen gelassen. Wer das Vergnügen suchte, konnte sich in eines der zahllosen „Schülerschen" Ruderboote setzen, die an den Landungsstegen darauf warteten, abgekettet zu werden und nun im friedlichen Gleichtakt der Ruder am alten Hoffbauerschen Hause vorbei den Weg in die weite Havel zu nehmen, vorbei an Hermannswerder, wo sich mit ausgelassenem Gekreische und Gepruste niedliche Nixen tummelten, bis der Templiner See und sein noch größerer Bruder, der Schwielow, ihre gewaltig großen Arme ausbreiteten und der junge Ruderer, überwältigt von dieser großartigen Begrüßung, still die Riemen aus den Händen in die Dollen gleiten ließ. Hier war er in Poztopimis Reich und sollte jemand noch Zweifel darob im ungläubigen Städterherzen tragen, so belehrte diesen der kleine Spaßmacher des Wasserfürsten, der Rohrspatz, der einzige Musiker unter den Spatzen, mit seinem „kalle-kalle-kalle-kalle, ki-ki-ki-", daß es hiermit seine Richtigkeit habe und damit Punktum.

Und wiederum gab es einen Umzug, und wiederum waren es dieselben Packer, die schon bald jedes Stück unseres Hausrates auswendig kannten und die nun die schweren Stücke die alte verwinkelte Treppe in dem noch älteren Hause in der Kiezstraße hinaufwuchteten. Das war mit viel Geächze und Gestöhne verbunden und besonders der alte Vormann, der – wie er uns huldvollst mitteilte – schon viele Exzellenzen „umgezogen" hatte, die er je nach der Zahl der Möbelwagen in große und kleine einteilte, hatte sich im Lauf seiner langjährigen Praxis eine Skala von geradezu ergreifenden Seufzerlauten zugelegt. Nein, nicht nur dies, er verstand es, diese akustischen Eindrücke durch die optischen zu ergänzen, indem er literweise Schweiß vergoß und regelmäßig auf dem letzten Absatz der Treppe verkündete: „Bis hierher hat mich Jott jebracht, jetzt weeß ich nich mehr weiter, um det anstößige Stücke kommt keen Mensch herum, darauf können Sie Jift nehmen, Herr Musikdirektor, höchstens, wenn Se das kleene Ende von die Verzierung hier absägen."

Das war dann für den Vater der „Moment musical", wo auch er einsehen mußte, daß hier mit vernünftigen Vorschlägen nichts mehr auszurichten war. Und seine gütigen Augen waren angstvoll auf die von den schwieligen Packerhänden ausgewrungenen karierten Schweißtücher gerichtet, noch angstvoller aber auf das arme vergewaltigte Pedalklavier, dessen gesamte Klaviatur bis zu den Subkontrabässen hinab in anarchische Bewegung geraten war, so daß es nunmehr einem schwarzen Untier zu gleichen schien, das schauerliche und unheimlich rollende Urlaute von sich gab. Wie gesagt, der Vater war Mensch genug, um solch einer augenscheinlichen Quälerei ein Ende zu setzen durch das feierliche, im Angesicht der sieben hocherhobenen Oktaven geleistete Versprechen, allsobald aus dem nahen „Froschkasten" pro Mann je zwei „Potsdamer Stangen" holen zu lassen – die bekanntlich auch über das Gardemaß verfügenden zylindrischen Bierseidel –. Das Schweißquartett tauschte verständnisinnige Blicke aus und konnte nicht umhin, im Vorgefühl von solchem Glück sich genießerisch mit der Zunge den Schnurrbart zu befeuchten.

Es ward dann vom Vormann verkündet, daß man noch ein letztes, ein allerletztes Mal seine schwer lädierten Knochen riskieren wolle – und siehe da, das schwarze Ungetüm bewegte sich wie durch ein Wunder und ward federleicht über die häßliche Stelle des Anstoßes emporgehoben, worauf es nun an der Reihe der Familie war, ihrerseits einen vielstimmigen Seufzer der Erleichterung ertönen zu lassen.

Das alles spielte sich nach einem ungeschriebenen Codex ab, den wir infolge der mehrfachen Übung schon ganz passabel beherrschten. Die Glanzstücke unserer damaligen Ausstattung wurden aber jeweils vom Vater selbst und eigenhändig hinaufbefördert: „das große Bach-Bild", eine höchst lebendige Darstellung jener Szene, da der alte Thomaskantor vor dem jungen Könige sein „Musikalisches Opfer" zelebriert. Obwohl kein bedeutendes Kunstwerk, so ist mir diese Darstellung jenes „glorreichen Augenblicks" in der Potsdamer Garnisonkirche bis auf den heutigen Tag lieb und wert geblieben. Doch damals, als ich noch ganz von dem Gegenstand, der Schilderung des Augenblicks, da Bach über das soeben erhaltene königliche Thema eine ebenso königliche Fuge improvisiert, hingerissen war, bedeutete mir das Bild viel mehr: unter den Augen dieses Gewaltigen durfte nur ein von diesem geübter Maßstab angelegt werden. Es verursachte dem Knaben fast einen körperlichen Schmerz, wenn der große Orgelmeister, der in seiner Galatracht mit der riesigen Allongeperücke wie Gottvater selbst dreinschaute, bei einem Mißakkord offenkundig eine strafende Miene aufsetzte, der dann alsobald mit demütigem Augenaufschlag zu dem Großen, Erhabenen reumütig verbessert ward. Ja, dieses Bild ward mit besonderer Ehrfurcht von der ganzen Familie gehütet und es spielte bei der jeweiligen Besichtigung der neuen Wohnung eine entscheidende Rolle, ob die Wand gefunden wurde, die dieses Familienheiligtum schmücken sollte.

Wie behutsam, ja zärtlich legte aber der Vater ein andres Bild auf den soeben aufgestellten kleinen Notenschrank, den wir den „Carmosinellaschrank" nannten, – ein reizendes Angebinde aus der Jüterboger Zeit, in das zarte Frauenhände ihre Verehrung für den jungen Meister „eingebrannt" hatten in Gestalt von Mandolinen, Gitarren und sonstigen Instrumenten verschwiegener Liebe. Welch schalkhafter Augenblitz mag auf die ach so ehrbaren, durch die liturgischen Übungen wahrlich nicht verwöhnten Vereinsdamen gesprungen sein, als der junge Kantor den schweren elfenbeinernen Taktstock in die Höhe gebracht hatte und nun aus jungen Frauenstimmen die hüpfende Melodie hervorgeflattert war:

Ach wie schön ist Carmosinella,
wenn sie tanzt die Tarantella!

Ja, auf dieses Schränkchen legte nun der Vater das Bild, das aus anderen Bezirken stammte. Ihr kennt es alle, es ist Raffaels Bild der heiligen Cäcilie, der gerade ein kleines Portativ in die Hände gelegt worden ist, für welch himmlische Gabe sie mit ihren schwärmerischen Augen dem Schöpfer dort oben im Reiche der sphärischen Harmonieen ein Danklied zu singen scheint. Und da der Vater gerade allein im noch beinahe leeren und unfertigen Raume in Nachdenken versunken stand, während von unten die Potsdamer Stangenmänner wie schwankende Kentauren heraufstampften, da flüsterte er wohl dem heiligen Bildnis zu: „Auf eine kleine Weile mußt du dich schon mit der Carmosinella vertragen, ich glaube – es täte euch beiden gut, wenn ihr euch näher kennen lerntet . ." Dies alles hatte nur so lange gedauert wie die Fermate über dem Akkord des Schlußchorals am Sonntag. Denn nun hatten die vier untersetzten Riesen mit abermaligem Gekeuch und Gestöhn den obersten Treppenabsatz erklommen, den Vater aus seiner weltenweiten Abirrung erweckend. Und er legte wie ein ertappter Knabe das Bildnis auf das Schränkchen mit den koketten Füßchen der „Tarantella-Carmosinella", bestrebt, die heiligen Züge vor dem Anhauch der Potsdamer Stangenmänner zu bewahren.

Ja, die Vorzüge dieser Wohnung am Kiez lagen gewiß nicht auf materiellem Gebiet. Das hatte auch wohl unser Vorgänger, Prinz Schönaich-Carolath, des öfteren konstatieren können. Daß es diesem alten Hagestolz, der mit seiner Schwester und seinem Burschen unsere Räume bewohnt hatte, im übrigen trotz aller Mängel der Wohnung – fast alle Zimmer lagen nach Norden – hier äußerst behagt hatte, das bewies die ungewöhnlich lange Dauer seines Aufenthaltes am stillen Kiez und das wurde auch bei jeder passenden und unpassenden Gelegenheit von der alten Wirtin Emma Noack nachdrücklichst konstatiert. Diese hatte mit ihrer unbemannten Schwester – was nicht verwunderlich schien – und einem noch älteren Fräulein, von dem noch zu sprechen sein wird, das Banner des Zölibats seit Urzeiten hochgehalten. Doch diese ältliche Patina erhielt erst ihren dunklen ehrwürdigen Glanz durch den Inhaber der Nachbarwohnung, den halbblinden emeritierten Lehrer Henrici, der mit seiner ebenfalls unverheirateten Tochter wie ein uralter Abt eines lamaistischen Laienklosters sich der allgemeinen stillen Verehrung erfreute. Wir überschätzten gewiß sein Alter, wie dies die Jugend so an sich hat, aber der ungewöhnlich lange Bart von hellstem Weiß, der dicke Wintermantel, der seine große, doch gebeugte Gestalt zu jeder Jahreszeit auch bei der grellsten Sonne einhüllte, seine Sprechweise im Adagio-Zeitmaß, das alles bewirkte, daß wir ohne Zögern seinen Ursprung in mythische Vorzeit verlegten und mit keinem Gedanken daran dachten, daß auch dieser einmal mit seinen Kinderfüßen hurtig über Stock und Stein gesetzt war. Ich glaube auch heute noch nicht zu übertreiben, wenn ich die Summe all dieser Methusalems, unseren durchlauchtigsten Vorgänger mit eingerechnet, auf die imponierende Zahl von 400 Jahren veranschlage, also eine Zeitspanne, zu deren Anfang Palestrina noch in den Windeln lag und sich etwas von den kleinen Engeln vormusizieren ließ ...

Und in dieses Haus der Veteranen ergoß sich nun die hochaufspritzende Woge schäumenden Lebens. Man hätte meinen sollen, daß es sogleich beim ersten Anprall ein Unglück gegeben hätte, das den bösen Canon in adversum der schwarzseidenen Perserin um ein ellenlanges Intervall geschlagen hätte. Aber sei es, daß schon unser Ruf als einer zweiten „Familie Gozzi" in diesen Garten der Alten gedrungen war, sei es, daß diesen die Lebensweisheit aufgegangen war, daß die Jugend als die beste Medizin gegen die Versteinerung des Alters anzusprechen sei, kurz, uns reckten sich weit ausgestreckte dürre Arme entgegen, nicht um uns von den altüberkommenen Weideplätzen mit bösem Schreien zu verscheuchen, wohl aber um uns freundlich herbeizuwinken. Denn in diesem Garten der Alten gab es täglich Neues zu entdecken, hier eine seltene Blume, deren Namen wir nicht kannten, dort einen tanzenden Schmetterling, dessen aufgeregtem Zickzackkurs die jungen Augen nur mühsam folgen konnten. Und vor diesem Garten stand kein Cherub mit dem bloßen Schwert, der uns den Eingang verwehrt hätte wie in Meister Brisnicks Obstgarten, nein, es schien von ihm aus ein gerader Weg zu dem stillen Gärtchen der Zisterzienser von Jüterbog hinzulaufen, zu denselben Himbeer- und Stachelbeersträuchern, deren kugelrunde, noch gänzlich unreife Früchte die winzigen Finger des Vierjährigen einst abgeknipst hatten, damit die dummen Großen in ihrer Unwissenheit nicht eines jämmerlichen Todes sterben sollten ...

Ich befand mich damals noch in dem glückseligen Zustande, daß ich allem, was da wild wuchs, rankte und aufschoß, mit der gleichen umfassenden Liebe zugetan war. Noch hatte mich der Unkrautteufel nicht befallen, jene Krankheit, die sich nur der eigene Gartenbesitzer holt und von der es wohl keine Heilung gibt. Von diesem Augenblick an ist der Mensch aus dem Paradiese ausgetrieben; er weiß nun, was gut und böse ist, und seine flackernden Augen irren unstet wie die eines bösen Erziehers herum, der mit dem Stock in der verkrampften Hand blindwütig ins Klassenzimmer tritt, um „nach dem Rechten" zu schauen, das heißt die Schafe von den Böcken zu sondern. Da wird dann leicht der Garten zum kalten nüchternen Schulhof, wo anstatt des wild leuchtenden roten Mohnes, an Stelle der einschmeichelnden anschmiegsamen Winde mit den kleinen schnellen Eidechsenfüßchen einige noch übriggebliebene, nach Unteroffiziersart gebürstete Buchsbaumrabatten von dem ordnenden Geist des Besitzers Zeugnis ablegen.

Der ordnende Geist in diesem von der Welt abgeschlossenen kleinen Paradies war das ältliche Fräulein, das mit dem Schwesternpaar der Wirtinnen in enger Hausgemeinschaft lebte, eines der Wesen, das man nicht mit seinem bürgerlichen Namen, auch nicht in der Erinnerung, anrufen darf, denn es liefe dann ganz gewiß Gefahr, aus der märchenhaften Versponnenheit, aus der

Geborgenheit uralter Brombeerranken in die grellen Schatten der Buchsbaumrabatten gezerrt zu werden.

Es konnte nur allzu leicht geschehen, daß wir Kinder uns eine ganze Weile in diesem verwunschenen Reich ergangen hatten, ohne des guten Geistes, der da vom ersten Frühsonnenstrahl an seine unermüdlichen Grabpfoten ins Erdreich bohrte, ansichtig zu werden. Denn dieser hatte es nicht nötig, sich zu tarnen. Nach Art eines Mimikrywesens verwuchs er völlig mit seiner Umgebung und auch der riesige Buckel schien hier kein demütigendes, nach schamhafter Verbergung trachtendes Mal zu sein, sondern er gehörte nun einmal wesenhaft zu dieser rührenden Gestalt wie die verknorpelten Auswüchse des alten Weidenstumpfes, aus dem da wie bei einem guten Verwandten die spinnwebdünnen Arme herauswuchsen. Und wenn dann die silbernen Fäden des Altweibersommers in der glasklaren Herbstluft hingen und schließlich der erste Reif auf die späten Chrysanthemen gefallen war, dann schien es uns, als wäre nun auch der Reif auf das Silberhaar des lieben Gartengeistes gefallen.

War er dann eines Morgens aus dem in Erstarrung gesunkenen erdischen Reich verschwunden, dann wußten wir, daß es Winter geworden war. Er hielt dann wie die anderen unterirdischen Wesen seinen langen Winterschlaf, denn was wir dann und wann hinter den gefrorenen Fenstern der Erdgeschoßwohnung erblickten, das war nur ein leiser Anklang an die verwehte, so gern gehörte Gartenmelodie, ein buntes Abziehbild, wie es die Kinder lieben, das Urbild aber hielt unter dem Jasminbusch – dem an der Treppe, die zum Gartenhaus führte und ganz unter den Schaumkronen der Waldrebe verschwand – seinen Winterschlaf, den man beileibe nicht stören durfte, sollte das uralte Dornröschen sich beim ersten Ruf der Schwarzdrossel im nächsten Jahre mit den überlangen Kinderarmen aus dem noch kalten Erdreich graben und die ach so müden Glieder dehnen. So viel war gewiß, der Buckel war ihm nicht leichter geworden vom langen Schlafe, aber er war dafür zäh wie ein alter Rettich und dauerhaft wie ein nicht umzubringender Kaktus.

Doch hatten wir nicht den Winterschlaf recht gut überstanden? Und zwar recht lebendig? Denn in die Winterszeit fielen die Konzerte des „Vereins für geistliche Musik", der seinem Schutzpatron zu Ehren in diesen Jahren sich in den „Bachverein" umgetauft hatte. Aber auch der liturgische Chor von St. Nikolai, der den reinen a cappella-Stil pflegte und zeitlebens das mit rührender

Liebe gehegte Schoßkind des Vaters geblieben war, begann mit den Konzertvorbereitungen, die nun als eigenste Angelegenheit von uns Kindern angesehen ward.

Da stürzte die Schwester zum Drucker, um die noch nassen Korrekturen des Programms im letztmöglichen Augenblick (einen vorletzten gab es nie bei Kempffs) dem stillen Meister der schwarzen Kunst zu entreißen; der andere war zur Kirche unterwegs, um nach den „reservierten" Plätzen auf dem Altarraum zu sehen, allwo die Bevorzugten gleichsam auf höherem Chor saßen, abgetrennt von der niederen Gemeinde, den Blick zum Orgelchor erhoben, der ihnen dann wie eine musikalische Vorstufe zum Himmel erscheinen mochte. Denn dieser – die schwebende Kuppel – war einzig und allein in das hellste Licht gerückt, dessen Ursprung vom Schauenden nicht entdeckt werden konnte, während das Kirchenschiff in mystischem Dämmer lag. Was tat es, wenn uns in den langen Wintermonaten nicht die Sonne geleuchtet hatte. Unsere Augen hatten doch ihren wunderhellen rötlichen Abglanz in den vom Frost mit Kristallen bedeckten Scheiben der gegenüberliegenden Häuserzeile gesehen, wenn wir uns durch die unsrigen ein Loch hauchten. Und was die bullernden und fauchenden Öfen nicht vermochten, das brachte Tante Alwinens Federbett zustande.

Wenn dann in der tiefen Nacht der Nordost um die Fenster des Gartenzimmers heulte und hoch vom Turm die Töne des „Lobe den Herren" wie auf flitzenden Schlittschuhen davongetragen wurden, dann lobt' auch ich in der Stille meine liebe Tante vom Lande, die so vielen ihrer Watschelgänse von der Lugauer Bache die Federn ausrupfen mußte, bis es zu einem Deckbett gereicht hatte, in dessen wohlige Wärme ich mich nun unter dem Lobgesang des Herrn einkuschelte. Fast unhörbar stellte sich ein leises Summen ein, ganz wie in der frühsten Kinderzeit, da man mit morgenblanken Augen im Bett lag und beseligt das metallische Klingen des alten Mörsers vernahm. Jetzt stampfte da oben der alte Gott Chronos in einem anderen Mörser mit seiner riesigen Faust die Töne zurecht; sie schienen nun alle vor Kälte zu bibbern und wahllos durcheinander zu purzeln.

Der Knabe summte nun mit, aber sehr leise, denn es sollte keiner hören, auch der Bruder nicht, der im Bett an der anderen Wand den tiefen Schlaf des Obersekundaners schlief. Und er ertappte sich nun, daß er bei den letzten Zeilen dieses seltsam ergreifenden Dankpsalmes alle Vorsicht außer acht gelassen und nun fest mit eingestimmt hatte:

So laut, daß nun der Bruder erwachte und ganz verstört fragte, ob hier jemand gesungen hätte. Doch da nun der Oststurm an den Läden zerrte, daß auch sie zähneklappernd aneinanderschlugen, da war der kleine Bruder fein heraus und meinte treuherzig: „Der Wind, der Wind, das himmlische Kind." – Gegen eine solche Erklärung war allerdings kein Einwand zu erheben und unter der jetzt nur gedachten Fürbitte, daß der Allerhalter auch nicht des schwarzen Jakobs vergessen möchte, der damals dem Taubenlouis ausgerissen war, und ihm den Weg zu seinen unbeschnittenen Artgenossen dort oben zeigen möge, schlief dann endlich der Knabe ein, dem Morgen entgegen, aber auch dem Frühling entgegen, dem ersten am Kiez erlebten Lenz.

Und jetzt erst zeigte sich, daß der Vater mit der Wahl der neuen Wohnung ganz tief, aber anders als der Pfarrer beim Till Eulenspiegel – ihr kennt doch die Geschichte? –, also daß der Vater ganz tief in den Glückstopf gegriffen hatte. Und noch ein andres: das liebliche Flöten der Amsel war nicht zu überhören, noch weniger aber meine „Vox intima", die verschämte Gegenspielerin des „Pensieroso", die sich immer dann einfand, wenn ich der Tröstung bedurfte – und das war nicht selten der Fall. Und diese ließ in mir den Abgesang jenes Frühlingsliedes erklingen, das der halbblinde Methusalem aus Polen mitgebracht hatte, der jetzt schon gewiß in der Aprilsonne seinen immer nach Mottenpulver duftenden Wintermantel auslüftete. So alt und schäbig dieser Mantel war, der ihn auf seinen Reisen als Hauslehrer bis nach Rußland begleitet hatte, so funkelnd neu, leicht und luftig schien das Gewand, das er dieser polnischen Mazurka übergeworfen hatte. Ich hörte nun, befreit vom gelehrten Gekrächze der Eulen, wie liebliches Silbergeklingel vom blauen Frühlingshimmel in mich tief hereinfiel; es waren die reinen und unschuldigen Terzen dieses Liedes:

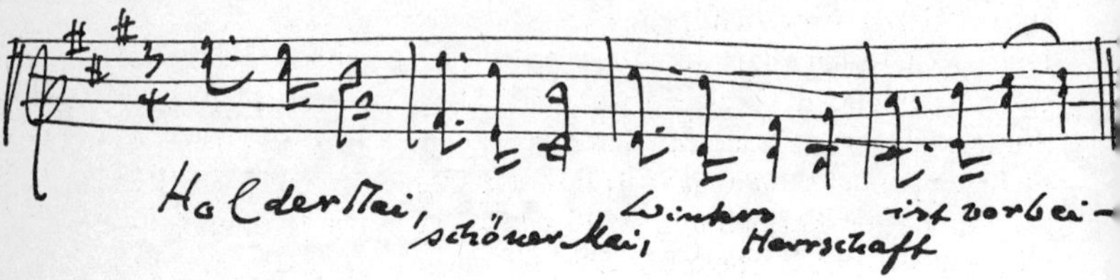

Und ich hörte noch ein anderes: helle Mädchenstimmen, die dieses Lied intonierten, das ungefähr so anhub: Wenn des Frühlings Zauberfinger / klopft an Winters dunkle Pforten / öffnet sich der stärkste Zwinger / regt sich Leben allerorten ...

Hatte ich mich doch erst jüngst auf einem Ausflug der Mädchenklasse meines Vaters beim ersten Hören in diese Melodie verliebt – oder war es, weil ich nun daran denken mußte, daß dieses oder jenes Mädchenauge mich so ganz anders angesehen hatte, als es der Chorknabe getan, und ich mich eigensinnig gewehrt hatte, die Wirkung eines solchen Blickes anzuerkennen und nachher auf dem Nachhauseweg großsprecherisch das Gehaben der dummen Gänschen als ziemlich albern abtat, um dann einige Zeit später zu bemerken, zu meinem Erstaunen zu bemerken, daß ich nicht verhindern konnte, wenn sich aus dem Chor der dummen Gänschen ganz allmählich eines absonderte, das nun in der Erinnerung gar nichts mehr mit dem Schnattervieh zu schaffen hatte und ohne Mühe mit meiner nicht geringen Einbildungskraft ins Lager der holden Gespielinnen der Titania hinüberwechselte, wo ihr alsbald eine Solorolle zugestanden wurde? Ja, so anschmiegsam, so schmeichelnd wie die holde Terz:

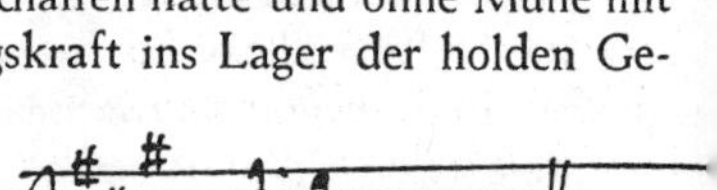

so war nur sie gewesen, sie, die sich plötzlich mir in den Arm gehängt hatte, als müßte das so sein. Und was sie für blaue Blitzeaugen gehabt hatte, gegen die meine eigenen nun katzengrau erschienen! Und der Kranz der blonden Flechten, die ihr um den Kopf gesteckt waren, so daß das liebe Gesicht wie in einem hellen Rahmen steckte. Und die Hände, die Hände, die sie mir vorgewiesen hatte, um zu erfahren, ob man wohl mit ihnen Klavier spielen könnte, und die ich wie ein alter Arzt fachmännisch begutachtet hatte, etwas lange, wie es den anderen schien. Und die ganze liebe Gestalt, zart, ja überschlank, wie bog sie sich, einer jungen Weide gleich, schwebend, eben wie diese bezaubernde Terz – und fand doch festen Halt auf ihren gar nicht so ätherischen Beinen, die der fliehenden Terz eine stützende Dominante boten. Und die Stimme, die etwas vom dunklen Klang einer Sarabande hatte und so in einem seltsamen, ja aufregenden Gegensatz zu der lichten gavottenhaften Erscheinung stand – war es am Ende dieselbe, die schon so oft und so heimlich aus mir gesprochen hatte, die „vox intima"?

Ich hatte bei Mozart und bei Weber zwei Ausdrücke gefunden, deren einen ich nicht zu deuten wußte und den mir Heinrich Barth übersetzt hatte: das geheimnisvolle Wort „*lusingando*". Mit dem anderen aus Mozarts Reich, dem Worte „Amoroso" wußte ich schon mehr anzufangen, denn die Verliebtheit des Andante aus der B-dur-Sonate konnte da dem Unwissenden einige Aufschlüsse geben. Welchen Namen sollte ich nun der Geflügelten geben? *Amorosa*? Das wäre denn doch allzu deutlich gewesen.

Ich entschied mich für *Lusinganda*, die Schmeichelnde, und nach kurzem Besinnen hieß sie schon: Lusinga Lusinganda, damit das Kind auch einen Vornamen hätte. Das klang nun wahrhaft wie Musik und der melodische Silbenfall ließ sich auch von meiner schweren Zunge bewältigen, die vor allen Anfangsvokalen einen wahren Schrecken hatte, den ich heute noch nicht gänzlich überwunden habe. Aber „Lusinga Lusinganda", das war etwas für meine vielgeprüften Sprachwerkzeuge und es umschmeichelte mich wie das Kätzchen aus meiner Arche Noah, das im Gegensatz zu Jakobs heroischem Ausbruch aus der Gefangenschaft ein tragisches Ende genommen hatte. Aber hatte meine Lusinga nicht etwas Kätzliches an sich gehabt, als sie mir zum Abschied die Hand gereicht hatte? Da waren ihre sonst so klaren blauen Augen halb geschlossen gewesen und nur aus den schrägen Lidern schoß ein schmaler Strahl ihrer Augensterne hervor, – wie hatte sie das nur angestellt?

Nein, man mußte dem lieben Gott schon gut sein, wenn er solche Geschöpfe erschaffen hatte, mit langen blonden Haaren, mit hohen melodischen Stimmen ... – Schon hatte ich bei mir seltsame Veränderungen bemerkt, auch daß die Stimme seit kurzem den Gehorsam versagte und in die tiefere Oktave umschlug. Das war wohl das Schicksal der Männer überhaupt, so sinnierte weiter der nun bei den Kastanien der Kiezstraße angekommene Junge, daß sie in so abgrundtiefe Bezirke gestoßen werden, dort, wo nur die wilden Kontrabässe ihr Wesen treiben, während hoch über ihnen die keinem Gesetz der Veränderung unterworfenen Stimmen der Menschenfrauen zu hören sind, jung und morgenschön wie am ersten Tage der Schöpfung. Und in einem plötzlichen Überschwang riß er stürmisch diese morgenschöne Terz an sich, die süße Lusinganda, und stürmte in den Garten mit ihr, zur Freude des alten Henrici, der da still den ganzen Vormittag über auf den Knaben gewartet und seinen Erinnerungen nachgehangen hatte. Und es scholl jenem nun aus jugendfroher Kehle entgegen:

Holder Mai / schöner Mai / Winters Herrschaft ist vorbei ...

Aber vor solchem stürmischen Anlauf hatte sich ein Etwas in Sicherheit gebracht, das wie ein Schatten zurückgewichen war, ein heiseres Lachen zurücklassend, welches wie grauer Rauch in den Frühlingshimmel stieg. Da war es ja, das bucklige Fräulein, das erst ganz den Frühling machte. Es hätte ihr jetzt noch nicht viel genützt, ihr grünes Mimikrykleid anzuziehen, denn noch standen die alten Obstbäume barhäuptig da und auch die jungen Gesträuche kamen sich noch sehr durchsichtig vor. So gab es eine fröhliche Entdeckung, der eine stürmische Begrüßung folgte, die umso echter und schöner sich gestaltete, als eigentlich keines der üblichen Menschenworte gewechselt wurde, sondern zugleich mit den Freudenrufen der Drosseln und der schon zahlreich versammelten sonstigen Vogelkonzertisten das heisere Lachen erklang, aus dessen Halbtönen jeder, der Ohren hatte zu hören, heraushören konnte, wie es gemeint war. Und der Buckel, der Buckel schien auch nicht kleiner durch den Winterschlaf unter dem Jasminstrauch geworden zu sein, denn er straffte sich unter dem schwarzen Taft der alten Bluse und schien magisch alle Strahlen der Frühlingssonne auf sich zu vereinigen, so daß er nun in einem wunderbaren Stahlblau auffunkelte.

Und der Knabe, der sich vor kurzem lieber die Zunge abgebissen hätte, als einem weiblichen Wesen ein artiges Kompliment zu machen, und auch solchermaßen bei der Lusinganda schmählich versagt hatte, versuchte es nun mit einer ungeschickten Huldigung bei der Buckligen. Ihr Aussehen ward wohler befunden als im Herbst, – oder machte es die neue Bluse, die ihr trefflich zu Gesicht stehe? Dabei sah er ihr gerad ins Gesicht, um den Anschein zu erwecken, als hätte er bisher den Buckel überhaupt noch nie bemerkt. Um so mehr war er aufs höchste überrascht, welche Wirkung dieser dilettantische Versuch hatte.

Das Gartenwesen lachte entzückt auf, daß die Buntspechte sogleich lärmend einfielen, und errötete wie ein ganz junges Ding, strich verlegen mit den langen dünnen Grabpfoten an der Bluse herunter, als gälte es die kleinsten Sonnenstäubchen noch fortzuputzen, und kicherte nun hervor: „Die Bluse, die Bluse, die hab' ich schon getragen, als an der Stelle, da, da, wo jetzt der alte Lamapriester sitzt – ich glaub' fast", tuschelte sie jetzt unter erneutem Kichern mir ins Ohr, „es ist jetzt nicht mehr alles ganz in Ordnung da oben in seinem Oberstübchen; als habe er nicht alle Tassen im Schrank ..."

„Aber, aber", sprudelte ich nun hervor, „aber er hat doch das schönste Frühlingslied entdeckt, Fräulein ..."

„Nein nein, hihihi", wehrte das kleine Fräulein ab, „aber ich habe schon diese Bluse getragen, als der alte Galle dort saß; das war ein Mann, ein schöner Mann, ichi ichi ichi", so kicherte sie, „der konnte mit seinen neunzigjährigen Augen noch die Sterne am Tage sehen, drum hat er auch den Planeten Neptun entdeckt; das war mehr als solch ein Frühlingslied von den ollen Polen – –."

„Was, wie", schrie ich nun begeistert, „dort, an dieser Stelle hat er den Planeten entdeckt?" – und ich verfiel plötzlich in den Ton meines guten Geschichtsprofessors und hörte mich nun mit Grabesstimme sagen: „Wir befinden uns hier auf historischem Boden."

Doch das Gartenwesen dämpfte meine Hochstimmung gewaltig, indem es mich belehrend zurechtwies: „Nicht doch, nicht doch; da oben, auf dem Observatorium hat er ihn entdeckt. Hier hat er sich nur ausgeruht davon; das war eine Arbeit gewesen, lieber Himmel! Jahrelang hat er mit dem großen Fernrohr den ganzen Himmel abgesucht, Nacht für Nacht, bis er ihn endlich hatte, chichichichi", und bei diesen Worten von kosmischer Bedeutung ließ sie mit den Fingern einen Kastagnettenlaut hören, als hätte sie eine Fliege hinweggeputzt.

Doch nun regte sich dort in der dennoch historischen Laube der alte Lamapriester, dem die erste Frühlingsmüdigkeit zu einem kleinen Mittagsschläfchen verholfen hatte. Er stieß nach Art der Blinden mit seinem langen Hirtenstab auf den Boden und rief nun mit der hohen Stimme des Alters, die wie ein Zwirnsfaden in der Frühlingsluft hing, daß man wohl artig mit den Damen sein müsse, aber was zuviel sei, sei zuviel – und einen alten Mann dürfe man auch nicht ganz übersehen. Es mußte wohl das eine Wort aus dem astronomischen Bereich in den tiefen Brunnen seines Schlafes gefallen sein, das seinen eingeborenen Präzeptordrang beunruhigt hatte und nun wie eine aufsteigende Blase an die Oberfläche seines Bewußtseins gelangt war.

„Kein Planet, sondern Komet", verbesserte er nun eigensinnig, wobei er mit des Beweises Schwere den Akzent auf die erste Silbe legte, „und zwar der sogenannte Halleysche Komet wird unsere alte Mutter Erde mit seinem Besuch beehren. Es soll ein Herr in den besten Jahren sein; hoffentlich kommt er ihr nicht allzu nahe mit seinem ellenlangen Schweif, das hätte immerhin böse Folgen."

„Ja, das fürchten alle Menschen", fiel ich nun ein, „gestern erst stand im Intelligenzblatt, daß in Ungarn aus Angst vor dem kommenden Ereignis eine Bäuerin in einen tiefen Brunnen gesprungen ist und in Italien sich eine andere in den Vatikan zum Papst geflüchtet hat, um dort, wenn es so weit ist am nächsten Freitag, den Zusammenstoß der beiden Gestirne zu erleben."

„Ja, die Angst der Kreatur ist es, die solches bewirkt", so tönte nun die Stimme aus dem grauen Mantel. „Wir, die wir wissen, daß auch in der Welt der Sterne sich das große Gesetz der Allnatur offenbart, wir brauchen uns nicht zu fürchten." Mir wurde ganz feierlich zumute bei seinen Worten, in denen nun, ganz wie bei dem Pfarrer in der Kirche, kein Quintchen von Sarkasmus mehr zu entdecken war.

„Weißt du", fuhr er nun fort, „für solche Dinge reichen der Menschen Worte nicht aus; ich kenne nur einen, der solches aussprechen durfte, denn in ihm war der große Atem Gottes lebendig; es war der, der den ‚Faust' geschrieben hat. Da stehen Verse am Anfang, die Gott am Tage der Schöpfung selbst hätte sprechen können. Die mußt du, wenn du alt geworden bist, in Musik setzen, mit Posaunen, so denke ich mir, und mit der vollen Orgel, keine Geigen dabei, denn Menschenweh und Menschenjubel haben keine Statt, wo solches verkündet wird. Höre einmal, was da gesagt wird:

Die Sonne tönt nach alter Weise
In Brudersphären Wettgesang
Und ihre vorgeschriebne Reise
Vollendet sie mit Donnergang.
Ihr Anblick gibt den Engeln Stärke,
Wenn keiner sie ergründen mag;
Die unbegreiflich hohen Werke
Sind herrlich wie am ersten Tag.

„Willst du weiter hören?" Dem Knaben verschlug es die Antwort und es zuckte um seine Lippen. Der Blinde verstand aber die Sprache des Herzens und er fuhr fort, wobei er die Hand des Jungen faßte, die in der seinen wie in einer uralten Muschel des Meeres versank. Und aus dieser schien nun das Wort wie fernes Brausen der Äonenstürme zu kommen, als der Erzengel Gabriel, aus dem Dunkel in das helle Licht der göttlichen Majestät tretend, seinen Lobgesang verkündete:

Und schnell und unbegreiflich schnelle
Dreht sich umher der Erde Pracht;
Es wechselt Paradieseshelle
Mit tiefer, schauervoller Nacht;
Es schäumt das Meer in breiten Flüssen
Am tiefen Grund der Felsen auf,
Und Fels und Meer wird fortgerissen
In ewig schnellem Sphärenlauf.

Hatten nicht die lautesten Vorsänger des Gartens, die lustigen Meisen, plötzlich geschwiegen und war nicht ebenso der aus der kleinen Brust der Finken überquellende Freudenlaut verstummt? Auch das nimmermüde Maulwurfsfräulein hatte das Graben eingestellt, ja die ganze Natur schien ihren mächtigen Atem anzuhalten und dem Knaben deuchte es, als hätten seine Ohren in unerhörter Ferne einen Trompetenstoß vernommen, der von einem anwachsenden und allmählich wieder abnehmenden Paukenwirbel begleitet war – die Sonne, die ihre „vorgeschriebene Reise mit Donnergang vollendete".

Und bei diesen Worten gab es ein leises Klingen und ich wußte, daß die Zeit der Amboßmänner wieder gekommen sei. Wie ein junger Windhund setzte ich die steilen bemoosten Stufen zum Gartenhaus hinan, zu meinem Gartenhaus, das nun ganz durchflutet war von der mittäglichen Sonne. Aber war das noch dieselbe Sonne, von der der alte Henrici gesprochen hatte, die nun so häusliches Behagen verbreitete und wie ein großer gelber schnurrender Kater mit den unzähligen Sonnenstäubchen sich zu vergnügen schien, in lustigem Sprung hier und dorthin flitzend? Nein, das war die Sonne nicht, von der der Lamapriester gesprochen hatte. Mußten denn die Menschen alles Große in ihre vier Wände einsperren, damit es sich in ihrer kleinen Welt spiegeln sollte? Taten sie es nicht mit Gott ebenso, mit dem „lieben" Gott ebenso wie mit der „lieben" Sonne? Und der Knabe riß die Fenster weit auf und es war ihm, als schösse nun das millionenfach gespaltene Licht zu der einen Urquelle zurück, nach dorthin, von wo der ferne Trompetenstoß und das leise, aber doch unüberhörbare Grollen der Pauken gekommen war. –

Unentwegt hatte er über den ersten Zeilen dieser Schöpfungsverse auf seinem geduldigen Korkfederhalter herumgebissen. Aber er war nicht über den ersten Trompetenstoß hinweggekommen (und er ist es bis auf den heutigen Tag nicht). Bisher war ihm der Beethovensche Ausspruch: „Wo die Worte aufhören, da fängt die Musik an" oberstes Glaubensgesetz gewesen. Diese Worte aber waren anderer Art; sie kamen aus kosmischen Bereichen, wo der Menschen Töne nichts mehr gelten und wo die Ewigkeit nach Lichtjahren gemessen wird ... Und auch der, welcher den eben angeführten Ausspruch getan, er zog seine Riesenfaust wieder zurück, die er nach dem grandiosen Vorwurf ausgestreckt hatte, den „Prolog im Himmel", ja den ganzen „Faust" in Musik zu setzen. Es wäre wohl nur einem gegeben gewesen, das Strahlenmeer der Sonne in Tönen zu malen und der Brudersphären Wettgesang anzustimmen. Doch seine Lebensbahn war unter den Meridian hinabgetaucht, als die des Dichters über der Ekliptik aufstieg: *Bach*, der Uranfängliche, Zeitlose, von dem eben jener Goethe gesagt hatte, als ihm zum erstenmal dessen Musik erklungen war, daß es „so im Busen Gottes vor der Schöpfung ausgesehen haben müsse ..."

Wie lange hatte eigentlich der Knabe in diesem Glashaus seiner Träume gesessen? Durch die hundert Fensterlein des gläsernen Pavillons begann rotes Licht zu dringen. So viel war gewiß: im Westen, über der Havel rollte der rote Feuerball auf den Horizont zu. Traurig, daß es an diesem Tage, der so leuchtend hell und jubelnd begonnen hatte, nun nichts gewesen war mit der „Arbeit", denn er nannte das Komponieren „Arbeit" und die Schularbeit

„Ochsen"; traurig schloß er die Türe hinter sich ab. Er war wieder einmal nicht fertig geworden, denn jetzt kämen erst einmal die Schularbeiten an die Reihe, mit denen er noch weniger fertig werden würde. Und müde nahm er die Logarithmentafel zur Hand, deren okkulte Geheimzeichen ihm wie winzig kleine rote Sonnen in die Augen stachen.

Da überfiel ihn hoffnungslose Traurigkeit, eine plötzliche Hitzewelle stieg in ihm auf und aus dem so Gequälten brach ein leise gezischelter Fluch: „Daß ich euch die Augen aushacken könnte, euch, den Eulen — — —!" Fiebernd ward er zu Bett gebracht und es hatte nicht an tröstlichen Worten der Eltern gefehlt. Und wie er damals vor zehn Jahren unter der sterngewölbten Nische im Zisterzienserkloster den Traumgewalten schonungslos ausgeliefert war, so griffen nun die Dämonen der Nacht mit ihren spitzen Krallen nach ihm und warfen über den Fiebernden ein dichtes Netz, aus dessen Verschlingungen er sich immer wieder zu retten versuchte.

Dem Knaben ist dieser Traum als der furchtbarste seines Lebens in der Erinnerung der Jahre geblieben, da er sich in Bezirken abspielte, wo die Begriffe Zeit und Raum ausgespielt haben. Deshalb ist auch gar nicht viel zu berichten, weil eben die menschlichen Worte hier zu nichts nütze wären. Aber in dieser Nacht, die mit grellen Fanfarenstößen und Paukengedröhn ihren Anfang nahm, da ward der Knabe belehrt, was es mit dem Seufzer „O Ewigkeit, du Donnerwort" auf sich habe: daß es dem Menschen nicht eingegeben worden ist, überhaupt den Begriff Ewigkeit zu fassen, die Ewigkeit, die nie begonnen hat, die nie aufhören kann. Und wollte er sie zu Ende denken, so wäre sein Geist dem Wahnsinn verfallen.

In solche geistige Nacht, eine Nacht der furchtbarsten Dunkelheit war der Knabe gefallen, als die Trompetenstöße immer näher kamen und doch kein Ende abzusehen war, wann dieses Crescendo seinen Höhepunkt erreicht haben würde. Das war nicht *eine* Sonne, die da auf solche Weise ihr Nahen ankündigte, das waren ihrer unzählige, begleitet von ihren unvorstellbar schnell kreisenden Planeten. Der Knabe war eine ihm schon unausdenkbar lange Zeit durch den Weltenraum gestürzt (oder soll ich hinaufgeschleudert sagen?), als er in die Bahn eines riesigen Gestirns geriet, das ähnlich dem Saturn, hier aber von fünf Ringen umgeben war. „Das sind die fünf Linien für die Donnermusik der Brudersphären, deren Crescendo nun zum Äonensturm angewachsen ist", so dachte der dem Sternentraum Verfallene.

„O weh, wie tief bin ich gefallen, wie tief muß ich noch fallen", so stöhnte er, dem sein Körper eine abwechselnd kochende und wieder eiskalte Kugel deuchte – und er stürzte der Reihe nach durch eine jede der fünf Sphärenlinien, deren jede eine Ewigkeit in sich trug. Doch da erschien Er, der Furchtbare, der Böse, der rote geschwänzte Komet und spie seinen Geifer den Sonnen ins weiße Antlitz.

„Und wenn es der Böse, der Höllenfürst, selber wäre, ich muß zu ihm, muß zu ihm", so stöhnte der Knabe in seiner Qual, „denn seine Bahn führt zur Erde, und wenn sie auch unter seinem Anprall unterginge, o Gott, laß mich auf der Erde mit der Erde untergehen, laß mich hier nicht allein, nicht allein in dieser furchtbaren eiskalten Einsamkeit ..."

Da hörte er Gottes Stimme. Seine Stimme, die nicht aus dem Sturm der kreisenden Sonnen kam, die nicht aus dem tosenden Gewitter der Trompetenfanfaren herausrief. Eine Amsel verkündete das Nahen eines neuen Tages. Nicht gleich konnte der Knabe begreifen, wie es denn geschehen konnte, daß er hier liegen durfte, ruhig und still, und daß eine Amsel sang und daß es ein Traum, wenn auch ein furchtbarer, gewesen war, als er aus der Gnade des Schöpfers gefallen war, des Schöpfers, zu dessen Lob die Amsel ihr frühes Morgenlied flötete, so rein, so jung und morgenschön. Und da fiel ihm die liebliche Terz ein und bei der lieblichen Terz fiel ihm die Lusinganda, die Lusinga Lusinganda ein – und er faltete still die Hände und auf die fiebernde Stirne fielen wie klare kühlende Wassertropfen die Töne der Amsel.

Doch die arme Bäuerin im Ungarland war umsonst in den Brunnen gesprungen. Denn mit dem Weltuntergang wurde es nichts und nicht viel mehr auch mit dem Halleyschen Kometen. Unsere Hoffnungen waren schon nicht allzu hoch gespannt, als wir den Weg zum Ruinenberg hinter Sanssouci antraten. Ein blasser Stern mit einem noch blasseren Fleck – ein trostloserer Schweif war mir in meinem jungen Leben noch nicht zu Gesicht gekommen. „Vielleicht habt ihr das nächstemal mehr Glück", trösteten die Eltern. „Nach fünfundsiebzig Jahren", so rechnete mir nun die Schwester vor, „da bist du so alt wie der Lamapriester und sitzest dann mit einem warmen Mantel angetan an derselben Stelle, wo Galle den Neptun entdeckt hat." Und ich darauf: „Und das bucklige Fräulein ist dann ihre hundertundfünfzig Jahre alt und singt das Lied von der schönen Lusinganda, nein, Carmosinella wollt' ich sagen, Carmosinella, wenn sie tanzt die Tarantella ..."

Ruhe der Kindheit! Himmlische Ruhe! Wie oft steh ich stille vor dir in liebender Betrachtung und möchte dich denken!
Aber wir haben ja nur Begriffe von dem, was einmal schlecht gewesen und wieder gut gemacht ist; von Kindheit, Unschuld haben wir keine Begriffe. Da ich noch ein stilles Kind war und von dem allem, was uns umgibt, nichts wußte, war ich da nicht mehr als jetzt nach all den Mühen des Herzens und all dem Sinnen und Ringen?
Ja! Ein göttlich Wesen ist das Kind, solang es nicht in die Chamäleonsfarbe der Menschen getaucht ist. Es ist ganz, was es ist, und darum ist es so schön.
Der Zwang des Gesetzes und des Schicksals betastet es nicht; im Kind ist Freiheit allein.
In ihm ist Frieden; es ist noch mit sich selber nicht zerfallen.
Reichtum ist in ihm; es kennt sein Herz, die Dürftigkeit des Lebens nicht.
Es ist unsterblich, denn es weiß vom Tode nichts.

So singt Hölderlin im Hyperion. Und gäbe es eine Begleitung zu dieser reinen Poesie, so wäre es wohl die kleine Sinfonia, mit der Gluck den Reigen der seligen Geister im Elysium eröffnet. Schwerelos, rein wie der erste Hauch des Frühlingsmorgens ziehen diese Harmonieen in ewiger Klarheit vorbei und greifen uns wie Orpheus selbst ans Herz, an das gleiche Herz, das noch eben erschauerte unter den gehetzten Unisono-Läufen der Verdammten, unter dem furchtbaren Nein der zuckenden Furien. Hier aber bedarf es keines Ja, denn das Ja leuchtet von selbst wie eine einzige goldene Wolke über diesen Tönen auf.

Es war jener Tag gekommen, da die Knabenkleider abgelegt wurden und man zum erstenmal vor dem Altare des Herrn in der toga virilis erschien. Aber was war das schon für eine Toga ... – Dem Knaben wollte eher dünken, als hätte man ihn mit den langen Cheviothosen, dem furchtbaren „Vatermörder", der seinen Adamsapfel mit satanischer Freude folterte, in eine Zwangsjacke erster Ordnung gesteckt. Nicht einmal das Orgelspiel des Vaters und auch nicht die auf dem gegenüberliegenden Chor angestimmte Palestrina-

Motette hatten es verhindern können, daß der angehende Jüngling ganz im stillen es unternahm, an einigen ihm hierfür besonders günstig dünkenden Kommata der heiligen Handlung Ausbruchsversuche aus dieser Zwangsjacke zu unternehmen, der Zwangsjacke, die angeblich das äußerliche Signum darstellen sollte, daß nun der Eintritt ins „Leben" vollzogen sei. Als ob wir Kinder bis dahin nicht „gelebt" hätten!

Auch dem Vater mochte wohl so mancher Gedanke durch die Seele gehen, da er nun das jüngste seiner Kinder an den Altar treten sah, um den Segen des Pfarrers zu empfangen. Auch hierbei hatte die vox coelestis zu erklingen wie bei dem Ringewechsel des liebenden Paares. Aber kein Oberon ließ sich blicken, der es etwa unternommen hätte, holde Verwirrung in die wohlgesetzten Veranstaltungen der Menschen zu bringen. Ein liebend Paar zu necken, ja ab und zu zu zausen, das lag seiner Natur näher, als zwischen die hundertundzwanzig Konfirmanden zu fahren, denen man das totenernste Kleid der Erwachsenen angezogen hatte.

Doch schließlich und endlich hatte die Feier ihr Ende gefunden und der Vater schlug den großen Bachband auf. Von bürgerlicher Konvention befreit rauschte es gewaltig auf im königlichsten aller Präludien, dem in Es-dur. Die Sonne aller Götter und die des „ewigen Wanderers", die Sonne Atons, Jehovas und Apolls strahlte majestätisch auf über dieser Musik.

Während die Gratulationscour unten im Kirchenschiff vor sich ging und die Jungen und Mädchen von den Patenonkeln und Tanten, Eltern und Geschwistern umhalst wurden, so daß die funkelnagelneuen und frischgestärkten weißen Kleider der Mädchen in ernstliche Gefahr gerieten, da schlich der blasse Konfirmierte die Treppe zum Orgelchor hinauf. Doch er ließ wohlweislich erst alle vier Stimmen vom kleinsten Sopranisten bis zum schwerfälligen Bassisten passieren, indem er hinter dem großen Vorhang der Säulenhalle des Eingangs Posto faßte. Er kam sich sehr sonderbar, ja lächerlich vor in diesem seinem neuen Habitus, um kein Haar angezogener als der alte Adam, da dieser im Paradies, von Gottvater angerufen, seine Blöße bedecken wollte.

Aber endlich war der letzte Rest des Chores die Wendeltreppe hinuntergesickert. Wie sauste und brauste es nun in dem engen Turmaufgang, als wollten die Tonmassen sich über den Aufsteigenden stürzen und ihn mit in ihren Strudel ziehen. Der Vater war an jener Stelle des Präludiums angelangt, die vor allen anderen in besonderem Glanze aufstrahlt. Denn hier scheint die Erde von einem gewaltigen Freudentriller zu beben, während sich über ihr der weitausgespannte Himmel wölbt:

Der Knabe verhielt noch eine Weile, ehe er die hohe Tür zum Orgelchor öffnete. Denn der Vater hatte jetzt ohne Halt das Präludium in die Tripelfuge münden lassen. Und als der Konfirmand nun den steifen Hut – die „Melone", wie die Jungens vor dem Kirchgang respektlos dieses Möbel tituliert hatten –, die Melone und die schwarzen Glacéhandschuhe wie eine Opfergabe an die Türschwelle legte, da wich aller Unmut, alle Bekümmernis von seinem jungen Herzen. Mit dem Eintritt einer jeden neuen Stimme im herrlichen Gewebe der „Dreieinigkeitsfuge" wuchs seine Freude zu einem einzigen Strom, in dessen strahlend-goldenen Fluten er sich beseligt mittragen ließ.

Er sprach sich leise noch einmal den Spruch vor, den ihm sein Pfarrer gegeben hatte: „Halte, was du hast, daß niemand deine Krone nehme." Warum hatten auf ihm die dunklen ernsten Augen des Seelsorgers geruht, als er den Platz am Altare den nachfolgenden Konfirmanden freigab? Es war wohl sehr schwer, eine Krone zu tragen. Die unsichtbaren Kronen wogen nicht leichter, so hatte der Pfarrer gesagt. War Bach nicht eine Krone aufgesetzt worden, die herrlicher als alle Kaiserkronen der Welt strahlte und die ihm niemand rauben konnte? Der alte Thomaskantor gehörte fürwahr in die Reihe der großen neuen Propheten dort oben im siebenten Ring. Vielleicht hatte Gott sie längst schon dort hingesetzt, wo die Männer des Alten Bundes saßen, und nur die Menschen hatten die Wandlung, die sich dort oben vollzogen hatte, hinter ihren trüben Brillengläsern noch gar nicht bemerkt.

Wie nun das zweite, fließende und flutende Thema das erste ablöste, da nahmen die Tonwogen den kleinen Pensieroso in noch weitere Gefilde mit und er dachte weiter: wie kommt es wohl, daß ich bei Bachscher Musik immer an den lieben Gott denken muß? Sagen wir deshalb auch nicht „Vater Bach" zu ihm? Als hätte er alles erfunden, alles erdacht von Anfang an. Wie war es aber mit den anderen? – Mit Mozart? Der konnte wohl eher der Sohn sein, an dem der Vater sein Wohlgefallen hatte.

Und wer war wohl der Bruder, der trotz aller Tränen es über sich brachte, zu lächeln . . ? Das konnte nur Schubert sein. Man konnte nicht anders, – man mußte lieb sein zu diesem Bruder. Aber einer, der war gänzlich aus der Reihe dieser Musikerfamilie geschritten und auf ihn wollten die Begriffe Vater, Bruder, Sohn nicht passen: Beethoven, der Held, der wie Florestan an den Kerkerstäben rüttelte und seinen Schmerz in die Welt hinausschrie, er, der Einsame, dem sich mit zunehmender Taubheit die äußere Welt verschloß, bis sie ganz versank wie in einen tiefen Brunnen, in welchen nur ganz selten noch abgerissene Laute der Menschen fielen.

Doch da öffnete sich die hohe Tür und der Vater trat, wie stets mit einem Packen Noten schwer beladen, in das helle Licht der Frühlingssonne, die den Treppenaufgang im Gegensatz zum mystischen Dunkel der Kirche in die frohe weltliche Beleuchtung des Tages rückte. Wie stets lautete auch an diesem Tage seine erste Frage: „Nun, wie war's; bist du zufrieden? Sage mir alles, ich weiß, was hätte besser sein können."

Es ist bis auf den heutigen Tag für mich eine der rührendsten Tatsachen geblieben, dieses unbedingte Vertrauen des Vaters, der Glaube an die Unfehlbarkeit des Urteils seines Jüngsten. Zu einem und zwar nicht geringen Teil mochte dies seinen Grund darin gehabt haben, daß er mit einer Freude sondergleichen eine Gabe bei seinem Sohn entdeckt hatte, die er als Chormeister selbst oft schmerzlich vermißte, die Gabe des „absoluten Tonbewußtseins". Er konnte, wie die meisten aller Dirigenten von a-cappella-Chören, denen ihr Einsatz von keinem begleitenden Instrument mundgerecht präsentiert wurde, der Stimmgabel nicht gut entraten und es bereitete ihm solcherweise ein geradezu diebisches Vergnügen, die geheimnisvollen Ohrzellen seines Jüngsten einer öfteren Nachprüfung zu unterziehen, um dann die These des großen Forschers Helmholtz – auch eines „Potsdamers" – bestätigt zu finden, daß mit solchen Ohren alles „stimmte".

Sicherlich überschätzte er diese Gabe, welche mitunter die guten Feen bei der Geburt auch solchen Lebewesen anhexen, die mit ihr absolut nichts anzufangen wissen. Und doch, diese Gabe kann dem Chor- wie dem Orchesterleiter von unberechenbarem Nutzen sein und sicherlich eine der Grundfesten bilden, die seine Autorität über die nur in der bedingten Tonhöhe sich auskennenden übrigen Musiker untermauert. Sie verleiht dem Besitzer dieser Wünschelrute deren untrügliche Sicherheit, sich im Labyrinth der kreuz und quer führenden Wege eines Zauberwaldes zurecht zu finden, ohne Kompaß, Karte oder Wegweiser.

Heute aber ging der Vater mit sich selbst allzu streng ins Gericht. Ein Chormeister vermag wenig allein. Die menschliche Stimme, als feinstes Instrument den Einflüssen der Umwelt, ja sogar dem Barometerstand untertan, reagiert in ihrer Pluralität doppelt nervös auf alle diese Einflüsse. Zu diesen meteorologischen Sorgen gesellten sich noch die gastronomischen. Höchst fatal, daß an Festtagen von den Chorknaben Berge von Kuchen verschlungen wurden, die sich naturgemäß wie ein Alpdruck auf die Brust legten. Ja, der Vater schleppte an solchem Feiertag „einen Rest zu tragen peinlich" die Wendeltreppe mit hinunter, den ihm dann meist mit Erfolg die unten am Vorhang des Tempels wartende Mutter mit den Worten auszureden verstand, „daß heute der Gesang besonders schön geklungen hätte und allen zu Herzen gegangen sei".

Wie nun der Vater seinen Jüngsten in seine Organistenarme schloß, da fühlte dieser, daß der nie mit sich selbst Zufriedene Frieden gemacht hatte mit seinem zweiten Musiker-Ich, das ihm schon so manchen Festtag vergällt hatte. Das Rascheln und Schurren der Füße der jungen Chorschüler war verstummt und in den Tempel kehrte die Stille ein, jene Stille, die schon so oft den Knaben überfallen hatte, wenn er nach den Serientrauungen noch allein an der Orgel geblieben war, allein unter dem Himmelsgewölbe der Kuppel. Der alte Kirchendiener hatte die beweglichen Nummern der Gesangbuchlieder aus ihren schwarzen Rahmen ausgekippt, was immer ein Geräusch ergab, als fiele in der Ferne ein Schuß, der dann von der auf solche Klangeffekte erpichten Akustik wie von einem Rechenhexenmeister mühelos ins Kubik multipliziert worden war. Alle diese störenden Geräusche hatten sich zur Ruhe gelegt und die drei, die Eltern und der Konfirmierte, sandten noch, ehe sie durch die große Kirchentür in die laute Welt zurückkehrten, einen Blick nach oben, nach dort, wo die Taube über den Propheten des Alten Bundes ihre schimmernden Flügel ausgebreitet hielt.

Die Paten waren an diesem Tage ausgeblieben; dies hatte seinen natürlichen Grund. Sie hatten bis auf einen, den Lehrer aus Jüterbog, die große Reise angetreten, von der es kein Zurückkommen gibt. Und eben besagter Pate aus Jüterbog, der noch in der Lage gewesen wäre, von den irdischen Freuden einer solchen Konfirmation zu kosten, hatte wohl die Reise von Jüterbog nach Potsdam gescheut, denn man drehte dazumal den silbernen Taler mehrmals um, ehe man ihn ausgab. Aber nicht an seinem Ausbleiben hatte es gelegen, daß an diesem Tage keine rechte Freudenstimmung aufkommen konnte.

Ein anderer Gast fehlte, ohne den bisher kein Fest gefeiert worden war: die kleine Großmutter, die nach dem Tode des blinden Großvaters ihrem Sohn nach Potsdam nachgezogen war und im stillen Lehrerwitwenhaus am Rande des Parkes von Sanssouci sich zur Ruhe gesetzt hatte, sie, die Nimmermüde. Wie hatte sie doch in den Chor der müden vertrockneten Witwen eine leichtfüßige Note gebracht, ihnen in Wort und Bild die Wunder ihrer Heimat besungen, deren ewig wiederkehrenden Refrain eine Apotheose an den alten ewigjungen Vater Rhein bildete, wozu die müden Witwen dann etwas ungläubig gelächelt hatten, ungläubig, daß es so viel Schönheit auf dieser Welt geben sollte.

So war es nur allzu natürlich, daß nicht nur die Eltern und Geschwister, sondern auch den kleinen Helden des Tages eine tiefe Traurigkeit überfiel, ihn, der in seinem neuen Staat mit den langen Hosen noch blasser als sonst aussah und so gar nichts von einem Helden an sich hatte. Die gute Mutter hatte wohl in ihrer feinfühligen Natur gespürt, daß an diesem Tage das Familienbarometer auf „Tief" zeigte und die „güldene Sonne, voll Freud und Wonne" wohl heut nicht mehr durch die trüben Märzwolken brechen würde.

„Ich kann es dir ja sagen", so flüsterte sie mit einem scheuen Blick zur Tür des Wohnzimmers, „dein Vater hat es noch nicht überstanden, das mit der Großmama –, des Tags und besonders vor euch Kindern beherrscht er sich immer wieder und scheint auch manchmal seinen Kummer vergessen zu haben. Aber des Nachts, da bricht der Schmerz aus ihm; ich habe es ja an mir selbst erlebt, was es bedeutet, wenn die Mutter fortgeht – und doch – ich war ein Kind und Kinder trösten sich schnell. Aber, es ist das erstemal, daß ich seit dem Tode deiner kleinen Schwester ihn habe weinen sehen" – und nun feuchteten sich auch ihre lieben Augen und über das kleine Gesicht zuckte es sichtbarlich, ganz so, wie ich es später bei meinen Kindern gesehen habe, wenn ihnen ein geliebtes Spielzeug zerbrochen und guter Rat teuer war, die kleine hilflose

Kreatur zu trösten. Die Mutter huschte in ihrer behenden Art wie ein Eidechslein zur Tür hinaus und bald war ganz so wie in der frühesten Kindheit ein wohltätiges Klappern, Klingeln, zuweilen auch das Bruchstück eines gerade angestimmten Kirchenliedes aus der nahen Küche zu hören.

Doch heute, so wollte es mir dünken, schwangen bei dieser einst so geliebten Geräuschmusik wehmütige Untertöne mit. Hörten meine Ohren anders als in den Morgentagen meines Daseins? Warum wurde ich nicht mehr durch dieses oder jenes Intervall zu Tränen gerührt wie zu der Zeit, als meine Füße noch nicht die Pedale erreichen konnten und ich mit blassem Neid auf die ausgewachsenen Extremitäten der Erwachsenen sah? Welche Seligkeit war das gewesen, ein solches Intervall anzuschlagen und die Ohren danach an die Tasten zu legen, um den Wohlklang, die göttliche Ruhe und die ewige Geborgenheit einer Terz auszukosten, der ersten Terz meines Lebens! Ich weiß es noch genau; es waren die Töne Ges – B, die gleichen, die ich bei meinem ersten kleinen Klavierstück dann stolz wie Kolumbus der Entdecker anwandte ... – Und gar die Sexte! Und wenn ich sie im Lauf eines Lebens wohl Millionen Male vernommen habe, so ist doch ein ganz klein wenig Goldstaub an ihren ausgebreiteten Flügeln hängen geblieben (denn die Sexte hat Flügel, das müßt ihr zugeben!). Seit jenem Abend, da sie dem Vierjährigen wie ein Sterntaler in den Schoß gefallen war, da er im Familienchor in der großen Jüterboger Küche mit den gotischen Sterngewölben den Weihnachtschoral angestimmt hatte: Lobt Gott, ihr Christen allzugleich

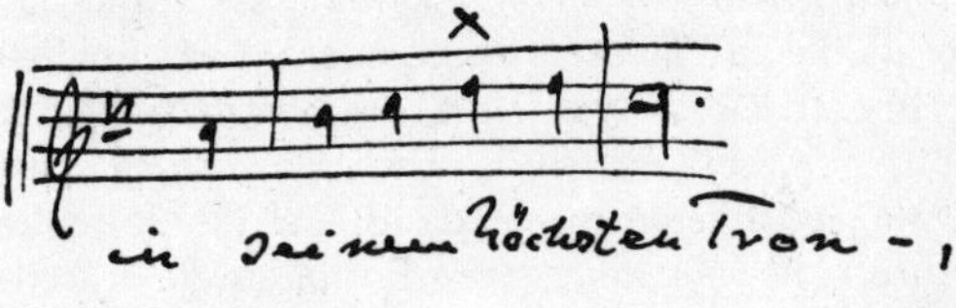

das war sie, die Sexte! Wie sie dort oben unnahbar mit ihren goldenen, weit ausgebreiteten Schwingen sich sicher in der Schwebe hielt! Wie weit, wie unendlich weit war es vom Grundton F zu diesem D gewesen, und dazu hatten noch die Weihnachtssterne durch die Scheiben geschienen. Ja, das war wie eine zweite Geburt für mich gewesen, dieses bewußte Aufnehmen und Ansichziehen der Töne. – Und nun? Hatte der gewaltige Orgelpunkt, der Vater aller Töne, zu dröhnen aufgehört? Waren die vielen kleinen Noten und Nötchen, die so geliebten Tanzmäuse eiligst aus dem so schrecklich unsicher gewordenen Gebäu der Intervalle geflohen und in alle Winde zerstoben? Und der Zimbelstern mit seinem silbrig hellen Läuten, war er verstummt? Ach, vielleicht hing er noch über der Jüterboger Orgel von St. Nikolai, aber als ein trauriges Gerippe, das sich tonlos und widersinnig um die eigene Achse drehte, nur noch ein jämmerliches Quietschen von sich gebend... Der Knabe saß noch immer am Klavier, die Finger stumm über die Tasten wandern lassend. An einem solchen Tage wie dem heutigen gehörte es sich, das Rechnungsbüchlein seines Lebens aufzuschlagen. Wie stand es mit ihm? Und wie so oft, – mit den Fingern wanderten auch seine Gedanken, einen Zustand hervorrufend, nicht unähnlich dem eines halbwachen Träumers. Ja, es war gewiß: Der Vater hatte seine Mutter verloren, ich aber das Paradies des Kindes. „Denn es weiß vom Tode nichts."

Nein, auch ich hatte bis dahin nichts von ihm gewußt, der am Ende aller Dinge stand. Oder war es kein Ende, sondern ein neuer Anfang, wie alle Pfarrer sonntäglich auf der Kanzel immer wieder versicherten? Aber weshalb hatte dann die Großmama sich buchstäblich mit Händen und Füßen gesträubt, als der Tod kam, sie in dieses neue Reich zu holen?

Ich hatte ihn, den mächtigsten Herrscher dieser Welt zum erstenmal erblickt, wie er da sich zu Häupten der Todkranken aufgestellt hatte. Da durchfuhr mich ein eiskalter Schrecken und lähmte meine Zunge. Das war er also, er, der so lange an andere Türen gepocht hatte und nun bei uns erschienen war. Und wenn auch die Großmutter nicht hinter sich blicken konnte, sie wußte ja nur zu genau, wer da ihr zu Häupten stand, unerbittlich, unabwendbar, ungerührt, unentrinnbar. Wie leicht sprechen doch die Menschen von ihm – und ich mußte es auch mir gestehen, ich hatte mir nicht allzu große Gedanken gemacht, da ich erst jüngst bei unserer Schüleraufführung des „Herakles" von Euripides die ergreifende Totenklage des Admet auf einem asthmatischen Harmonium hinter der Szene illustrieren sollte.

Ach, das war ja alles nur Spiel gewesen; hier aber stand er, und keiner, auch nicht der Vater, wagte die Hand zu heben, geschweige daß er es unternommen hätte, ihm die Beute wie Herakles im letzten Augenblick abzujagen, ihm, dem Herrscher aller Herrscher. Tatenlos mußten wir zusehen und das war das Grausamste, wie er seine kalte Hand ausstreckte nach dem Opfer, das so gerne leben wollte. Nein, das, was folgte, das war kein Totentanz in würdigem Passepied oder gar in einer höfischen Gavotte, wie es Meister Holbein nachgebildet hat. Dies war ein furchtbares Katze- und Mausspiel, dem wir da zusehen mußten, und keines von uns wagte ein Wörtlein zu sprechen, ja auch nur vernehmlich zu atmen, wollte man nicht Gefahr laufen, den lauernden Blick des Augenlosen auf sich gerichtet zu sehen.

Die Kranke hatte sich dann auf den alten Ohrensessel geflüchtet, aus dem einst die volltönende Stimme des blinden Großvaters geklungen hatte, wenn seine Hände über den Scheitel des Enkels getastet hatten. Doch auch hier stand Er, kalt und unbewegt, und ließ nicht ab von seinem Opfer mit seinem furchtbaren Würgegriff.

Da traf mich ihr Blick -- und ich hörte es rufen mit einer Stimme, als wenn feines Glas unter einer mächtigen Hand zerbricht: „Jünke, Jünke! – "

Ach, was lag nicht alles in diesem Ruf! Es klang wie das Weinen eines Kindes, das aus Sonne und strömendem Licht in die schwärzeste Finsternis gestoßen wird. Aber es klang auch aus diesem Ruf der letzte Sehnsuchtsschrei nach der Heimat, nach der nievergessenen rheinischen Heimat. Jetzt wußte ich es, wie schwer das Sterben ist. Und ich überwand die Furcht vor der vom Tode Gezeichneten und trat zu ihr, fühlte ihre Hände, die winzig kleinen Hände mit den feinen blauen Adern. Und ich fühlte erschauernd, wie der Todesschweiß diese kleinen Hände eines Kindes überrieselte und wie sie sich in den meinen verkrampften, als müßten sie sich an etwas Lebendiges halten.

Nein, hier gab es keine Rettung. Das hatten wir auch den Mienen des Arztes angesehen, als er seine Instrumente einpackte mit der müden Lässigkeit eines Schiffers, der im stillen Hafen des Abends ein Segel nach dem anderen einzieht. Aber was all die gutgemeinten Tröstungen der zahlreichen Lehrerwitwen nicht vermochten, das brachte ohne viel Worte der greise Hofprediger Wendlandt zustande. Die armen flackernden Augen der Todkranken fanden plötzlich einen Halt, als gehörten sie nun wieder nach so langer Zeit dem einstigen Kinde an, dessen gläubiger Blick sich selig in den seines Vaters senkt.

Der greise Prediger, der schon vor der Großmutter die Schwelle zum biblischen Alter überschritten hatte, nahm dieses gläubige Wesen, das immer Kind geblieben war, in seinen Arm und ließ ganz sachte seine Hand über die schwarzen Zöpfe gleiten, die sich im Todeskampf gelöst hatten. Dies war es, was mir einzig und allein von seinem Besuch im Gedächtnis geblieben ist. Hätte er, wie das gewöhnlich zu geschehen pflegt, mit allerlei bewährten Trostsprüchen der Kranken beigestanden, so wüßte ich vermutlich heute nicht mehr zu berichten, was in dieser letzten Stunde geredet wurde. Aber diese rührende väterliche Art, mit der armen Kranken umzugehen, ohne alle sakrale Geste, dies war es, das in uns allen zum erstenmal das Gefühl aufdämmern ließ, daß auch die Alten in solchen furchtbaren Nöten einen Vater bereit haben, der sie liebend in seinen Schoß nimmt und ihnen Mut zuspricht.

Wie nun aus den Augensternen dieses alten ewigjungen Menschenkindes ein überirdisch leuchtender Blick brach, da mochte es uns an das Gleichnis gemahnen, in welchem die kluge Jungfrau mit ihrem Öllämpchen in der Hand singend dem himmlischen Bräutigam entgegenzieht, alle Wonnen der mystischen Hochzeit mit dem Gottessohn vorausahnend. Wir fühlten, daß die Schreckgestalt des augenlosen Knochenmannes sich davongemacht hatte. Ein Cherub in weißgoldenem Haar war gekommen; er hatte nichts weiter mitgebracht als ein Herz voll Liebe. Und so räumten wir ihm willig den Platz, wir, die wir alle vor dem Tode die Prüfung nicht bestanden hatten. Denn unsere Bemühungen, mit diesem großen und mächtigen Herrn fertig zu werden, waren fruchtlos, ja ungeschickt ausgefallen.

Hier war der rechte Mann gekommen, eben der Mann Gottes, dem es aufgegeben war, das Menschenkind an die Schwelle zu führen, hinter der alles in undurchdringlichem Dunkel liegt. Und ich stellte mir damals vor, daß es der armen Großmutter so ähnlich zumute sein müßte wie dem zitternden Knaben, der zum erstenmal gezwungen wird, vom hohen Sprungbrett sich in die unter ihm in tiefstem Schwarz liegende Wasserflut zu stürzen und dies noch dazu unter den Augen der sich an seiner Unsicherheit weidenden Mitschüler, die auch gar keine Anstalten treffen, dem armen Novizen helfend unter die Arme zu greifen. Bis dann einer, der Kleinste und Schwächlichste vielleicht unter den Jungen, zutraulich den zum Springen Verurteilten an die Hand nimmt, ihm gut zuredet: „Komm, wir springen miteinander" – und beide sich gläubig ins nasse Element stürzen, für Augenblicke den Nachschauenden unter einem Strudel von aufspritzendem Gischt verborgen, um dann wie neugeboren, mit kräftigen Stößen dem anderen Ufer zuzustreben. „Denn auch das Sterben", so dachte ich bei mir, „will gelernt sein. Hätten wir öfter Gelegenheit dazu, es würde uns schon leichter fallen. Aber am Ende des Lebens das Schwerste vollbringen zu müssen, das ist sehr viel verlangt ..."

So war uns nun die Großmutter schon beinahe entrückt. Sie hatte sich an der Hand des weißhaarigen guten Hirten auf den Weg gemacht und schien uns nur dann und wann zuzuwinken. Oder vollbrachte es das Lied, ihr Lieblingslied, das sie nun anzustimmen versuchte, von uns leise unterstützt:

Mein Leben ist ein Pilgrimstand,
ich ziehe nach dem Vaterland ...

vollbrachte es dieses Lied, in dem so viel von Abschiednehmen vor der großen Reise die Rede war, daß sich ganz unmerklich die engen Wände des kleinen Lehrerwitwenzimmers auseinanderschoben? Daß ein leises Erstaunen über den Knaben kam, daß hinter diesen einfachen Wänden mit der alten eingewohnten Tapete so viel Größe und Schönheit verborgen lag, von der er nichts bis dahin gewußt hatte? So schade, erst jetzt das zu entdecken, wo es auch hieß, Abschied zu nehmen von diesen stillen Räumen des Friedenshauses der alten Lehrerwitwen. – Wie anders klang nun die Stimme der kleinen Großmutter, sie sprang nicht mehr wie die Stimme der Asthmakranken über Stock und Stein. Gelöst nun, von aller Erdenschwere befreit. War dies noch unsere Sprache oder war es die Sprache des neuen Vaterlandes, zu dem ihre Seele sich schon aufgemacht hatte?

„Siehst du auch diesen herrlichen Strom, wie er so ruhig dahinfließt, ohne Hast, königlich? Und hinter ihm, da kommt das Meer, jetzt siehst du endlich das Meer. Und dort, kurz vor der Mündung des Stromes, dort, wo das letzte Gold der Abendsonne so herrlich wie eine Verheißung aufschimmert, siehst du es, das Schiff?" Ich sah es deutlich, wie es gerade mit ruhiger Gelassenheit einbog in das unendliche Wasser, sah, wie die Großmutter mir zuwinkte, nun wieder ganz fröhlich, denn wer reiste lieber als sie, und nun gar auf einem so prächtigen Schiff ...

„Noch solch eine schöne Fahrt am Ende meines Lebens", so hörte ich sie jubeln – es klang trotz der großen Entfernung ganz deutlich herüber –, „und zu alledem noch auf dem Rheinstrom! Und weißt du, was das Schönste ist? Großvater hat mich abgeholt; er kann wieder sehen. Der Augenprofessor hat alles wieder gutgemacht, ‚Irrtümer sind reparabel', so sagt er jetzt. Und siehst du, was für schönes weißes Haar der Großvater hat?" und ihre kleinen Hände strichen wohlgefällig und stolz über den seidigen Schimmer, wie es noch eben bei ihr der alte Pfarrer getan hatte.

Die volle Abendsonne lag auf dem Meere und ich entdeckte erst jetzt, wieviel andere Gestalten die gleiche Reise mit dem Schiff machten. Es war ein Winken und Grüßen, bis plötzlich die Großmutter wie so oft im Leben die Führung übernahm und ihr Lieblingslied anstimmte, in das zuerst der Großvater mit seinem schweren Baß froh und laut vernehmlich einfiel, bis auf dem sich immer mehr entfernenden Schiff nur noch ein einziges Singen war. Das in der Abendsonne erglühende Meer, das herrliche Schiff, an dessen Bug sich die Segel blähten, das Singen der Menschen, die ihre letzte Reise antraten, wie schön war das!

Und bald nachher hing nur noch wie ein ganz dünner Silberfaden die Stimme der Großmutter in der Abendröte, leicht und schwebend, bunt und durchsichtig wie das Spektrum ferner Sterne. Ich hörte wohl noch die Worte: „Mein Leben ist ein Pilgrimstand, ich ziehe – nach – – dem – – – Vaterland", aber ich erkannte die Melodie nicht mehr; die Intervalle schienen seltsam verändert, wie ausgetauscht, bis auch das letzte in das ruhige Licht des Abendsternes eingegangen war und nun alle in einer unendlich reinen Prime aufleuchteten ...

Und die Finger des Knaben, die in der früh einfallenden Dämmerung dieses Märzsonntages über den schwarzen Tasten seltsam weiß erschienen, versuchten dem Geheimnis der Intervalle nachzugehen. Lag nicht Anfang und Ende eines Lebens in diesen tönenden Zwischenräumen beschlossen, bis die ewig nach Auflösung Drängenden endlich einmünden dürfen in die Harmonie der Sphären, wo nun auch die kleine Großmutter zuhaus war? Daß sie es war, das wußte er erst seit dieser Stunde, in der er wie so oft, schweigend über die Klaviatur gebeugt, in der Dämmerung gesessen hatte.

Wie war es möglich, daß in solchen Stunden der Versenkung – „Träumen" nannten es tadelnd die Hüter des Eulengymnasiums –, daß in solchen heiligen Augenblicken ein paar Töne die Brücke bilden konnten, auf der man in die tiefsten Tiefen der Amboßmänner, aber auch hinauf in den siebenten Ring, allda die großen Propheten saßen, steigen durfte? Daß dann Gestalten wie mit winkender Hand hervorkamen, die man tief im Schacht der Vergessenheit versunken wähnte und die nun, durch die süße Gewalt bestimmter Tonreihen sich nur allzu willig beschwören ließen? War nicht heute, an diesem feierlichen Tage, der so ganz anders verlaufen war, als es sich eigentlich der neugebackene Konfirmand ersehnt und vorgestellt hatte, die Großmutter immer gegenwärtig gewesen, während die noch im trüben Erdenlicht wandelnden Lebenden gerufen oder ungerufen gar nicht in Erscheinung getreten waren?

Auch meinem Vater mochten ähnliche Gedanken durch den Sinn gegangen sein, denn er rief nun, wie neuerwacht zu den Lebenden zurückgekehrt: „Hier bringt eben der Postbote mit der Eilpost ein kleines Paket; der Absender ist dein Pate, der Lehrer aus Jüterbog."

Schnell ward es geöffnet, so schnell, daß sein Inhalt sich selbständig machte und ein Ring auf den Boden kollerte, ein Siegelring, berechnet für die fleischige Riesenhand eines römischen Kardinals aus der Renaissancezeit. Als der Konfirmand ihn an den Finger stecken wollte, nahm er zum zweitenmal Reißaus und rollte unter den Flügel, als fühle er sich in seiner Ehre gekränkt, den Finger eines Unmündigen schmücken zu sollen. „Er ist nicht für meine Hand gemacht", so stellte nun lachend der Sohn fest, „und er würde mir auch kein Glück bringen."

Doch der Vater lenkte ein: „Der Pate hat es gut gemeint; mit diesem Ring kannst du zwei Oktaven auf einmal spannen." Der Konfirmand aber, nun wieder ganz Knabe geworden, dachte bei sich: „Der Wunschring vom Großvater, der hätte ein anderes Gesicht. Der würde gleich bei der ersten Anprobe passen und nicht wie ein Dieb davonlaufen, das weiß ich gewiß . . ." Aber der Vater hatte seinen letzten Trumpf noch in der Hand, um diesen Tag doch mit einem hellen Akkord enden zu lassen.

„Dein Konfirmandenlehrer war ebenfalls hier, wie du aus dem seinem Geschenk beigefügten Kärtchen ersiehst. Er schreibt, daß es so still im Haus war, daß er uns auswärts wähnte." Beinahe ehrfürchtig nahm der Knabe das Buch in die Hand. Er las: „Sämtliche Lieder von Paul Gerhardt", und er las die eingeschriebene Widmung. Mit fester Hand stand da sein Konfirmationsspruch geschrieben:

HALTE, WAS DU HAST,
DASS NIEMAND DEINE KRONE NEHME

„So soll es sein", flüsterte nun die Mutter, die das Abendbrot in ihrer leisen Art hingestellt hatte.

„Aber sage mir nur noch, warum du vorhin so urplötzlich abgebrochen hast, mitten im Finale des Beethovenkonzertes", so fragte nun der Vater mit fast besorgter Stimme, wie so oft, wenn ihm das Wesen seines Jüngsten Rätsel aufgab. „Es wurde plötzlich still und ich wollte nicht stören, in der Annahme, du hättest einen Einfall gehabt . ."

„Ach, ich geriet über einen neuen Fingersatz ins Grübeln", antwortete ich ausweichend, um ja nichts von meinem geheimen Umgang mit den Intervallen verlauten zu lassen. Denn ich war ja nun schließlich eingesegnet, hatte lange Hosen an und so auch die Berechtigung, Geheimnisse zu haben, selbst vor dem Vater.

Die große Vakanz

Diese Überschrift soll gleich am Anfang ihre Erklärung finden. Es handelt sich weder um ein Interregnum wie zur Zeit der Hohenstaufen, noch um den erzwungenen Auszug der Päpste nach Avignon. Nein, die „große Vakanz" hatte mich leider höchst persönlich betroffen und zwar hatte diesmal nicht das Eulengymnasium ein heiseres Protestgeschrei erhoben, vielmehr der ostpreußische Riese hatte gesprochen. Er stellte dem Vater ein Ultimatum: Pianist oder Gymnasiast.

An und für sich hätte der machtvolle Einspruch meinen Vater mit Stolz erfüllen können. Dieser unvergleichliche Lehrmeister, dessentwegen so manches reizende Klavierungeheuer kübelweise Tränen vergossen hatte, er kämpfte um den ihm erst jüngst wieder anvertrauten Jungen. „Du mußt den ollen Homer lassen", so brummte er in seinen ellenlangen weißen Bart, „willst du nicht einer der vielen Kapellmeister auf dem Klavier werden", und der Junge wußte, was er damit meinte.

Wenn auch meine physischen Kräfte immer noch zu wünschen übrig ließen und das Aussehen meiner unteren Extremitäten bei manchen kritischen Beschauern die absolut ernstgemeinte Frage auslöste, ob mich nicht wirklich und wahrhaftig der Storch gebracht hätte, so waren mir doch in der letzten Zeit die Schwingen gewachsen. Natürlich hätte ich es auch heut noch nicht mit so anerkannten Matadoren wie dem „blutigen Maxe" aufnehmen können. Aber die Zeiten, da man den zarten Jungen ungestraft hänseln zu können meinte, die waren gottlob vorbei. Ich hatte das beglückende Gefühl, daß ich nicht nur dem Klavier dann und wann meinen jungen Willen aufzwingen konnte; in demselben

Maße, wie das Vertrauen in die erwachenden Kräfte sich steigerte, nahmen auch die Behinderungen beim Sprechen ab, welche Tatsache wiederum bei den Lehrern, die nur nach dem äußeren Eindruck zu urteilen gewohnt waren, meine Aussichten auf „Ende gut, alles gut" steigen ließ. Auch der „Geheimrat", der einst meinem Vater den epochemachenden Vortrag über die „Erziehungsgrundsätze der Griechen im einzelnen und im allgemeinen" gehalten und sich dabei kosmischer Ausmaße bedient hatte, ließ manch wohlgefälligen Blick auf diesem Schüler ruhen, wenn dieser nach erfolgtem Klingelzeichen in riesigen Intervallen die Treppe hinaufsprang und sich an den in unaussprechlicher Sanftheit erstrahlenden Brillenaugen des Erhabenen vorbeidrücken zu können glaubte. Nein, man konnte schon zufrieden sein, daß der Tonart der alten Meister der Musik sich allmählich nun auch die erst so gekränkten Schatten der Alten angeglichen hatten, daß Homer, Sophokles, Cicero und Horaz wie freundliche Laren ihr mildes Lächeln ausstrahlten und daß die einst so böse den Knaben anblickenden Eulen am Eingangstor des Gymnasiums zuweilen sich wohlgefällig aufplusterten, wie es dem des Morgens für abergläubische Zeichen besonders empfänglichen Knaben dünken wollte.

Also, Heinrich Barth glaubte nun die Zeit für gekommen, sich ganz und gar des Knaben zu bemächtigen, nun, da dieser mit dem Eintritt in die Obersekunda nach seiner Meinung einen genügenden Bildungsgrad erreicht hatte. Er hätte es „ebenso" gemacht, meinte er treuherzig und die übermäßige Anhäufung trockenen Wissensstoffes sei einem Musikanten nicht gerade förderlich. Auch hier ward wiederum nicht ohne Ironie des Lehrers Hans von Bülow gedacht, der mit seinem unerhörten Wissen, mit seinen seltenen Verstandeskräften wie ein sezierender Arzt dem Kunstwerk schonungslos zu Leibe ging. Übrigens stünde es mir völlig frei, mich nebenher in jeglicher Weise weiterzubilden, wenn mir der Sinn danach stünde, – „aber", so lautete der ewige Kehrreim der ewigen Unterredungen mit meinem geplagten Vater, „aber von der Schule muß der Junge herunter, soll ein wirklicher Pianist aus ihm werden."

Ja, das war keine leichte Sache für den Vater, mit dem Alten im langen Barte zu verhandeln, aus dessen drohenden Worten er die Melodie des Erlkönigs mit seinem „und bist du nicht willig, so brauch ich Gewalt" heraushören mußte. Den Vater „grauste" es aber absolut nicht. Wußte er doch gar zu gut, daß auf den Musiker unserer Tage Aufgaben warteten – er meinte natürlich immer den umfassend gebildeten Musiker, den Instrumentalisten *und* Komponisten *und* Dirigenten –, für deren Bewältigung eine gute Allgemeinbildung gerade genügen könnte. Es war bezeichnend für ihn, den praktischen Kirchenmusiker, daß er alle Einwände des dräuenden Erlkönigs und seine bald geflüsterten, bald fortissimo herausgestoßenen Liebeswerbungen an sich abprallen ließ. Nur zu gut wußte er, was auf dem Spiele stand, er wußte, daß Heinrich Barth mit seinem letzten Trumpf noch zurückhielt, den er dann eines Tages gezwungenermaßen ausspielte. Selbst als er den Brief des zürnenden Meisters, aus dem dennoch so viel Liebe sprach, in der Hand hielt, in welchem der getreue Mentor Abschied nahm von seinem Schüler, da nahm er diese Absage hin als „Gottes Willen", dem man sich fügen müsse.

Da begann dann die lange Zeit der großen „Vakanz", die drei Jahre und dazu noch die drei wichtigsten Jahre umfaßte. Jahre, in denen der Jüngling, aus dem wundersamen Traum der Kinderjahre zu abermaligem Leben erwachend, sein „Ich" staunend zu entdecken beginnt. Ob nun der Vater sich auch der Gefahren bewußt geworden sein mag, die für den ganz auf sich gestellten Sohn in diesen drei langen Jahren bestehen mußten? Jedenfalls versuchte er dem also verwaisten Klavierspielersohn Ersatz zu schaffen und zwar Ersatz auf zweierlei Weise: einmal durch den Besuch der Konzerte der berühmtesten Klavierspieler der damaligen Zeit seinen Ehrgeiz zu wecken, das andere Mal aber seinem Jüngsten das persönliche Erlebnis einer großen Musikererscheinung zuteil werden zu lassen.

Das erste ließ sich leicht in die Tat umsetzen. Hatten wir auch in unserem Kohlenstall keinen Goldesel stehen, der uns beliebig viele Golddukaten lieferte, so brauchte mein Vater doch nicht mehr so peinlich auf jeden Pfennig zu sehen, wie es in der Jüterboger Kantorszeit der Fall gewesen war. Die Metropole Berlin lag „vor den Toren unserer Residenzstadt", wie sich stolz die Potsdamer auszudrücken beliebten, und zu alledem gab es damals noch die Einrichtung der unnumerierten Plätze in der Philharmonie. Dort saßen die Unentwegten, die Unbedingten. Dort saßen die, welche bereits Stunden vor der festgesetzten Einlaßzeit eng zusammengepfercht vor der Paradiesespforte alle Vorwonnen auskosteten, bis dann plötzlich das sehnlichst erwartete Aufblitzen der Rampenlichter das Zeichen für den Sturm auf die Bastille gab. Hatte man sich dann häuslich eingerichtet – die Plätze hinter den Pfeilern wurden vorsorglich den Späterkommenden reserviert –, so wurde das zuerst vor den Toren stehend begonnene Colloquium musicum, nun behäbig sitzend, weiter fortgesetzt.

Da es sich fast nur um Menschen handelte, die der edlen Musica mit aller Leidenschaft ergeben, ihr auch alle Opfer jederzeit zu bringen gewillt waren, so vereinte alle „in dieser feierlichen Stunde" ein unsichtbares Band und schuf ein Gefühl der Gemeinsamkeit, das sich sicherlich bei den „Numerierten" nicht einstellen konnte, die zumeist erst im letzten Augenblick unter den feindseligen Blicken ihrer Zeitgenossen gehetzt und anspruchsvoll ihre Plätze ermittelten. Dort aber saßen auch diejenigen, denen es von Berufs wegen aufgegeben war, Kritik zu üben. Diese wurden nicht immer von den sich in leidenschaftlicher Glut verzehrenden Jüngern der Kunst beneidet: mußten die armen Beckmesser sich doch um jede Erlebnisfähigkeit bringen, wenn sie mit zerfurchter Stirn und gekrümmtem Rücken sich sogar während des Spieles Notizen machten und wie Seismographen getreulich die Erschütterungen, die durch die Tonwellen verursacht wurden, aufzeichneten.

Es gab wohl nur einen, der das Wunder zustande brachte, daß die für die kritischen Randbemerkungen eigens gespitzten Bleistifte aus den Händen fielen, wenn dieser einzige nach der Es-dur-Fanfare in Beethovens letztem Konzert sich anschickte, die Eingangskadenz aufzubauen. Wir hatten uns dann unwillkürlich erhoben, um stehend diese Deklamation des gewaltigen Proömions mitanzuhören, da hier nicht mehr Klavier gespielt wurde, sondern ein Schöpfer am Werk zu sein schien, der eine neue Welt, eine Welt aus Tönen zu errichten gekommen war. Mochten ihn manche „Fachgenossen" einen Rattenfänger schelten, der sogar noch den „falschen" Noten Zauber verleihen konnte, — bei dem Finale des „Konzertes der Konzerte" wurde es offenbar, daß hier sich ein Naturereignis austobte, dessen Gewalt sich keiner entziehen konnte.

Allerdings, er war bei dem Zaubermeister Franz Liszt in die Schule gegangen. Aber waren das nicht auch andere? Ich konnte jedenfalls wochenlang mich nicht beruhigen über dieses Erlebnis, und wo ich ging und stand, sah ich diesen Hexenmeister am Werk, diese einmalige Gestalt mit dem Löwenschädel, der sich endlos auszuwölben schien auf dem für solche gewaltige Last lächerlich kleinen Körper. Nicht nur seine Kraft bewunderte ich. Die größte Überraschung war doch gewesen, als nach endlosen Zugaben dieser Löwe seine Tatzen einzog und ein Chopin-Nocturne hinzauberte. Wir hatten längst im allgemeinen Taumel der Begeisterung den Weg über die Stühle der Reichen genommen, bis wir, getragen von einer letzten Woge der aufbrandenden Raserei, plötzlich auf dem Podium gelandet waren.

Wie gesagt, der Löwe hatte seine Tatzen eingezogen und begann nun das schwarze Ungetüm, dem er einen ganzen Abend zu Leibe gegangen war, auf eine Art mit Samtpfoten zu berühren, daß dessen Fell sich wohlig zu sträuben schien. Ja, sah ich nicht leibhaftig aus den gesträubten Haaren dieses so zärtlich geliebten Ungetüms grüne Funken schlagen, da der Zauberer nun bei der verhauchenden Fermate den Ton in einer Weise an- und abschwellen ließ, daß die Illusion eines vollkommenen Vibrato einer Menschenstimme entstanden war? Mir bangte fast vor der Wiederholung dieser seltsamen Stelle, da ich fast der Ansicht war, daß sich Einmaliges nicht zweimal sagen ließe. Und wieder war er auf diesem sich zur Ruhe legenden A-is angelangt, und wiederum schwebte die Hand wie der Geist Gottes über den Wassern bei der Schöpfung über der so geheimnisvoll blinkenden schwarzen Taste.

Nein, es gab keine Wiederholung bei diesem Manne. Denn diesmal schien dieser Ton, der kaum angeschlagen schon zu süßer Vergänglichkeit verurteilt war und der im Verklingen schon wieder tausend andere nach sich zog, diesmal schien er keiner Menschenstimme anzugehören. Das war der betörende Klagegesang der Oreaden und Sirenen, die den Menschen mit ihrem Rufen nicht mehr schlafen lassen, bis sie nachtwandlerisch dem Klange nachgehen und sich sterbend ihm vermählen ...

Den Vater hielt es nicht länger auf dem Podium; er zog mich nach sich in das kleine Künstlerzimmer, allwo schon eine in allen Sprachen und Zungen psalmodierende Gemeinde des großen Mannes versammelt war und einige bei seinem jeweiligen Erscheinen zwischen den Zugaben – jetzt donnerte er gerade die „Wut über den verlorenen Groschen" dort oben – laut aufheulend auf ihn zustürzten, seine Hände küßten und eine besonders empfindsame Seele wie vor dem Venerabile in die Kniee sank. Aus dem vielstimmigen Chorus klang immer wieder der begeisterte cantus firmus heraus, daß dieser Abend in die Annalen der Berliner Musikgeschichte eingegangen sei, dieser Abend, an dem Eugen d'Albert nach jahrelangem Schweigen die beiden Beethovenkonzerte G-dur und Es-dur und das Lisztsche Es-dur-Konzert zu neuem Leben erweckt hatte.

Als nun die Philharmoniker den letzten Tusch auf den Gefeierten ausgebracht hatten und der untersetzte Herkules nach seinen verrichteten sieben Arbeiten seinen Riesenschädel durch die kleine

Türöffnung des Künstlerzimmers zwängte, da hörte ich zum erstenmal dessen Stimme. Es schien mir, als hätte es dem lieben Gott bei so viel Vollkommenheit nicht mehr gereicht, den Mann auch noch mit einer schönen Stimme zu begaben, denn mein Lebtag hatte ich solche Laute noch nicht vernommen. Aber er war ja ein Zauberer und gehörte so einem anderen Geschlecht an; es dauerte nicht lange, da fand ich dies Gekrächze, das an den lauten Pfauenschrei gemahnte, ganz in der Ordnung. Wie nun der Zauberer mir gar die Hand hinstreckte, die Hand, die mir gar nicht so schön und ausgearbeitet dünkte wie die meines Vaters, da konnte er wohl in meinen Augen lesen, daß er ein Feuer in dem Knaben angezündet hatte, das nicht mehr verlöschen sollte.

Es konnte nun geschehen, daß ich gar nicht mehr vom Klavier fortfand, von diesem geliebten Instrument, das mir durch dieses einzige Erlebnis aufs neue geschenkt erschien. Gab es doch keines unter allen seinen tönenden Geschwistern, das so aus der Fülle spenden konnte, keines, das solcher gewaltigen dynamischen Gegensätze, vom dröhnenden Fortissimo bis zum verhauchenden Glissando der Äolsharfe, fähig war. Es war schon ein Orchester, destilliert in der reinsten Quintessenz, dirigiert und gespielt zugleich von *einem* Spielmann. Darin lag sein ungeheurer Vorzug, aber auch seine ungeheure Schwierigkeit begründet. Nur allzu natürlich, daß der Knabe versuchte, hinter das Klanggeheimnis der Oreade zu kommen, wenn er sich auch sagte, daß mit Fleiß hier nichts auszurichten sei.

Hier konnte nur die schöpferische Klangphantasie auf den Plan gerufen werden. Wie er aus Erfahrung wußte, daß die schöpferische Eingebung, der „Einfall" sich trotz aller guten und besten Absichten nicht erzwingen läßt, daß er von der Gunst der Sternstunde abhängt, so lernte der ganz auf sich selbst gestellte junge Klavierritter nun begreifen, daß eine Sonate von Beethoven nicht in einem Monat, aber auch nicht in einem Jahre „studiert" werden konnte. Natürlich, was die technische Seite beträfe ... – aber auch hier meldete sich sogleich der „Pensieroso" und meinte: „Ja, was verstehst du denn unter Technik, du armer Stümper; meinst du, es sei genug, wenn die Passagen, die Akkorde einwandfrei erklingen; meinst du, es sei genug, wenn dir an einem Klavierabend auch nicht *ein* „Malheur" passiert? Ist denn nicht die Technik, wie der Leib dem Menschen, angeboren und muß diese nun nicht mit der Seele zu einem untrennbaren Ganzen verschmelzen?"

Erst später konnte ich diese Gedanken des treuen „Pensieroso" ganz begreifen und bei den meisten der jungen Schüler und namentlich den weiblichen Adepten bestätigt finden. Unzufrieden mit ihrem alten Adam, mit ihrer alten Eva, hatten sie sich einen neuen Leib zugelegt in der trügerischen Hoffnung, mit seiner Hilfe bei der Bewältigung der technischen Probleme, die für alle Künstler ohne Unterschied bestehen, schneller und sicherer voran zu kommen. Aber es gab auch noch Unglücklichere, nämlich die, welche ihre Seele undankbar verwarfen und glaubten, diese gegen eine andere eintauschen zu können.

Dann konnte es nicht mehr Wunder nehmen, wenn sich blasse überzarte Blondinen mit der „Appassionata" am Flügel bemühten, den vom selbstzerfleischenden Dämon besessenen Berserker zu spielen, daß sie ein Leben lang wider ihre bessere Natur leben wollten, anstatt die ihnen vom Schöpfer auferlegten Grenzen anzuerkennen. Solchen armen Schlemihlnaturen kann man vornehmlich in Deutschland begegnen, im Lande Goethes, dessen Persönlichkeit die lebendige Verkörperung für den von Platon geforderten „harmonischen" Menschen gewesen ist. So oft, wenn auch mir der Versucher nahte und mir zuredete, in der geschilderten Weise „über meine Verhältnisse" zu leben, meldeten sich die treuen Amboßmänner zum Wort und hämmerten und hämmerten, bis mir der Hang zum Krampf, zur Unnatur, zur Sucht, etwas „darstellen" zu wollen, wieder ausgetrieben war.

Ja, das waren herrliche Tage meines Lebensfrühlings, da der morgenfrische Wind die schönsten Samenkörner ins junge Erdreich fallen ließ. Im Garten am Kiez blühten wiederum die Bäume, das alte bucklige Wesen brachte mit seinen Grabpfoten die ersten Schätze aus der noch kalten Erde ans Licht und die Amsel sang ihr schwermutvolles und doch so holdes Lied. Der uralte Lamapriester schien auch noch in der noch unberankten Laube seinen Winterschlaf fortsetzen zu wollen, denn so oft der junge Wirbelwind auch an ihm vorüberfegte, es rührte sich nichts aus dem wohlverpackten Kleiderbündel. Nein, hier würde der „Augenlose" nicht viel zu tun bekommen; ein leises Winken mit der Hand nur ...

Wenn ich meine Schritte nach dem Gartenhaus lenkte, an dem knospenden Jasminbusch vorbei, die steinerne Treppe hinauf, deren schmiedeeisernes Geländer dann später ganz von der duftenden Waldrebe zugedeckt wurde, und hinein in den lustig-luftigen Raum mit den tanzenden Sonnenstrahlen, da ertönte dann zugleich mit dem Flöten der Amsel aus dem geöffneten Nachbarfenster gar lieblicher Gesang. Ich wußte bereits, wem diese Stimme gehörte, denn fast immer wurde bald im Fensterrahmen ein blonder Mädchenkopf sichtbar, der mich entfernt an die Lusinga Lusinganda erinnerte. Sollte sie hierher verzogen sein – oder gab es gar mehrere von der Art? Wie dem auch sein mochte, es war auf jeden Fall kaum auszuhalten auf dieser schönen Welt! Das schienen auch die kleinen drallen Buchfinken zu finden, die nun die Amsel mit ihren derben Trillern ablösten.

Ich erinnere mich noch, daß ich zu der Zeit an einer Sonate für Klavier arbeitete, deren Thema – sicherlich hatte da die Amsel mitkomponiert – ich nicht vergessen habe:

Diese Sonate wurde so recht erst der Anlaß, daß ich die persönliche Bekanntschaft eines anderen Großen im Reiche der Tasten machen durfte, eines Mannes, den man hätte einen posthumen musikalischen Leonardo heißen können: Ferruccio Busoni.

Gewiß, auch d'Albert war keineswegs eine einseitige Begabung, denn der große Magier des Klaviers hatte auch auf dem Gebiet der Oper seine dramatischen Leidenschaften ausgetobt. Aber gemessen an der Erscheinung des Deutsch-Italieners Busoni senkte sich das Zünglein an der Waage zugunsten dieser einmaligen Künstlererscheinung, wollte man die universelle Bedeutung der beiden miteinander abwägen. D'Albert mußte man am Klavier erlebt haben; sein Spiel wirkte dann elementar und es fuhr wie der Blitz mit nachfolgendem gewaltigen Donner in die Reihen der ob solchen Geschehens sprachlosen Zuhörer. Anders dagegen Busoni. Auch er war ein Zauberer am Klavier. Doch sowohl als Pianist wie als Komponist gab er sich nicht zufrieden, kraft seines unerhörten Klangsinnes, seiner phänomenalen unfehlbaren Technik, seines ungeheuren Wissens den von ihm dargestellten Werken seinen Stempel aufzudrücken.

Ihn lockten die noch nie betretenen Pfade, deren geahnte Existenz ihn nicht ruhen ließ, bis er sich aufmachte, um zu dem sehnsüchtig gesuchten Neuland vorzustoßen. Kannte der andere in seiner urwüchsigen Triebhaftigkeit keinerlei Probleme, so war man bei den ersten Takten dieses genialen „Übersetzers" der Meisterwerke in seine oft schwerverständliche Sprache in eine Gedankenwelt eingeführt, die ihren Ursprung aus einer sublimen Geistigkeit herleitete. Drum war es nicht allzu verwunderlich, daß der oberflächliche Teil des Publikums – und wohl auch der größere – sich nur an der einzigartigen technischen Vollkommenheit berauschte. Trat diese nicht in Erscheinung, dann blieb der Spieler dort oben in erhabener Einsamkeit, eingehüllt in eine Atmosphäre reiner, aber dünner Luft, wie ein ferner Gott, dem die Sehnsüchte, Wünsche und Schmerzen der Menschen nichts anhaben können.

Nicht umsonst setzte sich dieser im wahrsten Sinne des Wortes künstlerischste aller Künstler der damaligen Zeit mit dem Faustproblem auf seine Weise auseinander, er, der zuweilen selbst auf dem Podium wie ein aus der Studierstube durch Zauberspruch versetzter Faust erscheinen mochte, aber nicht der alternde, sondern der in männlicher Schöne prangende Faust. Denn seit Liszts allesüberragender Erscheinung hatte man wohl kaum eine solche Gestalt am Flügel erblickt: der Stempel des Außergewöhnlichen war diesem wundervoll profilierten Antlitz aufgeprägt. Wahrlich, die so oft mit äußeren und gewaltsamen Mitteln angestrebte Koalition Italien-Germanien hatte hier durch das Walten der Götter eine lebendige Synthese gefunden. Die ins Tiefste dringende Gestaltung, die zum Gesetz erhobene Beherrschung der Form, auf der anderen Seite aber die völlige Gelöstheit dieses Spieles fand hierin ihre Erklärung.

Der erste Versuch, sich dem Dunstkreis des großen Mannes um ein bedeutendes zu nähern, schlug fehl. Wohl gelangte der allzeit bei solchen Gelegenheiten festlich-frohgestimmte Vater mit seinem Sohn bis an die Pforte des Heiligtums, allwo das Namensschild des Berühmten prangte. Ein schneller verständnisinniger Blick von seiten des Vaters – und der Sohn hatte nach kurzem Zögern zuversichtlich die Klingel gezogen. Doch er war zurückgewichen, denn als hätte dieses Klingelzeichen das Signal für den Einsatz eines vielstimmigen Chores gegeben, war im gleichen Augenblick heller Gläserklang ertönt, waren vielstimmige Rufe laut geworden, von einem schnell und begeistert angeschlagenen Akkord unterstützt, ganz so, als wären die beiden durch einen Zauberspruch auf eine Bühne versetzt worden, wo gerade das Fest bei „Violetta" auf seinem strahlenden Höhepunkt angelangt sein mochte. Es beschlich die beiden ein recht unbehagliches Gefühl, demjenigen von zwei ungebetenen Hochzeitern zu vergleichen.

Unsere Hochstimmung war blitzartig um zwei volle Oktaven „al basso" gedrückt worden. Wir wagten nicht, ein zweitesmal durch Betätigung des Klingelknopfes einen solchen unerwarteten Effekt hervorzuzaubern. Und schon wandten wir uns enttäuscht zum Gehen, als die Tür geöffnet wurde und eine seltsame Erscheinung nach unserem Begehr fragte. Das von einem Wald von Haaren eingerahmte Gesicht, das geradezu an alte Perückenstiche der Clavecinisten gemahnte, der fremde Akzent des Fragenden steigerte unsere Verwirrung um ein vieles. Gewiß war es der Famulus des Meisters, den er sich von weither, vielleicht gar vom Mond mitgebracht hatte. Und wiederum schwoll das Stimmengewirr zu einem blendenden Fortissimo an, es hätte nur noch eines Becken- und Triangelschlags bedurft, um die Illusion eines Finale oder vielmehr der Stretta eines solchen vollkommen zu machen.

Und wiederum hatte sich eine Tür geöffnet. Es erschien aber nicht „Violetta", sondern eine hochblonde Frau, unverkennbar nordischer Herkunft, die, ein Champagnerglas in der Hand, einen ihrer Gäste zu suchen schien. Da fiel ihr Blick auf die beiden ungebetenen Hochzeiter, deren Dialog mit dem seltsamen Famulus sich zu einer wahren „fuga contrapunctissima" verknotet hatte. Sie steuerte in voller Fahrt auf die beiden zu, die unwillkürlich zur Seite wichen, eine unvermeidliche Kollision befürchtend.

„Das ist der Vater, das ist der Sohn", rief die Schöne uns lachend zu, als hätte sie uns längst gekannt, und ihre blauen Augen blitzten meinen für solche Blicke nicht unempfindlichen Vater übermütig an. „Sie kommen zur guten und auch zur schlechten Stunde, nein, für Sie natürlich zur schlechten Stunde. Sie hören ..." – „Evviva il maestro", tönte es gerade aus dem Nebenzimmer – „die neue Oper meines Mannes wird gefeiert; wir kommen eben von Hamburg, herrliche Uraufführung, oh, ich bin so ‚lycklig', verzeihen Sie vielmals, in der Freude drängt sich leicht die Muttersprache auf die Zunge." (Frau Gerda Busoni ist Finnländerin schwedischer Abkunft). – „Sie kommen ein andermal wieder, nicht wahr, wenn die Gläser nicht klingen und wenn es hier oben schön ruhig ist; also nochmals, nicht böse sein, ich bin ja so lycklig heute, addio, Ferruccio ruft schon nach mir, addio, also heut in einer Woche." Und fort war der Wirbelwind.

Doch uns war ganz warm ums Herz geworden. „Und wir haben nicht einmal gratuliert zu der neuen Oper", so rief ich auf dem untersten Treppenabsatz aus.

„Ich habe mehrmals einen Anlauf genommen", verteidigte sich der Vater, „aber immer den Einsatz verpaßt."

„Sie ist bestimmt nicht böse auf uns, das ist gewiß. Ich finde sie reizend."

„Still, Wilhelm, wenn die Mutter dich so zu Haus hört, so muß sie denken, wir haben eine Vergnügungsreise unternommen."

„Ich bin auch sehr glücklich, ‚lycklig' sagte sie, das muß schwedisch sein; ich finde es eigentlich viel reizvoller, wenn man so gebrochen Deutsch spricht."

„Nun aber genug", versetzte der Vater jetzt wieder ernst, „hoffentlich haben wir das nächste Mal mehr Glück; du hast so noch Zeit gewonnen, dich vorzubereiten." – –

Es konnte „Blubber" und „Paulchen" nicht verborgen bleiben, daß ich in dieser Woche während der mir endlos dünkenden Stunden häufig durch geistige Abwesenheit glänzte. Nur der „kleine Mann", mein nunmehriger Mathematiklehrer, witterte in seinem angeborenen Feingefühl den Grund solcher Häufungen von völliger Geistesabwesenheit. Übte er schon sonst eine rührende Rücksicht, indem er beim Aufruf sich vorher höflich vergewisserte, ob ich Zeit gehabt hätte, mich vorzubereiten – worauf so manches Mal ein treuherziges „Nein“ ertönte –, so glaubte er jetzt die völlig idiotischen Antworten mit dem klassischen Ausruf: „Kempff komponiert“ entschuldigen zu müssen, wobei er die beiden „k“ so scharf artikuliert aussprach, daß ich noch heute in der Erinnerung daran einen leichten Gaumenkitzel verspüre.

Und wiederum standen wir vor der gleichen Pforte. Dieses Mal aber wurde sogleich geöffnet; kein Famulus war zu erblicken, es war Busoni selbst, der da im Türrahmen erschien, seltsam bleich und übernächtigt, so daß die Augen in diesem herrlich durchgeistigten Antlitz wie die eines Fieberkranken phosphoreszierenden Glanz erhielten. Hatte uns das erstemal das Übermaß an akustischen Effekten bedrückt, so lastete nun die mönchische Stille – denn es war weder ein Famulus, noch ein dienstbarer Geist zu erblicken – wie Zentnerschwere auf unseren Gemütern. Eine stumme Handbewegung – und wir befanden uns in dem von einer flachen Halbkugel überwölbten Musikraum. Erst da ich die beiden Bechsteine erblickte, wich die Beklemmung meines Herzens; sie war von mir gewichen, dafür aber auf den armen Vater übergegangen, der nun seinerseits die Zeit für gekommen hielt, mit nicht gerade sehr flüssig vorgetragenen Einleitungsworten die klösterliche Stille zu durchbrechen.

Busoni hörte ihm aufmerksam zu, während seine herrlich geformte Rechte das Haupt stützte. An wen erinnerte er nun? Ah, dies war ja der „Pensieroso“, dessen steinernes Bildnis Leben gewonnen hatte. Als hätte die Natur selbst teil an der letzten Formung dieses Bildnisses, so warf die Nachmittagssonne ihre Strahlenbündel über diese Erscheinung und entzündete über seinem blonden Haupte eine leuchtende Aura, wie ich sie bisher nur auf alten Bildern der Erzengel gesehen hatte.

„Erzählen Sie von sich selber, der Giovanino wird mir dann hier etwas vorerzählen“ – und seine Hand wies mit lässiger Grazie auf den ihm zunächst stehenden Flügel.

Diese unerwartete Aufforderung gab meinem Vater seine Sicherheit zurück und er ließ ein beglücktes Räuspern hören, als wollte er seine Lieblingsarie „In diesen heiligen Hallen“ beginnen. Doch es hätte so vieler umständlicher Vorbereitungen gar nicht bedurft, denn kaum daß das Wort heraus war, daß der Vater Organist an St. Nikolai in Potsdam sei, da schnellte der Frager in die Höhe und rief mit dem Feuer südländischer Begeisterung aus: „Sie spielen Orgel, Sie Glücklicher; ja, daß ich Ihnen aber das auch nicht gleich auf den Kopf zugesagt habe! Auch ich begann an der Orgel und vielleicht kehre ich noch einmal zu ihr zurück wie ein reumütiger Sünder." –

„Aber Meister", echote es a due voci abwechselnd von Vater und Sohn.

„Wenn ich Bachs C-dur-Toccata, Sie wissen, die große C-dur, oder das vielleicht noch größere – was ist bei Bach nicht groß?" fügte er lächelnd hinzu, „das Es-dur-Präludium mit der Tripelfuge spiele, dann ist es mir, als hörte ich die alte Orgel von Empoli. Doch, man muß sich bescheiden; ich versuche eben, Orgel auf dem Klavier zu spielen, – das ist das ganze Geheimnis.

„Aber Sie waren zu mir gekommen, nicht um von *mir* zu hören. „Nun", seine volltönende Stimme hatte wieder ihren pastoralen Klang, „und nun, nun rede du."

Diese letzten Worte wurden mit seltsamer Betonung gesprochen. Daß der Meister hier die Überschrift zu einem der herrlichsten Gedichte Conrad Ferdinand Meyers zitierte, das entdeckte der einstige Obersekundaner erst später.

Ich verstand aber diesen Wink und setzte mich an den Flügel. Als mir vor gar nicht so langer Zeit die Tagebucheintragungen aus jenen Tagen wieder bei einem Besuch bei meiner alten Mutter in die Hände fielen, da entdeckte ich auch die Namen Bach, Beethoven, Chopin. Also hatten die alten Meister an jenem denkwürdigen Tage Wache gehalten. Und als Postscriptum war dann noch in der selbstbewußten Schrift des Obersekundaners stolz vermerkt: „Ferruccio Busoni meine Fis-dur-Sonate vorgespielt."

Man kann es wohl verstehen, daß das Lob aus dem Munde dieses Meisters dem jungen Komponisten stolze Röte ins Gesicht trieb. Daß aber auch die Kritik des Meisters ihm Perspektiven eröffnete, deren Horizont sich ihm erst in der Zukunft zu neuer Schau weiten sollte. Und als schienen ihm die Worte noch nicht genug, so setzte sich nun der Meister selbst an den Flügel und meinte heiter zu dem Jüngling: „Du siehst, *unsere* Orgel hat nur eine Klaviatur, aber wieviele Manuale! Ich bin sogar ein solcher Ketzer, daß ich behaupte, die meisten der Bachschen Choralvorspiele lassen sich auf unserem heutigen Flügel besser darstellen als auf der für diese Pretiosen viel zu mächtigen und schwerfälligen Orgel." Und schon glitten seine Finger über die Tasten, um das Choralvorspiel: „Nun freut euch lieben Christen g'mein" aufklingen zu lassen.

Ich sage nicht „spielen", denn es war ein Klingen, wie ich bis dahin das Klavier nicht hatte „lauten" hören. Bach hat hier den cantus firmus in den Tenor verlegt, während die Melodie in der Linken von behäbigen Achteln, in der Rechten aber von einem silbernen Filigranwerk noch kürzerer Notenwerte eingerahmt wird. Ich glaubte, eine tönende Dreieinigkeit zu hören, eine Orgel der Zukunft.

Als er geendet hatte, nickte der Knabe nur still. Er hatte begriffen. – Die Tür hatte sich hinter den beiden fast geräuschlos geschlossen. „D'Albert hätte diese gewiß mit einem echt Beethovenschen Sforzato zugeworfen", mußte der Knabe denken, – da hielt plötzlich der Vater im Gehen inne. Ihm war wieder einmal sehr ernst zumute, ihm, dem meist so Glückstrahlenden, denn etwas Großes hatte ihn berührt, der Mantel des Heiligen hatte ihn auf Augenblicke gestreift. „So habe ich Bach nie auf der Orgel spielen hören", meinte er nun überwältigt. „Käme eine Zeit, in der es mehr von dieser Art gäbe, dann würden die Nurvirtuosen und lebenden Klavierautomaten von selbst verschwinden ..."

Und nun der Knabe: „Wohnten wir noch am Wilhelmsplatz, ich hängte mir bestimmt sein Bild in der Ehrengalerie über meinem Bett auf, weißt du, in der Reihe der alten Meister", und die beiden schlugen, wieder in Potsdam angekommen, den Heimweg ein. Und glückstrahlend wie einstens sein fünfjähriger Sohn, als dieser mit blanken Augen Jagd auf die Wasserschweine in der Havel gemacht hatte, so lehnte der Vater sich nun über das Geländer der Langen Brücke und meinte mit einem Seufzer aus tiefer Brust: „Ach, mein Potsdam, vergäße ich dein, so wollte ich meiner Rechten vergessen."

Und die Sonne, als wollte sie ein übriges dazu tun, zündete auf den bekrönten kupferbedachten Zinnen des Stadtschlosses ein abendliches Feuer an, das auch den müdegewordenen Atlas auf dem Rathaus ergriff und schließlich weiter in die Höhe sprang, bis es das Kreuz auf der gewaltigen Kuppel der St. Nikolaikirche über und über vergoldete. Wenn es dann die Gunst der Stunde wollte, daß hoch oben vom Turm der Garnisonkirche das „Lobe den Herren" unseren Weg begleitete, dann faßten sich die beiden schweigend an der Hand und ihre Seelen schwangen im Rhythmus des Türmerchorals mit. – –

Es mochte wohl Augenblicke gegeben haben, da ich die Handlungsweise des Erlkönigs im langen Bart als grausam empfand, der mich so ganz abgehängt und den „Eulen" zum Fraß hingeworfen hatte. Mochte er nun zusehen, was daraus geworden sei, wenn ich wieder vor sein strenges Angesicht treten würde. Denn es stand schon jetzt fest, daß ich nach Absolvierung des Gymnasiums meine Schritte geradeaus in das prächtige Vestibulum der Berliner Musikhochschule lenken würde. Das war auch die Ansicht Meister Roberts, der – gerade in den Zeiten der Frühlingsstürme – das ihm anvertraute Pflänzlein fleißig begoß, wobei er einige vergnügte „Sodeles" hören ließ. „Wer kann es wissen, ob du nicht eher zum Komponisten geboren bist", meinte er aufgeräumt, „und in diesem Fall kann dir der Umgang mit den Göttern Griechenlands nur förderlich sein. Ja, ich könnte dich darum beneiden! Der Clementi, Czerny und Liszt, die laufen dir nicht fort, aber Griechisch lernt man nur einmal im Leben ...", und er goß mir noch eine Tasse des dunkelsten Tees ein und legte als „Trosthäppchen" ein Stück des von mir so geliebten Rosinenkuchens auf den Tassenrand, von wo es im Augenblick verschwunden war.

Und wie leicht hätte es geschehen können, daß mein Klavierspiel in der Zeit der großen Vakanz nicht doch eine „kapellmeisterliche" Note erhalten hätte, jene Note, die mir der Erlkönig immer als grauenhaftes Menetekel vor Augen gezaubert hatte, wenn diese oder jene Stelle in dem ihm verhaßten genialen al-fresco-Stil mit einem dazugehörigen Schuß Pedals behandelt worden war. Er wußte nur zu genau, wie schnell in jenen Jahren der Entwicklung der Verfall einer wohlerworbenen Technik eintreten konnte, wie bald der ahnungslose Jünger der schwarzen Tasten unter den Schlitten gerät und mit diesem den prestissimo-Rutsch im rasenden Glissando in die musikalische Unterwelt vollführt.

Auch Meister Robert ließ es sich angelegen sein, seinerseits dazu beizutragen, das jetzt gar nicht mehr so schmerzlich empfundene „Vakuum" durch gesteigerten Druck der künstlerischen Atmosphäre aufzufüllen. Eines Abends eröffnete er mir nach dem Unterricht, daß er mich mit zu einer alten Dame, die am kleinen Wannsee in einer paradiesisch gelegenen Villa lebte, kurzerhand mit eingeladen habe. Im gleichen Augenblick rauschte auch schon Frau Katharina herein, in sichtlicher Vorfreude auf die uns erwartenden Genüsse. „Du wirst nicht untätig sein am heutigen Abend", sprudelte sie hervor, „denn Robert spielt nicht gerne vor Leuten, das weißt du ja. Aber du mußt unbedingt Ehre einlegen, es lohnt sich; du – die alte Cornelia hat die besten Ohren von ganz Berlin, was wirst du spielen? Etwas Eigenes muß schon darunter sein; du bist dort avisiert als Roberts bester Schüler."

„Gerechter Gott, Weibsbild ausverschämtes, du machst ja dem Wilhelm schon vorher bange. Er spielt nur, wenn er Lust hat, und damit basta." So der Meister Robert. Hätte der Gute gewußt, wie sehr ich in jenen Tagen darauf brannte, unter allen Umständen an das Klavier gelassen zu werden, er hätte sich nicht unnötig „alteriert", wie man so gerne im badischen Ländle sagte. Und während die fauchende Lokomotive den Wannseezug prustend und quietschend an den endlosen Stationen vorbeizog, ward schnell das Programm gemacht.

Mir schien, Meister Robert hielte an diesem Abend noch eine Überraschung bereit; denn aus seinen Augen, wie aus denen seines immer noch bildhübschen Gespons' schossen nur so die Sprühteufelchen heraus, so daß die Mitfahrenden dann und wann über den Rand ihrer obligaten Abendzeitung lugten, durch offensichtlichen Zweifel gequält, wo und wie sie uns drei unterbringen sollten. Es war das erstemal, daß ich mich aus der Enge der elterlichen Wohnung in die vielgerühmte „große Welt" versetzt sah. Ich hielt mich dicht an Meister Robert, das Schicksal segnend, daß auch der nicht viel „auf Eleganz" sah, sondern tagaus, tagein am liebsten in seiner Joppe einherschlenkerte. So hatte ich am meisten Aussicht, am wenigsten aufzufallen.

Aber da kam ich beim Meister falsch an. „Du bist gebührend annonciert und du wirst gebührend empfangen werden", so schimpfte er nun in seinem gutmütigen Badisch, „da komm nur her, hier ist die Frau Cornelie Richter und das hier, das ist der Wilhelm, – sodele."

Der kleinen, trotz ihres augenscheinlichen hohen Alters lebhaft um sich blickenden Dame stand ihr Sohn zur Seite, der die Honneurs machte, eine Hünengestalt mit einem ins Rötliche schimmernden Vollbart. So stellte ich mir Max Klinger vor, für den ich eine geheime Verehrung im Herzen trug.

Die Antwort der alten Dame gab mir insofern recht, als sie stolz bemerkte: „Mein Sohn ist auch Künstler, Maler wie sein Vater Gustav Richter, ich dagegen bin nichts, gar nichts – doch, etwas – ich bin, so glaube ich wenigstens, eine gute Zuhörerin; das werden Sie vielleicht bemerken."

Die Umstehenden waren still geworden, als sie sprach, und schauten zu ihr auf wie zu einer Fürstin. Bei den letzten Worten aber war sie aus ihrer höfischen Mitte getreten und nahm meine Hände in die ihren, indem sie mir tief in die Augen schaute. Da sah ich, daß sie doch viel, viel älter sein mußte.

„Sie lieber guter Jüngling", so fuhr sie nun fort und jetzt schien mir auch der Klang ihrer Stimme um Dezennien gealtert, „können Sie sehr weit zurückdenken, Sie Kind des zwanzigsten Jahrhunderts?" — —

„Nein, nein", rief nun der Jüngling stolz, „ich bin auch ein Kind des neunzehnten", worauf ein schallendes Echo der Umstehenden antwortete.

„Können Sie weit zurückdenken?" so psalmodierte unbeirrt die alte Sibylle weiter. „In meinem Vaterhaus, in Paris, da verkehrten Rossini, Heine, Chopin. Ich habe Liszt gehört in seiner großen Zeit."

„Nicht möglich", und der Junge geisterte die Alte an, „Liszt, ja, das mag noch hingehen, aber Chopin — — Chopin!"

„Doch, doch, er hat diese Hände gehalten – sie hatten damals noch keine Runzeln, es waren noch Kinderhände, aber immerhin – es waren doch dieselben Hände, die ich Ihnen jetzt reiche, mein lieber guter Jüngling. Ich will Ihnen des Rätsels Lösung sagen, ich bin die jüngste Tochter Meyerbeers."

„Des Hugenotten", rief ich in völliger Geistesverwirrung aus, worauf wiederum die Runde der Gäste mit einem Lachchor einfiel; einige spendeten sogar dieser unerwarteten Antwort richtigen Applaus.

„Und des Propheten" – apostrophierte mich nun lustig Meister Robert.

„Kein Hugenott und kein Prophet", und aus der unbeirrbar wieder einsetzenden Stimme klang müde Resignation, „aber ein guter Musiker und — ein guter Vater.

Jetzt werde ich Ihnen den Raum zeigen, wo Sie spielen werden. Erschrecken Sie nicht; es steht nur ein Pianino darin, aber mein ganzes Herz hängt an diesem alten Steinway-Klavier.

Am Pariser Platz, da stehen die Flügel, da machen wir die ‚große' Musik. Und doch — ich liebe nicht die Konzertflügel im Heim. Chopin machte einen weiten Bogen um sie und sie waren damals noch klein zu nennen im Vergleich zu den heutigen schweren Geschützen; nein, er flüchtete sich immer an das alte Erard-Pianino meines Vaters. Es durften nur wenige ihm zuhören; vor der Menge verschloß er sich wie die Lotosblume vor dem grellen Tageslicht. Die Dämmerung — das war seine Zeit. Doch im letzten Jahr seines Lebens, im Jahre 1849, da war auch in der Dämmerung seine Musik verstummt" — und die Stimme der Tochter Meyerbeers erstarb gleichsam in einem geflüsterten Smorzando.

„Der Vater machte uns jedesmal ein Zeichen, wenn wir an dem Hause der stillen Place Vendôme vorbeigingen. Seine dunklen Augen hatten dann etwas Beschwörendes, als müßte er ein ganzes Orchester zum dreifachen Pianissimo herabdämpfen – und indem er auf die geschlossenen Fenstervorhänge des ersten Stockes deutete, flüsterte er: ‚Dort oben liegt Chopin sterbenskrank' – und unsere jungen Augen starrten zu den Fenstern hinauf. Mein lieber junger Freund, wenn Sie jemals der Weg dorthin führt, wo das Leben nicht so schwer auf den Menschen lastet und wo es sich leichter atmen läßt, nach Paris, dann gehen Sie zur Place Vendôme und grüßen Sie mir dieses Haus, und denken Sie dabei ein ganz klein wenig an eine alte Frau ..."

War es zu verwundern, daß der „liebe gute Jüngling" an jenem Abend, da es schon bei den Präludien in seinem Innern geheimnisvoll aufrauschte und die Meister aus ihrem Dämmerschein sichtbarlich ins Licht getreten waren, war es zu verwundern, daß ihm heute neue Kräfte zuwuchsen, als er nun selbst sich an das kleine „Pianino" setzen durfte und die Alte wie verloren ihren Blick in die ferne Weite gleiten ließ?

Er hatte das beglückende Gefühl, daß er eigentlich sich selbst gar nicht kannte, daß da von unbekannter Hand bis dahin verschlossene Türen aufgestoßen wurden, hinter denen das wahre Leben erst recht begönne, ein Leben auf höherer Ebene, gegen welches das „andere" mit seinen Bedrohungen, mit seinen tausendfachen Qualen nur als ein böser Traum erscheine. Und während er spielte, spielte „es" aus ihm und seine Finger suchten wie nachtwandlerische Schläfer ihren Weg. –

Ah, da war es wieder, das, was er an jenem Märzsonntag gesehen hatte, das Schiff mit der singenden Großmutter, als sie ihre letzte große Reise antrat ... der von der Abendsonne überglänzte Rheinstrom ... das Meer ... und jetzt, o Wunder: die Oreade begann zu tönen, erst leise, dann unaufhörlich anschwellend, bis das Abendsonnenmeer in seine Seele fiel.

Als nun die Schlußtakte des „Nocturne" erklangen, allwo die beiden Hände sich zu berühren meinen und doch wieder sich entfernen, wie Sterne, deren Bahn sich ein einzigesmal genähert und die nun in unermeßlichen Ellipsenkurven in die Unendlichkeit auseinanderstreben:

Da wagte der Spieler nicht auf –, geschweige denn um sich zu schauen. – –

Schweigend hatten wir den Weg im Mondschein der Augustnacht zum Bahnhof angetreten. Die weite Fläche des großen Wannsees lag still, wie schlafend ausgebreitet vor uns und nur ein einsamer Segler, ein Schwärmer unter den Sportsleuten, schien sich kümmerlich von dem kaum wahrnehmbaren Wehen der blauen Nacht zu nähren. Wie sich unsere Wege trennten und die beiden „Lumpensammler" fast gleichzeitig einliefen – so wurden die letzten Nachtzüge benannt –, da rief der gute Meister Robert noch im Abfahren dem Knaben zu, aus dem nun endgültig ein Jüngling geworden war: „Ich nehme das zurück von neulich, du weißt, als ich meinte, du seiest vielleicht nicht zum Klavierspieler geboren."

Und der Junge warf die Mütze in die Höhe zum Zeichen, daß er verstanden hatte, und sprang auf den jämmerlich quietschenden „Lumpensammler".

Das Schulschiff läuft in den Hafen ein

Als ich glücklich in der Oberprima angekommen war, da hatte unser „Schulschiff" nicht mehr ganz dieselbe Besatzung. Einige, denen das Schiff allzu schnelle Fahrt gemacht hatte, waren zurückgeblieben. Wieder andere hatten einen Kurswechsel vorgenommen und trieben nun auf fremden Schiffen fremden Zielen zu, einer sogar war über Bord gespült worden und schließlich der eine, einzige — nun, von dem soll nachher noch die Rede sein. So kam es, daß die „reinen Viktorianer", die von der Sexta an den Eulen ihre tägliche Reverenz erwiesen hatten, sich in der Minderzahl befanden. Diese hielten denn auch wie Pech und Schwefel zusammen. Sie bildeten sich mächtig viel auf ihre beharrlichen Sitzflächen ein, so nach Art der indischen Brahmanen eine Kaste für sich bildend. Wenn diese wenigen Außenseiter dann und wann zusammenkamen, dann kramte wohl mein guter Freund aus jenen Tagen, Karl Weltz, aus seiner Jackentasche einen zerknitterten Brief hervor und meinte lakonisch: „Da, lies mal" —, und während der schlanke Doppelskuller auf Poztopimis gemächlichen Fluten dahintrieb und der Rohrspatz mit seinem „Kallekallekikiki" im Schilfe lärmte, da wanderten dann die Gedanken zu einem, der die Stadt der preußischen Könige nicht vergessen konnte und — o Wunder — nicht nur die Stadt nicht vergessen konnte, sondern auch das Eulengymnasium und alles, was nur lose oder noch „loser" mit ihm zusammenhing.

Zu diesen hatte mein Freund aus den ersten Tagen des ABC-Schützen gehört, der zu alledem noch ein Namensvetter von mir gewesen war. An unserer Freundschaft hatte nichts gefehlt als das eine „f" und trotz dieses Unterschiedes bekamen wir uns fast nie in die beiderseitigen blonden Schöpfe, sondern wanderten einträchtiglich wie Castor und Pollux unsere frühe Lebensbahn. Er war mutiger gewesen als ich, das wußte ich, ob es nun beim Schwimmen oder bei der Vorführung der „Riesenwelle" am Reck gewesen war. Meine Bewunderung hatte dann keine Grenzen gekannt. In solchen Augenblicken hätte ich ihm sogar mein zweites „f", auf das ich sehr stolz war, abgetreten.

Wir hatten zusammen auf dem Brauhausberg den Kaninchen nachgespürt, hatten die Kaulquappen im Teufelssee auf Flaschen gezogen und waren im Anschluß an diese Raubzüge in seine elterliche Wohnung eingebrochen. Hatte ich mich dann mit einer Mozartschen Sonate von allen diesen Sünden losgespielt, dann ging wohl der Vater meines Pollux mit uns Jungen in das nahe Observatorium. Denn er war ein großer Sterngucker vor dem Herrn, der zwar nicht das Glück gehabt hatte wie der alte Galle, dem Planeten „Neptun" auf die Spur zu kommen, wohl aber in endloser Forschung die Bahnen jener Gestirne berechnet hatte, die sogar für das Riesenauge des Potsdamer Teleskops unerreichbar waren.

Wir warteten dann auch hübsch artig, ja mit einem frommen Schauder, bis das Drehen und Kreisen der gewaltigen Kuppel in einem grandiosen Ritardando ein Ende gefunden hatte und nun das Riesenauge auf uns zugeschwenkt wurde, auf uns lächerliche Zwerge. Doch wir brachen nun nicht nach gutem Potsdamer Hofdamenstil in exaltierte „Kosmos- und Atomschreie" aus, nein, wir hielten uns damals als Zwölfjährige an die sinnliche Welt, die so gar nicht himmlisch ausschaute. Wir bewunderten tausendmal mehr die Drehvorrichtung des Riesenauges als die enttäuschend kleinen Striche, die sich dort am anderen Ende des Objektivs zeigten und die ferne Sonnen, tausendmal größer als die unsrige, vorstellen sollten. Ja, es war ein Jammer, daß dieser allzeit fröhliche Kaulquappenjäger, anstatt Brahmane zu bleiben, eines Tages in irgendeine Kadettenanstalt gesteckt worden war. Mir schauderte bei diesem Gedanken, verbanden sich doch mit diesen Worten traurige Vorstellungen, ähnlich solchen, die mir die Erscheinung des genialen Stockmeisters aus dem Tabakskollegium eingeflößt hatte.

Dann war da noch ein anderer Junge gewesen, Kurt Hennig. Ein Name nur wie viele, wie unzählige – und doch, es ist ein Klang in ihm, ein Klang, der seine Heimat in der wendischen Heide meines Onkels Ernst haben könnte, in der Heide von Nuglina. Ein Klang aus jenem Liede, da „in stiller Nacht ein Stimm' begunnt zu klagen – – –".

Wir beide hatten uns nach der Trennung vom Sohne des Sternguckers um so enger aneinander angeschlossen. Obwohl seine Eltern, wohlhabende Leute, kein Klavier besaßen, war ich doch wohlgelitten in diesem Hause. Von der Art des Berufes von Herrn Hennig vermochte ich mir keine rechte Vorstellung zu machen. Sollte der Handel mit dem nützlichen und nahrhaften Lappentiere, dem Rentier, einen solchen Gewinn abwerfen, daß man in einem eigenen Haus mit eigenem Schaukelstuhl davon leben konnte? Aber es mußte wohl der Fall sein, prangte doch an Herrn Hennigs Haustür in goldenen Lettern der stolze Titel: *Rentier*, welchen Namen der junge französische ABC-Schütze auf gut potsdamerisch aussprach, so daß ein veritables altes *Renntier* daraus wurde.

Kurt, dem als einzigem Kind kaum ein Wunsch versagt wurde, hätte am liebsten gesehen, daß ich seine Einsamkeit nicht nur am Tage mit ihm geteilt hätte. Wir Kempffkinder waren ja immerhin drei zu Hause, so dachte er, und es geschah nicht selten, daß er sich leidenschaftlich über die Magerkeit meiner Besuche beklagte und dann eifersüchtig in Verwünschungen gegen meinen besten und treuesten Freund, das Klavier, ausbrach. Das waren dann auch die einzigen Male, wo wir uns in die Haare gerieten. Ansonsten waren unsere Zusammenkünfte von einem unbeschreiblich blauen Frühlingshimmel überwölbt – so will es mir wenigstens in der Erinnerung scheinen.

Ich sehe auf den weiten Alleen des Neuen Gartens zwei vorwärtsstürmende Knaben, gefolgt von einem riesigen Bernhardiner und nur von der einen Angst beseelt, ja nichts zu verpassen auf dieser schönen Welt. So ward die Flucht des Eichhörnchens auf den höchsten Wipfel mit blanken Augen verfolgt, so ward in der atemlosen Hatz innehaltend der Kuckucksruf getreulich ausgezählt, bis wir dann beglückt in den Ruf ausbrachen: „Noch so viel Jahre – dreißig – vierzig – fünfzig – –, haben *wir* aber noch Zeit!" Ja, wir hatten sogar unser Revier in diesem herrlichsten aller Potsdamer Parks, ein Revier, in dem wir uns kleine Könige dünkten. Das lag zwischen der Meierei und dem „Grünen Haus", auf der schmalen Landbrücke, die von der dort seeartig verbreiterten Havel und dem „Heiligen See" umspült wird. Der Kronprinz, der uns dort häufig hoch zu Roß begegnete und für uns Jungen immer einen freundlich aufmunternden Blick übrig hatte, schien sich ebenfalls in dieses wie aus einem Märchenbilderbuch stammende Plätzchen verguckt zu haben. (Er baute sich dann auch später sein Schloß „Cecilienhof" dahin.)

Und wenn der Sommer nicht zugereicht hatte, des Lebens Überfülle zu fassen, so mußte der Winter herhalten. Er brauchte sich gar nicht besonders anzustrengen, um dem lichten, aus der Fülle lebenden Bruder Sommer – was seine Beliebtheit bei der Jugend betraf – die Herrschaft streitig zu machen. Die glückliche Lage unseres „Reviers" kam uns auch hier wieder zustatten. Spielte sich doch in seiner unmittelbaren Nähe das winterliche Treiben ab, das halb Potsdam auf der blitzenden Eisfläche des „Heiligen Sees" versammelt sah. Dieser war immer der erste, der dem stürmischen, jedoch eiskalten Werben des Winters nachgab, während die Havel länger Widerstand leistete, um dann aber dem eisekalten Nord um so gründlicher in die Arme zu sinken.

Wenn ich mir heute das Bild eines solchen Wintertages von dazumal vergegenwärtige, dann kommt es mir wieder und wieder zum Bewußtsein, daß für keine Generation die rührende Geschichte vom „Mönch von Heisterbach" mehr Gültigkeit gehabt hat als für die unsrige. Diese Geschichte stand in allen Lesebüchern geschrieben und hatte vor allen anderen mein kindlich Herz erobert.

Es war da von einem jungen Mönch erzählt, der sich eines Abends nach dem Ave-Läuten im nahen Klosterwalde erging und dabei in tiefe Betrachtung über Gottes unbegreifliches Wesen versunken war. Wie der Stifter seines Ordens, der heilige Franz von Assisi, war er den kleinen Vögeln, den zarten Dolmetschern von Gottes Allmacht, überaus zugetan. An diesem Abend aber, so wollte es ihm scheinen, war der Wald ein einziger tönender Jubelchor. Aus der Vielfalt der Stimmen aber war es eine, die in die Tiefe seines Herzens drang. Er kannte jetzt nur noch den einen Wunsch, diesem Gesange bis an sein Lebensende zuzuhören. Wie nun der Morgentau auf seine graue Kutte gefallen war, da erwachte er aus seiner Verzauberung und trat müde den Heimweg an. Doch wer beschreibt sein Erstaunen, sein Erschrecken, da er Menschen begegnet, die ein seltsames Gebaren an den Tag legen und deren Worte er nur mühselig verstehen kann? Wohl öffnet ihm ein Klosterbruder die vertraute Pforte. Doch die Mönche mit den fremden Gesichtern weichen erschreckt vor ihm zurück.

Er fragt nach seinen Mitbrüdern, sucht ihnen den Grund seines Ausbleibens zu erklären, berichtet auch, daß er eine ganze Nacht lang einem wundersamen Vogel im Walde zugehört habe, daß er alles darüber vergessen mußte. Und als er nun wie beschwörend dem Prior seinen Ordensnamen nennt, da weicht dieser noch einen Schritt zurück. Der weiß es nun, es ist der Mönch, von welchem die alte Chronik des Klosters berichtet, daß er eines Abends in den Wald gegangen war, um nie wiederzukommen. Das waren gerade dreihundert Jahre her.

Als der Mönch diese Geschichte vernommen hatte, da sank er zu Füßen des Priors nieder. Gott hatte den vom Tode Vergessenen in seiner Gnade zu sich genommen. – –

Noch wandern viele Mönche von Heisterbach unter uns, die sich nicht mehr auskennen und mit dem Schubertschen „Wanderer" ausrufen mögen:

... Und was sie reden, leerer Schall,
Ich bin ein Fremdling überall.

Und doch, der Reichtum des Lebens, eines wirklich gelebten Lebens dieser Generation kann nur mit Riesenintervallen gemessen werden, mit Intervallen, die die von der Natur gesetzten menschlichen Grenzen zu sprengen scheinen. Was schon dem Primaner eine lange Zeitspanne dünkte, dies Sicherinnern der goldenen Tage seiner Jugend, das mußte dem Fünfzigjährigen zuweilen wie ein Rückblick in Jahrhunderte vorkommen.

Jene Wintertage, hätten sie nicht ein lebendiger Ausschnitt aus einem Breughelschen Gemälde sein können, ohne bei der Schilderung der Lebensfülle jener Tage zu übertreiben? Höre ich nicht wieder die schmetternde Hornmusik der Potsdamer Stadtmusikanten, die sich von der kreischenden Kinderschar auf einem riesigen Kastenschlitten über die spiegelglatte Fläche schieben ließen? Wie Borsdorfer Äpfel leuchteten die knalligen Backen der Kinder in der reinen Luft; doch deren Farbe wurde bei weitem von den gewaltig pustenden Blasmännern übertroffen, die schon ins Zinnoberrot hinüberspielte. Und welches Gewimmel herrschte vor den Pfannkuchenbuden! Keiner war so arm, daß er sich nicht einen der verschwenderisch überzuckerten Berliner Pfannkuchen für einen „Sechser" hätte erstehen können; ja den meisten reichte der von den Eltern für solche Tage bewilligte Sparpfennig noch zu einem wärmenden Punsch, der es an sich hatte, die strotzende Lebensfreude bis zur Ausgelassenheit zu steigern.

Ich war leider Gottes ein schlechter Schlittschuhläufer und hatte das quälende Gefühl, von den beiden Eisen an meinen schwachen Füßen in die Tiefe gezogen zu werden. Während die anderen um mich herum mit staunenswerter Virtuosität holländerten und die gewagtesten Pirouetten schlugen, stand ich unglücklich eingeknickt dabei, tröstete mich nur mit dem Gedanken, daß man wohl nicht beides vom Schicksal verlangen könnte, auf dem Eise zu holländern und auf dem Klavier mit Doppelschlägen und Trillern zu glänzen. Ein anderer hätte wohl bei solcher Gelegenheit, über so viel Unfähigkeit errötend, seine Freundschaft verleugnet und sich zu den prominenten Eiskünstlern geschlagen. Anders Kurt Hennig. Er eilte zwar mit rasender Schnelligkeit wie Merkur der Sonne voran – und welch traurige Sonne hatte er sich ausgesucht – und war zuweilen weit hinten am Grünen Hause gerade noch wie ein kreisender Punkt zu erblicken; aber ebenso schnell schoß er raubvogelgleich in die Nähe der zinnoberbäckigen Blasmänner zurück, um mich mit lautem Zuruf wie der Schwalbenvater sein Junges zu begrüßen. In solchen Augenblicken strömte mir mein junges Blut warm zum Herzen. Es war doch schön, einen Freund zu haben, der sich des anderen nicht schämte, auch nicht in seiner Erniedrigung und Schwäche, sondern ihn teilhaben ließ an der Überfülle eines solchen Tages.

Wie es der Jugend eigen ist, daß sie ihre eigenen Grenzen nicht kennt und wie ein wildes Füllen über die Stränge schlägt, so war es auch bei meinem geliebten Pollux. Er konnte an diesem Nachmittag und Abend nicht genug bekommen. Wie er so dahinstürmte, bald hier, bald da auftauchend und mit jubelndem Zuruf begrüßt, da kamen dem anderen, der sich nur mit Mühe am großen Schlitten der Bumsmusiker festhielt, die Klänge der Marschmusik aus der „Neunten" in den Sinn, die einen himmlischen Reigen der Gestirne zu begleiten scheint:

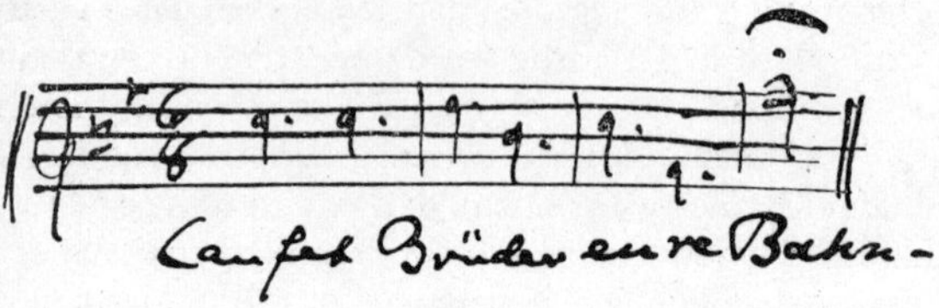

Fröhlich wie ein Held zum Siegen —

und dieser Ruf ins Firmament wollte ihm nicht mehr aus dem Sinn kommen. Als nun die Dämmerung einzufallen begann und der Wassergeist Poztopimi im ohnmächtigen Grimme chromatisch winselnd unter dem Eise aufstöhnte, da dachte keiner daran, jetzt schon die Schlittschuhe abzuschnallen. Die Lichter an den Pfannkuchenbuden, die heute ihren großen Tag hatten, flammten auf. Die blitzende Eisfläche schien ein einziges Parkett geworden zu sein, über das die jungen Paare zu den Klängen eines Wiener Ländlers, der in dieser Ausführung aber mehr potsdamerisch genannt werden konnte, in seligem Zweiverein dahinschwebten.

Schon nach einer Woche trugen wir Kurt Hennig zu Grabe. Ein warmer Tauwind hatte all die Herrlichkeit des Winters zerstört. Es war derselbe, der zuerst vom alten Poztopimi in seinen alten Knochen unter viel Geächze und Gestöhne verspürt worden war und der am gleichen Abend dem jungen Schlittschuhläufer seinen Todeshauch ins Antlitz blies. Der wankte, schon ein Schwerkranker, nach Haus. In der Nacht wachte die Mutter am Bett ihres einzigen Kindes, das von Fieberschauern hin- und hergeworfen ward. Wahrlich, der Tod hatte hier nicht so ein leichtes Spiel wie bei dem alten schlafenden Lamapriester. Er kämpfte einen furchtbaren Kampf mit unserem allzeit fröhlichen Spielkameraden.

In jenen Tagen lag es wie ein dunkler Schatten über der Schulklasse, der wie der unerbittliche Schatten einer blassen Sonnenuhr langsam vorzurücken schien. Wir verziehen es einem unserer zerstreuten Professoren nicht, als er beim Abfragen der Lektionen den Namen Kurt Hennig aufrief, so sehr waren wir mit ihm verwoben.

Am vierten Tage versammelte uns unser Klassenlehrer in der Pause. Ernst, ja fast feierlich sprach er zu seiner Klasse. Er sei gestern bei Kurt Hennig gewesen ... – „Er läßt euch alle grüßen, einen jeden von euch. Und noch etwas hat er gesagt" – und jetzt schlich ein leiser, nie vernommener Ton in seine nüchterne Präzeptorenstimme, es war wie ein kaum vernehmbares Vibrato eines Bratschentones, aber viel rührender, da er aus einer Menschenkehle drang. „‚Ich würde so gern von jedem einzeln Abschied nehmen, aber der Arzt erlaubt es nicht', so sagte er und schaute mir fest dabei in die Augen. Als nun seine Mutter bei diesen Worten weinte, denn sie hatte bis dahin geglaubt, er wüßte es nicht, wie es in Wahrheit um ihn stünde, da suchte er sie zu trösten und sagte: ‚Sieh, das ist doch so einfach, warum soll man nicht davon sprechen?'

„Ich konnte darauf nichts erwidern", so fuhr nun der Klassenlehrer fort, „was hätte ich sagen sollen, ohne ihn zu belügen? Nur das eine sollt ihr wissen, daß ich zum erstenmal klein geworden bin vor einem meiner Schüler. So – und nun geht an eure Arbeit", und wir griffen automatisch nach unserer „Anabasis" des guten Xenophon und fingen an, mechanisch herzusagen: „Von dort aber zogen wir weiter ...", und der Schatten der blassen Sonnenuhr hatte nun die Bank erreicht, die Bank mit dem leeren Platz von Kurt Hennig. Nach einer kleinen Weile aber war er über ihn hinweggeschritten.

Es waren nicht mehr viele, die damals mit uns die „Anabasis" gelesen hatten und mit Leisering an den Teufelssee oder gar nach Paretz gezogen waren. Zu ihnen gehörte der schon früher erwähnte Fritz Bonte und unser Primus Friedrich Lerche. Letzterer machte seinem Namen insofern wenig Ehre, da er äußerlich ziemlich grobschlächtig wirkte und sich schon recht früh eines sonoren Basses erfreute. Doch was sollte das besagen, da er sich unter diesem Schildkrötenpanzer ein mitfühlend Herz bewahrt hatte, das jederzeit für seine Konpennäler zu schlagen schien. Fern allem Strebertum versuchte er erst gar nicht, sich zur Erhaltung seiner Primuswürde mit einem künstlichen Heiligenschein zu umgeben. Vielmehr teilte er mit vollen Händen von seinem Bienenfleiß mit – und dies sogar während des Unterrichts mitten beim Extemporale, wenn er seine Hintermänner in arger Bedrängnis sah, die sich, ohne den

„geringsten Schimmer" zu haben, mit hochrotem Kopf an die Arbeit gemacht hatten. Diese menschenfreundliche Taktik trug ihm denn auch manchen Vorwurf der erzürnten Präzeptoren ein. Geschah es gar bei Blubber, dann kam mit viel einleitendem Gepruste, ja Gespucke blubbernd die mit Stentorstimme erhobene Anklage heraus und das „Auch du, mein Brutus!" erschütterte die staubige Klassenluft zum Bersten.

Fritz Bonte dagegen hatte sich bis zur Prima seine knabenhafte Zierlichkeit bewahrt. Obgleich ein ganzes Jahr jünger, so überflügelte er doch alle in der mühelosen Bewältigung der schwierigsten Aufgaben. Alles schien ihm nur ein Spiel zu sein, als handelte es sich darum, den Trainern seines schnellen Geistes die Bälle, ihm schwerfällig zugeworfen, mit unnachahmlicher Grazie zurückzugeben. Beliebt und bewundert, galt er als der ungekrönte Primus der Klasse. Um so verwunderlicher wollte es mir erscheinen, daß es bei ihm von Anfang an feststand, daß er zur Marine gehen würde. Konnte unser „Fritze" dort mit seinen Talenten, seinen seltenen Fähigkeiten Genüge – geschweige denn Erfüllung finden? War dieser Beruf nicht vielmehr den Schneidigen, Verwegenen, von den Musen Ungeküßten vorbehalten? Und doch, unser ungekrönter Primus hat sich in den Gewässern des Eismeers die Heldenkrone erstritten, indem er eine Aufgabe durchführte, die ihm fast unmöglich erscheinen mußte. Ob ihm, dem Kommodore, als er in den eisigen Fluten versank, die Worte des kleinen Tertianers in den Sinn kamen, der drei Jahrzehnte früher unser „Schulschiff" verlassen hatte: „... das ist doch alles so einfach, das Sterben, der Tod"?

Wie gesagt, unser Schulschiff hatte unentwegt an jedem neuen Semesteranfang Zuzug erhalten, am meisten aus den oberen Klassen, die bis dahin mit einer Art wohlwollenden Herablassung auf uns „kleine Pepos" geschaut hatten und nicht ohne Verwunderung feststellen mußten, daß die eingesessenen kleinen Pepos so etwas wie eine Brahmanenkaste bildeten, deren ehrwürdiges Haupt Friedrich Lerche mit seinem Sarastrobaß darstellte. Zwar hatten manche von diesen Zuzüglern schon mehrere Klassen – aber nach unten – übersprungen und versuchten sich schon alle Anzeichen eines rüstigen Kommilitonen zu geben, worin sie der liebevoll gepflegte Schmuck eines kecken Schnurrbärtchens unterstützte. Auch das obligate Studentenliebchen stellte sich automatisch ein, das nach Schulschluß die mit einer durchaus zünftigen Aktenmappe ausgerüsteten Männer der Wissenschaft am Eulenportal abzuholen hatte. Zu besonderer Beliebtheit hatte es, was das angeht, das bildhübsche Töchterlein einer ehrsamen Potsdamer Waschfrau gebracht, deren Vorname in gezierter Arabeskenschrift auf allen Löschpapieren und noch viel verschwiegeneren Orten erschien.

Man kann begreifen, daß dieser neue Ton den alteingesessenen Brahmanen nicht sehr gefiel. Sie sagten denn auch diesen „geschminkten und parfümierten Großstadtaffen" offene Fehde an, und – o Wunder! – diese spürten nur allzu bald, welcher Wind in der alten Residenzstadt wehte, und glichen sich mit merklicher Virtuosität der althergebrachten Tonart an. So kam es denn doch so weit, daß sich so etwas wie eine Harmonie unter den künftigen Abiturienten eingestellt hatte.

Abiturient! Dieses stolze Wort, noch von den Obersekundanern mit frommer Scheu ausgesprochen, flatterte nun wie ein wagnerisches Leitmotiv, und ebenso häufig wiederholt, von Mund zu Mund. Wir schlürften den Zauber dieses Wortes wie einen verbotenen Trank und berauschten uns an seiner Süße, als wollten wir schluck- und schrittweise die in ihm verborgenen betörenden Intervalle auskosten. Denn nach dem Abiturient da kam der mulus einhergesprungen, der Maulesel aus dem lustigen Zwischenreich, in dem man weder Gymnasiast noch Student war, und nach ihm war man Student ...

Es war bezeichnend, daß die sogenannten „ewigen Primaner", von denen einer sogar das vierte Jahr seinen Stammplatz auf der letzten Bank innehatte, schon jetzt mit absolut greifbaren Vorschlägen für die Ausgestaltung des Festprogramms kamen, in dessen Mittelpunkt der Ball und vor allem der Kommers zu stehen hatte. Ich war sonst gewiß kein Spielverderber gewesen, aber mir wollte es völlig unerfindlich erscheinen, weshalb man soviel Wesens mit diesen Dingen machte. Ja, ich empfand es als eine Herausforderung der ewigen Moira, der heiligen Schicksalsmacht, der selbst die Götter untertan waren. „Man lädt auch nicht vor der Geburt des Kindes schon die Taufpaten ein", so rief ich entrüstet aus, „ich finde überhaupt diesen ganzen Kommers, die Frage der schlagenden oder nichtschlagenden Verbindungen lächerlich. Ihr verteilt ante festum das Fell des Bären –", und ich fuhr fort, mit unheilschwangeren Weissagungen nach Art der Kassandra gewaltig viel Wasser in den absurd schäumenden Most zu gießen.

Da kam ich aber schön an und auch der älteste der Brahmanen, der athletische Primus Lerche, glaubte mir einen ernsten Verweis erteilen zu müssen. „Das ist eine verflucht ernste Frage", meinte er mit dunkelrotem Kopfe, „denn sie rührt an die Ehre eines jeden Abiturienten, eines jeden sage ich dir; ich hoffe, du änderst bis dahin noch deinen Standpunkt." Würdiger hätte Sarastro nicht den guten Papageno belehren können. Ich versprach ihm, mir bei solchen Gelegenheiten ein Schloß an das Maul zu hängen, um so wenigstens nicht bei so todernsten Dingen aus der Rolle zu fallen.

Aber ich hatte andere Sorgen. Hing auch nicht die ganze Zukunft vom glücklichen Ausgang der Reifeprüfung für mich ab wie beinahe für alle anderen, so gab es sicher keinen unter all meinen Leidens- und Freudensgenossen, der so sehnsüchtig den Schlußakkord seiner Lehrjahre erwartete. Denn mein Pegasus scharrte nun von Tag zu Tag gewaltiger und riß ungebärdig am Zaumzeug – und ich wußte, daß er ein weiteres Jahr nicht mehr zu bändigen sein und auf Nimmerwiedersehen unter beleidigtem Wiehern in die Lüfte steigen würde.

Es gab nur einen unter meinen Mitschülern, der für solche Gefühle Verständnis hatte. Denn dieser hatte seinen leidenschaftlichen Malerdrang mit einem halben Jahr Zurückversetzung bezahlen müssen, was um der Wissenschaft willen bestimmt nicht hätte geschehen brauchen. Man hatte wohl dem kecken Karikaturenzeichner eine Lektion erteilen wollen, der es ausgerechnet darauf abgesehen hatte, Paulchen, Blubber und den stillen Ewald als Opfer seiner Karikaturenlust auszuersehen. Nun muß man sich aber unsern Herbert Gericke – so hieß der hoffnungsvolle Jünger in Apoll – beileibe nicht als einen schwärmerischen Malerjüngling vorstellen, der bewußt sein Äußeres vernachlässigte und zum Zeichen seiner Genialität ein nervöses Zucken über das gefurchte Antlitz laufen ließ. Nichts von alledem. Wozu hatte ihm denn die wohlwollende Muse eine imponierende männliche Gestalt verliehen, deren anziehende Wirkung er auf dem allabendlichen Bummel auf der Brandenburger Straße todsicher registrieren konnte? Nein, er war nicht nur ein Meister der Palette – staunend standen wir im Zeichensaal vor seinen ausgestellten Landschaften –, sondern er beeinflußte unser Schönheitsgefühl für Farbenzusammenstellungen in ganz anderer Weise, indem er die Krawatte expressionistisch auf das Oberhemd abstimmte. Wahrlich, er wirkte tonangebend auf uns und konnte wie der Prince of Wales unser „arbiter elegantiarum" genannt werden.

Es verursachte ihm deshalb einen nicht geringen Schmerz, als auch er plötzlich die Zunahme der Kurzsichtigkeit an sich entdecken mußte, was bei dem Augenpulver der Teubnerschen Homerausgaben nicht zu verwundern war. Aber wer beschreibt die Überraschung von Lehrern und Schülern, als unser lieber Herbert eines Morgens bei der von ihm geforderten Übersetzung des 24. Gesangs der Ilias ein blitzendes Monokel hervorzog, das er glänzend zu handhaben verstand. Wir wußten alle, das war das „Itüpfelchen", das ihm noch gefehlt hatte, und das Tollste war, daß weder Paulchen noch Blubber ihm dieses neue Spielzeug entreißen konnten. Im Gegenteil, ich konnte zwei Jahrzehnte später im Lande der Goldorangen mit einigem Wohlgefallen konstatieren, daß ihm seine reizende Donna Erica dieses so unwiderstehliche Attribut auch nicht abgewöhnt hatte – oder war es gar wiederum dieses „Itüpfelchen" gewesen, das den Ausschlag gegeben hatte ...? Noch klangen den beiden Primanern von einst die furchtbaren Weissagungen Paulchens in den Ohren, die ihnen jener nach einer verunglückten Übersetzung an die jugendlichen Künstlerköpfe geschleudert hatte, jene furchtbare Prophezeiung, die also geendet hatte: „Im Zuchthaus sehen wir uns wieder", und die vom Monokelherbert mit einem herzgewinnenden Lächeln quittiert wurde; wußten wir uns doch dann in bester, das heißt in Paulchens höchsteigener Gesellschaft an jenem düsteren Ort ... Es war den beiden einstigen Primanern nicht zu verdenken, daß sie nun ein Menschenalter später in einer römischen Osteria das erste Glas auf Apoll und alle neun Musen leerten, die die Kunstjünger von ehedem nicht in besagtes Zuchthaus, sondern nach Rom geführt hatten.

Genug, ich kann mir die zwei letzten Schuljahre nicht ohne die belebende Gegenwart dieses so plötzlich hereingeschneiten Musenjünglings denken, der im Gegensatz zu mir eine Sicherheit des Auftretens zeigte, die ihn um Jahre reifer erscheinen ließ. Wir waren uns alle einig darin, daß unsere „Kaffern" vor der Weltgeschichte der Lächerlichkeit anheimfallen würden, wollten sie es wagen, diesen Thronerben der französischen Impressionisten durch das Examen rasseln zu lassen. Jaja, es hätte nicht viel gefehlt, so hätte Paulchen, dessen unversöhnliches Aussehen mich bei den Propheten im siebenten Ring so sehr an den zürnenden Moses erinnert hatte, ihm die „moralische Reife" abgesprochen. Und das war gefährlich, sehr gefährlich; schickten wir uns doch an, in das „schriftliche Examen" zu steigen.

Der Anlaß war eigentlich geringfügig und wäre von manchem von Paulchens Kollegen mit ein paar Worten abgetan worden. Aber in den Augen des hageren Sittenrichters mit dem unsträflichen Mosesbarte mußte das bedauerliche und pechöse Vorkommnis als ein untrügliches Zeichen menschlicher Verkommenheit gewertet werden, umso mehr, da der monokeltragende Jünger Apolls und sein weltsicheres Auftreten schon längst das gesetzesstrenge Antlitz Paulchens um einige Zornesfalten bereichert hatte. Die Pause war längst zu Ende gewesen und – da es sich um den nahenden Auftritt Paulchens handelte –, war alles mit dem gewohnten heiligen Respekt vor dem Unfehlbaren auf die Plätze geeilt. Auf dem Pult eines jeden lag der griechische Urtext des Römerbriefes aufgeschlagen, für welchen Paulchen eine seiner gefürchteten Exegesen geschrieben hatte, deren Zweck eigentlich darauf abgestellt war, uns das Verständnis des reichlich didaktischen Briefes zu erleichtern. Paulchen nahm es mit diesen seinen Randbemerkungen äußerst ernst.

Also – wir alle waren wieder einmal gerüstet, schweigend und mit Ehrerbietung den Patriarchen vom heiligen Synod zu empfangen, und hatten auch die Erläuterungen pflichtgemäß griffbereit zur Hand. Da wir gewohnt waren, noch einen letzten Blick in letzter Minute auf dieselbigen zu werfen, war uns in dem immer noch herrschenden Tumult entgangen, daß für unseren Maler die Pause durchaus noch nicht ihr Ende gefunden hatte. Wir hätten sonst sicherlich bemerken können, daß dieser in seliger Gelöstheit und vollkommener Eudaimonie am Fenster stehend die Welt um sich vergessen hatte. Paulchen hatte heute bei seinem Eintritt besonders leise die Türklinke betätigt und stand schon längst auf dem Katheder, als Gericke, das Monokel im Auge, mit seinem Privatkonzert noch keineswegs zu Ende gekommen war. Das hätte allenfalls noch hingehen können, wenn er etwas gesungen hätte, was mit dem Römerbrief irgendwie hätte in Einklang gebracht werden können. Aber wir alle hörten nur mit Paulchens Ohren, als wären auch wir „transferiert" – und was wir nun hörten, das war gräßlich, ganz gräßlich ... Denn der Musensohn war in seinem Konzert bei seinem Lieblingsschlager angekommen, dessen Rhythmus ihn augen- und ohrenscheinlich in animalisches Entzücken versetzte, das ihn Paulchen, die Eulen und den ganzen Römerbrief dazu vergessen ließ.

„Puppchen, du bist mein Augenstern, Puppchen, dich hab' ich gar zu gern" – so tönte es nun, nein gröhlte es vom Fenster her, das dazu noch in beängstigender Weise abwechselnd mit dem Handballen und den Fingern bearbeitet wurde und so ein prächtiges Schlaginstrument abgab. Der Vortrag machte dem Ausführenden alle Ehre, denn vor unserem wie geblendeten Auge erschien die

Vision jenes „Puppchens", süß lächelnd und mit klimpernden Wimpern über den Augensternen behängt. Da verspürte Gericke einen Würgegriff im Nacken. Das Monokel fiel klirrend auf den staubigen Boden. Mit einem „Laß doch die Dumm ..." fuhr er wütend über diese rohe Unterbrechung herum und – starrte in die unbeweglichen Pupillen Paulchens.

Furchtbar – so von der Begeisterung tropischer Siedehitze in jähem Sturz auf den Nullpunkt zu sinken! Wir fühlten mit dem Unglücklichen und unser Herzschlag setzte demgemäß einen Augenblick lang aus. Paulchen hatte sich jetzt wie der Großinquisitor seiner Allerchristlichsten Majestät aufgerichtet – oder mochte Gericke, der allerdings wenig bibelfest gewesen war, das Bild der ehernen Schlange vor der geängstigten Seele erschienen sein? Es mußte wohl so sein, denn seine Augen weiteten sich in ungläubigem Staunen. Uns allen aber war es, als vernähmen wir vom Berge Sinai die Stimme des Gottes Moses', die da dröhnend in die Weite klang:

ICH BIN DER HERR DEIN GOTT. DU SOLLST NICHT ANDERE GÖTTER HABEN NEBEN MIR! – –

Ja, das alte liebe Schulschiff hatte im Lauf der Jahre eine andere Bemannung erhalten, als die alten Brahmanen es sich wohl geträumt hatten. Aber bot diese etwas bunt zusammengewürfelte Schiffsmannschaft nicht gerade einen Reiz besonderer Art? War es nicht für jeden von uns erzieherisch, sich in die Welt des anderen hineinzudenken und an seinen Hoffnungen, seinen Plänen für sein zukünftiges Leben Anteil zu nehmen, ob es nun der Jurist, der Schiffsbauingenieur, der Landjunker, Journalist, Farmer in Südwest, Offizier oder Pastor war? Nein, unsere Zukunftspläne konnten uns auf diese Weise nicht uniformiert werden. Wir waren so in ungleich glücklicherer Lage als die armen Kadetten, deren Lebenslauf vom frühen Morgen an bis zum Zapfenstreich einzig und allein auf das eine Ziel gerichtet war, in Ehren ein guter Soldat ihres Kaisers und Herrn zu werden.

An einem Regentage erster Ordnung stiegen wir ins „Schriftliche". Ich möchte beileibe nicht behaupten, daß über Potsdam das himmlische Naß reichlicher ausgeschüttet würde als anderwärts. Aber andere Städte befinden sich auch nicht in den weichen schlüpfrigen Fangarmen des Wassergottes Poztopimi, der an solchen Tagen sich wohlig im Sumpf und Schlamm aalt. Und besonders sensible Naturen werden dann das beunruhigende Gefühl nicht los, samt Kirchen, Schlössern und den auf Pfahlrosten erbauten Häusern von diesen Polypenarmen sanft aber sicher unter den Grundwasserspiegel gezogen zu werden. An solchen Tagen hört man in den von Wasserdampf gesättigten Parks das Ächzen und Stöhnen der vom Podagra gequälten alten Exzellenzen besonders stark.

Und an einem solchen Tage stiegen wir ins „Schriftliche" – und dazu noch in die schriftliche Mathematik. Erschwerend war noch der Umstand, daß man uns ausgerechnet ausersehen hatte, den durch Aufstockung gewonnenen „neuen Saal" im obersten Olymp einzuweihen. Staunten wir auch im ersten Augenblick über die augenscheinliche Raumverschwendung, die jedem von uns das dreifache an Platz bescherte, so fühlten wir uns nichtsdestoweniger auf eine fatale Art voneinander abgeschlossen. Als nun gar der Geheimrat nach einem kurzen Gebet uns den Paragraphen 13b der Prüfungsordnung mit leiser und klagender Stimme vorzulesen begann, da schien so manchem von uns der „neue Saal" zum Verhandlungsraum des unmittelbar benachbarten Landgerichtes geworden zu sein. Der Regen klatschte dazu auf die funkelnagelneuen Zinkbleche der Fenster. Unwillkürlich mußte einem des armen Gretchens Seufzer in den Sinn kommen, wenn man an die kommenden Wochen dachte, an den Seufzer eines gequälten Herzens: „Wären wir nur den Berg vorbei ..."

Nein, wir alle vom Primus an, hatten nicht mit einer so strengen Isolierung gerechnet. Nicht, daß wir mit irgendeinem noch so kleinen Betrugsmanöver geliebäugelt hätten. Aber wenn in einer schwachen Stunde diesem oder jenem der Versucher nach Art der Fata Morgana die Errichtung einer Eselsbrücke vorgespiegelt hatte, er wurde in diesem feierlichen Augenblick bei Verlesung des Paragraphen 13b der Prüfungsordnung belehrt, daß ein solcher Versuch mit dem Ausschluß von der Prüfung geahndet würde. Aber man hatte doch wohl als Mensch das Recht – und wir glaubten in jener Zeit noch an die „Menschenrechte" –, mit seinem Mitmenschen ein freundliches Wort der Aufmunterung zu wechseln, ihn leise nach den Fortschritten seiner Arbeit zu interviewen und ihm gegebenenfalls durch einen Genieblitz auf die richtige Fährte zu leiten. Das gleiche erwartete man natürlich, was die höchsteigene Person betraf. Doch wozu war die „Funkentelegraphie" erfunden? Die Jugend wirft nicht so leicht die Flinte ins Korn – und es dauerte nicht lange, da schwirrten die Morsezeichen nur so durch die Luft und selbst die Augendeckel fungierten als erfolgreiche Nachrichtenübermittler.

Ich habe heute nur noch nebelhafte Vorstellungen davon, was an jenen Regentagen des März 1914 der jeweilige Prüfende von dem Abiturienten zu wissen wünschte, sei es nun im schriftlichen oder mündlichen Examen. Denn, daß ich es gleich gestehe, ich gehörte nicht zu den wenigen Auserwählten, denen bald nach der schriftlichen Prüfung mitgeteilt werden konnte, daß sie auf Grund ihrer Leistungen vom „Mündlichen" befreit seien. So hoch verstiegen sich meine Hoffnungen nicht. Aber ich faßte es als persönliches Pech auf, daß in der von mir gefürchteten Disziplin, der edlen Mathematik, eine Aufgabe gewählt worden war aus dem Bereiche des binomischen Lehrsatzes, jenes bandwurmartigen Gebildes, dessen kleine und kleinste fast körperlosen Partikel mich bis in meine Träume verfolgt hatten. Demzufolge legte ich mit heroischer Resignation den Federhalter sehr bald aus der Hand und begann, auf die wehmütige Melodie des Regens da draußen zu hören. Doch auch bei dieser Beschäftigung vermochte der arme Examinand zu keiner Konzentration seines gemarterten Geistes zu gelangen, denn kaum daß sein bekümmertes Gemüt die Achtelnoten des Chopinschen Regentropfenprélude registriert hatte, da gesellte sich auch schon in seinem zerquälten Gehirn die melancholische Melodie des Finales der Brahmsschen Regensonate dazu und bildete naturgemäß einen unlösbaren und sich hoffnungslos verfilzenden Melodieenknoten.

Obwohl der komponierende Examinand keinerlei sichtbare Morsezeichen mehr ausgesandt hatte, so mußte doch sein Gesichtsausdruck auf einen Zustand deuten, der dem eines „SOS-Zustandes" gleichkam. Alsobald trat denn auch schlagartig die Reaktion seiner Kameraden ein, von denen einige schon das bandwurmartige Gebilde bis in seine Atome zerlegt hatten und nun befriedigt auf ihre Arbeit herabsahen. Der „neue Saal" schien eine einzige Sendestation geworden zu sein, in dem mit allen verfügbaren Körperteilen gefunkt wurde, um den an der Mathematik schiffbrüchig gewordenen Kameraden nicht schon am Beginn ersaufen zu lassen. Ja, der Nachbar zur Rechten schickte sich an, einen günstigen Augenblick auszunutzen – denn der aufsichthabende Professor war wieder einmal abgelöst worden – und mir seinen mit Gleichungen vollgekritzelten Foliobogen per Rohrpost express zuzustellen, was ich nur verhindern konnte, indem ich mit meinem schwergeprüften Haupte einen energischen Triller vollführte, der ein kategorisches „Nein" bedeuten sollte und auch demgemäß von dem enttäuschten Nachbar gedeutet wurde. Ich hatte nichts besseres zu tun, als mich weiterhin mit der Regenmusik da draußen zu beschäftigen, bis die Zeit abgelaufen war. Und beinahe befreit atmete ich auf, als der Aufsichthabende wie die Nachtwache, welche die Stunden ausruft, die Minuten auszählte: „Noch 10 Minuten, – – noch fünf – – –, so, jetzt geben Sie die Arbeiten persönlich bei mir ab." Als er meinen leeren Bogen sah, fragte er beinahe traurig: „Nicht mehr?", und ich antwortete, wie die Gemeinde in der Liturgie ihrem Pfarrer respondiert, ebenso traurig: „Nicht mehr, wirklich nicht mehr."

Das war kein guter Anfang gewesen. Aber hätte ich auch mehr erwarten dürfen? Da hatte ich nun meine Quittung für jahrelange Nichtachtung einer altehrwürdigen Wissenschaft. Mir war beim Nachhausegehen, als hörte ich einen höhnischen Lachchor der unerlösten Geister sämtlicher Mathematikprofessoren, dirigiert von dem einen, der schon meinen Vater in seinem trigonometrischen Zauberturm ins Unglück gebracht hatte und der nun in wilder Freude mit seinen dürren Tangentenarmen para- und diabolische Kreise in den Lüften beschrieb. Doch ich ließ, zu Haus angekommen, wohlweislich nichts über all das verlauten. Mein aus tiefstem Herzen kommender Seufzer: „Gott sei Lob und Dank, dieses hätte ich hinter mir", konnte auch von den Eltern wie das delphische Orakel zwiefach gedeutet werden, also musikalisch gesprochen in Moll *und* Dur. Sie entschieden sich selbstverständlich für *Dur* und warum sollten sie es auch nicht? –, trauten sie doch ihrem Jüngsten sogar dies zu, in der Mathematik plötzlich eine „Eins" zu schreiben.

Anders die Schwester, die sich zu der Zeit mit einem Furor ohnegleichen dem Klavier in die Arme geworfen hatte und die meiste Zeit am Tage sich im Hinterstübchen verschloß, auf daß sie in Ehren bestehen könne, wenn ihre Lehrerin Frida Kwast-Hodapp, die bedeutende Pianistin, ihr mit den Chopinschen Etüden auf den Zahn fühlen würde. (Vorläufig war es noch ein Milchzahn). Auch heute tönte der rollende Wogenprall der Cis-moll-Etüde an mein empfindsames Ohr. Die Dämmerung war an diesem Regentage besonders früh eingefallen, was nicht gerade dazu beitrug, meine Stimmung zu erhöhen. Mein Bruder, dem ich mich hätte mitteilen können, hatte als Theologiestudent das fröhliche Bonn mit dem versponnenen Tübingen vertauscht. Also blieb nur die Schwester, die denn auch bei meinem Eintritt den Wogenprall mit einer regelrechten Kadenz zum Stehen brachte. „Auch darin ist sie ein Kind ihrer Voreltern", so dachte der Eintretende, „denen es eine

Qual verursacht hätte, einen Septimenakkord unerlöst in der Luft hängen zu lassen, und wenn das Haus schon lichterloh gebrannt hätte." Die Schwester Elsa hopste vom Klaviersessel: „Mir kannst du nichts vormachen, du hast Pech gehabt heute morgen, es war wohl sehr schwer?" und sie legte ihren kleinen rundlichen Arm mit tröstlicher Gebärde auf den meinen. „Übrigens", fuhr sie fort, „ich finde, es ist besser, man macht gleich am Anfang alle Fehler auf einmal; man hat auf diese Weise nachher freie Bahn."

Nun mußte ich doch lachen; da sprach doch wieder einmal das kleine Großmütterlein aus ihr, die nur immer die gute Seite des Lebens sehen wollte. „Und wenn auch die Musik – die kommt ja noch *hinter* dem Turn- und Zeichenunterricht...", und sie machte eine höchst abfällige Handbewegung, – „nicht als Kompensation gerechnet wird, eine Schande ist das, sage ich dir, eine Schande... –"

„Ja und, – weiter, sprich doch weiter", drängte der blasse Examensmann.

„Dann kompensierst du todsicher mit Griechisch oder Deutsch, das sage ich dir, todsicher – – –." Ach, es war doch gut, für derlei Fälle solche Ausdrücke als „todsicher" wirkende Medizintropfen zur Hand zu haben. Schon beim Schlafengehen, am Vorabend neuer großer Ereignisse, hatte ich bereits selbst das Gefühl, „todsicher" mit einem der Fächer zu kompensieren, ja vielleicht noch ein ganz gutes Endresultat herauszuschinden.

Die Japaner und Chinesen suchen in solchen Augenblicken ihres Daseins, von denen ihre Zukunft abhängt, im Schoße ihrer zahllosen Ahnen Schutz und Beistand. Ich hatte auch meinen kleinen Altar der Ahnen, aber im Herzen. Winkte nicht die Großmutter mit derselben kleinen drallen Hand, die sie meiner Schwester vererbt hatte, als wollte sie zeigen, daß sie mich auf ihrer weiten Reise noch immer nicht vergessen habe? Und hatte der blinde Großvater nicht einstmals mir den Wunschring verheißen, den er in der schweren Ackererde von Jerichow gefunden hatte?

Als der Examinand am nächsten Morgen die Fensterläden öffnete, da schoß das volle Morgenlicht in seine geblendeten Augen. Der Regenwind hatte den Himmel rein und blank wie eine Tenne gefegt; die Amseln ließen ihr erstes Lied des erwachenden Vorfrühlings ertönen. „Die graue Mathematik liegt hinter dir", so klang es in seinem Innern, während die Amseln lauter und lauter sangen, „und vor dir liegt die Sonne Apolls, – – die Sonne Griechenlands. Was hat mir doch geträumt? Es war ein komischer Traum, ah, da hab' ich ihn wieder; ich muß ihn beim Frühstück erzählen."

Und auch die Eltern und die Schwester, die an dem heute mit besonderer Liebe bereiteten Morgenkaffee festlich erregt waren, erwarteten mit Spannung die Erzählung des Traumes. Und ich begann wie Joseph unter seinen Brüdern: „Mir träumte, ganz wie vor vielen Jahren am Wilhelmsplatz, ich säße auf meinem Schaukelpferd. Doch plötzlich verwandelte sich das alte liebe Ding mit dem ausgefransten Schwanz in einen Esel, in einen lebendigen Esel, der mit mir auf und davon galoppierte."

„Der mulus, der mulus", schrie meine Schwester, „da sitzt er ja" – und sie deutete auf ihren kleinen Bruder, wie sie ihn immer nannte. Der aber lief barhäuptig zu den Eulen, um nicht zu spät zu kommen.

Die Hermannsschlacht

Als nach bestandenem Abitur die Pforten des Eulengymnasiums dröhnend ins Schloß gefallen waren, da hatte wohl keiner der übermütig wiehernden „muli" geahnt, daß diesem Abitur auf lange Zeit kein ähnliches mehr folgen würde, kein ähnliches mehr folgen konnte. Vierzehneinhalb Jahre waren vergangen seit dem Tag, da die ganze Welt in der Neujahrsnacht sich aus dem illuminierten Fenster die Hände entgegenzustrecken schien. Da es in allen Zeitungen und in allen Sprachen zu lesen stand, daß das Wort „Krieg" nun endgültig aus dem Vokabular der Sprache der Menschen zu streichen sei, ein abgestandenes Requisit, den verrosteten Ritterrüstungen aus dem Mittelalter zu vergleichen, die nur noch den einen Zweck hätten, zu zeigen, daß der moderne aufgeklärte Mensch über solche lächerlichen Einrichtungen einer bedauernswerten Epoche der Menschheit zur Tagesordnung hinwegzuschreiten habe. Ja, so oder ähnlich hatten die Freudenberichte in den Zeitungen gestanden, die der Bürger am ersten Januar 1900, noch leichten Kopfschmerz vom Silvesterpunsch verspürend, als behagliche Morgenlektüre sich zu Gemüte geführt hatte.

Mich selbst hatte jetzt eine Unruhe sondergleichen gepackt. Es war nicht etwa die Unruhe, die den Schiffer befällt, wenn er mit der schwarzen Wolkenwand um die Wette rennt, wenn er mit letzter Kraft sich in die Riemen stemmt, um noch vor dem Unwetter den kleinen Hafen zu erreichen. Wohl stand schon den ganzen Sommer dieses unheilvollen Jahres eine Wolke brütend am

Himmel, aus der sich ein Riesenfinger zur Erde herabreckte. Aber wer sah ihn schon, wer wußte noch die alten Zeichen zu deuten? Und wenn einer gekommen wäre, die Menetekelschrift zu enträtseln, man hätte ihn einen Narren gescholten. Nein, diese Unruhe war es nicht gewesen.

Es war, als hätten nun die Amboßmänner dort unten eine ewige Lampe angezündet, der magische Kräfte innezuwohnen schienen. Mit ihrer Hilfe ließ es sich leicht, „kinderleicht", wie es unsere Sprache so schön ausdrückt, gegen die Trägheit des Herzens ankämpfen. Dieses ewige Lämplein verhinderte den glücklichen Besitzer, sich bei einer Sache zu beruhigen, es bei ihr „sein Bewenden haben zu lassen". Sei es nun in Gottes großer Natur, sei es im Bereiche der Kunst, in einem Beethovenschen Largo, bei dessen Ausdrucksgewalt nun erst dem Pensieroso das Herz lichterloh brannte, als spräche wie in alten Zeiten Gottvater aus dem brennenden Dornbusch. – Ein jeder Künstler wußte um diese Leuchtkraft der ewigen Lampe. Bei den Großen brannte sie zuweilen so stark und mächtig, daß das Öl vorzeitig aufgebrannt wurde. So verlöschte das Lebenslicht von Mozart und Schubert, die den Docht in mancher durchwachten Nacht, als der Geist zu ihnen sprach, mit ihren fiebrigen Händen hoch und höher geschraubt hatten. Bach dagegen hatte wie sein großer Bruder Händel noch ganz aus Gottes Gnade gelebt. Ihm wurde von Gottes eigener Hand das Öl gespendet, so daß er mit den klugen Jungfrauen wohl am Jüngsten Tage dem himmlischen Bräutigam entgegenschreiten wird, immer noch einen Tropfen Öl im Lämpchen, der genug sein wird, die Nacht zu erhellen.

Diese wunderbare Unruhe ward also nun im Herzen des „mulus" entzündet. War es dieselbe, die den Großvater ergriffen hatte, den singenden Pflüger? Dieselbe Unruhe, die den Vater die Lehrerstelle in Gollmitz aufgeben ließ, um noch einmal mit dem Musikstudium anzufangen, er, der schon Weib und Kind besaß? Der Abiturient wußte schon, was seiner wartete, nachdem nun der Geheimrat ihm umständlich das Zeugnis in Großfolioformat überreicht hatte. Wie gütig leuchtete es hinter seinen dunklen Brillengläsern auf, – blinzelte er nicht ebenso lustig, wie es so oft die Eulen getan hatten? Und dieses Blinzeln bedeutete: du bist frei! Allerdings hatte er auch in diesem Augenblick seine klassische Würde bewahrt. So muß Cicero seinen Sklaven zugelächelt haben, wenn er ihnen den Freibrief aushändigte.

Mein Gott, dachte ich bei mir, wie lange Zeit würde im Stundenglas verrinnen, bis ich mich von solchen klassischen Vorstellungen freimachen konnte? Hatte ich nicht zwölf lange Jahre wie ein Galeerensklave an die von unzähligen Schülerhänden zerkratzte Schulbank angeschmiedet gesessen? Nun, da ich den Freibrief in den Händen hielt, schien mir der Raum, den ich memorierend, skandierend, extemporierend durchmessen hatte, unendlich weit gewesen zu sein. Konnte ich je die Zeit, die ich verloren, wieder einbringen? Mochten die anderen ihren Eintritt ins Studentendasein durch den traditionellen Kommers, durch allerlei Kurzweil, selbstredend unter Assistenz der jungen Charitinnen Potsdams feiern, mochten sie Paulchen, Blubber, den „kleinen Mann" mit ihren Abschiedsbesuchen plagen, ich stürzte mich in das Getümmel, in den Kampf der Wagen und Gesänge, der da wie alljährlich um diese Ostern im stattlichen Bau der Berliner Musikhochschule an der Fasanenstraße entbrannt war.

Wer zählte die Völker, ihre Namen, die da zu diesem Wettstreit aus allen Weltgegenden herbeigeeilt waren? Es war, als wollte noch einmal die Muse als Chorführerin alle ihre Schützlinge zu friedlicher Harmonie vereinen. Da drangen fremdartige Laute an mein Ohr, Laute, die ich bisher nicht vernommen hatte. Ich sah dunkelhaarige Geschöpfe, die mit bezaubernder Anmut die deutsche Sprache vergewaltigten, während ihre Finger mit blitzhafter Schnelle über die Tasten glitten, so daß manchem von den biederen Germanensöhnen das Herz bis zum Subkontra C hinabsank. Wiederum war wie vor acht Jahren die würdige Korona der prüfenden Meister im Vorspielsaal versammelt. Zwar fehlte der eine, dessen Name noch jetzt mit heiliger Scheu ausgesprochen wurde, dessen Augen so liebevoll auf dem Zehnjährigen geruht hatten: Joseph Joachim. Den großen Virtuosen, den überragenden Musiker, den unvergleichlichen Meister seines Instrumentes, zu welchem eine ganze Generation junger Geiger verehrend aufgeschaut hatte, ihn hatte der Gelehrte abgelöst in der Leitung des damals bedeutendsten Musikinstitutes im alten Europa. Wohl umfloß auch dessen mächtiges Haupt eine unsichtbare Gloriole — sein bekanntestes Werk, der „Führer durch den Konzertsaal", zierte so manchen Bücherschrank der musikliebenden Welt –, aber es lag eben im Wesen seiner Disziplin begründet, daß diese wohl Hochachtung, aber keine Begeisterung den zahllosen jungen Spielmännern einflößen konnte.

Als nun gar das neue Semester mit einem festlichen Konzert eröffnet wurde, da kannte die Enttäuschung der jungen Rattenfänger, die da verwegen, mit gewaltigen Mähnen begabt, sich gegenseitig kritisch musterten, keine Grenzen.

Hermann Kretzschmar tat dem festlich bewegten Hause die Ehre an, selbst den Taktstock zu führen. Aber ihm, dem das Wort in seinen geschliffenen Essays bis auf das letzte Itüpfelchen gehorchte, wollte hierbei dasselbe Kunststück nicht gelingen. Schwerfällig bewegte sich vor dem Podium ein großes Etwas, das mit seinen unförmlichen Ruderschlägen mehr einer vorzeitlichen Riesenschildkröte ähnlich sah, aus deren lethargischen Schwimmübungen die jungen Geiger sich die guten und die schlechten Taktteile herausfischen mochten. Und es saßen da keine durchschnittlichen Begabungen an den Pulten, die sich auf solche Kunst verstanden. Unter den dunklen Söhnen der geigenberühmten Pußta oder unter denen, die aus der nicht minder gesegneten Ecke des südöstlichen Polen stammten, saß da ein blonder Sechzehnjähriger mit typisch nordischem Gesichtsschnitt, dessen hochgeschossene Erscheinung an ein edles blutjunges Oldenburger Rennpferd gemahnte. Die Eleganz und Geschmeidigkeit seiner erstaunlich entwickelten Bogenführung, die sagenhafte Reinheit der Intonation hatten ihn, bevor er noch als Solist in den Hochschulkonzerten triumphierte, als eine „Nova" am Geigerhimmel aufleuchten lassen.

Noch hinderte uns beide eine Scheu, die bei den jungen Blonden oftmals stark ausgeprägt ist, den Weg zueinander zu finden. Erst nach Jahren, da ein jeder für sich seine Straße fürbaß gewandelt war, fanden auch die Herzen zueinander und das vertrauliche „Du", aus dem einstigen kameradschaftlichen Brauch übernommen, erhielt nun eine tiefere Bedeutung, einen wärmeren Klang. Georg Kulenkampff wurde, fast ein Menschenalter später, auf lange Zeit mein Duo-Partner.

Während ich noch eine lange Strecke Weges zurücklegen mußte, wobei es weite Umwege und viel mühseliges Verlaufen gab, wies seine künstlerische Entwicklung eine gerade Linie auf, den breiten geraden Straßen der norddeutschen Ebene vergleichbar, aus deren Bezirken er gekommen war. Seine Selbstdisziplin, sein eiserner Fleiß, sein vornehmer Geschmack und untrügliches Stilgefühl, dies alles verbunden mit einer rein geigerischen Begabung, die eigentlich dem mehr klavierbegabten Deutschen gar nicht eignet, haben auf mich künstlerisch formend und gestaltend gewirkt. Vielleicht mag es für mich schwerer gewesen sein, aus der mir überkommenen Fülle der Gesichte das endgültige Antlitz zu formen, das vor Gott *und* den Menschen Gnade finden sollte. Schwerer auch deshalb, da mir die Feen eine stark improvisatorische Gabe angehext hatten, eine unbändige Freude am Gestalten aus dem urplötzlichen Augenblick heraus.

Wir beide waren weit genug allein gewandert, um zu begreifen, daß es sich zu zweit auch herrlich spazieren läßt, wenn der eine dem anderen von seiner Begeisterung abgibt und der eine dem anderen, der gerade im Augenblick des Überflusses mächtig ist, ihm diesen in edler Bereitschaft abnimmt. So entsteht auf geheimnisvolle Weise ohne alles künstliche Zutun der einmalige Zustand, der aus dem christlichsten aller Spiele geboren wird, dem Kammermusikspiel. Der Zustand des Gebens und Nehmens, ohne zu fragen, wer denn nun im Augenblick so viel herrlichen Geschehens der Gebende gewesen ist. Denn beide wußten nur zu genau, daß das Wissen um die schöpferischen Geheimnisse den Künstler wohl gescheiter machen kann, ihm dafür aber das Tor zu jenem Bezirk vor der Nase zuschlägt, allwo in ewig grünender Landschaft die Musen sitzen und von dem unvergänglichen Quell Jugend und Schönheit trinken.

Nun aber stand ich abermals vor dieser Korona der Alten, die der Erlkönig mit Kron' und Reif um Haupteslänge überragte, der getreue Mentor aus der Jugend Tagen, Heinrich Barth. Nicht nur sein nun schneeweiß gebleichter Bart hätte den alten Erzvätern alle Ehre gemacht. Sein ganzes Wesen, seine ungebeugte Haltung, die dennoch nicht die Last der Jahre leugnen konnte, strahlte eine wahrhaft patriarchalische Würde aus. Nun verkörperte er, seitdem der von ihm abgöttisch verehrte Zaubermeister der Geige zum ewigen Parnaß aufgestiegen war, die eiserne Tradition des neunzehnten Jahrhunderts. Eines war gewiß: das untrügliche Ohr hatte nicht abgenommen, wie wiederum so mancher der Prüflinge dem nächsten aufgeregt Wartenden betreten verriet. „Wehe dem, der da bei den Arpeggien nicht haargenau untersetzt, ich kann euch sagen, der reinste Großinquisitor", – und die „anderen" erschauerten unter solchen Worten und waren drauf und dran, sich sotto voce zu empfehlen und es beim „Sternschen" – dem Sternschen Konservatorium, das eine Zeit eine ernsthafte Konkurrenz für die Hochschule bedeutet hatte, – zu versuchen. Nein, das Ohr dieses gütigen und doch so gefürchteten Klavierpräzeptors hatte keineswegs auch nur eine seiner winzigen Zellchen eingebüßt.

Aber ein anderes war in den Jahren doch offenbar geworden: die alte knorrige ostpreußische Eiche hatte es immer schwerer, ihre alten Blätter mit dem neuen Frühling abzuwerfen. Der meinem

Meister schon frühe innewohnende Hang zum Dogmatischen konnte sich nun gelegentlich bis zur eigensinnigen Starre steigern. Dies war sicherlich auch beim alternden Joachim zu beobachten gewesen, der ja bekanntlich Wagner und Liszt ewige Fehde geschworen hatte. Das hätte noch hingehen können, da es sich in diesem Falle mehr um eine Demonstration für Brahms, den Duogenossen aus der Jugend Tagen, gehandelt hatte. Doch für den Erlkönig war diese obstinate Ablehnung zu einer Art Ehrenstandpunkt geworden, der nun durchgehalten wurde wie das Tema ostinato einer endlosen Passacaglia, wie solche am laufenden Band von den zahllosen Theorieschülern der Hochschule allmonatlich fabriziert wurden.

Da war es nun nicht verwunderlich, daß die Berufung des jungen Ungarn Ernst von Dohnányi mit einer Art Gefühl von Erlösung empfunden wurde. Man mußte diesen Künstler Schumann spielen gehört haben, um den Jubel der Berliner verstehen zu können. Ich selbst kam in nicht geringe Not, da sich all das Jugendliche, Stürmische in mir dem jungen Meister zuwandte und ich keinen seiner Klavierabende im Theatersaal der Hochschule versäumte. Und das wollte etwas heißen! Hatte ich doch noch immer meine Wohnung bei meinen Eltern in der alten Poztopimigegend, was viel Zeit auf der damals noch dampfenden und rauchenden Stadtbahn verschlang.

Es war schon eine Not: hier lockte all das Neue, Unbekannte; dort stand der alte Lehrer und blickte mich nach solchen Ausflügen ins Wunderland der Romantik, allda die langgesuchte blaue Blume betörend duftete, mit seinen wasserblauen Augen an. Er sagte nichts, er fragte auch nicht, nur seine treuen Augen taten eine Frage, die Frage: „... wirst auch du mich verlassen?" Nun, ich brauchte späterhin nicht zu erröten, wenn Eugen d'Albert mich nach meinem Lehrer, nach meinem einzigen – seit der guten Ida Schmidt-Schlesicke – fragte und er in seiner seltsam krächzenden Art trocken bemerkte: „Jajajaja, die alte Schule."

Nun saß eben dieser junge ungrische Meister unter den alten Hütern von Sitte und Ordnung im Reich der schwarzen und weißen Tasten – und er applaudierte! Applaudierte nach dem ersten Satz der „Letzten" von Beethoven! Es war dem jungen Potsdamer von den Ufern des Poztopimi nicht zu verdenken, daß er doppelt stolz gewesen war über diese Ehre. Es war ein Wechsel auf die Zukunft, aber – was mehr wog – auf die Vergangenheit, auf die Zeit der „Galeere", in welcher ihn der starrköpfige Heinrich Barth allein und abgetrennt schmachten ließ, ohne Führung, das kleine Steuer in den immer noch kleinen Händen haltend.

In einem solchen Anfall von unbändigem Stolz beschloß ich, ein übriges zu tun. Hatten die Eulen doch nicht gelogen, dann sollten sie sehen, daß eine Liebe der anderen wert war. So kam es, daß ich während vier Semestern als Student der Philosophie „immatrikuliert" ward, wie das stolz auf der Einschreibungsurkunde der „Alma mater Berolinensis" vermerkt war. Dies bedeutete weitere Ausflüge mit der in der Sonnenglut des Jahres 1914 erstickenden Stadtbahn, bedeutete ein jagendes Hin- und Herpendeln zwischen den Stationen Zoo und Friedrichstraße mit dem abendlichen Endziel Potsdam. Ich erinnere mich kaum mehr der Vorlesungen bei dem Philosophen Riehl. Und sogar das Kolleg über die Neumenschrift von Johannes Wolf ist in das Reich der Vergessenheit abgesunken. Wie sollte es auch anders sein, da so manches Mal dem todmüden Hörer im Kolleg die Augen übergingen und er wie aus mittelalterlicher Ferne die Stimme des Dozierenden zu hören wähnte? Bis dann endlich und auf immer den klugen Eulen der Laufpaß gegeben wurde und diese sich mit vielen Verwünschungen in die Lüfte erhoben. Ich bin ihnen noch dann und wann begegnet, einmal sogar auf altem Gemäuer ihrer klassischen Heimat Athen. Aber sie nahmen keinerlei Notiz von ihrem untreu gewordenen Adepten und machten einen recht mürrischen Eindruck, wie es eben oft alte Gelehrte an sich haben, wenn man sie in ihrem abseitigen Gehäus aufstöbert.

Wir wandelten während dieser vier letzten Monate des Friedens im Licht der strahlenden Sommertage. Täglich wurden die Geigen von neuem gestimmt, als wäre das Leben nur ein tönendes Spiel, als gälte es einzig und allein sich den dunklen Lorbeerzweig auf das blondgelockte Haupt setzen zu lassen, vom alten Erlkönig – was mehr wog – oder von einem der vielen dunklen Geschöpfe, was uns noch angenehmer dünkte. An den Vormittagen wurde gewaltig in die Tasten gegriffen; es gab Tage, an denen Heinrich Barth mit dem Pensum einer halben Woche bei seinem verlorenen und nun wiedergekehrten Sohn nicht fertig werden konnte. Da stöhnte er dann gutgelaunt, stolz im Kreise seiner Schüler umherschauend: „Ein Mörder ist er, bringt uns alle noch um, wirft den ganzen Stundenplan über den Haufen."

Ihr lieben Mitschüler von damals, die ihr über die ganze Welt verstreut seid, ich grüße euch in dieser Stunde, da ich jene Zeit aus dem dunklen Schoß der Vergangenheit wieder aufsteigen lasse. Ihr, die ihr gleich mir zum erstenmal entdecktet, daß euch Schwingen gewachsen waren. Wir alle wollten fliegen lernen, um die letzten Hemmungen, die uns noch an die Erde bannten, zu überwinden, wollten das Glück, ein Künstler sein zu dürfen, bis zur Neige auskosten. Wir schwärmten, weil wir jung waren; wir liebten uns, weil wir Brüder und Schwestern in Apoll waren. Die Welt, so wähnten wir, sei ein einziger Kulturkreis geworden. Zu ihrem Glück, zu ihrer Vollendung fehle indessen noch das letzte Itüpfelchen. Und das Itüpfelchen wären ausgerechnet wir, wir Glücklichen.

Der helle Tag war ja so lang; zwischen Aufgang und Mitternacht lag eine Spanne, die nur die Jugend ermessen und auszufüllen vermag. Und welche Versuchungen lockten nicht am Abend? Der Teufel trat damals nicht in Gestalt der großen Oper an mich heran. Nein, es war das Theater, das mich verhext hatte. Da war ich bald Stammgast auf dem Stehplatz im Olymp des Deutschen Theaters. In buntem Reigen wechselte Shakespeare mit Goethe, Goethe mit Strindberg, Ibsen, Büchner, Hauptmann ab und des Nachts verhandelte ich mit Max Reinhardt im Traum wegen einer neuen Bühnenmusik zu Vollmoellers „Mirakel".

Und zu allem kam in die Arena die „göttliche" Pawlowa geschwebt, um beim Schumannschen „Carneval" das mit den Beinen zu vollbringen, was so vielen mit den Fingern nicht gelingen wollte. Bis dann der Zauber, der mich damals an das Theater band, durch einen anderen Zauberer gebannt wurde: Enrico Caruso.

Ich weiß heute nicht mehr zu sagen, ob er die Rolle des José in „Carmen" französisch oder italienisch gesungen hat. Was brauchte es für diesen singenden Schauspieler, für diesen schauspielenden Sänger der Worte? Da diese so wunderbar männliche Stimme – die eigentlich ein hoher Bariton zu nennen war – alle Gefühlsregungen auszudrücken wußte, in der himmlischen Freude uns zu den Sternen emporhebend, aber auch in verzweifeltem Schmerz uns zu Tränen bewegend. Denn in dieser Stimme lag gleichermaßen das Leid der Welt wie die Macht irdischer und himmlischer Liebe beschlossen. Vermochte die alte gute Oper solche Wirkungen hervorzubringen, so war sie aber doch nicht, wie ihre wortgewaltigen Gegner verkündeten, zu langsamem Tode verurteilt.

Ja, es waren schon die letzten Tage der goldenen Freiheit. Sind es nicht die einzigen Tage der Freiheit meines Lebens gewesen? Eben der „Galeere" entronnen, war ich stündlich bereit, mit dem Dichter begeistert auszurufen:

Trinkt, ihr Augen, was die Wimper hält,
Von dem goldnen Überfluß der Welt!

Und welcher Überfluß hatte sich nicht wie ein unerschöpfliches Füllhorn in diesen letzten Monaten vor dem Dreißigjährigen Krieg, der unser aller Schicksal geworden ist, über uns ergossen.

Aber seit dem schwarzen Tage von Serajewo war nun auch die andere Unruhe über uns gekommen. Wohl, es ging langsam auf den Semesterschluß zu, aber das plötzliche lautlose Verschwinden der vielen dunklen Geschöpfe machte auf mich einen unheimlicheren Eindruck als die vielen Nachrichten, daß man hier und dort des Abends ein blutiges Nordlicht gesehen hätte, daß zum Schrecken der Bauern der abendliche Mond wie eine blutige Sense erscheine. Blut, Blut ..., so zischelte es wie ein Leitmotiv überall da, wo Menschen sich versammelten, wogegen die übrige Kreatur von alledem nichts zu spüren schien. Waren es die bösen Wunschträume der Menschen, die des Überflusses satt geworden waren? Waren ihre Zungen all der Süße des Friedens überdrüssig geworden und verlangten sie nun nach dem bitteren salzigen Geschmack von Menschenblut? War es nicht genug gewesen, daß sie schon seit Urzeiten die hilflose Kreatur auf die Schlachtbank schleppten?

Trompetenrufe gellten durch die Lüfte. In den heißen Nächten endloses Pferdegetrappel, dazwischen der schwere Schritt der Ausziehenden. Weinend packten die wenigen noch verbliebenen Musen ihre Geigen zusammen. So mancher, der den Stellungsbefehl erhalten hatte, strich noch einmal liebevoll über die Tasten seines Klaviers, über die Tasten, die seine Finger nie mehr berühren sollten, schloß den Deckel mit einem unhörbaren Seufzer. (Denn ein preußischer Jüngling seufzt nicht, wenn er in den Krieg zieht; so stand es zu lesen in allen Lesebüchern.)

Und doch, wenn man dem jungen, inzwischen mit dem doppelten Mendelssohnpreis ausgezeichneten Hochschüler die Wahl gestellt hätte, noch jetzt aus dem Bannkreis des Krieges zu fliehen – und nur durch ein Wunder wäre ein solches möglich gewesen –, er hätte es nicht über sich gebracht. Dort, wo ihn das Schicksal hingestellt hatte, dort wollte er bleiben, noch immer hoffend, daß Trompetenschall und gellender Kommandoruf bald abgelöst würden durch den friedlichen Wettkampf der Musen. Er wartete, daß die Zugvögel wiederkommen sollten. Welchen Weg mochten sie genommen haben? Wartete, daß die Pawlowa wieder über das Parkett geschwebt käme und daß der Karneval des Lebens wieder seine Auferstehung feiern könnte! Er wartete darauf, eines Tages in den Zeitungen zu lesen: Enrico Caruso wird als Gast in der Staatsoper den „Radamès" singen. Wartete noch sehnsüchtiger darauf, daß Eugen d'Albert wieder erscheinen würde, um in der Philharmonie die Beethovenkonzerte zu spielen, nein, nicht zu spielen, nachzuschaffen, nachzuerleben, neuzuerleben...

Er wartete lange, sehr lange. Es kamen dunkle Winter und wieder Sommer. Er glaubte, in den Nächten den dunklen Gang der Schlachten mitzuerleben, da nun der Bruder am „Toten Mann" einer der vielen Namenlosen geworden war. Während diese Namenlosen als Kanoniere den Geschützriesen unablässig Granaten auf Granaten in die weit aufgesperrten Rachen stopften, hörten sie vermutlich mit dem inneren Ohre ganz andere Dinge, ein Bach-Choralvorspiel, das Adagio einer Beethovensonate...

Er wartete, bis er eines Tages selbst auf dem Hof des Potsdamer Bezirkskommandos stand. Mit einem Pappkarton in der Hand, in welchem seine Zivilsachen, an denen er nun scheu hinuntersah, verschwinden sollten. Wartete, was der Oberst auf die beiden Schreiben zu sagen hätte, auf ein Schreiben der Hochschule, mit welchem diese den einstigen Schüler dem Herrn Obersten warm ans Herz legte – denn auch Obersten haben Herzen –, auf ein Schreiben Hugo Rüdels, des unvergessenen Chormeisters von Bayreuth. Rüdels Worte brachten augenscheinlich den untersetzten knorrigen Oberst in Verwirrung. Nervös zwirbelte er seinen eisgrauen Schnurrbart, um dann aber loszudonnern: „Musik, – – Musik – – – ?" Und nun in sich überschlagendem Fortissimo: „Kanonen machen heute Musik, Kanonen" – und der gesamte Kasernenhof hatte gezittert wie unter einem Peitschenhieb mit seinem lebendigen Inventar, das da nicht mehr mit der Begeisterung von anno 1914 angetreten war.

So trat auch ich, den Pappkarton in der Hand, den Weg über die Lange Brücke zum Güterbahnhof an. Unterwegs gab ich dem rotbärtigen Küster Brockmeyer, demselben, der noch immer während der Predigt in seinem Stuhl neben der Kanzel sein Schläfchen hielt, einen letzten Gruß an die Eltern mit, die fassungslos darüber waren, daß ihr Jüngster zu den Soldaten – oder, wie es unter den Rekruten hieß, – zu den „Preußen" gekommen war. Die Fahrt in dem unbeleuchteten Abteil dünkte mir endlos. Erst nachdem wir Frankfurt an der Oder passiert hatten, wurde uns das Ziel dieser Fahrt – die wahrlich nicht ins Blaue oder Grüne führte – mitgeteilt. Das Ziel hieß: Groß-Breesen. Nun, von „Groß" war da nichts zu bemerken. Ein dürftiger Ort, der durch den strömenden Regen nicht gerade an Lieblichkeit gewann. Wir wurden „ausgeladen" – mit dem „Aussteigen" hatte es nun gute Weile – und defilierten an dem Spalier der Dorfbewohner vorbei. Auch der unheilschwanger krächzende Rabe war zur Stelle: ein Mütterchen rief, als es meiner ansichtig wurde, nicht ohne liebevollen Beiklang ihrer neunzigjährigen Stimme hinter mir her: „Mit dir, mein Jüngelchen, werden wir den Krieg auch nicht gewinnen."

Ich war in einen tiefen Brunnen gefallen. Andere, ein Menschenleben später Geborene, sollten in noch ganz andere Verließe geschleppt werden. Das wunderbare Wort Beethovens: „Von Herzen, möge es zu Herzen gehen" – es hatte seine Gültigkeit eingebüßt. Kein gutes Wort und demzufolge kein Echo eines guten Wortes. Meine Antworten bestanden sowieso in diesen sechs Wochen der Ausbildung nur in dem einen Worte: „Jawohl, Herr Unteroffizier." Kam es einmal dazu, dem Feldwebelleutnant, dem Beherrscher dieses Gefangenenlagers, antworten zu dürfen, dann erfuhr diese Antwort die ergreifende Variation: „Jawohl, Herr Leutnant." Ich wurde um und um gekehrt, nicht nur äußerlich, wenn mir auch die „auf Kammer verpaßte" Litewka mit den Wellblechhosen nicht besonders zu Gesicht und zu den anderen Körperteilen stand. Mein Eigenleben war ausgelöscht worden; ich hatte mit anderen Augen zu sehen, mit anderen Ohren zu hören, ganz so, als ob wie im „Peer Gynt" der Dovre-Alte mein Auge mit dem Trollmesser geritzt hätte.

Die erste Nacht war die fürchterlichste, da wir zwei Epileptiker auf der Baracke hatten. Infolge der Aufregungen beim ersten Appell hatten diese armen Teufel mehrere Anfälle in der Nacht und ihr Geheul dünkte mir wie ein lebendiger klingender Wechsel auf unsere Zukunft. Ich wußte nun, daß Menschen viel entsetzlicher heulen können als die Tiere der Wildnis. Aber das Schrecklichste: die verpestete Luft. Zweiundfünfzig Mann in der beinahe fensterlosen Baracke. – Als des Morgens die Reveille geblasen wurde – wie unterdrückt klang doch der Trompetenton in der stickigen Luft – war mein Eßnapf weg, einfach fort, gestohlen. Wie sollte ich ohne Eßnapf vor dem Gewaltigen erscheinen? Gutmütig gab mir mein Bettnachbar, der bisher den ehrsamen Beruf eines Landstreichers ausgeübt hatte, den Rat: „Klau dir wieder einen ..." Noch kannte ich nicht die Soldatenmoral in derlei Dingen – später gab man dem Kinde einen vornehmeren Namen; es hieß dann: organisieren. Das Donnerwetter war dementsprechend.

Ich fand es ganz in der Ordnung, daß der Herr Unteroffizier mich nicht leiden mochte. Das Gegenteil hätte mich in meinen Augen noch mehr beschämt. Die alte krähende Neunzigjährige hatte schon recht gehabt; mit mir war hier kein Staat zu machen. Dabei hatte man mir die Haare auf gut preußische Art heruntergeschoren; aber auch das half nichts, ich erregte noch immer Anstoß bei dem Herrn Unteroffizier. An Schlafen war in dieser Pestluft nicht zu denken. Da stahl ich mich zuweilen mehrere Male in der Nacht ins Freie und sog gierig die reine Nachtluft ein. Dem anfänglichen hoffnungslosen Regen war in diesem Januar 1917 ein Kälteeinbruch gefolgt, der einen wahrhaft sibirischen Winter einleitete. So genügte ein Atemholen, um den ganzen Körper gleichsam auf Eis zu legen. Und man hatte sich darüber vergewissert, daß doch noch die Sterne funkelten in Gottes reinem großen Haus.

Einmal sah ich einen Meteor fallen; ich hatte geglaubt, sein Rauschen und Zischen müßte die gesamte Baracke neun auf die Beine gebracht haben. Aber nichts von alledem. Wohl wälzten sich einige Männer schlaftrunken hin und her; der eine der beiden Epileptiker vollführte verdächtige abwehrende Bewegungen, als kämpfe er mit einer fürchterlichen Macht, so daß ich schon den Einsatz für den ersten gräßlichen Schrei des menschlichen Schakals für gekommen hielt. Beinahe berauschte ich mich an der Vorstellung, daß mein leichter Korkfederhalter, mit dem ich meine Noten in die Partituren malte, hier auf der dicken pestilenzialen Luftsuppe schwimmen müßte. Ach, mein Korkfederhalter... mein stilles Gartenhaus am Kiez ... die liebe tönende Turmuhr, wo jetzt bei der grimmigen Kälte die Tontropfen zu Eis erstarrten, wo oben im Gebälk die schwarzen Jaköble eng aneinandergepreßt erschauerten, obwohl sie sich dick aufgeplustert hatten ...

Gottlob brauchten in diesen Wochen die Eltern nicht um Bruder Georg zu bangen, der sich wie durch ein Wunder plötzlich aus dem Tosen der Schlacht am „Toten Mann" in ein Schloßlazarett auf einer Rheininsel versetzt sah. War es auch schwer für mich, wie ein aus seinem Element geworfener Fisch zu atmen, ich atmete doch – und ich wollte atmen. Erst jetzt bemerkte ich, daß mir als Ausgleich für die überzarte Konstitution ein Wille zum Leben gegeben war, der vielleicht wichtiger sein mag als jede sogenannte gute Gesundheit. Diesen Lebenswillen konnte mir der Herr Unteroffizier nicht abschneiden, wenn er auch – wie erst neulich – in einem Wutanfall mir das Gewehr vor die Brust gestoßen hatte.

Welcher gute Gott hatte in diesem Augenblick den Hauptmann

seines Wegs geführt, meinen Retter aus großen Nöten, die mich betroffen hatten, den Hauptmann aus dem benachbarten Guben? Nein, er war kein „Militarist", das sah man ihm auf den ersten Blick an. Fabrikdirektor und Mäzen, und was mehr wog, augenscheinlich ein Mensch. Wo war denn diese Gattung eigentlich die ganze Zeit, da ich in Groß-Breesen gedrillt worden war, geblieben? Ich sah plötzlich wieder Augen, Menschenaugen, aus deren Leuchten Wärme strahlte – und ich wußte es wieder, die Menschenliebe, sie war noch nicht ganz gestorben.

Es geschah nicht lange Zeit danach, daß ich ein Kärtchen erhielt, mit dem ich für den nächsten Nachmittag ins Haus des Hauptmanns geladen wurde. Als ich mich bei dem Gewaltigen des Lagers meldete, befürchtete ich schon einen Wutausbruch, da ich auf solche Weise aus der Reihe tanzen wollte. Aber wer beschreibt mein Erstaunen, als die Stimme, die in der schneidenden Winterkälte ihre Befehle gab und den, der beim Appell durch „schlappe Haltung" unangenehm auffiel, in den Karzer schmiß, nun die Tonart wechselte: Der Herr Hauptmann hatte den armen Landsturmmann eingeladen, ein Wunder war geschehen. Ich durfte sogar „rühren", das heißt die Hände von der Hosennaht entfernen. Ja, ich ward überschwenglich beglückwünscht, als sei mir durch eine märchenhafte Erbschaft der Thron des Maharadschas von Djaipur zugefallen – und ich solle um Gotteswillen schon gleich nach der Essensausgabe mich auf den Weg in das benachbarte Guben machen, um ja nicht zu spät zu kommen, denn – der Herr Hauptmann sei die Pünktlichkeit selber. Nach einigen gutgemeinten Garderobevorschriften – Wintermantel nicht vergessen, Koppel richtig umschnallen, Stiefel auf Hochglanz gebracht (mit den Wellblechhosen sei doch kein Staat zu machen) – ward ich, o höchstes aller Wunder, mit einem kräftigen Händedruck entlassen.

Viel anders hätte es nicht sein können, wenn ich tatsächlich nach Djaipur zum Maharadscha durch einen Zauberspruch versetzt worden wäre. Meine Militärstiefel, deren riesenhafte Größe ich durch unzählige Papiereinlagen paßrecht gemacht hatte, verloren alle Erdenschwere, als sie in den dicken Veloursläufern, in den herrlichsten Persern versanken. Im Musikzimmer stand eine schöne junge Frau. War es Schüchternheit, die sie zuerst kein Wort herausbringen ließ? Verschlug meine trostlose Erscheinung ihr die Sprache? Aber was bedurfte es hier der Worte, da die beiden das Gefühl hatten, einem jedem von ihnen sei ein unsichtbares Band zugeworfen worden, das ihre Hände nur allzugern ergriffen. Es war ein zartes blaues Band, mit welchem die arkadischen Schönen in abgelebten Zeiten wohl ihren Liebling gefesselt hatten. Kein mit wildem Schwung abgeschnelltes Lasso Carmens, in das sich ein Don José rettungslos verstrickt hätte.

War das nun Wirklichkeit, dieselbe Wirklichkeit wie der offene Hof des Gefangenenlagers, der Warteraum der nicht endenwollenden Appelle? Jetzt erst fühlte ich die Wunden, die mir geschlagen waren, als nun gleichsam zarte Frauenhände Linderung schufen von seelischer Qual. Ein Plan ward vom Obersten gutgeheißen, wonach der Landsturmmann zur Begleitung der dreiundfünfzig Mörikelieder Hugo Wolfs dienstlich zweimal in der Woche befohlen wurde, denn die hohe Herrin hatte es mir unter Beihilfe des Hauptmann-Gatten gestanden, daß sie der Gesangskunst ergeben sei. Und als sie nun das nächste Mal die anfängliche Scheu überwand und zum Flügel schritt und still die Auswahl der Lieder traf, da stellte sie doch wieder den Wolfband auf seinen Platz zurück und griff nach einem Schubertband. Eine leise überzarte Stimme von unbeschreiblicher Anmut schwebte durch den Raum:

Du holde Kunst, in wieviel grauen Stunden,
Wo mich des Lebens wilder Kreis umstrickt,
Hast du mein Herz zu warmer Lieb' entzunden,
Hast mich in eine bessre Welt entrückt!

War es mir nicht gewesen, als hätte bei dem Zwischenspiel, allwo die Töne gleichsam vom Himmel herniedertauen, eine Hand kaum spürbar meinen Scheitel berührt? Nein, es mußte wohl die unsichtbare Hand der Muse gewesen sein, denn die Stimme ließ sich nun sicherer und bewußter vernehmen:

Oft hat ein Seufzer, deiner Harf' entflossen,
Ein süßer heiliger Akkord von dir
Den Himmel bessrer Zeiten mir erschlossen,
Du holde Kunst, ich danke dir dafür!

So oft hatte ich mich in den schlaflosen Wanzennächten von Groß-Breesen gefragt, warum der Schöpfer aller Dinge nicht nur die Existenz dieser Plagegeister, sondern auch das zweigesichtige Deutschland zugelassen, das mit seinem doppelten Januskopf so rätselhaft in die Welt stierte. Da tobte sich nun seit kaum mehr zählbaren Kriegsmonaten dieser Unteroffizier aus und war täglich von neuem darauf erpicht, etwas zum Quälen zwischen seine unsauberen Finger zu bekommen. Hätte ich ihn in magnetischen Schlaf versenken können, den Herrn Unteroffizier – ein geradezu tollkühner vermessener Gedanke, aber nehmen wir an, der Herr aller Dinge hätte mir die Macht dazu in jenen Tagen gegeben – und ihn leise fragen dürfen: „Warum tust du das? Warum quälst du die Angehörigen deines Volkes? – ", er hätte sicherlich zur Antwort gegeben: „Weil ich ebenso gedrückt, gestoßen, mißhandelt werde vom Herrn Feldwebel, vor dem ich solche furchtbare Angst habe, eine viel größere als du vor mir..." Mein Gott, wo nahm denn das ein Ende, dieses Angsthaben, aus dem alles Unglück geboren wurde? Beim General, – oder hatte auch der Angst, der Herr General, dessen Name auf dem Kasernenhof von Groß-Breesen kaum ausgesprochen wurde, wie das die Juden mit dem Namen Jehovas zu tun pflegten?

Als wenn wir von Gott ganz und gar verlassen wären, so deckte nun der beleidigte Himmel über das weiße Leichentuch einen gräulich-grämlichen Nebel. Uns schien das Gesicht gestohlen zu sein und nur das Ohr vernahm noch menschliche Laute. Sonst alles still umher, als ob die Welt endgültig gestorben wäre. Brachte der Nebel die ersehnte Milderung der eisigen Kälte? Ich ging eines Morgens hinaus, um mit der Taschenlampe die Grade am Thermometer abzulesen – schon damals hatte mich die „Thermometeritis", das Unvermögen, ein Thermometer in Ruhe zu lassen, befallen. Aber da half kein Leuchten mehr; sogar die kleine Säule, die ja nur noch winzig gewesen war, hatte sich wie die Schnecke in ihr Haus verkrochen. Man schätzte die Kälte an jenem Morgen auf vierzig Grad. Und das bewirkte, daß im Nebel beim Appell der Befehl verlesen wurde, daß „von jetzt ab die Mannschaften streng angehalten wurden, Handschuhe zu tragen", – so lange hatte der Instanzenweg gebraucht, um durch den Nebel nach Groß-Breesen zu gelangen. Auch ich hatte die Folgen zu tragen. Zwei Finger der rechten Hand, vornehmlich der Zeigefinger, der nun als Krümmfinger am Abzugshahn des Gewehrs zu fungieren hatte, waren wie alles auf dieser erkalteten Welt erstorben. Ich versuchte dies, so gut es ging, zu verbergen. Aber der fürsorgenden Liebe bleibt nichts verborgen, es liegt in ihrer Natur begründet; und so fiel die erste Träne auf die Hand des jungen Soldaten. Sie vermochte mehr zu sagen als Worte – und ich glaubte wie aus nebelhafter Ferne Strindbergs „Indra" zu vernehmen, wie sie mit leiser Stimme klagte: „Es ist schade um die Menschen, es ist schade um die Menschen."

Aber es schien mir nun höchste Zeit, nach der bevorstehenden

Besichtigung durch den Generalmajor um Urlaub einzukommen, um die Eltern wiederzusehen. Was würden die wohl sagen zu dem Soldaten mit den Wellblechhosen und dem Einheitshaarschnitt nach preußischer Mode? Ich hatte nicht in den kühnsten Erwartungen damit gerechnet, daß schon vor dieser immer wieder hinausgeschobenen Besichtigung sich hierfür eine Gelegenheit ergeben würde. Eines Tages hieß es: „Landsturmmann Kempff! Auf Bataillonsstube kommen!" Man zeigte mir ein Telegramm des Berliner Philharmonischen Orchesters, in welchem ich aufgefordert wurde, der Uraufführung meines Vorspiels zu Kleists „Hermannsschlacht" beizuwohnen. Urlaub für drei Tage! Den Urlaubsschein in der Tasche, der jetzt die Welt bedeutete, fuhr ich los. Während der Fahrt im Personenzuge hatte ich genügend Muße, um mich langsam wieder in all das, was vor meiner Einberufung geschehen war, hineinzudenken.

Eigentlich war es doch eine verteufelte Sache mit dieser Uraufführung! Hatte ich richtig gehandelt, so fragte die innere Stimme da unten bei den Amboßmännern weiter, als ich, mich eigensinnig in meinen Standpunkt verbohrend, gegen die Wand gerannt war? Hermann Scheinpflug als Dirigent dieses Werkes wäre mir schon lieber gewesen! Wie hatte er doch nach dem ersten Anhören im vergangenen Sommer sogleich versprochen, sich „stark zu machen" für diese „Hermannsschlacht", die an und für sich schon ein „starkes Stück" zu nennen war, da in ihr drei altgermanische Luren erstmals zur Verwendung kamen.

Eigentlich war es nicht Kleist gewesen, der mich zu diesem Vorspiel, das eine Art Synthese zwischen sinfonischer Dichtung und alter Ouverturenform darstellte, begeistert hatte. Ein andrer war schuld daran, der gute Großkopf, Kustos der Musikinstrumentensammlung der Hochschule! Da er meine Leidenschaft für diese Abteilung der Hochschule kannte, hatte er mir einmal wieder mit einem „Pst! Pst!" gewunken und wir beide waren auf Pirschjagd in die geheimnisvollen Gründe vorzeitlicher Musikausübung gestiegen, wobei ich auf die seltsam gewundenen Heerhörner der Germanen gestoßen war. Großkopf, selbst ein alter Potsdamer Gardist, hatte sich begeistert und des längeren über die Luren verbreitet und zum Schluß die in rötlichem Bronzeton schimmernden riesigen Hörner von der Wand genommen. Er hatte sogar zum Blasen angesetzt, wobei sein tomatenroter Kopf gefährlich ins Lila hinüberspielte, und ein schaurig erregender Ton – so mußte der Auerochs gebrüllt haben – war der Riesenschnecke entquollen.

Meister Scheinpflug hatte sich mit diesem Stück so etwas wie eine Sensation versprochen und mir den Termin für die Uraufführung mitgeteilt. Beinahe sämtliche Ersparnisse waren für die Herstellung des Notenmaterials draufgegangen. Die Kopieen der Luren waren auch noch gerade rechtzeitig fertig geworden. Auch die drei Stücke in der Sammlung stellten solche dar, denn die Originale befanden sich in Kopenhagen und waren – o Wunder! – aus *einem* Stück gegossen, was unseren heutigen Gießern nicht mehr gelingen wollte. Da war aber ein Brief gekommen, eben jener Brief, der aus mir hätte einen zweiten Michael Kohlhaas machen können. Ich hatte nicht anders getobt als der kleine Junge in Jüterbog, da die Auguste seine vier Miezchen vor seinen Augen in den Orkus versenkt hatte. In dem Brief der Konzertdirektion hatte gestanden, es sei üblich, daß sich die jungen, noch unbekannten Künstler an der Finanzierung dieser Abende „mit modernen Autoren" beteiligten, indem sie sich verpflichteten, einen Prozentsatz der Eintrittskarten abzunehmen – und es war ein bedeutender Prozentsatz. Auf meine schriftliche Weigerung hin wurde die „Hermannsschlacht" abgesetzt. Ich beschwor, flehte Hermann Scheinpflug an; umsonst, er schien gebunden, auch er, an Händen und Füßen. Die Konzertdirektion hatte nur eine leichte Umgruppierung ihrer Streitkräfte vorzunehmen; ein lässiger Wink – und der Ersatz war gefunden. Für den ungezogenen jungen Komponisten aus Potsdam (übrigens: wie konnte aus Potsdam Gutes kommen?) erschien eine „Komponistin" aus dem zahlungskräftigeren Dollarlande, die ein opus aus den Falten ihrer klassischen Gewandung fallen ließ.

Doch dieses selbst für den Berliner Konzertbetrieb unerhörte Ereignis hatte aus dem sonst so weltabgewandten Meister Robert einen rasenden Herakles gemacht. Mit einem echt mannheimerischen Fluch schwor er, dem „Lumpenpack" zu Leibe zu gehen. Er eilte spornstreichs, gefährlich mit den Hinterbeinen ausschlagend, zu Carl Krebs, dem unbestechlichen Hüter und getreuen Eckart. Dies alles hatte sich im Tempo eines Films abgespielt, so daß Carl Krebs seiner Kritik im „Tag" – Krebs gehörte mit Leopold Schmidt zu den unbestrittenen Musikpäpsten des damaligen Berlin – ein Postscriptum anhängen konnte, das in seiner Leidenschaftlichkeit dem Zolaschen „J'accuse" kaum etwas nachgab. Zur Ehre der Berliner Kritiker sei es gesagt, daß fast alle die Sache des jungen Komponisten zu der ihrigen machten. Der Komponist der abgesagten „Hermannsschlacht" stand gleichsam künstlich angestrahlt vor aller Öffentlichkeit da. Er hatte das unbestimmte Gefühl, daß die einmal entfachte leidenschaftliche Diskussion weit über die Bedeutung dieses seines Gesellenstückes hinausging.

Solcherlei und noch viel mehr Gedanken flossen dem jungen Soldaten in wahlloser Fülle zu, während die Räder unter der Holzbank im unermüdlichen Fugentempo sich drehten, die Bremsen quietschten, der Zug wieder mit entsetzlichem Gefauche langsam anzog und wiederum kein Vorgesetzter eingestiegen war, was die Situation unzweifelhaft vereinfachte, denn meine „Ehrenbezeigungen" hatten in Groß-Breesen eine traurige Berühmtheit erlangt. Groß-Breesen hin, Groß-Breesen her, es lag immerhin abseits und weit vom Schuß und beherbergte sogar Epileptiker; aber Berlin, mein Gott, das hatte ich immerhin noch nie als Soldat betreten und von dort war es nicht mehr weit nach Potsdam, der Hochburg alles soldatischen Lebens. Und dort auf der Langen Brücke ereilte mich das Geschick, als ich, wiederum mit meinen Gedanken bei der „Hermannsschlacht", bei den Luren, bei den nicht miterlebten Proben – es hatte nicht einmal zu einer Verständigungsprobe mit dem Dirigenten gereicht –, als ich also auf der Langen Brücke von Potsdam in einen Unteroffizier buchstäblich hineinrannte, wie man eben in einen Omnibus, wenn es das Schicksal will, hineinrennt. Es war nicht der Unteroffizier aus Groß-Breesen; so viel konnte ich auch ohne Brille sehen, die sich in das Koppel des Opfers hineingebohrt hatte. Und sie war meine Rettung. Denn als ich nun von dem mühsam eben Wiedererstandenen in Gegenwart meiner Mitbürger einem hochnotpeinlichen Verhör unterzogen ward, wobei die Zornesadern des in seiner Ehre Geschändeten sich blutigrot färbten, da gab mir ein Gott die Worte ein, die mich retteten, die Worte, geistesabwesend vor mich hingemurmelt: „Ich bin beinahe blind, blind wie der Sänger Homer ..." Und darauf der verunglückte Unteroffizier: „Det mit dem Verrückten-Bataillon, det stimmt also doch, hab ick mirs doch jedacht" – und er hatte die Lacher auf seiner Seite. Dies war das zweitemal, daß mich die königlich-preußische Residenzstadt abgelehnt hatte. Nein, ein siegreicher Einzug in meine Vaterstadt war das nicht gerade gewesen!

Aber sonst stand noch alles auf dem alten Platz und der alte bärtige Neptun lud noch immer die schöngliedrige Galathee ein, in seinem Wasserwagen Platz zu nehmen. Doch die rechte Seelenruhe wollte nicht aufkommen; es wimmelte hier im Lustgarten von Soldaten, da hinten tauchte schon wieder so etwas Vorgesetztes auf, nein, man kam in diesem Staat nie zur Ruhe. Doch dann hatte das dreimalige Klingelzeichen den Eltern angezeigt, daß der frischgebackene Urlauber nun doch gekommen sei. Gewaltig war die Veränderung, das war unschwer aus den Mienen des Vaters, die nicht lügen konnten, abzulesen, gewaltig und nicht vorteilhaft für mich war diese Veränderung meines Äußeren, nein, meines ganzen Menschen, das spürte ich sogleich. Doch die kleine Mutter sah keine Uniform, keinen „preußischen" Haarschnitt, nicht die ausgebeulten Wellblechhosen. Sie sah ihren Sohn und die Tränen flossen reichlich.

Beim dampfenden Kaffee aber hatte sich alles wieder gefunden, auch der Vater, und man steuerte im Gespräch auf den Zentralpunkt, den Grund- und Orgelpunkt dieser Reise los, auf die „Hermannsschlacht". Doch als nun der Sohn den Vater, den einzigen Kronzeugen der einzigen Probe, gleichsam anbohrte, da rieselte als Antwort nur ein bescheidenes Rinnsal hervor, wenn dies überhaupt als eine Antwort zu nehmen war, denn der sonst so gesprächige Vater meinte nur unentwegt: „Wilhelm, ich weiß nicht; Wilhelm, ich weiß nicht recht, ich weiß wirklich nicht recht" – und auch ich wußte wirklich nicht recht, ob ich das bisherige Ergebnis der Urlaubsreise als Positivum buchen sollte; die Sache mit dem „Verrückten-Bataillon" ging mir doch nicht aus dem Kopf. Mein guter Vater hatte eigens noch eine Extraprobe mit seinem Männergesangverein eingelegt, der es sich zur Ehre angerechnet hatte, bei dieser Uraufführung den „Chor der Barden" zu übernehmen. Auch hier hatte ich – wie nach Vaters Meinung schon so oft – dem Chor, dessen Glanzstücke die Kompositionen Friedrich Hegars, des damaligen Abgottes aller Männerchöre, gewesen waren, zuviel „zugemutet". Aber unentwegtes Proben mit den „Scheiweschen Liederkränzlern" hatte es zuwege gebracht, daß sich die Tenöre und Bässe, Meister der ehrsamen Handwerkerzünfte Potsdams, auf den Straßen gegenseitig den feierlichen Bardengruß entboten. Vorstand und Sänger waren sich darüber einig, daß der morgige Tag der Uraufführung, das Zusammenwirken mit dem Berliner Philharmonischen Orchester ein unverwelkliches Ruhmesblatt in der Geschichte des „Scheiweschen Liederkranzes" bedeuten würde. Barbier Schmidt (Tenor II) hatte angekündigt, daß er wegen „Konzertverpflichtungen" seinen Laden schon um drei Uhr nachmittags schließen würde, und dies seinen Sangesbrüdern eingeschärft, auf daß nicht allzu viele unrasierte Barden die Fahrt nach Berlin antreten möchten. Jammerschade war es, daß der Komponist verlangt hatte, die Barden seien unsichtbar hinter der Szene zu postieren, ausgerechnet in Berlin ...!

Und nun hatte sich im Beethovensaal ein erwartungsvolles Publikum und wohl eine noch erwartungsvollere Presse versammelt, um das Werk des schon bekannt gewordenen Pianisten, aber noch völlig unbekannten Komponisten zu hören, jenes Werk, das beinahe ein Opfer einer beutegierigen Konzertdirektion geworden wäre. Keiner wußte genau zu sagen, ob der junge Komponist anwesend wäre, und selbst die vertrauten Freunde sahen begreiflicherweise über den unscheinbaren Soldaten hinweg, der da inmitten von anderen Feldgrauen einer von vielen geworden war. Er mußte lange warten, bis der Orgelpunkt seiner Ouvertüre, *sein* Orgelpunkt erklingen würde, über dem sich die Dissonanzen türmten.

Drei Novitäten hatte der unternehmende junge Dirigent vorangestellt, fürwahr eine harte Probe für die Berliner! Und drei junge Komponisten waren nun uraufgeführt, drei junge Komponisten hatten sich unterschiedslos mit derselben verlegenen Geste verbeugt und alle drei hatten einen Achtungserfolg eingeheimst. Wie würde es dem vierten ergehen, so dachte nun der junge Soldat und es war ihm nun, als hätte sich der vierte von seiner eigenen Körperlichkeit abgespalten mit dem Erfolge, daß er nun für diesen vierten plötzlich entsetzliches Lampenfieber zu empfinden begann, jenes Fieber, das er bisher nicht kennengelernt hatte. Er rückte unruhig auf seinem Platze hin und her, entdeckte zu allem Ungemach, daß ihm die Halsbinde unter der Litewka wegzurutschen begann, als der Paukist auch schon auf das Zeichen des Dirigenten die Schlägel in die Höhe hob und sie wieder auf das Kalbfell sausen ließ – „wie das Schwert des Henkers", so blitzte es dem Soldaten durch den aufgeregten Sinn. Und – o Schreck, da ereigneten sich auch schon im ersten Allegro die ersten Unglücksfälle. Die Posaunen wurden insofern das Opfer meiner Leidenschaft für die Luren, da deren Partie von der ersten Besetzung übernommen werden mußte. So richtete die zweite Besetzung einen wahren Massenmord an, ohne zu bemerken, daß sie zwei volle Takte zu früh eingesetzt hatte und nun ihre Partie stur zu Ende blies, ohne auch nur dem verzweifelt abwinkenden Dirigenten die schuldige Aufmerksamkeit zu schenken.

Doch der junge Komponist ließ sich durch die unten ebenfalls aufgeregt hämmernden Amboßmänner Trost zusprechen: „Du junger vierter Komponist, das bist ja gar nicht du, dem du da zuhörst; dein Werk ist dieses nicht, was da erklingt." Da, jetzt mußte der Chor der Barden, schicksalsträchtig wie aus dem Urschlund der

Erde aufsteigen. Selten habe ich in meinem Leben etwas so Gespenstisches erlebt wie diese stummen Dirigentenzeichen, die mit einer geradezu automatischen Präzision gegeben wurden. Es war, als wenn plötzlich alle Musik der Erde erstorben wäre. Denn wo war das erhört, einen stummen Dirigenten zu sehen, der stumme Zeichen gab einem Chore, der ohrenscheinlich nur aus Taubstummen bestand, aus dem Chor der armen „Scheiweschen Liederkränzler", die man in den Keller des Beethovensaales gesperrt hatte, um die rechte Distanzwirkung zu erreichen. Von dort aber, aus dem Reich der Unterirdischen konnte kein Laut an das Ohr der Sterblichen gelangen, so sehr diese auch ihre Ohrmuskeln anspannten.

Den Wissenden war es nicht verborgen geblieben, daß hier ein Regiefehler vorliegen mußte. Aber wie stand es mit den anderen? Konnte ich nicht schon hie und da in Gesichter schauen, denen anscheinend der Lachteufel bereits arg zuzusetzen begann? Ich wußte es, jetzt mußten dort unten im Keller die Unterirdischen ausgelitten haben, und auch der Dirigent gab nun – wie von einem Alpdruck befreit, das Zeichen zum Einsatz der Luren, gab gewissermaßen das Zeichen zum Angriff der Germanen, mit großer feldherrlicher Geste, bedeutend über sich selbst hinauswachsend. Wohl setzten die Luren ein, jene furchterregenden Heerhörner, die vermutlich in nicht geringem Maße mit zum Selbstmord des Varus beigetragen hatten, da der schreckliche Klang den Römern in den Einöden des Teutoburger Waldes einen ähnlich schauerlichen Schrecken eingejagt haben mochte wie die Elefanten des Hannibal. Wohl setzten die Luren ein, aber dafür setzten die Herzschläge bei dem Komponisten Nummer 4 aus. Als er dieses Lurenkonzert hörte, da wußte er, diese Schlacht war verloren, unrettbar verloren. Denn die Blechbläser, sonst schon das Vorrecht genießend, Nerven *haben* zu dürfen, waren dieser völlig verlustig gegangen. Ihre siegreichen Fanfaren überschlugen sich unaufhörlich, es klang, als ob sich Riesentruthähne gegenseitig erbost ankollerten; zuweilen hatte man dagegen den fatalen Eindruck, einem äußerst vergnügten Jodlertrio zuzuhören, das sich einen Polterabendulk erlaubt hatte.

Die Zuhörer schienen letzter Deutung den Vorzug zu geben, denn die sonst so wohlerzogenen Berliner wähnten sich eher im „Grinzing" als im Beethovensaal und benahmen sich dementsprechend, denn einige vorwitzige Musikstudenten versuchten geschickt die „Kixer" der Riesenammonshörner nachzuahmen. Der Tumult war allgemein geworden und sogar die Feinfühligsten unter den

Zuhörerinnen bissen, sich in Lachkrämpfen windend, in ihre Battisttaschentücher.

Nichts ist furchtbarer als ein unfreiwilliger Heiterkeitserfolg; er stellt den bei Autoren auch nicht gerade beliebten Achtungserfolg weit in den Schatten. Die Stimmung war in einem Maße ins Lächerliche abgeglitten, daß die Situation selbst nicht mehr durch das Anstimmen der Nationalhymne zu retten gewesen wäre. Selbst der Versuch des jungen Komponisten, wenn ihm der Mut danach gestanden hätte, sich wie weiland Varus in sein Seitengewehr zu stürzen, um diese Schande nicht zu überleben, wäre von tragikomischer Wirkung gewesen. Dies alles hatten die Luren mit ihrem Blasen getan. Hätte mich doch nie der alte Posaunist Großkopf in jene Ecke der Musikinstrumentensammlung geführt, wo diese vorweltlichen Dinger verstaubt ihren mitternächtlichen Schlaf gehalten hatten! Ja, es wäre ihnen und mir besser gewesen, wenn keiner sie aus der drei Meter tiefen Tonschicht am Ostseestrande ausgepolkt hätte. O diese Luren! Noch nach Jahren würden sie mir wie wandelnde tönende Gespenster überallhin folgen und die Leute würden mit Fingern auf mich weisen: Seht da, den Lurenmann; erinnert ihr euch noch an jenen köstlichen Abend im März 1917?

Am nächsten Morgen trat ein an Leib und Seele zerschlagener junger Mann die Heimreise nach Groß-Breesen an. Zu allem übrigen hatte man ihn noch mit Literatur für die langweilige Fahrt im Personenzug versehen, den noch frischen Morgenzeitungen. Ohne sie hätte er, vor Müdigkeit in einen wohltätigen Schlummer sinkend, denken können: dies alles hab' ich nur geträumt ... Aber hier las er es schwarz auf weiß: „Sensationeller Lacherfolg bei einer Uraufführung". Eine andere Zeitung hatte ihrer „Betrachtung" die in Schlagzeilen gebrachte Überschrift gegeben: *Viel Lärm um Nichts* und dabei auf ihre vorbildliche Haltung bei dem Streit im Kampf gegen die Ausbeuter der jungen Komponisten hingewiesen. Man müsse aber seine Meinung in diesem Falle revidieren: die besagte Konzertdirektion hätte sich ein Verdienst im Namen der Kulturwelt erworben, wenn sie diesem jungen Komponisten eine lebenslängliche Rente ausgesetzt hätte mit der einzigen Bedingung, auch nicht das kleinste Notenblättchen mehr vollzukritzeln. Eine andere bedauerte, um das Debut des Männerchores aus Potsdam gekommen zu sein. „Wo war er eigentlich gelandet? Zug verpaßt, Pilzvergiftung? Die Redaktion bittet um Aufklärung." Dieser Bericht hingegen schloß mit der lapidaren Feststellung: „Alles in allem, ein anstrengender Abend ..." Nur einem war es vorbehalten, nach den Gründen der mißglückten Uraufführung zu fragen: Carl Krebs. Da er der einzige gewesen war, der an Hand der Partitur den Vorgängen jener zweiten Schlacht im Teutoburger Wald gefolgt war, konnte er abermals seine warnende Stimme erheben: „Nicht nur die Standardwerke müßten immer wieder vorbereitet werden; wieviel mehr denn das Erstlingswerk eines Unbekannten." — —

Als mich die Kameraden auf dem Kasernenhof umringten, da hatte ich – ohne es zu wollen – sehr plötzlich wieder Boden unter den Füßen. „Hast wohl viel Jeld verdient, wat?" – „Haste Pinke-Pinke mitgebracht?" so scholl es mir entgegen, bis der Kamerad, der mir einmal um einen Hering das Bett gemacht hatte, das erlösende Wort fand: „Mensch, Willem, *det* kostet 'ne Lage Bier." – So hatte die „Hermannsschlacht" doch noch einigen Menschen zu ihrem Glück verholfen.

Intermezzo: Simplicius unter den Soldaten

Heiliger Simplizius", solch ein Seufzerfluch wird dir, lieber Leser, entfahren. „Habe ich nicht genug gehört der endlosen Erzählungen aus dem Soldatenleben, die überall da aufklingen, wo die Männer untätig herumsitzen, beim Kartenspiel, vor den Amtsstuben, im Wartesaal dritter Klasse ... Du bist gar selbst so ein einfältiger Simplicius Simplicissimus, der du es wagst, die alte Schnurrpfeiferweis' derber Landsknechte aufzuputzen." So wirst du, mein geduldiger Leser, ausrufen.

Doch du erinnerst dich auch wohl, daß ich dir eingangs dieses Lebensbuches nicht ohne Feierlichkeit verkündet habe, daß du von beiden hören sollst: von den äußeren Ereignissen, die den werdenden Menschen geformt und gebildet haben, und von den inneren Wandlungen. Von diesen soll man nicht viel reden, denn sie geschehen schweigend und von der Welt ungehört, wogegen es dafür bei den Amboßmännern da unten in den Schächten der Seele um so vernehmlicher zugeht. Das ist dann tagelang und auch zuweilen des Nachts ein metallisch tönendes Klingen, ganz so, als ob der unsichtbare Glockengießer zum erstenmal die neuen Kinder seiner Schöpferhand anschlägt und nicht genug von ihrem Klingen bekommen kann, alles um sich her vergessend, ja sogar der Lehrbuben, die hinter seinem Rücken einen neuen Schabernack ausgeheckt haben. Und du wirst erstaunt sein, daß ich diesen Simplicius Simplicissimus nicht auf jener Seite meines Lebensbuches ab bilde, allwo die äußeren Ereignisse stehen.

So laß ihn mich noch einmal in den Händen halten und ihn liebevoll betrachten, ehe ich von ihm Abschied nehme und auch ihn zu den Amboßmännern in die tiefe Nacht hinuntersende. Da mag er sich dann zurechtfinden, der gute Simplicius, in den dunklen Fluten des größten aller Ozeane, der unermeßlichen Tiefsee der menschlichen Seele. Und nur ein leises Tönen in rhythmischen Abständen gibt davon Kunde, daß die einsame Glockenboje ihm den Weg zeigt und daß er nicht verloren ist. Du fühlst ja erst recht, was dir ein Mensch gewesen ist, wenn du von ihm Abschied nimmst. Abschied zu langer Fahrt über See oder gar Abschied zur letzten großen Fahrt, wie sie die kleine Großmutter singend und winkend angetreten hatte vor Jahren. Als ich vom Simplicius in der nüchternen Regimentsstube der Berliner „Elisabether" Abschied nahm, fast unmittelbar vor dem Zusammenbruch des Kaiserreiches, da wußte ich auf einmal, daß er den Gestalten zuzuzählen sei, die eine der vielen inneren Wandlungen bewirkt hatten, deren der Mensch im Laufe seiner ihm zugeteilten Erdenzeit teilhaftig werden kann. – –

„Aber jetzt, heda, heißa, hoppla hopphopphopp" – und rascher Peitschenknall fährt durch die kalte Winterluft, „führt mir den Simplicius unter den Soldaten vor, den Simplicissimus aller Simpliciusse seit des guten Grimmelshausen Zeiten; laßt ihn vor versammelter Front aller rechtschaffenen Soldaten seine Künste zeigen, auf daß wir uns an diesem lustigen Spießrutenlauf ergötzen!" So ruft eine Stimme, als wäre es gestern, nein, als wäre es heute, nah, laut, nicht ganz so roh, nicht ganz so ausgeschrieen wie die des Unteroffiziers von Groß-Breesen. Und wie es anders nicht sein kann nach einem solchen Kommando: die Regimentsmusik ertönt, sie ertönt nicht nur, sie setzt sich in Bewegung, automatisch wie eine Maschinerie von Riesenspielsoldaten. Das Echo bricht sich gewaltig an irgendeiner Schießscheibenwand, die es wie Kanonenschüsse zurückwirft.

Da plötzlich, auf ein Zeichen des Stabstrompeters, macht das Ganze halt, erstarrt in einem Augenblick wie das Weib Lots zur Salzsäule. Nur noch der Arm des Tambours geht in Reflexbewegungen auf und ab, während die Troddeln seines Stabes im Wintersonnenlichte funkeln. Doch die Musik geht weiter und auch das

Echo schießt mit seinen verdammten Synkopen dazwischen, als ob es ihm Spaß machte, Unordnung in das Ordentlichste dieser Welt, in die preußische Regimentsmusik zu bringen. „Heda, heißa, hollala", so verkündet nun die Stimme des Ausschreiers, „es folgt jetzt der Schwank Numero eins: Simplicius bei die Besichtigung durch den Herrn Jeneral .." Schauplatz der Handlung: das Gefangenenlager Groß-Breesen. Die Kompanieen sind zur Besichtigung angetreten und warten seit Stunden auf den General. Zwischendurch wird „gerührt"; sobald in der Ferne eine Autohupe ertönt, wird „strammgestanden". Dies Spiel wiederholt sich, bis das Unglaubliche eintritt, daß der hohe Herr wirklich und wahrhaftig anrollt. Selbst die Wagentür ist militärisch gedrillt, sie fliegt mit lautem Knall zu und bringt den Feldwebel um das letzte Restchen seines Verstandes. Simplicius hat das Gefühl, ein einziger Eisklumpen zu sein. Er hat keine Beine mehr, sondern Eiswurzeln, die metertief in den Boden gefroren sind. Nicht anders ergeht es seinen oberen Extremitäten.

Da erschallt das Kommando: „Das Gewehr .... über!" Hatte Simplicius nicht eben noch ein Gewehr? Ähnliche Gedanken scheinen den General, den Hauptmann, den Feldwebelleutnant, den Unteroffizier zu bewegen. Alle starren wie verzaubert auf die Stelle, wo Simplicius steht. Es ist ein gräßlicher Anblick: ein bloßer Arm ragt in die Höhe, ein bloßer nichtsnutziger Arm. Das Gewehr liegt hinter der Front. Simplicius darf nicht hinter sich sehen, aber er war immer firm im Entfernungsschätzen; es mögen seinem rückwärtigen Gefühl nach gut seine drei Meter sein ... War bereits Simplicius schon vor diesem Ereignis zu Eis erstarrt, so scheint nun seine Kompanie zu Stein verwandelt. Jeder fühlt es: dieser Kerl hat die ganze Innung blamiert. Schmeißt einfach das Gewehr hinter die Front wie eine alte Mistgabel, die die letzte Zinke eingebüßt hat. Und schon sprengt der Gewaltige heran. Die Kompanie steht geduckt. „Heraustreten!" – und das Echo an der Schießscheibenwand knallt gehorsam den Befehl wieder. Simplicius weiß, daß nur er gemeint sein kann. Er reißt mit einem Ruck seine Eiswurzeln aus dem Boden und taumelt nach vorn.

„Was ist das für ein Mensch", so fragt die Stimme des Gewaltigen weiter, als klagte sie Gott und die Welt an, die es zugelassen hatten, daß solche Kreatur zum Menschen wurde.

„Wie meinen Herr General?", fragt der Feldwebelleutnant unsicher.

„Was dies für ein Mensch ist", klingt es nun drohend über den

Hof von Groß-Breesen, „welcher Beruf, Herkommen; wohl so ein Komponist, was . . .?"

„So was ähnliches, Herr General, Kommunist und Pianist nennt er sich, zu Befehl, Herr General – – – "

„Komponist und Pianist; wiederholen, Feldwebel; ich bin für Ordnung, verstanden?"

Simplicius fühlt den Umschwung; die Amboßmänner signalisieren nach oben: „Modulation nach Dur"; warm strömt es zu den Eiswurzeln hinunter. Er ist Anlaß für eine Instruktionsstunde geworden.

„Komponist und Pianist", echot der Feldwebel bedeppert, gehorsam schwanzwedelnd wie ein geprüfter Kettenhund.

„Feldwebel!"

„Zu Befehl, Herr General."

„Der Mann darf nie mehr öffentlich in Erscheinung treten, verstanden?"

„Jawohl, Herr General."

„Verbergen Sie den Mann, und wenn es hundert Klafter unter der Erde wäre . . ."

„Jawohl, Herr General."

„Nur *eine* Kompanie von solchen Gewehrschmeißern – und der Krieg ist aus." Natürlich wird Simplicius vom Unteroffizier noch einmal extra vorgenommen. Der rollt mit den Augen, als wollte er mit dem „Hundertklafterunterdieerdeversenken" ernst machen.

„Hat euch die Geschichte gefallen, dann gibt's noch eine", rumort der Ausschreier gutgelaunt und seine Zuhörer drängeln sich um ihn; die Kleineren unter ihnen puffen ihren Nachbarn zur Seite. Aber das ist ja gar nicht mehr der Ausschreier von Groß-Breesen; seht nur genauer hin, kennt ihr ihn nicht an der buntkarierten Weste, den Moritatensänger mit den Bilderbogen vom Gustav Kühn aus Neuruppin? Er fuchtelt mit den noch nassen Abzügen, in denen das Waschblau wahre Orgien feiert, den Jungen vor ihrer Rotznase herum. „Neueste Moritaten von des Kaisers auserwähltem Soldaten Simplicius", so schreit er über den Rummelplatz der Stiefschen Wiesen in der kgl. Residenzstadt Potsdam. Ihr wißt, über denselben Rummelplatz, mit dem die Potsdamer Stadtväter den alten Flußvater Poztopimi wegscheuchen wollten. „Alles hierher, alles hierher, alles, was Beine hat, hierher", die Stimme überschlägt sich in drei Oktaven, wie das bei einem richtigen Moritatensänger der Fall zu sein hat.

Jetzt stellt sich der Neuruppiner breitbeinig vor sein Potsdamer Publikum und beginnt seinen Sermon: „Vor det Verständnis für meene Bilderkens erlaube ick mir foljendes zu bemerken: Simplicius hat jnädigst jeruht, die Aufmerksamkeit von Seine Majestät auf seine simplicische Person zu ziehen. Ihr kennt alle schon das Bild: Simplicius schmeißt bei die Besichtigung durch den Herrn Jeneral det Jewehr hinter de Front. Hier seht ihr Simpliciussen" – jetzt lachen schon die Buben – „und hier seht ihr sein armet Jewehr" – hier lachen die Großen.

„Kein Wunder nich, S. M. ist auf Simpliciussen aufmerksam jeworden und hat durch kaiserliche Kabinettsordre Simpliciussen für diese Heldentat allerhöchst denselbijen zu die „Elisabether" nach Berlin versetzt. Simplicius ist also nun Jarde-Jrenadier jeworden. Hier könnt ihr sehen, wie sich Simplicius beim Feldwebel von die Elisabether vorstellt. Er wird dreimal rausjeschmissen und muß dreimal wieder reinkommen. Hier könnt ihr sehen, wie der Feldwebel Kulicke sich seinen Kopf zerbricht. Feldwebel Kulicke weiß nicht, wo er mit Simpliciussen hin soll. Da klingelt's Telefon, klinglinglinglingling. – ‚Ja, hier Bataillonsstube Jarde Jrenadierregiment Königin Elisabeth, Feldwebel Kulicke.' – ‚Hier Jeneralstab. Wir brauchen einen Mann zum Verschnüren der Jeheimpakete für den Kurierdienst; Vertrauensposten, verstanden?' – ‚Zu Befehl, Jeneralstab, hab verstanden. Braucht der Mann mit det Jewehr umjehen zu können?' – ‚Feldwebel, reden Se bloß keen Blödsinn. Wolln Sie etwa die Pakete mit det Jewehr verschnüren?' – ‚Na, da hab ick eenen. Soll er jleich kommen?' – ‚Morgen früh sieben Uhr Dienstantritt.' – ‚Jemacht', und Feldwebel Kulicke schickt 'ne Ordonnanz nach Simpliciussen, der sich gerade anschickt, es zum vierten Male mit der Vorstellung bei Kulicke zu versuchen. Feldwebel Kulicke schreit ihn an: ‚Ich verbitte mir solche Ehrenbezeigungen von Ihnen, verstanden?' Und er fährt, wie es Seekranke zu tun pflegen, mit der Hand nach dem Munde.

„Hier, det vierte Bild. Simplicius im Keller des Jeneralstabsgebäudes in de Roonstraße. Er jrübelt und jrübelt, wie er die Pakete verschnüren soll, 200 Stück. Zwei Stunden hat er schon jejrübelt. De Pakete kucken ihn an und er kuckt de Pakete an. – Fünftet Bild: Es ist abends sieben Uhr. Der Kurier tritt ein und verlangt die 200 verschnürten Pakete mit der Aufschrift: Vorschriften für die Minenwerfer. Streng jeheim. Simplicius überreicht gleichsam als Jesellenstück det von ihm verschnürte Paket. Jroße alljemeine Spannung. – Hier, det sechste Bild: Die tausend Zettelchen schießen aus det Paket heraus wie aus 'n Minenwerfer. Der Kurier haut Simpliciussen eine runter. Schreit ‚Sabotage', trommelt den ganzen Jeneralstab zusammen. – Siebentes und letztes Bild: Simplicius is rausjeschmissen. Er sieht sich noch einmal det stattliche Jebäude an, den Schauplatz seiner eintäjijen Wirksamkeit."

Die Potsdamer Rangen sind begeistert. Simplicius hat es ihnen angetan. Der alte Poztopimi räkelt sich da unten und spitzt die riesigen Ohren: „Sollten die da oben etwas Neues ausgeheckt haben? Uah", gähnt er, „es lohnt nicht" – und er wickelt sich behaglich in seine Fangarme ein. Doch da oben geht die Vorstellung munter weiter. „Hierher, hierher; alles, was Beine hat, hierher", so überschlägt sich die Stimme des Bilderbogenmannes wiederum im fürchterlichsten aller Falsette und er macht dem Kreischen der verschiedenen Drehorgeln erfolgreiche Konkurrenz. – –

Hat jemand den Docht der Laterna magica heruntergeschraubt? Warum wird die Gestalt des Moritatensängers mit der bunten Weste plötzlich so undeutlich; weshalb verliert sich allgemach das knallige Waschblau der Bilderbogen, als hätten sie die Auszehrung bekommen? Ihr wollt vielleicht noch mehr erfahren, wie es weiterhin dem guten Simplicius, dem verspäteten Don Quijote unter den Soldaten ergangen ist. Der Docht seiner Laterna magica ist nun gänzlich heruntergebrannt, nachdem das blakende Lämplein im Verlöschen noch einige wenige Male aufgezuckt hat und nur noch ein blasser Schemen an der weißen Wand erscheint, nun in völliger Verzerrung: Simplicius, wie er vor Feldwebel Kulicke eine seiner berühmten Ehrenbezeigungen hinlegt ...

Das Büchlein des Moritatensängers ist mit allem anderen, was mir lieb und teuer war, im letzten europäischen Feuersturm zu Grunde gegangen. Eine andere gewaltige Laterna magica, die ihren blendenden Schein über die ganze Welt warf, hat es aufgefressen. Und nicht nur dies Büchlein, sondern auch das fein säuberlich ausgeführte Ehrendiplom, das die Elisabether ihrem Simplicius zum Jahrestage seines Eintritts in die Regimentspost überreicht hatten. Er war darin in seiner unnachahmlichen militärischen Haltung am Klavizymbel abgebildet, dessen Pedale seine unförmlichen Füße – wahre Spreekähne – grausam bearbeiten. Und nicht nur der Schreibkünstler, der Reklamemaler Lindenstädt, hatte stolz seinen Namen unter dieses Ehrendiplom der in ganz Charlottenburg berühmt gewordenen Regimentspost hingemalt, nein, auch all die anderen Postillone, die den Dirigentenstab, den Geigenbogen mit dem Postillonshorn vertauscht hatten.

Da standen die Namen Ignaz und Wladislav Waghalter, Richard Krömer, Hans Ailbout zu lesen. Mit den beiden ersteren hatte es seine besondere Bewandtnis. Sie fungierten in diesem hochwohllöblichen Verein „Po-Pa-Bü" (Postpaketbüro) als „Unterpostwagendrücker", das heißt die Waghalters hatten die Aufgabe, uns Zugtieren an der Deichsel von hinten den nötigen Nachdruck zu verleihen. Ich hatte mir wirklich nicht träumen lassen, daß man meinen Pegasus einmal an die Deichsel eines Regimentspostwagens anschirren würde. Mit mir im Gespann trottete der zarte Konzertmeister Krömer vom Deutschen Opernhaus, der ungeachtet seiner schwachen Körperkräfte auch als Zugpferd Unglaubliches leistete. Zur Seite des Wagens, immer darauf bedacht, daß der Berg von Paketen nicht ins Rollen und Rutschen kam, wandelte leicht beschwingt Meister Ailbout, der unverwüstliche Rheinländer, der hier die Regimentsmusik als Solopfeifer vertrat und uns nach und nach mit den ungezogenen Kindern seiner leichten Muse vertraut machte.

Die Vorderpferde hätten blind sein dürfen, um dennoch zu bemerken, daß der Pegasuskarren an der Kreuzung der Bismarckstraße angelangt war, die gleichsam das Ausfallstor zum „Deutschen Opernhaus" bildete. Denn wie auf eine „heimliche Aufforderung" hin stahlen sich die beiden Hinterfüßler sotto voce und verschwiegen hinweg, die drei ihrem Schicksal überlassend, die dann mit Ächzen und Stöhnen das Vehikel den Spandauer Berg hinaufwuchteten. Da fand sich dann zuweilen manch mitleidige Seele, die Gemüsefrau, der Milchmann, und griff mit in die Speichen, verwundert der Redeweise der Zweifüßler lauschend, die sich statt der dem Berliner geläufigen Fachausdrücke für „Hüh" und „Hott" hochtrabender Wendungen in südlicher Mundart bedienten. Es schollen dann Ausrufe wie „avanti, signore, avanti, non mai ritardare, sempre con brio e giocoso, stringendo, signore, stringendo" über den glühenden Asphalt – und Milchmann und Gemüsefrau tippten sich, verstohlen miteinander tuschelnd, an die Stirne. Ob wohl auch sie etwas von dem „Verrückten-Bataillon" gehört hatten?

Ja, ich weiß es noch genau, daß viele, viele Seiten in dem Moritatenbüchlein mit den unvergessenen Taten des Simplicius als *Popabü*-Mann vollgeschrieben waren. Er hatte es wahrlich der klassischen Geschichte mit dem „Gewehr-über", seiner eintägigen Dienstzeit im Generalstabskeller und einem beinahe noch kürzer bemessenen Burschengastspiel bei einer Oberstin zu verdanken gehabt, daß er nach den vielen Irrfahrten in dieses *Popabü* der guten Hoffnung aller Elisabether eingelaufen war, er, der hoffnungsloseste aller Soldaten. Die Elisabether „Popabüleute" hatten ihn auch demgemäß mit achtungsvollem Staunen in ihrem Kreis willkommen geheißen, da sie wußten, daß der Weg zum Tore des Popabüs mit Steinen gepflastert war, auf denen es gewöhnlichen Sterblichen nicht vergönnt war, ungestraft zu wandeln. Man mußte schon über eine ungewöhnliche Vergangenheit verfügen, mußte gleichsam als hoffnungsloser Fall von allen Dienststellen durchgegeben sein, um das Tor zum Popabü aufzustoßen. Wie man das gemacht hatte, nun, das war eben das Geheimnis eines jeden dieser lustig wiehernden Postgäule in Menschengestalt, die sich da gegenseitig wie Vetturini aus der guten alten Zeit mit Brio- und Stringendorufen anfeuerten.

Der Spielmann hatte es oft im stillen bedauert, daß die Besetzung dieser Postkutsche wohl zwei Dirigenten, zwei Geiger aufwies, aber nur eben einen Klavieristen. Sonst hätte man „vierhändig" diesem Karren zuleibe gehen können, der doch zuweilen als ein rechter Schinderkarren den Pianistenhänden den Garaus zu machen drohte. Die Geiger in Ehren, aber sie gaben doch nur einen halben Postgaul ab, was ja eigentlich nicht verwunderlich schien. Ist der Pianist als solcher doch stets auf sich selbst angewiesen. Er wandelt ohne Begleitung seine Straße fürbaß. Seine beiden Hände verrichten die gleichen Funktionen. Demgemäß zeigt auch sein Körperbau infolge der „horizontalen" Bewegungstechnik eine in die Breite gehende Tendenz, während der Geiger mehr „vertikal" gelagert ist und sein Körper in geschmeidiger Anpassung die überschlanke Linie seines Instruments liebevoll nachzuzeichnen scheint. Ja, auf dem Pianisten ruhte auch hier eine plurale Last, die aber nur in diesem Fall, im Kriegsfall „zu tragen peinlich" war.

Doch die Elisabether waren mit ihrem musikalischen Rollenverzeichnis noch längst nicht am Ende. Bemerkten doch da zu ihrem nicht geringen Staunen die Popabüleute, die sonst aus begreiflichen Gründen den Kasernenhof des altberühmten Garderegiments mieden, wie unter den vielen neuen kopflosen Rekruten ihnen ein bekannter Kopf entgegenleuchtete. Sie konstatierten mit Bedauern, daß er seine Sache als neugebackener Rekrut immer noch um ein Sechzehntel zu gut mache und so wenig Aussicht bestünde, ihn als einen der hoffnungslosen Fälle durch das Popabütor hineinzuschleusen. Schade, denn der eine Platz an der Steuerbordseite unserer Kutsche war noch zu vergeben. Welch würdiges Pendant würde Georg A. Walter, dieser unvergleichliche Bachsänger, abgeben zu dem so lustig dahertänzelnden Operettenmeister Ailbout! Dann erst hätten wir keinerlei Balancestörungen mehr zu befürchten gehabt, keine der täglich sich ereignenden Katastrophen mit Bergrutschen von abstürzenden Paketen. Aber der Bachsänger erschien nicht in unserem Kreis, da er anscheinend zu solchem Beginnen das rechte Zauberwort nicht gefunden hatte. Dafür aber konnten die Berliner ihren „Evangelisten" bei Siegfried Ochs, bei Georg Schumann in der Uniform eines Garde-Grenadiers der Elisabether bewundern, fürwahr ein seltsames Bild aus jenen Tagen. Und noch seltsamer war uns allen zumute, als wir nun die Stelle aus der Matthäuspassion hörten, da Johannes Messchaert die Christusworte sang, nein, zelebrierte: „Stecke dein Schwert an seinen Ort; denn wer das Schwert nimmt, der soll durchs Schwert umkommen . . ." Wollten wir nicht alle danach handeln und durften es doch nicht, wir hüben, die dort drüben? Nein, es stand nicht gut um unsere Sache, wenn der Simplicius den Krieg gewinnen helfen sollte! Das alte Mütterchen von Groß-Breesen hatte schon recht gehabt, die märkische Sibylle. Denn die einfachen Leute nennen die Dinge eher beim rechten Namen, während die Allzuklugen sich krampfhaft bemühen, einer schon verlorenen Sache mit ihrem armseligen Intellekt nachzuhelfen.

So spürten jetzt immer häufiger die Musterungskommissionen denen nach, die ursprünglich für den Einsatz an der Front nicht vorgesehen waren, um auch sie auf die Schlachtfelder zu führen. So, als ob der Tod über die Stoppelfelder ginge, um noch die allerletzte Nachlese unter den verlorenen Ähren zu halten. Simplicius hatte schon unzählige solcher militärärztlichen Untersuchungen über sich ergehen lassen, die alle samt und sonders eines tragikomischen Beigeschmacks nicht entbehrten. Er litt zwiefach an solchen verlorenen Tagen. Litt unter denen, die gleichgültig das Geschäft der Ausmusterung wie einen Menschenausverkauf betrieben, aber nicht minder unter den Auszumusternden selbst. Hatte er doch in der Jugend frohen Tagen davon gehört, wie in den Zeiten Theodor Körners sich die Freiwilligen zu den Fahnen drängten, wie sie von einer wahren Angst beseelt waren, sie könnten nicht zugelassen werden, und wie sie so ihre Gebrechen vor den Werbern geschickt verheimlichten. Dies war wohl überall das gleiche gewesen, überall dort, wo für die Freiheit des Vaterlandes gekämpft wurde. Hier aber wurde einem an sich unwürdig gewordenen Vorgang mit Unwürdigkeit begegnet, wozu die stundenlangen Wartezeiten beitrugen. Hieß es doch nicht umsonst: „Die halbe Zeit des Lebens, wartet der Soldat vergebens . ." Und wie wenig Menschen können mit solchen erzwungenen Fermaten etwas Rechtes anfangen; es ist dann immer so, als würde die Zeit sauer wie abgestandene Milch, als sei alles Reine unrettbar dem sofortigen Verfall geweiht. Da wurden dann von den schon halb Ausgekleideten Geschichten erzählt, wie man den und jenen Stabsarzt mit falschen Angaben hinters Licht geführt habe, wobei natürlich genügend aufgeschnitten wurde. Herzstärkende Mittel wurden herumgereicht – noch war der Bohnenkaffee nicht ganz aus der Welt verschwunden – kurz, es herrschte eine Atmosphäre der Unwahrheit und Simplicius glaubte sich in eine üble Kneipe versetzt, wo Menschenschmuggler und anderes lichtscheues Gesindel ihr Absteigequartier eingerichtet haben. Bis dann der Sanitätsfeldwebel endlich erschienen war und plötzliche Stille einfiel, nicht anders, als wenn der Herr Lehrer zu den Buben in die Klasse tritt, den Rohrstock in der allzeit zum Strafen bereiten Hand. Und es hat wohl keinen der preußischen unteren Vorgesetzten gegeben, der seine erschütternde Ansprache nicht mit einem fortissimo geschmetterten „Mal herhören!" begonnen hätte.

Und wiederum hatte das Geschäft des Auskleidens begonnen. Simplicius hatte scheu an sich hinuntergesehen, ob er wohl dieser Besichtigung gewachsen sein würde? Es schien so, gehörte er doch zu jenen, die noch aufrecht gehen und stehen konnten. Und so hatte er Abschied genommen von seinen Popabüpferdchen, die nicht wußten, ob sie ihm kondo- oder gratulieren sollten, denn man hatte ihn in Ansehung der „besonderen Umstände" – wann hätte sich Simplicius nicht in besonderen Umständen befunden, so meinten die Popabürösser – für künstlerischen Einsatz an der Westfront vorgesehen. Es war nun nicht ganz so, daß des Kaisers ausgewählter Soldat Simplicius dort, wo gerade der Todeskampf an der Somme begonnen hatte, in die unübersehbare Schar der Namenlosen geglitten wäre wie ein dunkler Schatten in eine noch dunklere Meeresflut. Zwar wußte das Moritatenbüchlein nicht mehr so viele ergötzliche Geschichten wie zu Anfang seines Soldatendaseins zu berichten. Die Tonart, nun die Tonart wurde allmählich ernster; wie hätte es auch anders sein können, da das übermütige „Capriccio militare" von einer „danse macabre" abgelöst worden war!

Simplicius stand nicht in der Schlacht, denn man hatte ihm seit jenen Tagen des sibirischen Winters kein Gewehr mehr in die Hand gegeben. Aber er sah doch den Totentanz als erschütterter Zuschauer. Als er nun eines Tages fieberkrank im Schauspielerheim von Sedan lag, da griffen seine heißen Hände nach dem kleinen Skizzenbuch, das ihn immer begleitete, denn der tiefe Orgelpunkt hatte wieder zu tönen begonnen. Allerdings war es nicht der so unendlich beruhigende, das Weltgefüge verankernde Orgelbaß der Jüterboger Mönchenkirche. Der Fieberkranke wußte, das kam nicht mehr aus den gotischen Sterngewölben, dieses abgrundtiefe Summen. Und dieses war auch nicht mehr das Präludium, in dem kleine geflügelte Engelsgestalten sich mit lieblichen Sechzehntelnoten herumbalgten, in dem alles Anfängliche so herrlich Klang gewonnen hatte. Nein, das Präludium war von der Fuge abgelöst worden – und von welcher Fuge! Einer Fuge, bei deren Klange dem Hörer der Atem stockt, einer Fuge, deren Themen sich in kontrapunktischem Kampf entzweiten und Spannungen auslösten, die dem menschlichen Ohr schier unerträglich dünkten. Aber war es nicht dennoch Gottes Orgelton, war es nicht dennoch des lieben Gottes Zimbelstern? Er hörte das abgrundtiefe Dröhnen der Mörser, die in ewigem Gleichmaß die Erde erbeben ließen. Er sah den Zimbelstern durch das kleine Fenster des nach Schminke und Puder riechenden Raumes, einen anderen Zimbelstern, der da hoch über ihm Tod und Verderben bringend im Zickzackkurs umhergaukelte wie ein betrunkener Wanderer der Nacht, dem es auszuweichen gilt.

Und Simplicius schrieb mit der Hast des Fieberkranken, als könnte im nächsten Augenblick der trunkene Zimbelstern auf die Erde fallen, ihm die Feder aus der Hand rauben, bevor er die letzte Note der Fuge hingesetzt hätte. Sie sollte auf einem einzigen, Ewigkeiten währenden Orgelpunkt aufgebaut sein, in einem einzigen furchtbaren Crescendo, wie jetzt das Dröhnen der schwersten der schweren Geschütze immer gewaltiger die morschen Dielen erzittern ließ. Und über dem allen sollte der Zimbelstern leuchten, jener Stern, der durch die finsterste Nacht am Ende doch der Welt einen neuen Schein geben würde, wie es der Stern von Bethlehem den armen, armen Menschen verheißen hatte. Simplicius fühlte, wie das Fieber stieg, fühlte, wie die Amboßmänner da unten wie die Rasenden hämmerten. Seine Feder war nicht imstande, die Flucht der Gedanken einzuholen, so sehr sie auch unter dem Druck der Finger stöhnte; sie vermochte es nicht, die Gewalt der wie brandende Meereswogen auf ihn einstürmenden Kontrapunkte einzudämmen.

Endlich aber hatte der wirre Geist einen Engpaß gefunden, durch welchen die Themen der Fuge in rascher Aufeinanderfolge hindurch brausen konnten. Das Universum schien nun zu erzittern; es war, als läge die alte Gäa in den Wehen und wollte eine neue junge Erde gebären. Was war dies schon, von Gottes Thron aus gesehen? Ein Spielball seiner Herrlichkeit, der alt und verschlissen geworden war, zu nichts mehr nütze. Seine sternengeschmückte Hand griff sich einen anderen und warf ihn in die Magnetenbahn der Himmelskörper. Wie der Orgelpunkt alles erbrausen ließ, als wollte er, ein Senkblei von unvorstellbaren Maßen, bis zum Nabel der alten Erde hinunterloten!

Jetzt saßen an der Somme die Kameraden in ihren Unterständen, blind wie die Maulwürfe und beinahe taub geworden von dem rasenden Höllenkonzert, das da über ihnen vollführt ward, saßen da vorgebeugt und lauschten, wie sie einst einer Beethoven-Sinfonie gelauscht hatten, – wann war das denn gewesen? Lagen nicht hundert Menschenleben dazwischen? Und der Simplicius schrieb und schrieb. Er hatte es nicht einmal bemerkt, wie ganz leise der Spalt der niedrigen Türe einen Lichtschein auf sein Lager geworfen hatte und der Kopf der alten Concierge erschienen war, der guten „Maman" des Schauspielerheims zugehörig, die mit rührender Sorge an den ihr anvertrauten Thespiskindern hing. Simplicius hatte ihr ganzes Herz gewonnen, da er am Vorabend seiner Erkrankung sich zu ihr gesetzt hatte, um ihr in seinem ungewandten Schulfranzösisch von seinem Orgelkonzert in der Kathedrale von Laon umständlich zu berichten.

Wie übervoll war sein Herz gewesen – schon hatte sich das verdächtige Fieberrot auf seinen Wangen abgezeichnet – und auch wie stolz, daß er der guten Alten den Sinn seiner rührenden Geschichte hatte klar machen können. Und sie hatte ihren Tränen freien Lauf gelassen, da er nun mit beweglichen Worten schilderte, wie er den Sakristan gebeten habe, ihn zu dem blinden Organisten des herrlichen Domes zu führen. Der hatte da still wie der alte Simeon im Tempel gesessen, neben ihm der Begleiter seiner späten Tage, ein kleiner Junge, der sich wie ein Hündchen zu des Meisters Füßen gekuschelt hatte. Und dann hatte sich das ereignet, ganz still, ohne viel Aufhebens, daß der Alte dem Simplicius die Hände auf den Scheitel gelegt hatte, ganz so, wie es einmal der blinde Großvater getan, indem er mehrere Male leise, eindringlich flüsterte: „Mon cher fils, mon cher fils . ." Darob hatte die Thespis-Maman Tränen vergossen und den Simplicius wie beschwörend gefragt: „Ne sommes-nous pas tous des hommes?" Und der Simplicius hatte nur still vor sich hin genickt und der Zeiten gedacht, da ihm als

Victorianer von „Blubber" eingebläut worden war, daß der Franzose „nicht anders könne, als unser Erbfeind zu sein, es läge ihm halt im Blute" – und dabei war Blubber noch nicht einmal Preuße, sondern ein unverfälschter Bajuware gewesen.

Da war es wohl verständlich, daß die Alte sich nun leise an das Lager schlich, um nach dem Kranken zu schauen. Doch der war eingeschlafen, das Skizzenbuch in den Händen haltend. Behutsam zog sie es ihm aus der Umklammerung der Finger, die im Schlaf unruhevolle Reflexbewegungen vollführten. – „Er spielt noch im Traum auf der großen Orgel der Kathedrale", murmelte da die Alte und es wallte ihr mütterlich zum Herzen. Als sie ihm die Medizin ans Bett stellte, die dem Simplicius der Stabsarzt verschrieben hatte, nicht ohne ihn der besonderen Fürsorge der Alten zu empfehlen, da fiel ihr Blick auf das Skizzenbuch. Wie eine Geheimschrift muteten sie die schier unergründbaren Zeichen an. Aber ihr Blick verriet, was sie dachte: „Keine böse Geheimschrift, womit die Menschen Unheil anstiften, keine böse Geheimschrift, sondern es sind Zeichen, von denen St. Johannes auf Patmos spricht, die Zeichen, die noch gedeutet werden müssen, wenn das große Buch des Lebens entsiegelt werden wird."

Ihre alten Augen aber entzifferten froh die Worte, die über das letzte Fugenthema gesetzt waren, die Worte, die die gute alte Maman der Thespiskinder von Sedan aus der Messe kannte: *Dona Nobis Pacem* stand da geschrieben. Also hatte sie doch auf ihre alten Tage gelernt, in den Noten zu lesen. Und ein dankbarer Widerschein ihres dunklen Auges fiel auf den schlummernden Simplicius. Der Orgelpunkt hatte zu tönen aufgehört.

DONA NOBIS PAÇEM

flüsterte eine Stimme in der Stille der Nacht. Pacem aeternam. Ewigen Frieden. – – –

Mit den frommen Barden in Thule

Als Komponist hatte der Simplicius Schiffbruch gelitten. Wenn er auch zu seiner Entschuldigung anführen durfte, daß bei dieser Uraufführung sich alles gegen ihn verschworen hatte, wenn er tausenderlei weitere Entschuldigungsgründe vor seinem Komponistengewissen erfand, dies alles änderte nichts an der betrübenden Tatsache, daß vorerst der Traum als Komponist ausgeträumt war. Und es mutete ihn späterhin wie eine Ironie des Schicksals an, daß sobald von ihm als Komponist die Rede war – automatisch bei den Zeitgenossen der Groschen fiel: „Ah, ist das nicht der Komponist der ‚Hermannsschlacht'?"

Sogar in die Musiklexika ward sein Name mit aufgenommen in Verbindung mit dieser verunglückten Hermannsschlacht im Teutoburger Walde. Zum Leidwesen des alten Simplicius sind im letzten Kriege auch die ehrwürdigen Requisiten jener denkwürdigen Aufführung, die Luren, abhanden gekommen. Jahrelang hatten sie von der Höhe des alten Barockschrankes heruntergegrüßt, immer etwas spöttisch, wie es dem Simplicius scheinen wollte. Ja, zuweilen hatten sie gespenstisches Leben erhalten, diese merkwürdigen Wesen der Vorzeit, aus dem Urschlamm herausgepolkt, diese Muschelhörner mit den riesigen Saugnäpfen, die den Komponisten umschlungen und nicht mehr losgelassen hatten.

Dieser Durchfall mit Pauken und Trompeten, mit Luren und Posaunen war Wasser auf die Mühle Heinrich Barths gewesen. „Warum mußt du solch scheußliche Musik schreiben, wo du doch ganz passabel Klavier spielst? Überhaupt diese ewige Irrlichterei von einem zum anderen, vom Klavier zur Orgel und in einem Satz womöglich mit fliegenden Frackschwänzen zum Dirigentenpult; paß nur auf, daß du nicht ein zweiter Bülow wirst" – da war es wieder, Bülow, das rote Tuch für den Erlkönig. Doch als dieser nun sah, wie eine gefährliche Blässe das schmale Gesicht des jungen Soldaten überzog, da nahm der Gestrenge der Kritik schon den Stachel der Bitterkeit und des Vorwurfs: „Weißt ja, wie ich's meine, bist ja doch mein Bester, gestern und heut", und eine Umarmung des Riesen ließ dem Simplicius die Luft entfahren. Meister Robert dagegen ließ sich durch all das Gepoltere nicht beirren. Vergnüglich vor sich hersummend prustete er etwas hinaus, das wie Anerkennung klingen konnte. Sogar ein Brahms sei im gleichen Alter mit seinem D-moll-Konzert im Leipziger Gewandhaus durchgefallen, – „tröste dich, lieber Komponiste!"

Der Simplicius wußte wohl, daß er kein Brahms war, und deshalb tröstete er sich nicht, stürzte sich dafür mit verbissenem Grimm auf die weißen und die schwarzen Tasten. Durfte man sich auf ihnen nicht auch schöpferisch ausleben? Wurden nicht die Künstler, die tagaus tagein die Werke der großen Meister vor tausenden und abertausenden Menschen spielten, sangen und dirigierten, die

„Nachschaffenden" genannt? Aber wo lag die Grenze zwischen Nachschaffen und eigenem Hinzutun? Wachten nicht auf den Hochschulen und Konservatorien hunderte von Professoren darüber, daß Beethoven „beethovensch" gespielt wurde? Woher wußten es aber die alten Professoren, was als beethovensch zu gelten habe? Hatten sie selbst eine Ahnung davon, wie Beethoven gespielt haben mag? Hatten nicht wiederum auch über diesem Titanen alte Herren mit niedlichen Zöpfchen im Nacken gewacht, daß er nicht gegen die Gesetze der Zunft verstieß?

Hatte es nicht deshalb gerade dem Simplicius diebischen Spaß bereitet, einem solchen Nörgler frisch und frei zu beweisen, daß er in schnurgerader Linie von Beethoven höchstselbstens abstamme? „Wie", hatte dieser trockene Gesell ausgerufen, „von Beethoven selbst? Dies ist ja gar nicht möglich! Beethoven war zeit seines Lebens unverheiratet und Sie wagen zu behaupten, Sie stammten in schnurgerader Linie von ihm ab?" „Warum nicht?", hatte da der Simplicius geantwortet, „ich trete den Beweis sofort an: Heinrich Barth war Schüler von Bülow, Bülow von Liszt, Liszt von Czerny, Czerny von Beethoven! Bitte nehmen Sie stramme Haltung an, wenn Sie mit mir sprechen — — —".

Dem Simplicius waren just im rechten Augenblick alte abgegriffene Hefte, die einen moderigen Geruch ausströmten, in die Hände gefallen. Es waren einzelne Nummern der Musikzeitschrift „Iris", die der Dichter Rellstab in Wien herausgegeben hatte. Da gab es aufregende Beschreibungen über Beethovens Leistungen als Pianist, als Deuter seiner eigenen Werke. Ha, wie wurde da weidlich über sein stechendes Forte geschimpft, wie wurden da seine elementaren Ausbrüche, die gegen jeden guten Ton verstießen, gerügt, seine ständigen Sforzati bemängelt, und ihm Hummel, Johann Nepomuk Hummel als klassisches Vorbild angepriesen. – Wir kennen Beethovens Antworten auf solche Kritiken; sie lassen an lutherischer Grobheit nichts zu wünschen übrig.

Der Simplicius hatte auf der Hochschule ständig gehört, man müsse Beethoven klassisch spielen ... Was verstand man 1910 unter klassisch? Was verstand man 1805 unter klassisch? Kann die „Appassionata" klassisch „vorgetragen" werden? Hatte der Simplicius nicht von seinem Lehrer diese Sonate technisch vollendet, dabei unter Beobachtung peinlichster „Werktreue" gehört? Und war nicht ein anderer gekommen, der diese einzigartige Sonate Beethovens so gespielt hatte, als wären alle bisher taub für dieses Werk gewesen? Zwar hatte er piano gespielt, wo Beethoven „forte" vorgeschrieben hatte, und umgekehrt hatte er noch öfters gesündigt. Aber welche dieser ärmlichen Behelfszeichen, die Noten heißen, hätten diese lähmende Spannung, die dem ersten fürchterlichen Ausbruch der Leidenschaft wie eine schlummernde Sphinx vorgelagert ist, aufzeichnen können?

Eugen d'Albert bediente sich wahrhaftig keines Geheimschlüssels, um diese Hieroglyphen der Neuzeit, die Noten, zu entziffern, denn er selbst war ein schöpferischer Geist und demzufolge hellsichtig, was in unserem Falle mit hellohrig zu übersetzen wäre. Gewiß war er kein bedeutender Komponist, – wer möchte das behaupten? Aber seine schöpferische Potenz als Komponist hatte ausgereicht, um die seltsame Quintessenz herauszudestillieren, in welcher das Schöpferische und das Nachschaffende sich in ständiger Fluoreszenz befanden. Ein Mehr an rein schöpferischer Begabung wäre zuviel gewesen, hätte den Drang zum Nachschaffen getötet. Es war nicht nur die einzigartige technische Veranlagung, eine Hand von Eisen, die im nächsten Augenblick dem weichsten Element verwandt schien, es war dieses Wunder des zeugenden Schöpfers. Konnte dieses Wunder an Konservatorien gelehrt werden? – Nein, gewiß nicht.

Der Simplicius mußte bei dem Gedanken hell auflachen, wenn er sich Beethoven als Direktor eines Konservatoriums vorstellte. Professor Beethoven ... Nein, wir sollen unseren Lehrern von Herzen dankbar sein, daß sie uns das gelehrt haben, was ihnen von den Altvorderen überkommen ist. Das ehrliche gute Handwerk. Das Nichtzulehrende, Nichtzulernende kommt nachher .. oder nie .. –

Man hatte auch ihm den Gesellenbrief übergeben, in welchem zu lesen stand, daß er sich durch eine Improvisation über ein schwieriges Fugenthema von der übrigen Prüfung „freigespielt" hätte, zum erstenmal in den Annalen der Anstalt, der Staatlichen Hochschule für Musik in Berlin. Ein Menschenalter vorher hatte sein Vater vor dem alten Institut für Kirchenmusik ebenso versunken gestanden, wie er seinen Gesellenbrief studierte, der ihm den Weg an die Kantorstelle nach Jüterbog eröffnet hatte. Und der alte Großvater, hatte er nicht mit seinen schwieligen Ackerhänden, die nun für die Orgeltasten zurechtgebogen waren in langer harter Arbeit, das Zeugnis des Rektors von Dülmen ehrfürchtig auseinandergefaltet, in dem zu lesen stand, daß „der Seminarist Friedrich Kempf von nun an auf jeder Orgel, sei es auf dem Dorfe oder einer kleineren Stadt, praktizieren dürfe"?

Schade, daß man seinem Namen nur das eine „f" zugebilligt hatte. Aber noch der Sohn, nein auch der Enkel konnten mit Leichtigkeit verstimmt werden, wenn ihnen das gleiche Malheur passierte und sie ihren Namen um das zweite „f" betrogen sahen. Drum hatte schon der Simplicius auf der Schreibstube der Elisabether den ersten Anranzer einstecken müssen, als er, nach seinem Namen befragt, hinzufügte: „Aber mit zwei f, pff, bitte." Und seine Freude sollte keine Grenzen kennen, als er drei Jahrzehnte später in Frankreichs Hauptstadt ein Riesenplakat infolge Platzmangels halbiert sah, so daß die eine Hälfte stolz verkündete, daß Monsieur PFF die löbliche Absicht hätte, einen Klavierabend zu geben. Doch es war nun so weit, daß der Simplicius unverstümmelt seinen Namen auf den Plakaten in vielen deutschen Städten erblikken sollte, ganz richtig sogar geschrieben, schön aus dem „ff". Und zwar erschien er in erlauchtester Gesellschaft, nämlich dem „Berliner Kgl. Hof- und Domchor" unter Leitung seines Meisters Hugo Rüdel.

Auch dies war wieder nicht nach dem Sinn des Erlkönigs mit dem eisgrauen Barte. „Wirst dir noch deinen Anschlag vollends verderben mit deinem Orgelspiel; habe ich dazu alle Stationen des ‚Gradus ad Parnassum' mit dir schwitzend durchwandert? Wenn man dich wenigstens noch ab und zu Klavier spielen ließe; aber diese modrigen Kirchen, leichenblaß wirst du werden, ich seh's schon kommen" – und der Simplicius wußte nicht, ob er nun prophetisch den schlechten Anschlag oder die Leichenblässe meinte, – oder sogar beides.

Aber der gute Hugo Rüdel, selbst früherer Barthschüler, beruhigte den Erlkönig, den Heiden aus dem grauen Altertum, dessen Fuß seit seiner Konfirmation keine Kirchenschwelle überschritten hatte. Darin war er Hugo Rüdel ähnlich, diesem Weltkind, das auf dem Umwege über die Oper wohl zu seiner eigenen Verwunderung ins Gotteshaus verschlagen worden war. Da Rüdels ganze Liebe der Oper gehörte – wer kann je seine „Mannenchöre" aus dem „Ring", seine „Blumenmädchen" aus dem „Parsifal" vergessen, wenn er sie einmal gehört hat? –, so brachte er eine gute Portion Theaterluft mit in den Berliner Dom. Gleichsam als wollte er dies noch unterstreichend bekräftigen, gemahnte sein Amtszimmer im Berliner Dom mehr an Elsas Brautgemach als an einen würdigen Vorhof zur edlen Musica sacra. Dem Eintretenden versanken die Füße nur allzu willig in die nachgebende Weichheit schwerer Perser. Kaum, daß dem Staunenden Zeit gelassen wurde, sich in diesem Wagnertempel umzusehen, da erkundigte sich der Meister schon in gewinnender Herzlichkeit nicht etwa nach dem Begehr des Besuchers – „woher der Fahrt, wes Nam und Art" –, sondern ein Geheimtürchen öffnete sich lautlos und der Besucher ward eingeladen zu wählen, zu wählen aus den Kostbarkeiten in diesem Schrein des Gottes Bacchus, ob er einen edlen Tropfen aus den lieblichen Bezirken der Wagalaweiakinder wünschte oder Champagner, das erklärte Lieblingsgetränk Meister Hugos. Und nur der Kundige wußte, daß eine Ablehnung, wenn auch noch so freundlich vorgebracht, beim Gastgeber eine peinliche Verstimmung hervorrief. „Auch keine Havanna?" – nein, Menschen wie mein Vater rauchten nicht und hatten nun vollends verspielt; wo sollte man bei diesen Langweilern eigentlich einhaken –? Solcherlei Gedanken umwölkten sichtbarlich die Stirne des berühmtesten Chormeisters seiner Zeit.

Doch der Erlkönig war nun ganz „Feuer und Flamme", wie man dazumal so gerne sagte. „In den größten Konzertsälen Deutschlands wirst du als Pianist debütieren, wirst deine Brahmsschen Paganini-Variationen wie Raketen aufsteigen lassen, Junge, du hast mehr Glück als Verstand, habe ich's nicht immer gesagt?"

„Wie, die Paganini-Variationen in dieser heiligen Umgebung, – da kann ich doch höchstens nur Bach spielen ..."

„Bach auch, warum nicht; aber Rüdel hat mir die Paganini-Variationen zugesagt, er ist begeistert. Was du in den Kirchen spielst, das ist deine Sache; ich wasche meine Füße, nein Hände wollte ich sagen, in Unschuld."

Und so kam es. Das manchmal sonderbar waltende Schicksal wollte es, daß der Simplicius in der Pfarrkirche von Neuruppin seinen zweigeteilten Pegasus zum ersten Male vor einer andächtigen Gemeinde tummelte. Unten im Schiff der großen, im Aufklärungsstil Friedrich Wilhelms II. gebauten Predigtkirche saß seine Schwester Elsa an der Seite ihres Pfarrgemahls. Trotz ihrer neuen Würde blitzten ihre Augen lustig umher und stellten mit Behagen fest, daß heute aber auch alles erschienen war, der Apotheker, sämtliche Pfarrkollegen mit dem Superintendenten an der Spitze – und o Wonne, sogar der Herr Landrat. Wie der Simplicius die beiden dort unten im Schiff sitzen sah, das ältere, aber immer noch kleine Schwesterlein mit ihrem würdigen ernsten Ehegespons an ihrer Seite, da tasteten sich seine Gedanken über die Köpfe der anderthalbtausend Menschen zurück zum Großvater, der auch ein solch quicklebendiges Wesen als lustige Komponente sich erkiest hatte. Der ihm einst den Wunschring verheißen hatte. Ach, es war gut, sich in solchen Augenblicken zu den Ahnen zu flüchten. Sicherlich waren sie noch nicht ganz entschlafen, sondern wachten irgendwo in unverbrauchter Liebe über ihren Kindern und Kindeskindern.

Da hob auch Meister Hugo schon seinen Taktstock. Das „Kyrie" der Missa Papae Marcelli erklang. Wie keusch, wie zart, wie wunderbar glockenhell klingen die Stimmen der Knaben, die nichts an sich haben von der ich-betonten Stimme des Weibes. Diese Stimmen sind außer uns, über uns. Nur diesen unberührten Stimmen der Knaben ist es gegeben, die Seele den überirdischen Glanz, die strahlende Helle des christlichen Himmels ahnen zu lassen.

Und der Simplicius weiß in dieser Stunde noch etwas anderes. Hier, da das trennende Wort keine Dissonanzen schafft, ist die *Una Sancta* Ereignis geworden. Bilden nicht die Harmonieen des größten Meisters der katholischen Kirchenmusik einen seraphischen Hintergrund zu der gewaltigen Ausdruckskunst des großen Protestanten Johann Sebastian, des Predigers in Tönen? Haben sie nicht alle Platz an diesem tönenden Altar des Friedens, Maria und Joseph, Ochs und Eselein, alle Heiligen dazu? Sieh, da gesellt sich zu ihnen auch Doktor Martinus mit seiner Laute, mit seinem Käthchen und den singenden Kinderlein. Würde es einem der tausend Zuhörer bei diesen reinen Klängen beifallen, als biederer Protestant zu protestieren, daß da oben die Messe, das Kernstück des katholischen Gottesdienstes gesungen wird? Nein, das *Wort* trennt die Menschen. Von Urbeginn an. Sobald die Menschen zusammen kommen, um zu singen, gemeinsam zu singen, sind sie fromme Lämmer ... Und noch eines:

Die Menschheit muß wieder atmen lernen und nicht die Luft, die schöne Gottesluft verschlucken, wie eine Schlange eine Maus verschluckt. Und nach dem Atmen käme das Singen. Das bedeutet Ausströmenlassen, ohne Krampf, ohne Angst. Nur Glaube, nur Vertrauen. Der Ton kennt nicht die Lüge. Wer wollte etwa nicht behaupten, daß mit dem Wort nicht auch die Lüge in die Welt gekommen ist?

Doch da ertönt ja schon der wogende Aufruhr der Bachschen Motette: „Jesu meine Freude". Hört ihr die stürmischen Wellen der Unisoni brausen, hört ihr, wie die Welt des Luzifer sich wütend empört, wie es „blitzt und kracht"? Und wie dann nach all dem Getobe des „alten Drachen" eine Gestalt unbeirrbar wie ein Leuchtturm über den tobenden Meeresfluten sich erhebt und stolz bekennt: „Ich steh hier – und singe!"

Für den jungen Organisten war es dann an der Zeit, die Register einzustellen. Auch dieses einst so einfache Geschäft, das nicht ohne Hilfe zur Linken und Rechten vor sich gehen konnte, war im Zeitalter der elektrisch-pneumatischen Orgel zu einem komplizierten Denkprozeß geworden, der die größte Konzentration des Orgelspielers schon vor dem Spiel erfordert. Denn die großen Register, die umständlich zu bewegenden Hebarme waren kleinen niedlichen Ablegern dieser Riesenregister gewichen und – o Wunder – jedes dieser kleinen Register hatte sich seinerseits in mehrere Einzelexistenzen gespalten, die als winzige Stifte die Hauptperson umstanden. Nur an der jeweiligen Farbe waren sie herauszukennen, eine verteufelte Angelegenheit, wenn man noch dazu bedenkt, daß der Simplicius noch bis in das reifere Jugendalter in der Küche der Mutter kaum die blauen von den grünen Kochtöpfen unterscheiden konnte. Da war es dann nicht allzu verwunderlich, daß dem Simplicius die tollsten Überraschungen zuteil wurden, daß ihm statt der freudig erwarteten hellen Klangkombination nachtdunkle Sechzehnfüßer schleppend über die Tasten liefen, ganz zu schweigen davon, daß er über all diesen Manipulationen zuguterletzt vergessen hatte, den Motor für das Gebläse anzustellen, und er baß erstaunt war, daß seine Hände ins Leere griffen und die Königin der Instrumente stumm wie das Grab blieb. In solchen Augenblicken verfluchte er – obwohl im heiligen Tempel – Motor, elektrische Pneumatik und all die vielbesungenen Errungenschaften der Neuzeit und dachte mit Wehmut an die alte Orgel seines Vaters, ihr wißt, an die alte Nikolaiorgel mit den „Negativtasten", der der gute alte Bälgetreter Thoma seinen Atem eingehaucht hatte. Mit der Zeit aber, nachdem er mit Hugo Rüdel und seinen Getreuen durch ganz Deutschland gezogen war, gelang es ihm, wie ein gewiegter Diplomat dieser Königin zu begegnen. Er wußte nun, wie man ihre Launen durch wirksame Gegenmaßnahmen übertrumpfen konnte. Er hatte gelernt, die Charaktereigenschaften der neuen Majestät mit schnellem prüfendem Blick zu studieren.

Zum ersten Male stand der Simplicius im Scheinwerferlicht der Öffentlichkeit und las seinen Namen nicht nur an den Anschlagsäulen. Denn eine neue Macht, den alten Meistern noch so gut wie unbekannt, hatte ihm gezeigt, daß es nicht genügte, wohl vorbereitet und mit Ehrfurcht ans Werk zu gehen, sondern daß es erst der Bestätigung der Kritik bedurfte, daß man „mit Pietät und Takt" an seine Aufgabe gegangen war. Wahrlich, er konnte zufrieden sein, daß die gestrengen Richter ihn allsogleich willkommen geheißen hatten in dem Kreis der Berufenen. Fast jeden Morgen wiederholte sich das gleiche Spiel. Da drängte sich im reservierten Eisenbahnabteil dritter Klasse jung und alt um den Domsänger König – wegen seines abgrundtiefen Organes „Baßkönig" genannt –, der umständlich die eben entdeckte Kritik über den vorhergehenden Abend vorlas. Die Jungen begnügten sich nicht mit dem Zuhören, sondern, um auch schwarz auf weiß die Bestätigung für das vorgelesene Wort zu entdecken, bauten sie sich in einer beängstigend hohen Pyramide über des Basses Grundgewalt auf, so daß die kleinsten Diskantisten sich nur mühsam in der Schwebe hielten und jeden Augenblick herunterzustürzen drohten. Der Simplicius schaute dabei in die vorübereilende Landschaft, als ginge dies ihn alles nichts an. Und doch entging nichts seinem wachen Ohre und es zuckte wohl zuweilen verdächtig um seine Mundwinkel, als nun von ihm die Rede war und der gute Baßkönig mit dem Brustton seiner tiefsten Überzeugung, die bis zum Kontra-A reichte, die prophetischen Worte des Elberfelder Kritikers vorlas.

Es war das erste Saalkonzert auf dieser Reise gewesen und dieses für den Simplicius denkwürdige Konzert hatte in der großen Elberfelder Stadthalle stattgefunden. Nach seinem Bach hatte er wirklich die Brahmsschen Paganini-Variationen wie einen Raketenbrand in die nach Tausenden zählenden Zuhörer geworfen und damit ein Feuer entzündet, wie er es in seinen kühnsten Träumen nicht für möglich gehalten hätte. Selbst Meister Rüdel hatte ihn umarmt und ausgerufen: „Wenn das so weitergeht, dann gibt dieser Mensch Klavierabende unter Mitwirkung des Domchors" – und die Jungen wie die Alten hatten den Simplicius umringt, hatten ihn angestaunt, als wäre er nun nicht mehr der kleine Organist, der in der Pfarrkirche von Neuruppin so eben mal zwischendurch das a-cappella-Programm aufgelockert hatte, sondern als wäre er nun plötzlich über Nacht ein großer Mann geworden. Die jungen Diskantisten, der kleine Schirbel voran, stürmten einen Wagen weiter zum Professor, der dort im Erster-Klasse-Abteil hinter geschlossenen Vorhängen es sich schummerig-intim und äußerst bequem gemacht hatte. Denn der Erfolg des gestrigen Abends wurde gerade mit den Allergetreuesten begossen, wozu die lustige Witwe Cliquot verschwenderisch ihren Segen gab. Da half alles Zieren und Abwehren nicht; der Simplicius mußte mittun, worauf Meister Hugo ein zweites Lob spendete, indem er mit heller Stimme ausrief: „Wie muß unser Solist erst die Herzen erheben, wenn er einige Gläser von diesem Göttergetränk hinter die weiße Binde gegossen hat; einfach nicht auszudenken ..."

Da hätte der Simplicius dem Meister antworten können, wenn er nicht doch allzu verlegen gewesen wäre, daß seine kleine rheinische Großmutter schon für diesen Tropfen Champagner gesorgt hatte und daß es dieses Anreizes wahrlich nicht bedurfte, ja daß die halsbrecherischen Paganini-Künste nur mit kühlem Kopf und klarem Verstande vollbracht werden konnten. Nein, der Simplicius hatte keinen Grund, an seiner Umwelt irre zu werden. Die Amboßmänner hatten sich ja Zeit gelassen. Waren sie erst einmal fertig mit ihrem Hämmern, dann würde schon der fertige Mann – und wann war der Mensch jemals fertig? – erkennen, daß erst die Persönlichkeit Gegner schafft. Jetzt aber sah der Simplicius noch in der Kritik eine Macht, die wie der Papst in Rom mit der Gabe der Unfehlbarkeit ausgestattet war. Waren sie doch vom Schicksal zu unbestechlichen Hütern ausersehen, die die Spreu vom Weizen zu sondern hatten. Eine schwere Arbeit, eine undankbare Arbeit. Er, der Simplicius war nicht unter die Spreu gerechnet worden, man hatte ihn erhöht vor allem Volke; ja, einer der kritisierenden Musici hatte es ihm sogar schriftlich gegeben, daß „er mit sicherer Hand an die Herzen der Zuhörer greife", was ihm unter den Tenören und Bässen viel Spott eingetragen hatte.

Aber noch auf dieser Reise sollte dieser Glaube an ein Dogma der Unfehlbarkeit der Kritik erschüttert werden. Und zwar auf eine lapidare Art. Die Geschichte, die jetzt erzählt wird, hat sich in der Marktkirche von Halle zugetragen, jener Kirche, deren Orgel der junge Händel mit der Kraft des Simson hatte aufbrausen lassen. Schon hatte der Simplicius die Register für die Uraufführung seines eigenen Choralvorspieles „Ach Gott und Herr" liebevoll zusammengestellt, als Meister Rüdel ein leise getuscheltes Colloquium mit dem jungen Organisten begann, in welchem er diesen beschwor, aus chronologischen Gründen die beiden Choralvorspiele auszutauschen. Das „andere" Choralvorspiel stammte aus der Feder eines Großen, nämlich aus der Feder Johann Sebastians höchstselbst.

„Kempff, machen Sie keine Dummheit, ich meine es gut mit Ihnen, spielen Sie erst den Bach und dann Ihr neues opusculum;

Sie werden mir zugeben, daß Sie immerhin zweihundert Jahre später geboren sind..." Allerdings, dieses mußte der Simplicius zugeben; es waren sogar zweihundertzehn Jahre, eine lange Zeit. Und doch konnte der arme Simplicius nur mit dem Stoßseufzer seines eigenen Chorals antworten: „Ach Gott und Herr, ach Gott, wie jämmerlich wird sich mein Choral hinter dem des großen Sebastian ausnehmen." Auch der Einwand, daß ein Adagio nach einem solch äußerst belebten Allegro wie dem des Bachschen Vorspiels „Nun freut euch lieben Christen g'mein" schon gleichsam ein totgeborenes Kind sei, auch dieser Einwand verfing nicht bei Meister Hugo. Es schien auch nicht ratsam, weiterhin zu protestieren, denn schon gerieten die wohlgebürsteten Enden seines imponierenden Schnurrbarts in eine gefährliche Vibration, ganz so wie bei dem jovialen Schutzmann vom Wilhelmsplatz, als der den Fünfjährigen auf dem blauen Briefkasten arretiert hatte.

Also der Simplicius ergab sich in den Willen des Erfahrenen. Er spielte statt Kempff Bach und statt Bach Kempff. Am folgenden Morgen entdeckte er einen wahren Auflauf im Abteil des Baßkönigs. Die Pyramide der Diskantisten drohte jeden Augenblick in sich zusammenzustürzen, was aber den Baßkönig nicht im geringsten zu beunruhigen schien. Noch nie hatte sein Sarastrobaß so überzeugend geklungen, als er nun der Reihe nach die Kritiken über das Konzert in Halle vorlas. Alle – bis auf einen – und dieser Eine hieß Paul Klanert und sein Name stehe hier für alle die, welche berufen sind zur Kritik – alle waren in geradezu gräßlicher Weise das Opfer dieses spontanen Einfalls Hugo Rüdels geworden. Dem armen Johann Sebastian Bach wurden aus zünftigem Munde derart die Leviten gelesen, daß er es eigentlich nicht mehr wagen konnte, jemals in Halle als Komponist zu erscheinen. Dem trivialen Geklingel, das dazu noch in seiner virtuosen Schreibmanier einen völlig unkirchlichen Charakter aufweise, wurde der ergreifende Ernst meiner bescheidenen Komposition gegenübergestellt, in welchem der Schöpfer Zwiesprache mit seinem Gott gehalten habe. Zum guten Beschluß all dieser Betrachtungen erschien dann noch der deutsche Präzeptor mit erhobenem Finger und verkündete gutmütig: „Vorsicht, junger Mann, wenn man – auch nur mit dem Ärmel – das Genie streift."

Ja, es waren schon herrliche Erinnerungen, die uns alle, Chormeister, Domsänger und mich miteinander verbanden. Wir alle waren künstlerisch und auch menschlich so aufeinander eingespielt, daß wir uns es nicht denken konnten, daß es je anders sein sollte. Noch öfters beschleichen mich trübselige Gedanken, wenn der moderne Konzert-„Betrieb" seine Polypenarme nach mir ausstreckt, und rufen mir jene Konzerte in den deutschen Domen in Erinnerung, da ich ohne den lauten Applaus, ohne die stürmischen Zurufe wie meine Vorväter an der Orgel des Amtes walten durfte, eben des Amtes, dem man in Wahrheit nachsagen darf, daß es „von Gottes Gnaden sei". Und vielleicht fügt es eine gütige Vorsehung, daß auch ich – wie schon seit Jahren mein Bruder Georg, der große Kirchenmusiker, dereinst wieder diesen angestammten Platz dort, wo von je unsere großen Meister saßen, einnehmen darf.

Doch eines Tages fragte mich der getreue nimmermüde Fritz Weyer, ebenfalls Domsänger seines Zeichens, ob ich mit nach Schweden und Dänemark wolle. „Und da können Sie noch fragen", sprudelte ich heraus, „können noch fragen, ob ich mitwolle, nach dorthin, wo alles um eine Oktave heller, blauer ist, der Himmel, die See, und die Mädchen um zwei Oktaven sogar blonder –"

„Ja", entgegnete der vielbeschäftigte Konzertsänger, der auch die Geschäfte des Domchores wahrnahm, „die Sache hat noch einen Haken. Der Impresario schreibt hier" – und er suchte in seiner Aktentasche nach dem Brief – „daß er für den Solisten keinerlei Honorar zahlen könne. Er wäre aber bereit, für die Auslagen der Reise und des Unterhaltes aufzukommen. Was tun, spricht Zeus – –"

„Alea iacta est", antwortete ich ebenso klassisch, „der Würfel ist gefallen, ich komme mit!"

Wir waren in Schweden wie ein Schwarm von Zugvögeln eingefallen und zwar von hungrigen Zugvögeln, denn in den letzten Jahren hatten wir nichts anderes als Kohlrüben und zwar Kohlrüben in allen Variationen kennengelernt. So konnten wir am eigenen Leibe erfahren, was es mit der schwedischen Gastfreundschaft auf sich habe. Obwohl auch hier gewisse einschränkende Auswirkungen des Krieges sich bemerkbar machten, wurden wir mit offenen Armen aufgenommen. Besonders verwöhnt wurden die kleinen Diskantisten, denen die schwedischen Pflegemütter die Münder derart vollstopften, daß es nicht wunder nahm, wenn bei der Bachschen Motette „Singet dem Herrn" einer nach dem anderen wankend das Podium verließ und so nur ein bescheidenes Doppelquartett den Schlußchoral hinhauchte.

Nein, ich hatte nicht zuviel behauptet, daß hier alles um eine Oktave heller, lichter sei. Und ich muß gleichfalls zu einer musikalischen Metapher greifen, um das Erlebnis des Weiträumigen, Durchsichtigen nicht allein der Landschaft sondern auch der ganzen Bauweise dieses von einem weisen König gelenkten Staatsschiffes zu schildern. Wenn ich an Deutschland denke, so höre ich eine brausende vielstimmige Fuge, in welcher die Stimmen abwechselnd klagen, jauchzen, sich gegenseitig umschlingen, wieder entfernen und nun in feindlichem Kontrapunkt gegeneinander anstürmen – dies alles in einer beängstigenden Gedrängtheit, so daß unsere Notensysteme nicht mehr ausreichen, um die Fülle der Klänge zu fassen. Kommt mir Schweden in den Sinn, da zieht meine Hand nachdenklich die fünf Linien nach, jene Linien, die die internationalste weltumspannendste Schrift bedeuten, und mein inneres Ohr lauscht einer Melodie, deren Thema nur wenige Noten umfaßt. Sie haben Platz in diesem Notensystem, ja sie schaffen selbst unendliche Zwischenräume, die jenes Gefühl der Weite, der großen Einsamkeit der Landschaft, der Melancholie der Seele erzeugen, und jeder Kontrapunkt ist ausgeschaltet. Und so im übertragenen Sinne: man stößt nicht, eckt nicht an, macht höflich Platz, ist geschmeidig; man liebt nicht die Sforzati, das heißt das plötzlich Hervorbrechende, Unberechenbare.

Ich weiß nicht, wie es wäre, wenn es achtzig Millionen Schweden gäbe. Aber ich liebe die großen Räume, selbst ein Flüchtling geworden, die großen Einsamkeiten, die mich sichern vor den Eindringlingen in das innere Reich. Drum sei hier das Volkslied verzeichnet, bei dessen Anhören die enge Wand meines Zimmers unmerklich zurücktritt und wie hinter Schleiern allgemach die Konturen zu einer lichten Landschaft zusammenfließen. Ein unwahrscheinlich hellblauer See wird sichtbar, eine Birke, im ersten Grün ihrer jungen Jahre; „taltrasten", die Schwarzdrossel flötet. Und ein Mädchen singt. Ist es nicht *das* schwedische Mädchen, welches da singt, in der bunten Tracht von Dalarna? Es ist Abend. Doch noch nicht ewige Dämmerung; dafür ist es noch zu früh im Jahr. Sie singt das Lied von der Sternensehnsucht, das Lied, in das auch ihre kleine Sehnsucht eingebettet ist, die doch so groß für ihr kleines Menschenherz geworden ist. Mag diese Erklärung für die unübersetzbaren Worte stehen; dafür sollen die Noten euch einen Begriff davon geben, daß das *Volk* Schwedens größter Komponist gewesen ist:

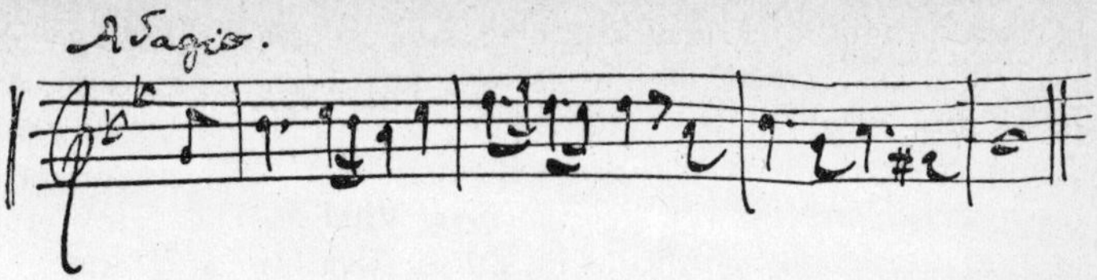

Diese Melodie wollte mir nicht mehr aus dem Sinn kommen. So war es nur allzu natürlich, daß sie sich ungerufen einstellte, als ich an einem Quartett für Flöte, Geige, Cello und Klavier schrieb. Ja, die Flöte, die zarte dunkelblaue Flöte durfte diese Weise blasen, eingehüllt von dem Klanggeriesel der Klavierarpeggien. Ich wußte damals noch nicht, daß nach dem Gesetz alles Gegensätzlichen diese sommerliche Lichtfülle, die gar kein Ende nehmen will, wenn Midsommardagen, die Mittsommernacht gekommen ist, daß solches Licht einen Schatten werfen muß, der dann umgekehrt um die Wintersonnenwende nicht nur das Land in tiefste Dunkelheit versinken läßt. Dann kommen die Geister der Nacht hervor, sie kommen und winken mit blassen Händen denen, die noch im Licht wandeln, sie raunen ihnen ihre Geheimnisse zu und geben nicht eher Ruhe, bis auch ihre Seelen schon bei Lebzeiten gelernt haben, der abgrundtiefen Stimme der Urmutter Erda zu lauschen. Rührt es daher, daß allen Liedern dieses Volkes, das dem Wuchs und dem Auge nach von den Lichtgöttern abstammen könnte, diese tiefe Wehmut innewohnt? Daß dieserhalb dem jungen Spielmann angst und bange wurde, wenn er Menschen aus Fleisch und Blut begegnete, die dem Geschlecht der Spiegelmenschen zuzuzählen waren, die ganz offenbar die Gabe des zweiten Gesichtes besaßen? Strindberg, Dämon der Finsternis ohne Gnade, Bellman, tanzender Genius der Freude, Dur und Moll, Glaube und Dämon, ewiglanger Tag, abgrundtiefe Nacht, – waren dies Schwedens Kontrapunkte?

Da gab es Erlebnisse, deren Merkwürdigkeit den jungen Spielmann aus deutschen Landen nicht zur Ruhe kommen ließen und die Grenzlinie zwischen Tag und Nacht, zwischen Wachen und Träumen gefährlich verschoben. Und zu alledem hatten ihn noch die Augen der beiden alten Sibyllen Schwedens angeschaut, die tiefen, schonungslos durchdringenden der Lagerlöf, die zu den Sonnenkringelaugen der Ellen Key in seltsamstem Gegensatz standen. Und diese Gegensätzlichkeit hatte sich auch sogleich in beider Art, sich zu äußern, ausgesprochen: die Lagerlöf, die trotz aller mütterlichen Fürsorge für den weitgereisten Spielmann – wie schmeckten ihm die von ihr selbst zubereiteten „köttbullar", die niedlichen Fleischklößchen! – eine Barriere legte, gleich der, die von der Natur selbst aus Eis und Schnee in Dalarnas kalter Stadt Falun errichtet war. – Bei der anderen, viel älteren Sibylle dagegen, bei Ellen Key, hatte ein anderer Wind geweht, ein Wind aus südlichen Zonen, dem im lieblichen Alvastra am Wettersee weder Eis noch Schnee widerstehen konnten. Da wurde dem Spielmann in der nächsten Minute das „Du auf ewig" angeboten, dies aber mit dem edlen „Lingonsaft", dem Trank aus der Preiselbeere, und es versteht sich von selbst, daß diese Zeremonie von einer gewaltigen Umarmung mit Sibyllenkuß begleitet war.

Es war, als hätte eine geheime Macht ihre Hand im Spiel, um an jedem neuen Tage dem Spielmann so etwas wie eine neue Sensation zu bereiten. Ich spreche hier nicht von den Sehenswürdigkeiten des Landes, obwohl auch diese in Überfülle vorhanden waren. Nur zu wenige wissen, daß Stockholm eine der schönsten Städte unserer Erde genannt werden muß. Nein, der Mensch in diesem Lande darf hier mit Recht den Anspruch erheben, eine Persönlichkeit zu sein. Und in dieser Beziehung macht hier das weibliche Geschlecht dem männlichen erhebliche Konkurrenz, ja, es wollte dem Spielmann schon damals scheinen, als ob das Gesicht der Schwedin dem Lande ihren holden Stempel aufgedrückt habe. Die Männer haben sich dies nicht nur aus angeborener Courtoisie gefallen lassen; sie fühlten wohl dunkel in ihrem untrüglichen Instinkt, daß in ihrem mit etwas reichlich dumpfen Kontrabässen besetzten Herrenorchester die erste Geige immer von ihren Frauen gespielt werden würde. Die Ausnahmen bestätigen auch hier die Regel, und welche Ausnahmen weist nicht dieses Land auf?

Wenn der Spielmann an die Ausnahmepersönlichkeit denkt, um derentwillen dieses Kapitel seines Lebensbuches geschrieben wurde, dann verstummt plötzlich taltrastens Lied. Die Orgel beginnt zu brausen. Ein Sturm hat sich aufgemacht vom anderen Ende der Welt. Aber die Weltenorgel und der vieltausendstimmige Choral übertönt den Sturm, übertönt die Glocken aus allen Münstern. Und danach ist es still. Jetzt hörst du wieder die Stimme des Rufers in der Wüste, diese Stimme, deren ehernen Laut der Spielmann nicht vergessen wird, bis Gott ihm die Leier aus der Hand nehmen wird, die Stimme Nathan Söderbloms. Dort, wo der Spielmann ihm zum ersten Male begegnen durfte, im Dome zu Upsala vor dem Altare, dort schläft dieser Mann nun seinen langen Schlaf unter dem gewaltigen Stein, auf welchen man seinen Namen eingemeißelt hat.

Nun müßt ihr hören, wie hier auf seltsame Weise der Simplicius dem Spielmanne die Hand gereicht hat. Ihr erinnert euch doch, wie in einem französischen Schauspielerheim der Simplicius fieberkrank gelegen hatte und die gute alte „maman" am anderen Morgen das Manuskript in den Händen des kranken Soldaten fand und sie mühsam die Worte entziffert hatte: Dona Nobis Pacem.

Das Konzert des Berliner Domchors fiel in die Zeit, da der Krieg für Deutschland schon als verloren angesehen werden mußte. Es war am „Mikaelidagen" 1918. Schon konnten auch die nicht mit Hellsichtigkeit Begabten den Riesenschatten herannahen sehen, der sich über das ganze Land legen würde, gleich als wäre ein dunkler Stern aus der Weltennacht zu uns aufgebrochen, um uns alle zu überschatten. Da saß der Simplicius an der großen Domorgel in einem ihm bisher unbekannten Lande, das wohl unbewußt, nicht ohne Mitleiden, dem Todeskampfe zusah, der nun schon heimlich begonnen hatte, so wie man dem an einer unheilbaren Krankheit zugrunde gehenden Verwandten zusieht. Es ist zwar nicht die eigene Mutter, es ist nicht der Vater und auch nicht der Bruder, aber es ist doch eben ein Verwandter und dessen Schicksal geht einem zu Herzen. So mußte die in seinem Werk ausgesprochene Bitte des Dona Nobis Pacem einen Eindruck machen, ja dieses über seine Bedeutung hinausheben zu den Regionen, wo nach des Apostels Wort „der Geist uns vertritt mit unaussprechlichem Seufzen."

Der Simplicius, der nun im Schwedenlande als Spielmann über Nacht bekannt geworden war, hatte geendigt. Unten im Riesenraum des Domes von Upsala herrschte atemloses Schweigen ... Aber er fühlte, daß es kein gleichgültiges Schweigen war, sondern daß aus dem Konzertpublikum eine Gemeinde geworden war, die diese Bitte um Frieden in stummer Ergriffenheit nachbetete. Er verschloß die Orgel, löschte die letzten Register, wie der Sakristan die Lichter des Altares löscht, und wollte mit den Domsängern in sein für ihn bereitetes Quartier gehen, doch etwas ermüdet von den pausenlos stattfindenden Konzerten. Da pirschte sich in der Dunkelheit des Kirchenraumes eine Gestalt zu ihm heran; er erkannte in ihr sogleich den guten, ihm so treu ergebenen Fritz Weyer, mit dem er auf dieser Reise Freundschaft geschlossen hatte. Leise, aber mit vor Aufregung belegter Stimme teilte er dem jungen, nun so ernst dreinschauenden Spielmann mit, daß der Erzbischof den

Wunsch geäußert hätte, den Organisten kennenzulernen. Er solle nur mit ihm kommen, „nach dort ganz hinten" – und er zeigte an das andere Ende des Domes, in die Gegend des Ostchores, wo der Erzbischof gerade dem Domchor den Schrein des heiligen Erik und dessen Geschichte erläuterte. „Das ist ein großer Tag für uns alle heute", so flüsterte er aufgeregt, mich schon wie einen Knaben an der Hand nehmend, „mein Gott, wenn das die anderen Sänger wüßten, die zu Haus bleiben mußten."

Dieser Weg durch das riesige Kirchenschiff, im Dämmerlicht weniger noch brennender Kerzen, erschien er mir nicht gleichnishaft wie der Weg meines ganzen Lebens? Mit jedem Schritt wuchs in mir das Gefühl einer freudigen Erkenntnis, die einer Erleuchtung gleichkam, daß es all der Jahre bedurft hätte, um diesen Weg zu gehen, der für mich von schicksalhafter Bedeutung sein würde. Und dann sah ich nichts mehr, nicht den Domchor und seinen Chormeister; ich sah nur *ihn* und ich begriff plötzlich die Bedeutung des Bibelwortes: „Und da wurden seine Augen aufgetan."

Nathan Söderblom aber hatte seine Erklärungen unterbrochen und ging auf den Spielmann zu, ohne alle Förmlichkeit, eben so, wie ein Vater auf seinen Sohn zugeht, der von einer langen Reise zurückgekehrt ist. „Aber dies ist nicht der Organist, der uns eben so gewaltig gespielt hat, dies kann er nicht sein" – und aus seinen hellblauen Augen blitzte ganz leise ein schalkhaftes Lächeln, „dies hier ist ein Domchorknabe, meine Herren; ich erwartete einen würdigen Professor mit langem Barte, wie ihn Michelangelo dem Moses verliehen hat", und in sein herzgewinnendes Lachen stimmten nun in höflichem Kanon die Mitanwesenden ein.

Doch nun war es an dem Simplicius, zu antworten, und er gab lächelnd zurück: „Auch ich habe mir den Erzbischof Schwedens anders vorgestellt." Hugo Rüdel hatte dem Spielmann auf den Fuß getreten, der nach seiner Ansicht einen entsetzlichen faux pas begangen hatte.

Doch der Erzbischof, gewohnt, in einem freien Lande ein freies Wort zu hören, fragte noch aufgeräumter zurück: „Wie stellt man sich in Deutschland den schwedischen Erzbischof vor?"

„Im schleppenden Ornat, die Tiara auf dem Haupt, den Krummstab in der Hand, umgeben von seinen Bischöfen . . ."

„Wenn Sie nicht so gut Orgel spielten", klang es zurück, „machte ich Sie auf der Stelle zu meinem Zeremonienmeister."

Ich hatte da eine Saite zum Erklingen gebracht, ohne es zu ahnen, deren Ton der Erzbischof gerne hören mochte. Wäre es mir damals schon vergönnt gewesen, einem Gottesdienst beizuwohnen, den er gleichsam „zelebrierte", so hätte ich ohne weiteres begriffen, daß dem schwedischen Pfarrer ein protestantischer Gottesdienst in Deutschland recht nüchtern und phantasielos vorkommen mußte. Zu Luthers Zeiten hatte das Bild noch anders ausgesehen; erst später wurden unsere Kirchen „gereinigt", es wurde wohl tüchtig „gelüftet", aber aus den Kirchen waren Bet- und Predigtsäle, aus den Bischöfen waren Superintendenten geworden, auch hier das Primat des preußischen Beamtentums betonend.

Doch der Erzbischof, gewohnt bei seinen vielen Visitationen – wie oft durfte ich ihn späterhin auf solchen Fahrten zu den „Gemeinden" begleiten! – den Dingen auf den Grund zu gehen, ließ nicht locker. „Darf ich den jungen Organisten fragen", so klang es nun mit herzgewinnender Liebenswürdigkeit zurück, „wie *er* sich nun den Erzbischof vorgestellt hat?"

Der Chormeister setzte wiederum seinen Fuß etwas vor, um diesmal durch einen sanften Druck, ein liebevolles Sforzato den Gefragten zu warnen. „Nicht ganz so", begann der Spielmann etwas stockend, „ein wenig anders" – Rüdel zog seinen Fuß erleichtert aufatmend zurück –, „denn der Herr Erzbischof sieht aus wie ein großer Musiker."

„Das wird Anna freuen", so wandte sich nun in strahlender Laune Nathan Söderblom einem Jüngling zu, der auf den ersten Blick als ein echter Söderblom identifiziert werden konnte, „Staffan, du mußt es deiner Mutter Wort für Wort erzählen; dein gutes Gedächtnis wird dir dabei helfen." Und mit unbeschreiblicher Freundlichkeit, ja mit einer Anmut, die ihm alle Herzen, auch die der eingetrocknetsten Bassisten des Domchores zufliegen ließ, sprach er die Worte, die gleichsam dieses unvergeßliche Intermezzo durch eine geniale Coda abrundeten: „Schwedens Erzbischof dankt dem deutschen Künstler für die ihm angetane Ehre. Dieser kann vielleicht nicht ahnen, was mir die Musik bedeutet hat in meinem Leben und noch bedeutet. Da wir nun so etwas wie Kollegen geworden sind, so darf ich Sie einladen, mich zu begleiten." Mit einem nochmaligen Dank an den Domchor und seinen unvergleichlichen Chormeister verließ er den Dom schnellen Schrittes, so daß der Spielmann sich ordentlich dazuhalten mußte, um mit seinen zwanzig Jahren nicht hinter dem Fünfzigjährigen zurückzubleiben.

Der Weg vom Dom zum Hause des jeweiligen Erzbischofs von Schweden ist nicht weit, nicht weiter, als eines der kleinen Präludien von Bach lang ist. Den Erzbischof schien innerlich irgend etwas zu beschäftigen. „Mein Gott", so dachte der junge Orgelspieler bei sich, „er hat anderes zu tun, als sich mit einem deutschen Musiker zu unterhalten." Und doch – welche Wärme ging von diesem Manne aus; er hatte wohl eine größere Kraft des Herzens als alle anderen Männer auf diesem Erdboden. Doch da dachte der Spielmann an seinen Vater daheim, der wohl wie der alte Tobias jetzt seine Hände zum Abendgebet in aller Stille falten mochte. Gleich als ob der Erzbischof die Gedanken des jungen Spielmanns erraten hätte, fragte er nun: „Und Ihr Vater, liebt er auch die Musik?"

„Mein Vater ist Organist und mein Großvater war es ebenfalls", gab der junge Musiker nicht ohne Stolz zurück.

„Das hatte ich gedacht. Die deutschen Organisten haben viel für das Reich Gottes getan. Ich habe einmal gesagt, man sollte Bach den fünften Evangelisten nennen."

„Oh, wie schön ist das", und ein jubelnder Laut brach aus dem jungen Spielmann hervor. Und leise setzte er hinzu: „Im Münster zu Ulm, im Schwabenland, da steht das steinerne Bild Bachs mitten unter den anderen Heiligen und Aposteln."

„Es gibt also auch in Deutschland – und wie sollte es auch anders sein – Menschen", so klang es jetzt beinahe feierlich zurück, „die begreifen, daß Gott sich zu allen Zeiten geoffenbart hat und auch noch heute offenbart."

Warum hatte jetzt Nathan Söderblom so ernst dreingeschaut, als wäre plötzlich eine dunkle Wolke vor die Sonne, vor die „güldene Sonne voll Freud und Wonne" getreten? Hatte auch er, wie es Luther getan, sich zu solchen Erkenntnissen erst durch schwere Kämpfe durchringen müssen? Erinnerte nicht jetzt in diesem Augenblick, da es geheimnisvoll um ihn wetterleuchtete, sein mächtiges Haupt an Luther, an einen Luther, in eine hellere nordische Tonart übersetzt? Zwar gaben auch diesem Gesicht die ostischen Backenknochen, die ihm ein finnischer Vorfahre vererbt hatte, ein merkwürdiges Gepräge. Doch wurde nicht alles in diesem wunderbaren Antlitz zur beglückenden Harmonie, aus dem die hellblauen Augen wie strahlende Sonnen blitzten? Und zu allem Überfluß war dieses Antlitz noch von einer Fülle lichtblonder Haare umrahmt, deren Glanz mich immer an das Bild Albrecht Dürers gemahnte, das den Hieronymus Holzschuher vorstellt.

Aber die Wolke war schnell verflogen, denn unten an der kühn geschwungenen Marmortreppe war Anna Söderblom, die Frau des Erzbischofs, erschienen. In diesem Augenblick begriff der Spielmann, daß hier die verlebendigte Komponente des großen Mannes vor ihm stand. Es war, als hätte der Organist plötzlich nach einem brausenden Organo pleno, der vollen Orgel, die Vox coelestis gezogen. Eine solche hehre Reinheit ging von dieser Frau aus, daß der junge Spielmann versucht war, die Augen niederzuschlagen. Doch diese waren auf wunderbare Weise in den Blickpunkt zweier dunkler Augensterne gezwungen, deren milder Glanz an die Madonnenaugen der alten frommen Maler gemahnte.

Als nun die Frau ihrem Manne wortlos an die Brust sank, als wäre er von einer langen Reise zurückgekehrt, und nur der geliebte Vorname wie ein hingehauchter Seufzer erklang, da wurde dem jungen Spielmann das Herz weit, daß es so viel Glück auf Erden gäbe. Und alles dies spielte sich mit solch reiner, ja kindlicher Natürlichkeit ab, daß er nicht einmal auf den Gedanken kam, hier ein lästiger Zuschauer zu sein. Vielmehr fand er sich sogleich in den Kreis dieser Familie miteinbezogen, und was dies für ihn bedeuten sollte, das konnte er an diesem Abend, der auch so etwas wie ein Präludium in strahlendem Dur darstellte, nur ahnend begreifen.

Noch immer hatte er das Manuskript seiner Orgelfantasie in der Hand. Einer plötzlichen Eingebung folgend, übergab er dieses nun dem Erzbischof. Seiner Stimme war die Bewegung anzumerken, mit der er diese in Fiebernächten geborene Fuge wie in die Hände eines Vaters legte, als könnte der die Bitte um das *Dona Nobis Pacem* besser dort oben vertreten als der arme Simplicius. Der Erzbischof erlöste ihn aus seiner heiligen Verlegenheit und ließ sich nun leise vernehmen: „Nichts kommt ohne Schmerzen auf diese Welt. Wenn ich an all das entsetzliche Elend denke – ich habe Nachrichten aus Finnland, daß dort die Menschen sich vor Hunger die Rinde von den Bäumen schälen – und hier ein deutscher Soldat in Frankreich das Dona Nobis Pacem sich von der Seele schreibt, so höre ich Christi Stimme am Kreuz: Mein Gott, mein Gott, warum hast du mich verlassen . . ."

Der Spielmann hörte jetzt ein Schluchzen im Raum. Wer weinte da? Eine schwedische Mutter weint, sie weint um das Unglück der Menschen in Deutschland, in Frankreich, England, Rußland. Allen, allen gelten ihre Tränen.

Da wurde dem Spielmann das Herz abermals weit, als könnte er zum ersten Male begreifen, was es mit dem Menschenleid auf sich hätte. Klangen nicht jetzt die lustigen Armeemärsche in seinem Vaterland wie ein Hohn, wie eine Lüge an den Tod? An den Tod, den nur Gott schicken darf, an den Tod, der nun aber von den Menschen kommandiert ward. Hörten seine überwachen Sinne jetzt nicht das Abzählen auf den Kasernenhöfen aller Länder, eins, zwei, drei – vier – – siebzehn – – – neunundreißig – – – – ? Je höher die Zahlen, um so entfernter klangen die Stimmen, als verlören sie sich in die Unendlichkeit. Ja, auch dieses waren die Töne, die in die Unendlichkeit hinein sterben ...

„Alle die Leidenden, Sterbenden in Deutschland, in Frankreich", so klang nun noch verhüllter die Stimme dessen, der die Menschen in seiner Predigt mit des Donners Gewalt erschüttern konnte. „Auch Frankreich lieben wir", so sprach es weiter in dieser Abendstunde, die schon unmerklich in die Nacht übergeglitten war, „wir lieben Frankreich", und es war, als würde mit zarten Händen über den dunklen Scheitel einer Frau gestrichen. „In acht Jahren hatten wir Zeit genug, es lieben zu lernen. Sie sollten jetzt, gerade jetzt in Notre Dame auf der Orgel zu den Franzosen sprechen. Glaubt mir, sie verstehen eine solche Sprache besser als die der Kanonen."

„Ach, wenn ich's doch vermöchte", ruft nun der Spielmann, „aber an allen Enden liegt dieser schreckliche Stacheldraht ... Gewiß komme ich schon zu spät; vielleicht ist Deutschland schon gestorben ..."

Da klingt silberhelles Geläut vom alten Schloß her. „Kristinaglöcklein, Sankt Michaelstag geht zu Ende." Wie weich und zart klang doch die Stimme dieser Frau, behutsam, als könnte sie der Glockenstille wehe tun.

Wortlos nimmt der Spielmann Abschied. Doch der Erzbischof hebt segnend seine Hände wie zu einer himmlischen Beschwörung und spricht nun mit fester Stimme: „Ich weiß es, Sie kehren zurück, wenn alles vorüber ist. Es wird dunkel um euch her werden, wie es nur natürlich ist. Denn Gott hat diesen Krieg nicht gewollt; er ist im Licht. Vielleicht aber hat er in seinem unerforschlichen Ratschluß noch vieles mit dem deutschen Volke vor. Das Volk, das im Finstern wandelt, sieht ein großes Licht."

Des Spielmanns Weg zu seiner einfachen Herberge führte ihn am Dom vorbei, dessen beide Türme nun wie dunkle Mahnmale emporragten. Noch immer läutete das Silberglöcklein vom Schlosse her. Er dämpfte unwillkürlich das Gewicht seiner Schritte, die als einzige Begleitmusik auf den menschenleeren Straßen Upsalas ihm allzu betont vorkommen mochten. Sein zu allen Zeiten wacher Klangsinn nahm ihn wie sein zweites Ich behutsam bei der Hand und führte ihn eine weite Strecke Weges zurück, zurück nach der ersten Stätte der Kindheit, zurück an die Pforte des Zisterzienserklosters in Jüterbog, dorthin, wo der kleine Knabe mit geschlossenen Augen gestanden hatte, um die Musik des einsamen Gehers in der Mönchenstraße um so aufmerksamer aufnehmen zu können. Ebenso hatte das Echo, die blinde Schwester der Töne, diesen Laut zurückgegeben. Zwar war es jetzt Mitternacht und damals heller Tag mit einer unfaßbaren Fülle von Sonne gewesen. Aber dieser Laut des einsamen Gehers bei Nacht hatte die Brücke geschlagen, hatte Zeit und Raum aufgehoben, alle jene Begriffe, die den Menschen so wichtig erscheinen und die vor den großen Eindrücken zerrinnen. Denn was wirklich gewesen, das gehört nicht der Vergangenheit an; so viel wußte nun der Spielmann, als er das Licht löschte in seiner Herberge und als nun die frommen Barden, der Baßkönig an der Spitze, einen Schlummergesang anstimmten, der ihn alsbald ins Land der Träume beförderte.

Orpheus und die Schatten der Unterwelt

Mir war doch anders zumute, da nun in allen Ländern die Glocken den siegreichen Frieden einläuteten, als dem „mulus" vier Jahre zuvor, da dieser stolzgeschwellt an den Eulen vorbeidefiliert war.

In Deutschland läuteten die Glocken nicht. Jetzt war es gute Zeit für die Schattenmenschen, die bisher unbeobachtet in düsteren Abfallsecken ihr Leben gelebt hatten, wenn dies ein Leben zu nennen war. Sie alle kamen hervor wie die Lemuren und forderten unverhüllt die Begleichung alter Schuld. Statt ihrer saß nun der Kriegsblinde am Brandenburger Tor; er war der Bettelmann geworden. Seine Bitte um milde Gaben schnitt dem Simplicius ins Herz. Das Unterste wurde zuoberst gekehrt und da nahm es nicht wunder, daß so manch einer der „Obersten" aus meiner Vaterstadt sich leise aus dem Staube machte, weil er den Untergang des Reiches nicht mitansehen konnte. Die königliche Residenzstadt hatte ihr Festtagskleid abgelegt und ging nun sichtbarlich verschämt im grauen Arbeitskleid umher.

Doch noch klingelte vom hohen Turm der Garnisonkirche das „Üb immer Treu und Redlichkeit bis an dein kühles Grab" und auch das „Lobe den Herrn, den mächtigen König der Ehren" ließ sich zu jeder vollen Stunde hören. Aber dieses ehedem so überaus lustige Geläute hatte einen anderen Klang bekommen. Gott hatte gegen uns entschieden. Und bisher war Gott mit uns gewesen. Derselbe Gott, dem nun in der Westminster-Abtei mit Händels „Hallelujah" in selbiger Stunde gedankt wurde. Da stimmte etwas nicht in der Rechnung, in unserer Rechnung stimmte es nicht.

Kann man es dem Simplicius verargen, wenn jetzt so manches Erlebnis aus der unrühmlichsten Zeit seines Lebens in der Erinnerung eine andere Färbung erhielt? Wie hatte es geschehen dürfen, daß ein Vorgesetzter seine Gewalt in schnöder Weise mißbrauchte? Daß dieser Vorgesetzte nur so im Vorbeigehen dem vertieften Leser sein Buch aus der Hand schlug, nur aus dem dumpfen Trieb heraus, dem andern die heilige Stunde zu rauben, ihm die köstlichen Augenblicke einer schwer erstrittenen Einsamkeit nach getanem Dienst zu stehlen? Sprach nicht aus solchem Tun ein abgründiger Haß des Leibeigenen, des Knechtes gegen den Herrn? Wehe, wenn solchen Knechten die Herrschaft gegeben würde! Sie könnten nur wieder knechten und nicht herrschen. Aber da gab es auch andere. Es gab hilfreiche Kameraden, die noch nicht verlernt hatten, auf das Pochen, Hämmern, Rufen der Amboßmänner dort unten in den Schächten der Seele zu hören. Denn ihre Seele war nicht käuflich geworden wie die schmutzigen Papierzettel, die Geld bedeuten sollten und es nicht mehr waren.

Die Jungen sehen gleichmütiger zu, wenn das Alte stürzt. Wenn darüber der ältere Mensch verzagen möchte, so hängt dem jungen sogar über rauchgeschwärzten Ruinen der Himmel voller Geigen. Ich war damals noch jung genug, ja – wenn ich's recht bedenke, jünger, als es meinem Alter zukam. Sogar im Aussehen war mir immer noch etwas Knabenhaftes geblieben. Nur am Flügel verschwand das helle Antlitz des Knaben. Der ernste Vorfahr begann zu sprechen, der alte Organist, der den Wunschring mit den schwieligen Händen aus dem Acker gegraben hatte. Nein, die Glocken hatten nicht geläutet, denn auch sie waren in dem Feuersturm dieser vier Jahre verstummt oder die Menschen hatten ihnen eine andere Stimme gegeben, so daß nun – zu Kanonen umgeschmolzen – aus ihren Mündern feuriger Geifer gespieen wurde, der den Streitern auf der anderen Seite die Augen wegfraß.

Solcherlei Gedanken bewegten nun den Spielmann, dessen Taten nicht dazu beigetragen hatten, den „Endsieg" zu erringen. Er hatte die Hermannsschlacht zweimal verloren. Wohl aber nicht den Glauben an das „andere Deutschland." Das Antlitz Dürers, Bachs, Goethes, es hatte nicht gelogen. Ganz gewiß, alle drei schlechte Soldaten ... Aber alle drei Streiter des Geistes.

Feldwebel Kulicke machte sich nichts aus ihnen. Die drei gewaltigen Streiter machten sich aber auch nichts aus Feldwebel Kulicke. Insofern geht doch die Rechnung auf. Reinliche Scheidung fortan. Kann man es so dem Simplicius verdenken, daß er mit freudigem Zuruf seinen alten ewigjungen Pegasus begrüßte, der nun wieder laut wiehernd und ungebärdig scharrend vor ihm stand? Wo mochte er nur so lange geblieben sein? Der Musterung war er augenscheinlich entgangen, denn nichts deutete darauf hin, daß auch er in einen Regimentsstall gesteckt worden war. Herrlich in seiner olympischen Schöne war er anzuschauen; gewiß hatte er währenddessen auf irgendeiner Götterwiese gegrast und nur dann und wann die Ohren gespitzt, wenn das Donnern da unten zuweilen bedrohlich nah sich anhörte. Und kann man es dem Simplicius von einst verdenken, daß er jetzt trotz allem Unglück, das ihn auf Schritt und Tritt aus bleichen Gesichtern anstarrte, wie befreit seinen Abendspaziergang antrat, ohne auf den Vorgesetzten aufpassen zu müssen, der seinerseits noch schärfer aufpaßte, daß vorschriftsmäßig aufgepaßt wurde? Dem Mönch von Heisterbach gleich durfte er jetzt, der Welt vergessend, dem Gesang der Amsel lauschen. Dieses und nichts anderes bedeutete für ihn die Freiheit, von der täglich geredet wurde, von der lieben guten alten Freiheit.

Wie der als Soldat kläglich gescheiterte Simplicius den Mut aufbrachte, in dem männermordenden Getöse der immer blutiger entbrennenden Spartakistenkämpfe gleich mit zwei Klavierabenden in der Singakademie hervorzutreten, das weiß er selbst nicht mehr zu sagen. Jedenfalls war es ein „Hervortreten", das ihm, als der letzte Ton verklungen war, das Tor zur musikalischen Welt öffnete, zu jener Welt, die nicht mit Paß- und Zollschranken sich abgeriegelt hatte. Auch dieses Mal hatte es eine Improvisation gegeben. Zwar war nicht der gute Professor Martin Gebhardt erschienen, wie einst im Potsdamer Barberinisaal. Ein anderer war gekommen, ein Seltener, einer, der abseits der großen Heerstraße wandelte. Einer, der es sich leisten konnte, ein Konzert siebenmal abzusagen, da alle wußten, daß er beim achten Male schöner denn je singen würde. Den riesigen Schlapphut tief ins Gesicht gedrückt, aus welchem zwei große Augen wie in ewiger Verwunderung schauten, hätte er einer der alten Niederländer sein können, die dem Rembrandt für seine „Nachtwache" Modell gestanden hatten. Es war der Holländer Johannes Messchaert, der große Bachsänger. Und er hatte ein Bachsches Thema mitgebracht und es dem jungen

Konzertgeber heraufgereicht, der da oben in seiner grauen Litewka in Ermangelung eines Frackes sein Programm bewältigt hatte, dessen Kernstück Beethovens große Hammerklaviersonate gewesen war.

Wohl hatten die Könige, die Großherzöge, Herzöge ihre Kronen absetzen müssen, aber eine Königin hatte sich behauptet: Luise Wolff, die „Königin Luise", wie sie nicht ohne Schmunzeln von den Musikern aller Länder genannt wurde, sie, die Herrin der Konzertdirektion Wolff & Sachs in Berlin. Zwar war sie äußerlich nicht der holden Märchenkönigin der Preußen nachgeschlagen, – wer hätte dies behaupten können? Klein, dicklich, dunkle allesbeherrschende Augen: so glich sie einer streitbaren Matrone aus südlichen Ländern, deren drohend tiefe Stimme nicht nur den kleinen Knaben, sondern auch ausgewachsenen Männern Schrecken einjagt und sie rückerinnernd und erschauernd jene Zeiten ahnen läßt, in welchen das Weib das Banner des Matriarchats über den Köpfen der geduckten Männer schwang. Jene Königin Luise war also in das Künstlerzimmer des abgedankten Simplicius getreten und hatte ihm feierlich mit ihrer pastosen Kontraaltstimme verkündet, daß er für eines der Nikischkonzerte als Solist ausersehen sei. Dem Simplicius war dabei etwa so zumute gewesen, als wenn ein Meteor neben ihm in den Erdboden eingeschlagen wäre.

„Aber Nikisch hat mich doch noch gar nicht gehört!", so rief er ganz ungläubig zum Gelächter des Gefolges der großen Königin aus, deren Kontraaltstimme jetzt eine leicht posaunale Färbung annahm.

„Mein lieber junger Mann, *ich* habe Sie gehört und ich habe gut gehört. Der Meister wird Sie engagieren, morgen noch" – und dem Simplicius war nun doch zumute gewesen, als wenn eine Königin gesprochen hätte. Eine Herrscherin, die wußte, was sie wollte, – und hatten das die Männer immer gewußt?

Arthur Nikisch! Ich sehe dein schönes, gefährlich schönes Männerantlitz vor mir, aus dem zwei gütige Menschenaugen leuchteten, sehe, wie sich dieses Antlitz unmerklich neigte, um mir zu bedeuten, daß es so weit sei, die ersten Takte des Beethovenschen G-dur-Konzertes erklingen zu lassen.

Es gibt wohl in der gesamten Klavierliteratur kaum etwas, was diesem Anfang des Vierten Beethovenschen Konzertes zu vergleichen wäre. Das Orchester schweigt. Aber schweigt der Solist nicht auch auf seine Weise? Diese ersten Takte dürfen nicht gespielt werden. Es ist ein Horchen nach innen. Deshalb kann die Technik hier nichts ausrichten. Und jede Absichtlichkeit würde hier nur zerstörend wirken, denn das Unabsichtliche, „hier wird's Ereignis!"

Und dann der zweite Satz dieses Klavierkonzertes. Auf diesen zwei Seiten der Partitur sind nur wenige Noten zu entdecken. Dafür viele Pausenzeichen, die wie schwarze große Vögel zwischen den Notenlinien hocken, Zeichen für Pausen, die den Atem stocken lassen, Beethovensche Pausen. Und zwischen diesen dunklen Schatten windet sich Orpheus hindurch, zuerst nur tastend, – denn welches sterbliche Auge wäre an solche Finsternis gewöhnt? Ungerührt und feindlich trotzend stellen sich ihm die Gewalten der Unterwelt entgegen. Orpheus spielt. Und wie er spielt, wird er gewahr, daß in den Furien noch ein letztes schwaches Leuchten ihrer einstigen Seele glimmt. Jetzt greift er stärker in die Saiten. Das Leid der Welt, das Leid der Menschen, derer, die da gewesen, die da sind, derer, die da kommen werden, es formt sich ihm zum Liede. Und so erleidet Orpheus den Gesang. Und wie er einst die wilden Tiere zähmte, die Stein' erweichte mit seiner Seele Singen, so schwindet auch der dumpfe Widerstand der Furien. Noch zuckt es hier und dort, bis Hartes sich dem Weichen gibt und selig auflöst. Der Weg ist frei, der Weg in die ewige Helle. Nacht muß es sein, auf daß Licht werde.

Wie hat doch Laotse gesagt? Das Weiche besiegt den Starken. Wasser höhlt den starren Fels. Oder, wie hat Johannes der Täufer vom Christus gesagt? *Er muß wachsen, ich aber muß abnehmen.*

Solcherlei Gedanken und Empfindungen begleiten bei diesen Tönen noch heute den Simplicius von einst, wenn er die stockenden Unisoni des Orchesters vernimmt, Gedanken und Empfindungen, die aus der Unterwelt der Amboßmänner emporsteigen. Sie sind nicht in Worte zu fassen und darum muß jede Deutung vor der Gewalt der Töne sich in die Schlupfwinkel der menschlichen Niederungen verkriechen. Unsägliches sagt sich nicht – und so weiß der Simplicius von heute, daß dort die Quellen am reinsten rauschen, wo die seelische Empfindung mit Worten nicht beschrieben werden kann.

Noch heute vermag ich jenes Wunder nicht zu beschreiben, das Artur Nikisch vollbrachte, als er den letzten Takt dieses einzigartigen Satzes aus der Umklammerung der Mächte der Unterwelt langsam und behutsam löste, bis aus ihm wie ein neuer Phönix ein neugeborener Klang aus dem dunklen Schoß des E-moll-Dreiklanges in die Lüfte stieg.

Was tat es, wenn auf dem Rückwege unsere gute alte Berliner „Epileptische", wie wir respektlos die Trambahn nannten, als Zielscheibe der ratternden Maschinengewehre ausersehen wurde und sich die wenigen Fahrgäste wie betende Moslems auf den Boden warfen? Das Glücksgefühl meiner Eltern kannte keine Grenzen, ja es ließ sie die gegenwärtige Gefahr vergessen.

Den „betenden Moslems" mochten die drei recht merkwürdig vorkommen. Denn der Simplicius hatte schon gelernt, in den Mienen der Menschen zu lesen, und da las er Verwunderung, las aber auch ein gut Teil Geringschätzung in diesen sich spöttisch kräuselnden Unterlippen der Urberliner. Und plötzlich kam es dem Simplicius zum Bewußtsein, daß sein Vater und auch die Mutter so ganz anders waren als alle diese abwechselnd schimpfenden und wieder witzelnden Menschen, die dennoch so prachtvoll mit starken Füßen auf dem Boden ihrer märkischen, ihrer Berliner Erde standen. Da flogen die kuriosesten Bemerkungen herüber und hinüber, da wurde nicht eher geruht, als bis die letzte Pointe die vorhergehende übertrumpft hatte, bis endlich das Pulver verschossen war. Und dies alles gleichsam im Angesicht des Todes.

Dann wollte es dem Simplicius scheinen, als säße da nicht sein Vater in seinem ernsten dunklen Rock, sondern einer der alten ehrwürdigen Meister, ja der Vater Johann Sebastian selbst, gegen den ja alle nur Kinder waren. Der Vater, dem es unerfindlich dünken wollte, wie Menschen dem Tod mit einem schlechten Witz gegenübertreten konnten. Wohl kannte auch er die Freude an einem guten Scherzwort, aber er lebte nach dem alten Wort: „Alles zu seiner Zeit"; er hatte kein Verständnis für die Sucht, Würdiges zu entwürdigen. Er haßte die Karikatur, die Parodie und er mochte manchmal dem schlagfertigen Sohn nicht ohne Verwunderung, ja Bekümmernis zusehen, wenn dieser im heftigsten Wortgetümmel jeden Hieb parierte wie weiland dessen Dohlenjakob, wenn der mit seinem weitaufgesperrten Schnabel in die Gegend hackte. Und da es „Berliner Gegend" war, mußte dieser seinen Schnabel schon sehr weit aufsperren, um als Gegner überhaupt ernst genommen zu werden.

Aber dann kam die Heimkehr in die stille Kiezstraße. Unterwegs hatte man die Schar derer passiert, die nun an der Schattenseite des Lebens saßen. Da hatte schon am Bahnhof der Kriegsblinde gesessen, obwohl es Nacht geworden war. Man hatte wohl vergessen, ihn des Abends abzuholen. Aber waren sie nicht alle Vergessene, von einem grausamen Schicksal einem noch grausameren Schicksal überlassen? Und der Vater hatte tief in seine Hosentasche gegriffen – noch jetzt ist dem Sohn diese Bewegung gegenwärtig – und er hatte dem Blinden so reichlich gegeben, daß eine erstorbene Stimme leise geflüstert hatte: „Möge es Ihnen Gott lohnen, mein Herr." Und dann hatte der Simplicius bemerkt, wie der Vater zur Seite gesehen hatte, um seine Bewegung zu verbergen. Denn er hatte ein weiches Herz, der gute Vater, und er brachte es nicht über sich, an den Ärmsten der Armen vorüberzugehen.

Der Simplicius war nun kein Kind mehr. Und auch kein Jüngling. Die Amboßmänner hatten in den letzten Jahren tüchtig an ihm herumgebosselt, hatten gehämmert, daß es manchmal klingen wollte, als könnte da unten etwas zerspringen. Sie hatten Gegenspieler auf den Plan gerufen. Ihr Simplicius sollte nicht verweichlichen, sollte nicht in ein Lotterbett versinken wie so viele seiner Zunft. Sie hatten den bösen Unteroffizier gerufen, damit der dem jungen Künstler die Flausen aus dem Kopf schlug. Wohl erschien in dieser Nacht dem Simplicius nicht das Schaukelpferd von einst, der kleine niedliche Pegasus mit der gelben Strohmähne, der den Knaben aufgefordert hatte, auf seinem schwankenden Rücken Platz zu nehmen, um mit ihm durch die Luft zu reiten. Die Gesichte waren anderer Art. Sie waren abgelöst worden von der Welt des Klanges; sie waren gleichsam nach innen geschlagen. Und so verfiel der Simplicius wie schon so oft nach solchen Bewährungsproben in einen abgrundtiefen Schlaf.

Aber noch tiefer, viel tiefer schlief unter diesem Schlaf der Orgelpunkt von ehedem. Als der Simplicius an einem kalten Wintermorgen erwacht war, wußte er, daß es der E-moll-Akkord gewesen war, jener Akkord, in welchen Orpheus die Furien verzaubert hatte, aus dem ein neues Leben gestiegen war, ein neues Leben mit neuen unbekannten Vorzeichen.

Dona nobis pacem

Es war wieder einmal ein Brief gekommen. Der Simplicius hatte ihn mit gleicher Ehrfurcht gelesen, wie der Großvater den seinigen gelesen hatte, der ihm mitteilte, daß er sich aufmachen sollte nach Dülmen, um dort seinen Bauernkittel abzustreifen und den schwarzen Rock des Kantors anzuziehen.

In diesem Brief stand zu lesen, es sei nun an der Zeit, da sich die Wasser der Sintflut verlaufen hätten, daß die Taube mit dem Ölzweige auffliege, um den Menschen anzuzeigen, es wäre nun endlich Frieden geworden. Schweden hätte den jungen Spielmann nicht vergessen, er solle nicht zu lange verziehen. Am Ende des Briefes brach der Humor des Schreibers durch, indem er versicherte, daß es dem Spielmann gelingen würde, die Seelen und die Säle zu füllen. „Eder tillgifvne Nathan Söderblom, Upsala", so stand es zu lesen. So hatte dieser wunderbare Mann, Schwedens Erzbischof, den Spielmann nicht vergessen.

Den Spielmann fror. Es war nicht die Kälte, die in diesem Winter der allgemeinen Not besonders fühlbar wurde. Ihn fror, weil es so schön war ..., weil es trotz allem schön war, auf diesem wunderbaren Stern zu leben. Immer hatte ihn gefroren, schon als kleines Kind, wenn er Musik gehört hatte, die an sein Herz griff. Nicht alle Musik hatte dieses Wunder zuwege gebracht. Und nicht immer die gelehrte Musik der gelehrten Menschen. Ein leiser Triangelton, das Summen einer morgendlichen Biene, die Glocken von St. Nikolai in Jüterbog, ein Volkslied aus der Ferne, eine Mazurka von Chopin, das Air von Bach, ein Largo von Beethoven, – ja, dann hatte ihn gefroren, dann waren leise Schauer über seinen Rücken gestrichen und es war ihm wie den Propheten des Alten Bundes gewesen, wenn sie „die Hand des Herrn angerührt hatte".

Er sinnt diesen drei Monaten nach, die ihm drei Jahre bedünken möchten. Er hört das schwedische Mädchen das Lied von der Sternensehnsucht singen:

„Jede Woche ist wie ein Monat lang,
Jeder Monat wie ein Jahr – – –"

Ja, es waren drei Jahre, diese drei Monate.

Es ist dunkel um ihn her, ganz so dunkel, wie es der Erzbischof prophezeit hatte. Ob wohl über den roten Dächern dort oben jetzt „Norskin", das Polarlicht, flammt? Er hält noch immer den Brief in den Händen, der ihm das Licht bedeutet, das ihn aus der Finsternis führen wird. Lächelnd muß er bei dem Gleichnis, das der Erzbischof in seinem Brief gebraucht hat, an seine alte Kinderbibel denken. In ihr war der alte Noah abgebildet, wie er erst einmal seine Hand zur Luke der Arche heraus hält und zum allerletztenmal nachprüft, ob es auch wirklich nicht mehr regnet, dann aber die Taube aus ihrem hölzernen Gefängnis in die Freiheit entläßt.

Am Michaelstage war die Begegnung in Upsala gewesen. Mußte es dem Spielmann nicht scheinen, als habe von nun an der mächtigste aller Streiter, St. Michael, höchstselbst Schutz und Schirm gewährt? Hatte sich nicht das Tor, das mit eisernen Riegeln das Gefängnis sperrte, lautlos geöffnet und fand sich der Sohn wie der Vater, der mit seinen fünfzig Jahren vor Staunen zum Kinde wurde, nicht wie durch ein Wunder aufgehoben, aus Enge und Bedrängnis versetzt in einen Zustand, der Traum und Wirklichkeit zu vertauschen schien?

Zwar ließ der äußere Erfolg auf sich warten: wo waren all die Menschen geblieben, die dem Spielmann in den Konzerten des Domchors so andächtig gelauscht hatten? Hatten die Wasser der Sintflut sich doch noch nicht verlaufen und war die Taube allzu voreilig gewesen? In Norrköping gar wurden die beiden Reisenden am Bahnhof von dem Konzertunternehmer mit einer Miene empfangen, die auf tiefe Enttäuschung, ja Zahnschmerzen plus Gallenkolik schließen ließ. Trotzdem wurden nach echt schwedischer Sitte zuerst Höflichkeitsformeln ausgetauscht, unser relativ gutes Aussehen belobigt und des herrlichen Winterwetters mit anerkennenden Worten gedacht. Dann aber sank das Thermometer um zwanzig Grad: „Acht Karten sind verkauft; soll das Konzert ausfallen ...? Es ist ein schlechter Tag, die Tochter des Bürgermeisters heiratet zur selbigen Stunde, außerdem ist das Programm etwas schwer für unser Publikum, Norrköping ist in erster Linie Handelsstadt, der Ignaz Friedmann hat hier einen Abend gegeben, an welchem er nur Walzer spielte, völlig ausverkauft; wissen Sie, was er verdient hat ..."

„Nein, ich möchte es nicht wissen, aber ich gebe den Abend, mir zuliebe – und mein Vater hört ab und zu auch gern gute Musik ..."

Es war eine verteufelte Situation; in deutsche Mark umgerechnet, hatte ich schon ein Millionenvermögen verloren. Auch der gute Vater wurde etwas skeptisch; was sollte daraus werden, wenn dies so weiterging? Ich ging auf das Telegraphenamt, um dem guten alten Herrn Svala, dem „Königlichen Hofmusikalienhändler" in Schwedens Hauptstadt, meinen Konkurs anzumelden. Als dies geschehen, überreichte ich dem blonden Telephonfräulein eine Karte zu meinem Konzert, so daß sich mit den beiden Berichterstattern von „Norrköpings Aftenposten" und „Norrköpings Morgonposten" elf Personen einfanden, zu der sich eine zwölfte gesellte, nämlich mein Vater. Der Spielmann ließ sich aber hierdurch nicht beeindrucken. Es gab viel, sogar sehr viel Beifall und als Dank dafür noch ein ganzes Extrakonzert. „Aftenposten" und „Morgonposten" konstatierten mit seltener Einmütigkeit, daß zwölf

Personen anwesend gewesen seien. Diese nicht sehr geistreiche Feststellung aber erhielt durch den Berichterstatter von „Norrköpings Aftenposten" einen tieferen Sinn, indem er am Schluß prophetisch ausrief: „Gestern waren es zwölf Menschen, das nächstemal werden es zwölfhundert sein!"

Mit diesem Wechsel auf die Zukunft reisten die beiden in ihren geborgten Pelzen weiter nach Stockholm. Der Winter hatte nun mit Macht eingesetzt und ließ alles Farbige in seinem Weiß und wieder Weiß verschwinden, ob es nun die lustigen roten Dächer waren, die so gut zu den knallroten Apfelbäckchen der kleinen Schwedinnen paßten, oder die blauen unzähligen Seen. Der gute alte dicke Herr Svala, dessen Äußeres eine einzige Karikatur auf seinen Namen zu sein schien, der gute Herr „Schwalbe" also half sofort den beiden in Konkurs Geratenen großzügig aus. Als nun der Spielmann die reinlichen Scheine nachdenklich und etwas verlegen verstaute, ließ er sich kleinlaut vernehmen, blickte dabei aber die würdige Erscheinung von Herrn Schwalbe fest an: „Ich weiß nicht, ob ich je Herrn Kgl. Hofmusikalienhändler diese Summe zurückzahlen kann. Mein Vater hat schon den Vorschlag gemacht, ob wir nicht als Touristen weiterreisen sollten; wir kämen billiger davon, so meinte er."

Doch die Schwalbe antwortete der Taube aus Noahs Arche: „Sie *werden* es mir zurückzahlen. Ich habe Nachrichten aus Upsala, gute Nachrichten; das Konzert dort ist völlig ausverkauft. Und Stockholm läßt sich auch gut an. Nein, wir können zufrieden sein, sehr zufrieden sogar."

Der Vater, von tagelangem Druck befreit, ließ den berühmten Stein beinahe sichtbarlich von seinem Herzen fallen und folgte nur allzu gerne dem Vorschlag seines Sohnes, auf diesen freudigen Schreck hin erst einmal richtig zu Mittag zu essen, mit dem Hinweis, daß Herr Schwalbe sicherlich das gleiche tun würde. Und daß der sich nicht mit Mücken und Fliegen begnügen würde, das stünde wohl fest – „das sollen Sie wissen, Musikdirektören, das sollen Sie wissen", fügte er übermütig hinzu in beinahe schon waschechtem schwedischem Tonfall.

Ach diese Fahrt von Schwedens Hauptstadt Stockholm nach Schwedens geistiger Hauptstadt Upsala! Tausend Melodieen der Jugend riefen da in dem unruhigen Herzen des Spielmanns durcheinander und jede wollte als erste aus dem Reich der Amboßmänner nach oben steigen. War das ein Kommen und Gehen, Drängen und Wiederuntertauchen, Lachen und Weinen in einem. Ja, sogar die ganz kleinen Nötchen aus den noch unbewußt vernommenen Morgenchorälen der Frühe, die fröhlichen lerchenhaften Triller, Schneller und Praller, die zauberhaften Triangelschläge, alle kamen und bildeten einen unsichtbaren Reigen, der nur vom jungen Spielmann vernommen wurde. Er war so sehr in seine glückliche Welt vertieft, daß es erst eines leisen Anrufes seines äußerst erstaunt blickenden Vaters bedurfte, um ihn in die Umwelt zurückzurufen. Träumte er? Sprach da nicht schon eine geraume Zeit eine Männerstimme? Doch nun erhob sich der Sprecher und der leuchtende Ausdruck seiner blauen Augen, die beschwörenden Bewegungen seiner Hände verrieten nur allzu deutlich, daß es ihm sehr ernst sein müßte mit dem, was er sagte. Geradezu unbegreiflich fand der Spielmann es aber, daß keiner der Mitfahrenden von dem Redner Notiz zu nehmen schien. Die Männer lasen seelenruhig in ihrer „Stockholms Tidningen" weiter und die Frauen und Mädchen betrachteten sich die neuesten Bilder in „Vecko-Journalen" vom Empfang der schönen Kronprinzessin Margareta, ohne sich auch nur im geringsten von dem Singsang stören zu lassen.

„Ich werde unseren Nachbar fragen", flüsterte ich meinem Vater zu. „Forlåt", dies war eines der wenigen Worte, die ich mir schon angeeignet hatte, „Forlåt, min herre, pardon, um Vergebung ..."

„Wie bitte, womit kann ich Ihnen dienen?", klang es nun freundlich auf deutsch zurück.

Noch unsicherer geworden durch die geradezu frappierende Sicherheit des freundlichen Nachbars fuhr der Spielmann fort: „Ich meine, können Sie mir sagen, welche Absicht dieser Herr hat mit seinen Erklärungen?"

„Welche Absicht?" antwortete nun der Gefragte noch aufgeräumter, „er will uns bekehren, vielleicht Mitglied dieser oder jener Freikirche zu werden, vielleicht aber auch nur so einfach uns bekehren .."

„Könnten Sie mir vielleicht etwas von dem, was er sagt, übersetzen? Vielleicht ist er doch so etwas wie ein neuer Apostel; ich finde, man soll diese Dinge nicht komisch nehmen."

„Da bin ich ganz Ihrer Meinung", fuhr nun der höfliche Nachbar fort. „Aber ich kann Sie, was das angeht, beruhigen" – jetzt fühlte ich es, er mußte ein Arzt sein; es klang wirklich sehr beruhigend –, „ich kann Sie wirklich beruhigen; ein Apostel ist er nicht. Er hat sicher viel in der Bibel gelesen, das steht fest. Ob er sie verstanden hat, – ich möchte das bezweifeln. Er bedient sich der altertümelnden Sprechweise der Bibel, um einen gewissen Komplex abzureagieren; – wie sagt man doch in Ihrer Sprache, gyllig, gellig –"

„Ah, Geltungsbedürfnis vielleicht?"

„Ausgezeichnet, aus einem Geltungsbedürfnis heraus. Weil er nicht Erzbischof geworden ist", und jetzt spielte ein echt schwedisch-charmantes Lächeln um seine Lippen, „deshalb predigt er hier und wird es tun, bis wir in Upsala angekommen sind. Er ist im übrigen ein sehr ordentlicher Mann, wir alle hier kennen ihn und haben uns an seine Predigten gewöhnt; man darf wenigstens Zeitung dabei lesen, ohne unangenehm aufzufallen, – und ist dies nicht auch etwas wert?"

Wirklich, es war ein Mediziner, denn er stellte sich jetzt plötzlich vor. Ja, mein Nachbar hatte recht gehabt, denn die seltsame Predigt erhielt prompt und pünktlich ihren Abschluß, als nun die alles beherrschenden Türme des alten Schlosses in Sicht kamen und bald darauf der Zug in den Bahnhof Upsala einlief. Es war der „Lappland-Expreß" gewesen; deshalb hieß es sich beeilen. Auch der Reiseprediger nahm sein Köfferchen, als wäre nichts geschehen, plötzlich nun wieder einer der vielen Reisenden geworden.

Ja, auch wir hatten ein Ziel, und welches Ziel! Unter den vielen, die auf dem Bahnsteig warteten, hatte der Spielmann plötzlich Nathan Söderblom entdeckt, einen kleinen Knaben an der Hand haltend. Ein jäher Schreck durchfuhr ihn. So war er selbst gekommen. Ein eisig kalter Wind peitschte den beiden den Schnee ins Gesicht. Doch da war es wieder, das Strahlende, Kraftgebende, das selbst dem Aufruhr der Elemente gebieten konnte. Mit dem Sohn ward sogleich der Vater willkommen geheißen: „Auch unser Kleinster, wir heißen ihn Karl den Tolvte, Karl den Zwölften, freut sich auf die lieben Gäste aus Deutschland." – „Välkommna, välkommna", so bekräftigte nun der kleine Karl im höchsten Sopran die Behauptung seines großen Vaters.

Auf halbem Wege, dort, wo die vielen eingefrorenen Dampfer auf der Fyris im Winterschlaf lagen, wollte der Spielmann zu „Gillet", der frohen Studentenherberge abbiegen. Doch da kam er schön an. „Was sind dies für atavistische Regungen? Alles ist im Erzbischofhaus bereitet. Die Kirche führt dann und wann ein streng Regiment."

Nur zu gerne unterwarfen sich die beiden einem solchen Regiment. Auch dem Vater ging wohl jetzt der Paul Gerhardtsche Vers im Kopf herum: „Gott sitzt im Regimente und führet alles wohl . ."

Wie konnte er nur plötzlich so ernst dreinschauen, als reichte die irdische Freude der himmlischen die Hand, die sichtbarlich auf dem Antlitz des Organisten ihre wunderbare Spur gelassen hatte, so daß es nun bei der Abendtafel den Kindern vorkommen mochte, als hätte sich post festum der alte Johann Sebastian höchstpersönlich zum Doktor Martinus aufgemacht? Denn wie Nathan Söderblom nun einem jeden Kinde das Essen austeilte und jedes Kind sich bei dieser Handlung in ein anmutiges Frage- und Antwortspiel verstrickt sah, da schlang sich für den Spielmann und den Kantor ein unsichtbares Band von Wittenberg nach Upsala.

Dem Spielmann dämmerte es langsam, daß es mit „Karl dem Zwölften" doch seine Richtigkeit haben mußte. Mit seines Gedächtnisses Kraft hatte er all die Namen der Kinder tief in sich aufgenommen. Bei den Mädchen fiel dies ganz leicht, – wie kam dies eigentlich? Brita, Lucie, Yvonne, – konnten sie eigentlich anders heißen? Gewohnt in Musik zu denken, unterwarf „tyske spelmannen", der deutsche Spielmann, dieses liebliche Trio sogleich einer musikalischen Charakteristik. Brita: eine fröhlich gesungene Zeile eines glaubensstarken Chorals. Lucie: mit schwärmerischem Augenaufschlag vorgetragene Romanze von Schumann. Yvonne: nun dies war abgemacht, Chopin-Nocturne mit allen betörenden Ingredienzien dieser Gattung. Nicht anders erging es ihm mit den sieben Söhnen, deren jeder, natürlich ins Männliche transponiert, eine eigenartige Variation des Vaters oder der Mutter abgab oder in reizvoller Koppelung beide Themen erkennen ließ. Noch fehlten zwei Kinder in der Rechnung. Der Spielmann brauchte nicht nach ihnen zu fragen. Ein Blick aus den großen dunklen Augensternen – und er wußte, daß die beiden Kleinen sich früh aufgemacht hatten, um ins himmlische Vaterhaus auf eigene Faust zu pilgern.

Jetzt hatte sich noch ein Gast zugesellt, welcher der Familie zugehörig schien. Trotz seiner augenscheinlichen Jugend war ihm die Würde des gesalbten Priesters ins ernste, von dunklen Brauen eingerahmte Angesicht geschrieben. Yngve Brilioth war es, dem sich die blonde Brita versprochen hatte und der dereinst als Erzbischof Schwedens in die Fußtapfen seines großen Schwiegervaters treten sollte.

Nach der täglichen Abendandacht, in welcher immer ein kurzer Abschnitt des Evangeliums gelesen wurde, dem dann der Erzbischof eine Betrachtung widmete, ward der junge Spielmann an den Flügel geführt. Noch hallten die Worte, kaum ihrem Sinn nach verstanden, aber doch in ihrer Größe, ihrer tiefen Andacht ahnend vernommen, im Spielmann nach, als er nun auf Wunsch des Erzbischofs Beethovens letzte Sonate zu spielen anfing. Es erging ihm seltsam: schuf da ein anderer mit, während seine Finger über die Tasten glitten? Ward da letzte Erkenntnis geheimnisvoll offenbart, wo bisher wohl die Noten einwandfrei in Töne übersetzt worden waren, ohne aber den Seelenzustand dessen zu begreifen, der diese Musik eines Einsamen geschaffen hatte? Von dem Tage ab wußte er, daß es ein schöpferisches Zuhören gäbe, ja daß der Spielmann allein nichts vermöchte, wenn auf sein Rufen kein Echo erfolge. Hatte nicht Beethoven solches zutiefst erfühlt, wenn er über den Kopf seiner Partitur der „Missa solemnis" die Worte setzte: *Von Herzen, möge es zu Herzen gehen?*

Und dann war Stille im Raum. Wieder schwebte vom nahen Schloß her der Klang des Silberglöckleins der Christina durch die glitzernde Sternennacht. Der Himmel flammte in tausend und abertausend Farben und ließ die Strahlenbündel ineinanderschießen; welch gewaltiges Hochzeitslicht des Universums war dort angezündet! Dankbar falteten sich die Hände des Kantors aus Potsdam, als nun aus dem Dämmerlicht der Kerzen eine tiefe Stimme klang: „War dies nicht ein Abbild des Kampfes von Sankt Michael mit dem Drachen? Ihr wißt, es war ein Kampf auf Leben und Tod, aber Sankt Michael stürzte am Ende den Drachen in die Tiefen der Hölle. Auch der Himmel bedarf tapferer Streiter. Welche Einsamkeit der Seele aber nach dem Kampf! Welch erhabene Ruhe, wo nun endlich Frieden gemacht ist mit den Mächten der Finsternis! Und das größte Wunder; wie einfach wird alles am Ende, da nun alle Rätsel gelöst worden sind!"

Die Kerzen waren heruntergebrannt; die Aschenglut im großen Kamin flackerte noch einmal jäh auf, um dann hörbar zusammenzustürzen. Der Erzbischof hatte sich mit der ihm eigenen Plötzlichkeit erhoben. „Ich werde heut nicht mehr arbeiten. Diese Klänge sollen bei mir bleiben; ich glaube, Gerda Rodling ist auch damit einverstanden." Und er lächelte der treuen Hausgenossin und Sekretärin zu. Die Angesprochene erhob sich und verabschiedete sich mit einem Knix, was dem Spielmann absonderlich vorkam, da sie doch „über vierzehn Jahr schon alt war". Sie wußte, daß aber anderen Tages diese Stunde wieder eingeholt werden mußte, denn was da an Briefen aus aller Welt an einem einzigen Tage einlief, das grenzte schon an die babylonische Sprachenverwirrung.

Helge, Staffan und Sven aber, die Ältesten, fanden mit ihrem Vorschlag, noch einmal an die frische Luft zu gehen, begeisterte Zustimmung von seiten des Spielmanns. „Wir sagen natürlich ‚Du' zueinander, abgemacht, wie? Nimm diesen Pelz, es ist „hemsk kallt" draußen, 24 Grad; wir sind das hier gewohnt, aber ihr aus der deutschen Riviera, – wie, da unten blühen wohl schon die Mandelbäume?" – und so ging es mehr springend als laufend auf den Schloßberg. Der göttliche Mathematiker dort oben schlug seine Kreise mit himmlischem Zirkel, erfand die gewagtesten trigonometrischen Figuren. Stumm betrachteten die Vier das nächtliche Schauspiel. Da fiel dem Spielmann das Lied von dem kleinen schwedischen Mädchen ein, dessen Sehnsucht so groß wie der Himmel weit war, und er sang es leise vor sich hin. Die drei Söhne aber fragten beinahe gleichzeitig: „Wie, das kennst du auch?" Und Staffan ließ sich in seiner ruhigen Art vernehmen, die Geschwister ließen ihm neidlos den Ruhm, daß er immer den Nagel auf den Kopf träfe: „Ich glaube, er wird bald ein richtiger Schwede werden, sieht er nicht fast so aus, als ob er auch Vaters Sohn wäre?"

„Bruder Wilhelm", und Sven, der zweite, verbeugte sich in seiner reizend humorvollen Art, „Bruder Wilhelm, ob Schwede oder Deutscher, du gehörst der Welt. Auch mich drängt's hinaus, nach dem Goldenen Westen, nach San Francisco; doch ehe es hinausgeht, müssen wir einmal ‚skåla' miteinander. Du weißt doch, was dieses schöne unübersetzbare Wort bedeutet?" „Schale, Schale, Schälchen, noch ein Schälchen" – und „Bruder Wilhelm" intonierte das Vereinslied aller trinkfesten Schweden, das „Helangår" –. „Donnerwetter", prustete Sven los, „ein spezielles Kompliment dem Spielmann für diese Gedächtnisleistung", – doch Staffan, obwohl der Jüngere, wies ihn mit gespieltem Ernst zur Ordnung, wobei ihm sein eben erworbener Baß treffliche Dienste leistete: „Man flucht nicht im Erzbischofhaus; still, wenn die Mutter so etwas hört" – und nun wurden alle drei wirklich sanfte Lämmer.

Doch Helge, der Älteste, schwieg zu alledem. In ihm schwang wohl die Beethovensche Sphärenmusik noch nach. Er war der „Pensieroso" unter den dreien, eine nach innen gerichtete Künstlernatur, äußerlich ein Abbild seines großen Onkels John Forsell, des unvergleichlichen schwedischen Sängers, des einzigen Bruders seiner Mutter, – der angebetete Onkel John! Ja, der Spielmann entdeckte unter der Kinderschar noch einen kleinen Pensieroso, den stillen Lag, während seine „hellen" Brüder Bror Carl und John Olof wieder dem Vater nachzuschlagen schienen.

Wie stark aber mußte dieses väterliche Thema sein, um all diese Variationen mit seinem Pneuma zu erfüllen! Ja, auch in Vater Söderblom schäumte ein Tropfen Wikingerblut und auch ihn hatte es nicht im Schwedenland gehalten. Zählte er doch die Jahre in Paris und Leipzig, wo er als Theologieprofessor an der Universität gewirkt hatte, zu seinen glücklichsten. Aber es schien doch dem Spielmann, als bildeten erst alle diese Variationen in ihrer Gesamtheit das Thema, als fluteten sie alle zu ihrem Ursprung zurück, zu ihrer väterlichen Quelle, aus der sie, mit so viel Liebe empfangen, gekommen waren.

War es da verwunderlich, daß dem Spielmann die Visitationsreisen mit seinem väterlichen Freund viel köstlicher dünkten als alle Konzertreisen, mochten ihn diese nun nach Jämtland, Värmland oder sogar nach Lappland führen, allwo er sogar, bis zur Unkenntlichkeit in Schafpelze gehüllt, auf den Rentierschlitten verpackt wurde, so daß nur seine Augen aus dieser winterlichen Vermummung herauslugten? In der Horizontalen sah diese ihm bisher unbekannte Welt doch ganz eigen aus ... Lautlos wie auf Watte sauste der Schlitten über die hartgefrorene Schneebahn, während die Augen in natürlicher Blickrichtung den eisgrünen Himmel anstaunten.

Das erste Konzert in Stockholm hatte dem Spielmann nicht nur die Tore, sondern auch die Herzen geöffnet, so wie es in seinem Brief der Erzbischof vorausgesagt hatte. Von Herrn Schwalbe kamen täglich Telegramme des Inhalts, daß das zweite Konzert in drei Stunden ausverkauft gewesen sei, ein drittes, ein viertes, nein ein fünftes angesetzt werden müsse. Ja, anläßlich eines Treffens der drei Könige des Nordens in Schwedens Hauptstadt mußte sich der deutsche Spielmann im Reichssaal des Schlosses mit der Hofkapelle unter Armas Järnefelt hören lassen. Als die letzten Töne verklungen waren, schritt der damals sechzigjährige König Gustav auf den Spielmann zu und heftete ihm Schwedens höchste Kunstauszeichnung „Litteris et artibus" an den funkelnagelneuen Frack. Daß er an diesem Tage das „Spiel gewonnen" hatte, dies brauchte er nur an den beglückten Mienen der Königin Victoria abzulesen, die von Stund an den jungen Spielmann, der aus ihrem Heimatland gekommen war, in ihr großes Herz schloß.

Aus den wenigen geplanten Konzerten waren nun achtzig an der Zahl geworden. Nicht nur der Erzbischof hatte richtig prophezeit, auch der Musikkritiker von „Norrköpings Aftenposten" hatte recht behalten. Da mochten der besorgten Königin, die schwerleidend ein Lebenlang aus dem Nebelland sich nach Capris Sonne sehnte, beängstigende Gedanken kommen, daß der Spielmann sich allzuviel zumuten könnte. In einem von ihrer Kammerfrau Agnes Bergman überbrachten Brief ward ihm der Rat gegeben, sich baldmöglichst der Pflege des „ersten Leibmedikus" Dr. Axel Munthe auf Capri anzuvertrauen, „auf daß seine augenscheinlich noch immer zarte Gesundheit sich kräftige für die großen Aufgaben, die noch seiner warteten". Dem Spielmann fiel es schwer, hier zu gehorchen. Hätte er ahnen können, welche Erlebnisse ihm bei diesem Zauberer Prospero bevorstehen sollten, so wäre er wohl sogleich diesem königlichen Gebot gefolgt und nicht erst zwei Jahre später.

Doch noch hielt ihn „Trollkungen", der Trollkönig, gefangen, ein stärkerer König, aus dessen Armen es so leicht kein Entfliehen gab. Sahen nicht seine Töchter aus, als kämen sie geradewegs aus dem tiefsten Märchenwald geschritten, wo am tosenden Wasserfall der „Nöck" auf seiner Nyckelharfe geigte, wo im schimmernden Dikkicht „smultron", die kleine feuerrote Walderdbeere wuchs und der Fels wie ein riesiges Mahnmal der Eiszeit in diese Welt des Lebens hineinragte, in der alles atmete und mit tausend Stimmen durcheinander rief? So oft hatte man ihm als Improvisationsthema diese Urmusik des großen Waldgeistes Nöck, die „Näckens polska" auf dem Konzertpodium überreicht. Wie doch diese Melodie aus der tiefsten Tiefe heraufsteigt, um aus der stolzen Höhe des Lichtes wieder abzusinken!

In solchen Augenblicken durfte er sich als Spielmann in des Wortes eigenster Bedeutung fühlen, durfte zum Element werden, Wasser, Fels und Blume, Vogel, Wald und Stern sein. Und dem, der aufmerksamer zuhörte, klangen dann noch andere Stimmen aus dieser Vielfalt der Töne. War nicht da wieder die „Lusinganda" von einst zu hören? War dies noch die reine Terz, deren unschuldvoller Klang die ganze Welt zu einem einzigen Maimorgen gemacht hatte?

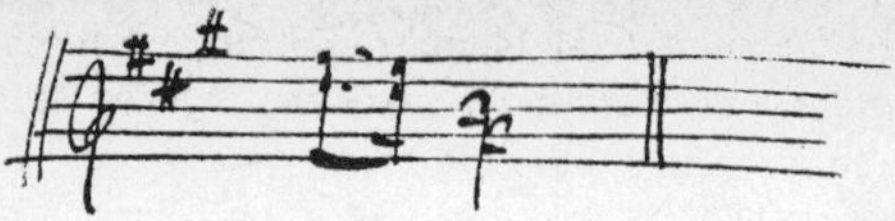

Oder waren diese Töchter des „Trollkungen“ aus der Welt des Unbewußten in die schimmernde Helle männlichen Begehrens getreten, war die kleine Terz, die süße verspielte Lusinganda von einem anderen Intervall abgelöst worden, von der rätselhaften „Desideria“, die der Spielmann einmal, ohne es darauf abgesehen zu haben, belauscht hatte? Zwar hatte sie nicht am „Dalälv“ oder am „Trollhättan“ gesessen, um dem Nöck und seiner Nyckelharfe zu lauschen, sondern es war in „Stockholms Skärgård“ gewesen, diesem verzauberten Gewirr von Inseln und Inselchen der Ostsee.

Wieder einmal war der Spielmann von seinen neugewonnenen Freunden Robert und Ingrid mit ihrer an alte schwedische Karavellen erinnernden Segeljacht abgeholt worden. Jeder der drei suchte mit der Glückseligkeit eines solchen unerwarteten Ferientages auf seine Weise fertig zu werden: Robert, im Zivilberuf Besitzer eines der größten Uhrengeschäfte Stockholms, Wohltäter großen Stils, sang mit eigentümlich heller Stimme Lied auf Lied, um dann gleichsam als leuchtendes Finale „Våren är kommen – Frühling ist 'kommen“ anzustimmen. Begegnete er einem Bekannten auf dieser Ausfahrt, so gab es ein Winken, Zurufen, wovon der Spielmann, wohlig am Bug die Sonne genießend – und zwar in der Horizontalen wie auf dem Rentierschlitten – nur akustisch Notiz nahm. Ingrid, strahlend in ihrer Jugend, voll der lustigsten Einfälle, zauberte aus der kleinen Bordküche kulinarische Leckerbissen: geräucherter Aal wechselte ab mit kleinen knusprig-braunen Würstchen, eben solche Dinge, die den armen Domchorknaben post festum solches Unbehagen auf dem Podium bereitet hatten. Hier aber in der frischen Meeresluft durfte man ungestraft sündigen, ja es schien, als brandete mit jeder Stunde dieser Fahrt ins Blaue eine nächstfolgende Appetitwelle heran. Aber Ingrid hatte vorgesorgt; nicht einmal der steifste Nordwest hätte sie in Verlegenheit bringen können, immer wieder stand sie wie eine Vogelmutter vor dem wohlig dösenden Spielmann, um ihm einen niedlich aufgespießten Leckerbissen unter hellem Zwitschern in den weit aufgesperrten Schnabel zu befördern. Ja, diese beiden waren schon mit Recht das „ewige Brautpaar“ genannt worden. Obwohl sie vor Jahr und Tag bürgerlich getraut und kirchlich eingesegnet waren, hatte ihr Eheglück nicht die mindeste Patina angesetzt. Alles schien den beiden zuzulachen und es war kein Wunder, daß so mancher aus ihrem großen Freundeskreise, der mehr im Schatten lebte, sich an dieser Sonne wärmen kam und still und heimlich darüber nachgrübelte, wie es wohl kommen konnte, daß den beiden auch bei Regenwetter der Himmel voller Geigen hing.

Jetzt aber hielt Robert plötzlich mit seinem Singen vom soeben erschienenen Frühling inne. „Wir wollen die Flagge für die Majestäten und sonstigen hohen Herrschaften setzen", rief er zu Ingrid hinüber, die gerade einem neugeborenen „äggtoddy", auf deutsch Eierkognak, eine fachmännische Prüfung angedeihen ließ. „Anders Zorn, Schwedens großer Maler, hält gerade seinen Kurs auf uns zu; nun, seine Jacht würde auch so schon von weitem auffallen."

Nun räkelte sich der Spielmann in die Höhe. „‚Auch so schon'? – wie soll ich das deuten? Führt er denn eine Art Firmenschild am Wimpel, daß er schon von weitem auszumachen ist?"

Doch es bedurfte keiner Antwort, denn pfeilschnell hatte sich der blendend weiße Schärenkreuzer genähert. Unsere kleine Begrüßungsflagge flitzte wie eine Glissando-C-dur-Tonleiter in die Höhe. Prompt kam von drüben die Antwort mit echt schwedischer Höflichkeit, indem auch dort die blaugelbe Flagge erschien. Ja, es hatte sich schon gelohnt, sich aus der Horizontalen aufzurichten. Denn am Mast stand ein hochgewachsenes Mädchen, schimmernd in seiner Nacktheit, eine blonde Sirene des Nordens. Titania, einst dem träumenden Knaben unter der Himmelskuppel bei den Propheten im siebenten Ring erschienen, hier stand sie, Wirklichkeit geworden, im gleißenden Mittagslicht! Eine Fanfare, von glitzernden Harfenakkorden umrieselt, hier stand sie, schaumgeborene Aphrodite, fordernd, gewährend, sich verströmend wie die Welle des Meeres.

Ja, dies war eine Gallionsfigur, wie des Spielmanns Augen noch keine erblickt hatten. Auch Robert ließ das Steuer aus den sonst so geübten Händen fahren, so daß seine Ingrid mit einem leisen Schrei herzusprang. Doch der Spielmann stand hoch aufgerichtet; seine Blicke suchten Titania, die mit der Schnelligkeit einer Möwe entschwunden war. „Jetzt verstehe ich schon den alten Odysseus", so seufzte er nun vernehmlich, „daß er sich vor den Sirenen derart in acht nahm. Aber wo steckte denn der Meister, dem zu Ehren wir die Flaggenparade veranstaltet haben?"

„Aber er war doch wirklich nicht zu übersehen in seiner pompösen Fülle des Leibes; er saß doch mittschiffs und zeichnete sein Modell zum hundertundwievielten Male", prustete nun Ingrid los. „Oh, die Männer sind alle die gleichen, du Robert, und auch der Spielmann, ach, wie bin ich enttäuscht; ich hatte geglaubt, wenigstens der Spielmann sei anderen Sinnes als die anderen, oh, wie bin ich enttäuscht."

Doch der Spielmann kredenzte der enttäuschten Ingrid mit tiefem Kniefall den „äggtoddy", indem er Robert auf Ehre und Gewissen in Gegenwart dieser christlichen Zeugin fragte, ob er Anders Zorn in der Ausübung seines künstlerischen Berufes gesehen hätte. Aber auch er verneinte, traurig sein schönes Haupt schüttelnd.

„Der Malerberuf hat doch auch in gewisser Hinsicht seine Vorteile", so ließ sich der Spielmann vernehmen, „so von Insel zu Insel schweifen, sich ein Liedchen dazu pfeifen, sein Mädchen dazu portraitieren ..." – „das nicht im mind'sten tut sich zieren", reimte nun begeistert Ingrid weiter. – –

Der Wind trägt all die frohen Laute mit sich fort, all die Namen, die ins Reich der Amboßmänner gesunken waren und deshalb nicht der Vergessenheit anheimfielen, die Namen Djurö, Sandhamn, Grönskär und der zauberhafteste unter ihnen: Trollharan, Name der schönsten unter allen ihren schwesterlichen Inseln, so leicht und luftig, daß ich nun ganz vorsichtig auch ihren Anker löse und sie mit dem Winde, mit den weißen Möwen in das Reich alles Gewesenen entlasse. Fern und ferner verklingt die helle Weise von der Lusinganda, deren leuchtendem Sopran sich nun die dunkle Stimme der Desideria zugesellt. „Sie gehören ja doch zusammen, die dunkle wie die helle Schwester", so hört der Spielmann nun den Pensieroso flüstern, „so wie der Klang der hohen Glocke der Jüterboger Mönchenkirche sich einst mit dem tiefen von St. Nikolai vermählte."

Doch nun beginnen die Glocken richtig zu läuten. So tief, wie sie nur der kleine Knabe von Jüterbog vernommen hatte, als er zum ersten Male in die Weihnachtsmette durfte. Heute aber haben diese Glocken einen ganz eigenen Klang, als wollten sie mit ihrem Läuten sagen, daß nun die alte eherne Tür unter gewaltigem Dröhnen zufallen und sich ein neues Tor auftun würde. Das Präludium ist beendet und nun muß die Fuge anheben; solches ist die Sprache der Glocken, die nun immer mächtiger ihre Stimmen erheben, scheinbar regellos durcheinander rufen und doch, durch einen unsichtbaren himmlischen Türmer gebändigt, zu einem einzigen Chor verschmelzen.

Auch für den Spielmann bedeutet diese Silvesternacht, feierlich im Dom von Upsala begangen, so etwas wie einen Schlußakkord, der in der sakralen Musik stets durch einen langen schwingenden Orgelpunkt so wunderbar vorbereitet wird. Noch dröhnen die Domglocken diesen Orgelpunkt, bis nun die ewige Ordnung der Töne einfällt. Die Orgel hat das Wort. Es ist nun, als wäre plötzlich der Himmel aufgerissen, da die hohen Mixturen mit ihren kleinen unzähligen Verwandten, den Obertönen, Ströme von goldenem klingendem Licht aussenden. Diese kleinen Töne, die wie Lichtkinder die ehrwürdigen Subbässe fröhlich umspielen, sie sind es, die den Spielmann in dieser Silvesternacht an der Hand nehmen. Er sieht sich wieder vor der Nikolaikirche in Jüterbog, ängstlich sich am Rockzipfel der Mutter festhaltend; er hört die alte Orgel erbrausen, die doch keiner so schön wie der Vater spielen konnte. Er hört noch etwas anderes, es ist das hauchfeine Geläut des lieben Zimbelsterns, der dort oben über der Orgel sich an Weihnachten drehte, eine güldene Sonne im kleinen, die mit allen anderen Sternen sich am Konzert der Harmonie der Sphären beteiligte.

Dann aber fällt ihm der Thomaskantor ein, den der Erzbischof den fünften Evangelisten geheißen hat. Gewiß erklingt in St. Thomas in Leipzig nun seine Silvesterkantate: „Gottlob, nun geht das Jahr zu Ende." Und dann kommen die großen Geister des Altertums hervor: Plato, Sokrates, deren Bildnisse auf Geheiß des Erzbischofs die Offenbarungskirche in Saltsjöbaden schmücken, was von den Gegnern Nathan Söderbloms als Frevel, von seinen Anhängern aber als das Aufflammen eines neuen Morgensternes am dunklen dogmatischen Kirchenhorizont empfunden wurde. Und siehe: auch die Sibyllen schreiten ernst heran. Hatten sie nicht alle sich gemeinsam aufgemacht, um Gott zu suchen, Jahrtausende lang? Erst jetzt kommt dem Spielmann in den Sinn, daß die eine der Sibyllen die Züge der Lagerlöf trägt.

Ja, ebenso hatten diese Augen geblickt; es waren durchdringende Augen, als wollten sie, dem Mikroskop gleich, alles, aber auch alles erforschen. Eben Sibyllenaugen, mit der abgrundtiefen Traurigkeit der Tiere, unerlöst, heidnisch. Und doch, auch diese nordische Sibylle gehörte in den Vorhof des Tempels der Zukunft, schon um ihrer wunderherrlichen Legende willen, in welcher ein Kreuzesritter sein Lichtlein unausgeblasen vom Morgen- in das Abendland trägt.

Und während die Orgel noch immer Tonwelle auf Tonwelle in

den weiten Raum sendet, kommen die Gestalten und gehen, gehen und kommen und grüßen den Spielmann: der dicke Herr Svala mit den Schwalbenschwänzen, die gute Königin, die sich auch jetzt Mühe gibt, ihren quälenden Husten zu unterdrücken, die „inséparables" Robert und Ingrid, zwitschernd und schnäbelnd, die Gallionsfigur der Titania auf dem schwanenweißen Segler. – – –

Doch nun braust der alte Neujahrschoral durch den Dom. Mit dem ersten Einsatz des *„Nun laßt uns gehn und treten"* sind all die Sibyllen und Aphroditen, die Zweigesichtigen und Spiegelmenschen verschwunden und auch der Nöck hat sich mit seiner Nyckelharfe in die Tiefe zu den Amboßmännern plumpsen lassen. Auch dem Spielmann will es vorkommen, als wären nun all seine eigenen Gedanken dem Nöck nachgesprungen, all die bunten heidnischen Phantasieen, die sich da zu so später Stunde mit in das Gotteshaus eingeschlichen hatten. Nur zu willig läßt er sich von diesem brausenden Strom aufnehmen, in diese große Geborgenheit der gläubigen Einstimmigkeit. So froh ist jetzt sein Herz, als hörte es die Lerche von Nuglina hoch über sich. Drum fällt es ihm gar nicht auf, daß er nun – wie einst der Großvater – mit allzu lauter Stimme in den Vers mit einfällt:

Wir gehn dahin und wandern
Von einem Jahr zum andern,
Wir leben und gedeihen
Vom alten bis zum neuen.

Und dann besteigt Nathan Söderblom die Kanzel. Der Spielmann muß an das Bibelwort denken, wo es heißt: Er redete gewaltig und nicht wie die Schriftgelehrten. Dies ist keine Auslegung des Textes durch einen gelehrten Kirchenmann. Hier spricht ein Mensch zu Menschen, ein Herz zu Herzen, so wie es Beethoven erfahren hatte, als er die Missa solemnis schuf. Er spricht von den Evangelisten, von den Propheten der alten Zeit, in der Gottvater sich täglich zu den Menschen neigte. Aber die Menschen vergäßen nur zu leicht, daß Gott zu jeder Zeit, zu jeder Stunde gegenwärtig sei, immer dann, wenn des Menschen Herz empfangsbereit sei.

Ist denn die Kette der heiligen Männer je abgerissen? Rom spricht noch heute Männer und Frauen, die Gott geschaut haben, heilig. Wir begnügen uns mit der unsichtbaren Krone, die Gott ihnen aufs Haupt setzt. Loben und preisen wir Gott in dieser mitternächtigen Stunde, daß noch immer sich Gott unter uns offenbart! Soll ich euch erzählen von dem Manne, der ein berühmter Orgelspieler gewesen ist, der plötzlich Gottes Stimme vernahm und zu den Schwarzen ins dunkelste Afrika zog, um ihnen im Kampfe gegen die entsetzliche Schlafkrankheit beizustehen? Wohl verzehrten ihm die Termiten in mühseliger Arbeit sein Hausörgelchen, aber seine Liebe zum Menschenbruder ward nicht verzehrt; sie lodert als ein brennender Busch. Hier an dieser Orgel hat dieser Mann gesessen und uns Bach, den fünften Evangelisten nahegebracht; ihr alle kennt seinen Namen, kennt den Apostel und Missionar unserer Tage, kennt Albert Schweitzer.

Es entsteht eine lange Pause und dem Spielmann will es scheinen, als arbeite es da unten in den Herzen der Unzähligen, die gekommen sind, um diese Stunde mitzuerleben. Beinahe sinnlich wahrnehmbar hört er in den Herzen das Läuten der Amboßmänner, die dem gewaltigen Prediger dort oben auf der Kanzel lauschen, der auch ein Gottgesandter ist. Der Spielmann entdeckt, daß es mit dem Läuten der Amboßmänner eine ganz natürliche Bewandtnis hat: das Silberglöcklein der Christina hat zu läuten angefangen; die Mitternacht muß nahe sein. Auch der Erzbischof scheint nun einen Augenblick lang diesem Klange zu lauschen, der sein Leben wie ein klingendes Abendgebet begleitet hat.

Da hallen von den Türmen des Domes die zwölf Schläge. Es ist, als ob dem zierlichen Engelsgeläut der uralte Gott Chronos seine Musik entgegensetze; schwer, ernst, feierlich fallen die Schläge. Ja, das große eherne Tor fällt mit dem zwölften Schlag zu. Kein Mensch wird es je mehr öffnen können.

Der Prediger dort oben aber spricht noch immer nicht. Mit seiner Rechten schlägt er in der großen Bibel die Psalmen auf. Mit einer Bewegung, als blätterte er über dreihundertfünfundsechzig Seiten hinweg. Unnachahmlich diese symbolische Geste, da sie aus der plötzlichen Eingebung kommt. Hell wie die Silbertrompeten im Tempel Salomonis klingt nun seine Stimme:

> SINGET DEM HERRN EIN NEUES LIED,
> DENN ER TUT WUNDER!

Und dem Spielmann ist es nun, als wäre wirklich und wahrhaftig die ganze Welt neu geworden. Welche Möglichkeiten liegen vor euch! Greift zu! Packt an! Seid nicht gleichgültig! Helft, fangt bei euch selbst an, schaut nicht auf den anderen! So viel Stacheldraht liegt noch auf den plattgewalzten Feldern! Helft ihn wegräumen, auch wenn euch die Hände bluten. Besser, sie bluten euch, als anderen die Herzen. Dem Spielmann ist es, als ob die Amboßmänner dort unten sein Herz zerschlügen. Dies ist kaum zu ertragen. Anfangen dürfen! Präludium zur Fuge sein dürfen, deren Thema Gott den Menschen gestellt hat! Dies ist es.

„Noch ist es nicht Frieden", so tönt es nun gedämpfter im großen Raum. „Beten wir alle für den Frieden in dieser Stunde, für den Frieden in der ganzen Welt."

Es bedarf keiner Aufforderung. Von der Größe dieses Augenblicks ergriffen, knieen alle nieder. Leise fällt die Orgel ein. Eine Knabenstimme intoniert das Agnus Dei. Zerbrechlich, wie aus Glas gesponnen, frierend in großer Einsamkeit. Der Spielmann muß an alle Kinder der Welt denken, die jetzt auf den verschneiten Straßen wandern, von den Erwachsenen auf die Straßen des Elends getrieben, da diese nicht auf das Lied der Lerche, sondern auf das Zischeln der Schlange gehört haben.

Qui tollis peccata mundi, so fällt nun der Chor ein. Dreimal ertönt der Ruf: *Miserere nobis*, den die Gemeinde aufnimmt. Jetzt ist nur noch ein Flüstern zu vernehmen. Ist es die Stimme des Erzbischofs oder hat eine der gotischen Säulen, ihrer ägyptischen Schwester aus Urzeiten gleich, zu tönen angefangen?

Immer undeutlicher werden die Worte, aber der Spielmann kennt die Töne, kennt die Worte: *Dona nobis pacem*.

Pacem, so tönt es von den steingewordenen Leibern der gotischen Schwestern zurück:

PACEM

DONA NOBIS PACEM

Musikliteratur bei Piper

Ernest Ansermet
Die Grundlagen der Musik im menschlichen Bewußtsein
3. Aufl., 7. Tsd. 1985. 847 Seiten mit 230 Notenbeispielen und 32 Diagrammen. Serie Piper 388

Kurt Blaukopf
Musik im Wandel der Gesellschaft
Grundzüge der Musiksoziologie. 1982. 383 Seiten und 4 Farbtafeln. Geb.

Alfred Brendel
Nachdenken über Musik
Mit einem Interview von Jeremy Siepmann. 8. Aufl., 39. Tsd. 1984. 228 Seiten und 61 Notenbeispiele. Serie Piper 265

Carl Dahlhaus
Musikalischer Realismus
Zur Musikgeschichte des 19. Jahrhunderts. 2. Aufl., 5. Tsd. 1984. 166 Seiten. Serie Piper 239

Ulrich Dibelius
Moderne Musik I
1945–1965. 3. Aufl., 20. Tsd. 1984. 392 Seiten mit 31 Abbildungen und 45 Notenbeispielen. Serie Piper 363

Hans Heinrich Eggebrecht
Bachs Kunst der Fuge
Erscheinung und Deutung. 2. Aufl., 9. Tsd. 1985. 131 Seiten mit 61 Notenbeispielen. Serie Piper 367

Musikliteratur bei Piper

Wilhelm Kempff
Was ich hörte, was ich sah

Reisebilder eines Pianisten. 1981. 179 Seiten mit 16 Farbtafeln und 10 Schwarzweißfotos auf Tafeln. Leinen

Helmut Lesch/Katrin Behrend/Hans Poppel
Erklär mir die Musik

Piper Erklär mir Sachbuch 6. 1982. 95 Seiten mit 142 meist farbigen Abbildungen. Geb.

Lust an der Musik

Ein Lesebuch. Herausgegeben von Klaus Stadler. 3. Aufl., 38. Tsd. 1985. 436 Seiten. Serie Piper 350

Gustav Mahler/Richard Strauss
Briefwechsel 1888–1911

Herausgegeben und mit einem musikhistorischen Essay versehen von Herta Blaukopf. 1980. 232 Seiten und 14 Abbildungen auf Tafeln. Geb.

Diana Menuhin
Durch Dur und Moll

Mein Leben mit Yehudi Menuhin. Aus dem Englischen von Helmut Viebrock. 1985. Ca. 304 Seiten mit zahlreichen Fotos. Leinen

Yehudi Menuhin
Ich bin fasziniert von allem Menschlichen

Gespräche mit Robin Daniels. Aus dem Englischen von Hans-Jürgen Baron von Koskull. Vorwort von Lawrence Durrell. 2. Aufl., 12. Tsd. 1983. 208 Seiten. Serie Piper 263

PIPER